廖平全集

主編　舒大剛　楊世文

1

群經類

今古學考

古學考

經話（甲、乙）

知聖篇

知聖續篇

經學初程

上海古籍出版社

圖書在版編目（CIP）數據

廖平全集 / 舒大剛，楊世文主編 .— 上海：上海古籍出版社，2015.5（2024.6 重印）

ISBN 978－7－5325－7419－3

Ⅰ.①廖… Ⅱ.①舒… ②楊… Ⅲ.①廖平（1852~1932）— 全集②經學—文集③中醫學—文集 Ⅳ.①Z126–53 ② R2–53

中國版本圖書館 CIP 數據核字（2014）第 226067 號

廖平全集

（全十六册）

舒大剛　楊世文　主編

上海古籍出版社出版發行

（上海市閔行區號景路 159 弄 1–5 號 A 座 5F　郵政編碼 201101）

（1）網址：www.guji.com.cn

（2）E-mail：guji1@guji.com.cn

（3）易文網網址：www.ewen.co

上海世紀嘉晉數字信息技術有限公司印刷

開本 890×1240　1/32　印張 303　插頁 83　字數 5,050,000

2015 年 5 月第 1 版　2024 年 6 月第 5 次印刷

ISBN 978－7－5325－7419－3

K·1940　定價：1980.00 元

國家古籍整理出版專項經費資助項目

國家社科基金重大委託項目（10@ZH005）《巴蜀全書》成果

四川省重大文化工程（川宣［2012］110）《巴蜀全書》成果

四川省哲學社會科學重點研究基地「儒學研究中心」成果

國家「211工程」重點學科「歷史文獻學」建設成果

國際儒聯、中國孔子基金會、四川大學共建國際儒學研究院成果

儒家文明協同創新中心—四川大學中心成果

四川大學—貴陽孔學堂合作成果

四川大學中央高校基本科研業務費專項（SKQY2013•16 SKQY2014•24）成果

廖季平先生遺像 民國十五年秋攝 時年七十五歲

一枕黃粱夢初醒

廖季平先生墨蹟

民國十八年春　時年七十八歲　用左手書寫

項目負責人
舒大剛　楊世文

校點者
楊世文　舒大剛　邱進之　鄭　偉　劉明琴

審定者
楊世文　邱進之　舒大剛

審稿編輯

曹明綱　李祚唐　劉　賽　裴宏江　史良昭　朱邦賢　董福光
郭時羽　郭子建　章　行　馬　顥　占旭東　吴旭民

校對人员

侯奇偉　俞麗敏　楊思華　梁　勤　陳　穎　伍　愷　王舒平
王怡瑋　沈息蘭

美術編輯

嚴克勤

技術編輯

王建中

整理前言

在十九世紀末二十世紀初的中國學術文化史上，四川井研縣的廖平，無疑是一位值得高度重視的人物。他生當晚清、民國，治學勤奮，著述等身，聲華蓋代。他的著作曾影響康有爲、梁啟超等人，他的學術思想曾被轉化爲「戊戌變法」的理論基礎。他自經學而哲學，從人學而天學，「推倒一時，開拓萬古；光被四表，周流六虚」。他的思想學説經歷了「平分今古」、「尊今抑古」、「大古小今」、「人學天學」等多次轉變，最後却在以「孔經哲學」包容天下一切學術的構建和沉思中，壽終正寢。對於他的學術，有人説他「風疾馬良，去道益遠」，有人説他「離經叛道，穿鑿附會」，也有人説他「轉捩乾坤，思想革命」，評價懸殊若此，却集於一人之身，實乃世之奇觀。僻處西川的廖平，何以實現這多重身份的複合呢？整理出版的《廖平全集》，將爲我們通觀廖平的生平、治學、著述、思想等提供最直接的資料。

一、廖平生平與事業

廖平（一八五二—一九三二）初名登廷，字旭陔，又字勖齋，繼改名平，字季平。號四益，繼改四譯，晚年更號五譯，又更號六譯。初名其堂曰小世綵堂、雙鯉堂，五十歲前後曰則柯軒，後乃更名四益館、六譯館。

井研廖氏祖籍湖北麻城，其先祖於明洪武二年（一三六九）自鄂遷蜀，輾轉流徙，始得占籍於井研縣，定居青陽鄉之鹽井灣（今井研縣東北研經鎮）。此地既非平疇沃野，更無漁鹽舟楫之利，廖家世以農耕負販維生，在廖平出名之前，其門「四百年間無顯者」①。

廖平出生於清咸豐二年（一八五二）二月初九日，排行第四。七齡始入本縣萬壽宫鄉塾就學，其後又就讀於禹帝宫、舞鳳山諸塾，直到十四五歲。其間嘗從廖榮高學醫。少年廖平資質平常，記性尤劣，頗以背誦爲苦，於是訴於師，請許以不背。自後即「專從『思』字用功，不以記誦爲事」②。

廖平一生命運的改變，與張之洞密切相關。張之洞（一八三七—一九〇九）字孝達，號香濤，晚號抱冰，直隸南皮（今屬河北）人，晚清洋務派代表人物之一。其治經漢宋兼宗，講究實用，歷任多省巡撫、總督，所到之處，重視發展近代工業，倡導經世致用之學，興辦多所工廠和學堂、書院，造就人才甚眾，仕至軍機大臣、體仁閣大學士。同治十二年（一八七三）六月，張

---

① 廖幼平编：《廖季平年譜》，巴蜀書社，一九八五年。下引此書者，不復出注。

② 廖宗澤编：《六譯先生年譜》同治三年甲子（一八六四）條引《經學初程》稿，重慶圖書館藏稿本。

之洞奉旨充本年度科舉考試四川分試副考官。十月，簡放四川學政。翌年二月，廖平參加院試，試題爲《子爲大夫》，廖平以三句破題，有違八股文章法，爲閲卷者黜落，張之洞於落卷中搜得其文，喜其破題不凡，遂拔置秀才第一。

當時蜀中教育流行的是制義、帖括，以至有人「畢生不見《史》、《漢》」①。故學術不興，人才衰敝。這種狀況直至同治十三年至光緒二年（一八七四—一八七六）張之洞督學四川時，才發生改變。張在成都創辦尊經書院，親撰《創建尊經書院記》，闡明建院宗旨，指示讀書門徑②，以「紹先哲」、「起蜀學」、「成人材」勉勵蜀士，「要其終也，歸於有用」③，故數月之間，蜀中「文風丕變，霈然若決江河」。又撰著刊行《書目答問》、《輶軒語》，提倡「紀（昀）、阮（元）兩文達之學」，蜀中士人喜識治學門徑，「人人有斐然著述之思」④。光緒二年（一八七六）正月，

① 廖宗澤編：《六譯先生年譜》光緒元年乙亥（一八七五）條。

② 尊經書院爲今四川大學之前身，建於光緒元年（一八七五），由張之洞創辦。張氏以紀文達（昀）、阮文達（元）之學爲號召，爲書院訂章程、立制度，又從各府、縣學抽調高材生百人肄業其中，並親撰《輶軒語》及《書目答問》之書，宗旨純備，開示詳明，尊經諸生受益良多。

③ 張之洞：《創建尊經書院記》，《張之洞全集》第十二册，河北人民出版社，一九九八年。

④ 張祥齡：《翰林院庶吉士陳君墓誌銘》，《六譯先生年譜》光緒元年乙亥（一八七五）條引。

廖平赴成都應科試，張之洞主考，得其答卷，見其引用《説文解字》作答，拔以優等，食廩餼，調尊經書院肄業。廖平刻苦事學，經業精進。當時，尊經書院同學有宋育仁（芸子）、張祥齡（子宓）、楊鋭（叔嶠）、范溶（玉賓）、岳嗣儀（鳳吾）、岳林宗、顔印愚（印伯）、毛瀚豐（霍畦、鶴西、霍西）、曾培（篤齋）、張森楷（式卿）、傅世洵、陳光明（朗軒）等，隨後駱成驤、劉光第亦從錦江書院轉來尊經肄業，可謂英才雲集。廖平與張祥齡、楊鋭、毛瀚豐、彭毓嵩（籛孫）五人尤爲張之洞所器重，號「蜀中五少年」，交誼也最深厚。

廖平在尊經書院首尾近十載，其學術思想得到不斷發展。他先致力於訓詁文字，醉心於考據之學，但泛濫諸經，無所專攻。光緒五年（一八七九），王闓運應四川總督丁寶楨多次函約，來掌尊經書院，始改變這一狀況。王闓運（一八三三——一九一六）字壬秋，自號湘綺樓主人，湖南湘潭人。其爲學宗今文，明於禮制，以致用爲鵠的，又善於辭章，蔚爲一代辭宗。廖平常就王闓運請業，每至夜分。從學七載，深受王氏影響，從此厭棄破碎餖飣之學，治經專求大義。是年八月，應優貢試，主司以「辭達而已」命題，廖平得陪貢第一名。九月應鄉試，中第二十四名舉人。

六年（一八八〇）春，廖平赴京會試，不第。在京日，曾以《易》例向張之洞請業。張告誡廖平：「風疾馬良，去道愈遠。」三年後廖平再赴北京會試，又未中式。其時，張之洞已自内閣學士出爲山西巡撫，廖平會試後，拜謁恩師於太原，張仍以「風疾馬良」之語誡之，並以小學相勖。此時廖平《穀梁春秋經傳古義疏》即將完成，談話間，廖平聲言通一經較治一省爲難，且說：「倘使《穀梁》書成，不羡山西巡撫。」光緒十年（一八八四）秋，《穀梁春秋經傳古義疏》十一卷完稿。接着《起起穀梁廢疾》、《釋范》各一卷，《穀梁集解糾謬》二卷相繼完稿。是年，廖平欲改注《公羊》，於是綜括大綱，成《何氏公羊解詁十論》，作爲讀《公羊注》的階梯（後來又作《續十論》、《再續十論》）。至是，廖平《春秋》今文學體系基本建立。

光緒十一年（一八八五）春，廖平以舊本《王制》有傳、記、注之文，舊本淆亂失序，考訂改寫《王制定本》一卷，以備作《王制義證》之用（此書後來收入《六譯館叢書》，名《王制訂》）。又以偶鈔《五經異義》，悟今文與古文之分全在禮制之不同，始定今、古異同之論，形成其經學思想第一變的基礎。

從尊經書院肄業之後，廖平輾轉各地從事教育活動。光緒十二年（一八八六），廖平主講井研來鳳書院。六月，撰成《今古學考》二卷①。此書是廖平經學初變完成的標誌，在學界影響巨大。書中，廖平主張以禮制平分今、古，上卷爲表，下卷爲說。上卷列表二十，回溯今、古文學源流，梳理今、古文學之界限和綫索。下篇於《經話》中取其論今、古學者一百零六則，申

① 此書作於光緒十一年乙酉（一八八五）至光緒十二年丙戌（一八八六）間，光緒十二年由成都尊經書局刊行，爲《四益館經學叢書》之一。後收入《六譯館叢書》。

論今學歸本孔子、《王制》，古學歸本周公、《周禮》之旨。此期，廖平又欲以《今古學考》所揭示經今古文之别爲基礎，區别於鄭玄注暨唐人《正義》混合今、古的做法，按今文、古文兩大系統，新撰《十八經注疏》，構建「蜀學」體系，於是先著《十八經注疏凡例》。自謂：「予創爲今、古二派，以復西京之舊，欲集同人之力，統著《十八經注疏》，以成蜀學。」①又約集尊經同人撰《王制義證》。欲以《王制》爲經，取《戴記》九篇，外加《公羊》、《穀梁》、《孟子》、《荀子》、《墨子》、《韓非子》、《司馬法》、《尚書大傳》、《春秋繁露》、《韓詩外傳》、緯候、今學各經舊注，以及兩漢經學先師舊説，務使詳備，足以統帥今學諸經。待此書作成之後，再作《周禮義》，以統古學②。

光緒十三年（一八八七）二月，廖平來到成都，任尊經書院襄校。這年著有《續今古學考》，此書實爲《闢劉篇》的原稿。他認爲周制全不可考，所有禮制概爲孔子新制，《周禮》爲僞托之作。十四年，成《公羊補義》十一卷，欲以《公羊》爲主，兼採《穀梁》、《左傳》，合通三《傳》，以成一家之言。是年，又成《知聖篇》一卷，附《孔子作六藝考》一卷，《闢劉篇》一卷，《周禮删劉》一卷。後來《周禮删劉》附入《闢劉篇》，易名《古學考》。《知聖篇》、《闢劉篇》成爲廖氏經

① 廖平：《今古學考》卷下，光緒十二年成都尊經書局刊本，收入《六譯館叢書》。
② 廖平：《今古學考》卷下。

學二變的代表作。

光緒十四年（一八八八）冬，廖平第三次赴京應禮部試。張之洞時任粵督，電召赴粵，欲使廖平協助編纂《左傳疏》，以配清代「十三經義疏」。十五年四月，廖平大挑二等，會試中第三十二名進士，房師張預，座主李鴻藻、崑岡、潘祖蔭、廖壽恒。六月，由京赴張之洞召，前往廣州。途經天津，與王闓運相見。七月，經蘇州，與俞樾相見。俞氏極稱《今古學考》爲「不刊之書」，廖平却告訴他自己已改變前説，并及「三《傳》合通」之事。俞頗不以爲然，曰：「俟書成再議。」①秋，至廣州，宿廣雅書局，以張之洞命纂《左傳疏》，始專力治《左氏》。在廣州欲刊《知聖篇》，或以發難爲嫌而止。然其書却廣爲外間流傳，東南士大夫因轉相鈔録，以爲談資，甚至視爲枕中鴻寶。

在廣州期間，廖平與康有爲兩度相會，並影響其學術歸趨。康有爲（一八五八—一九二七）字廣廈，號長素，廣東南海人，先前讀過廖平《今古學考》，遂引廖爲知己。此番晤面，廖平又示以《知聖篇》、《闢劉篇》（此篇後改爲《古學考》刊行），茲二稿立論乃一反前説，以今文爲孔學之真、古文乃劉歆篡亂之僞。其時康氏正據古文經《周禮》撰《教學通義》，以其太過驚世駭俗，一時難於理解，别後竟「馳書相誡，近萬餘言」，斥以「好名騖外，輕變前説」，力勸其將此

① 廖平：《經話》甲編，光緒二十三年成都尊經書局刊本，收入《六譯館叢書》。

二書一火焚之。爲闡明新説用意，廖平遂回訪康有爲於廣州安徽會館，將自己的見解反復闡述，康有爲乃幡然領悟，終於「兩心相協，談論移晷」，「見廖平所著書，乃盡棄其舊説」①而學焉，於是改宗今文，棄《周禮》而治《公羊》，其後遂由《公羊》而發明「改制」之義。之後不久，康氏宗《知聖》、《闢劉》二篇之意，撰《新學僞經考》、《孔子改制考》二書，爲其變法張本。梁啟超説：「康先生（有爲）之治《公羊》、治今文也，其淵源頗出自井研（廖平），不可誣也。」②委婉道出康氏之兩《考》是對廖平以上二《篇》的吸收和發揮，而錢穆則云：「長素《僞經考》一書，亦非自創，而特剽竊之於川人廖平。」③

光緒十六年（一八九〇）四月，廖平由廣州赴京補應殿試，得二甲七十名，賜進士出身。朝考三等，欽點即用知縣，以親老求改教職，部銓龍安府教授。此後數十年，廖平一直在四川從事教育活動，先後擔任龍安府教授、嘉定九峰書院山長、尊經書院襄校等，培養了大量的人才。與此同時，廖平也取得了豐碩的學術成果，除前面所舉外，尚有《左氏古經説義疏》、《群經凡例》、《左氏長編》、《杜氏左傳釋例辨證》、《春秋左傳杜氏集解辨證》、《五十凡駁例》、《五

① 梁啟超：《清代學術概論》二十三，上海古籍出版社，一九九八年。
② 梁啟超：《論中國學術思想變遷之大勢》第八章，上海古籍出版社，二〇〇一年。
③ 錢穆：《中國近三百年學術史》第十四章，中華書局，一九八四年影印本。

十凡補證》、《尚書備解》、《易生行譜》、《經話》等書，發揮其今古之學。

光緒二十三年（一八九七），廖平家居致力於《易》。此時康有爲「素王改制」之説風行一時，世人以爲廖平爲始作俑者。夏，廖平得當年尊經書院同學宋育仁書，傳張之洞告誡之語。十月，廖平赴成都與宋育仁相見，宋再傳張語，仍曰：「風疾馬良，去道愈遠；繫鈴解鈴，唯在自悟。」命改訂經説條例，不可講今古學及《王制》，停止攻駁《周禮》，甚至威脅「如不自改，必將用兵」。廖平爲之忘餐寢者累月①。十一月，廖平與宋育仁書（即《與宋芸子論學書》）自辯。又上張之洞書（即《上南皮師相論學書》），情詞較爲謙抑，但仍堅持己見，不願刪改。是年宋育仁奉旨治四川商礦，兼任尊經書院山長，引廖平與吴之英爲都講。宋、吴等設「蜀學會」，並發刊《蜀學報》，廖平亦與其事，爲主筆，宣傳變法主張。次年「戊戌變法」失敗，尊經書院同學楊鋭、劉光第同日被殺，廖平弟子懼其遭受牽連，遂將其提倡「大統之學」的《地球新義》（初稿）付諸一炬。

此後，廖平的學説由「尊今抑古」轉變爲「大統小統」之學。光緒二十九年（一九〇三），綏定知府聘廖平兼任綏定府中學監督。由於廖平學術屢變，新論迭出，又兼曾以學説影響康有爲，難免遭人忌恨，是年冬，四川提學使吴郁生以「離經叛道，行檢不修」之罪參劾廖平，並革

① 廖宗澤編：《六譯先生年譜》，光緒二十三年丁酉（一八九七）條。

去其教職。之後一段時期，廖平又曾復掌教席，除尊經襄校、主講、都講外，曾先後主講井研來鳳書院、嘉定九峰書院、資州藝風書院、安岳鳳山書院。至宣統元年（一九〇九）秋，時任提學使的趙啟霖又以廖平「三《傳》并爲子夏所傳」之説爲「穿鑿附會」，下令各學堂毋得延其講學；次年，廖平即携眷歸返鄉里，杜門家居。

一九一一年，川漢鐵路公司延聘廖平爲《鐵路月刊》主筆，廖平復居成都。是年秋，四川「保路運動」爆發，十月，「大漢四川軍政府」成立，下設樞密院，以廖平任院長。四川軍政府又設國學院，每月出版《國學雜誌》一册，每周作一次學術講演。是時劉師培因隨端方入川，端方被殺後，劉滯留四川。一九一二年，劉師培任四川國學館館長，聘廖平主講經學。是時，廖氏持經今文説，劉氏則大講古文經學，二人互相論難、切磋，亦互相補充和稱賞。劉向廖提供古文字學資料，同時又採納廖平平分今文、古文的方法，完善自己古文經學壁壘，更贊賞廖平「長於《春秋》，善説禮制」，「漢魏以來，未之有也」。同年八月，蒙文通入四川國學院就讀，即從廖平、劉師培請問經學。

民國成立後，教育部廢除學校經學學科，廖平作《中小學不讀經私議》，提出不同意見，主張讀經之效已見兩漢，應當令小學讀經。次年，廖平以四川代表身份，赴京參加教育部召集的全國讀音統一會。旅京四川同鄉於湖廣會館發起歡迎會，請廖平講演，所講者爲孔學關於「世界進化、退化」與「小康、大同」之宗旨。北京人士又發起倫理學會，延請廖平定期講演，並計劃根據廖平之説編訂倫理教科書，發行《倫理雜誌》。孔子誕辰日，孔教會在山東曲阜召開第一次全國大會，廖平與會並作講演，大意認爲孔經言退化，實爲言進化之意，如倒景；文明、野蠻的標準，應當以倫常爲主，不純在物質。秋初，轉到上海，完成《孔經哲學發微》一書，付中華書局出版。此書爲廖平經學第四變的代表作。

此後廖平在宣傳尊孔讀經的同時，又致力於醫書的校勘整理，先後著醫書數十種。並治諸子、術數、《山海經》、《楚辭》，兼及佛、道。一九一四年，廖平出任四川國學專門學校校長，又先後兼任成都高等師範學堂、華西協和大學等校教授。一九一八年，門人黄鎔推本廖平之説，成《尚書弘道篇》、《中候弘道篇》，廖平五變之説至此年而完備。其説大體上於六經分天人、大小，歸重於六經皆孔子所作，孔子作六經，必須造字。廖平自撰《五變記》，黄鎔又爲之作《五變記箋述》。

一九一九年，廖平六十八歲。這年春在家剃頭，晚餐時得中風，雖經治癒，仍遺偏癱之疾，右肢上下拘攣，眠食動作，非人幫助不成，而思路依舊清晰，仍著述不輟，惟書寫須恃左手。一九二一年，廖平以六變説成，易號六譯老人。將平生著作已刻者編爲《六譯館叢書》，統由存古書局印行。一九二二年，廖平辭去國學專門學校校長職務，四川省政府每月致送著述金一百銀元。一九二四年秋，家人奉廖平返井研養疴。一九三二年五月，廖氏赴成都洽商著述出版事宜，行至樂山而疾作，家人未及舁返井研，六月便卒於樂山河咡坎旅次，時年八十一歲。

二、廖平學術及其變遷

廖平爲學博大，且以善變稱。自叙幼時篤好宋「五子書」及唐宋「八大家文」，其後親炙於張之洞、王闓運兩大家，始轉而專攻經學。初入尊經書院，博覽考據諸書，用功甚勤，不知不覺間乃嫌唐宋之文空泛無實，「聰明心思至此一變」。及王湘綺來長尊經，始「厭棄破碎，專事求大義。以視考據諸書，則又以爲糟粕而無精華，枝葉而非根本；取《莊子》、《管》、《列》、《墨》讀之，則乃喜其義實。是心思聰明至此又一變矣」①。自此以後，廖平孜孜矻矻，好古敏求，以探諸經大義。初治《穀梁》，後乃并及《公羊》、《左氏》，及於《易》、《書》、《詩》、《三禮》等，且旁及諸子百家之書，又及於醫方、堪輿之學。

廖平之治學，既不囿於舊説，亦不拘守師説，更不故步自封。在學術特色的形成上，廖平受王闓運之影響甚深。王氏治經主今文學，廖平亦從今文入，且終身保持之；當年王氏專治

① 廖平、吴之英：《經學初程》，民國三年成都存古書局刊本，收入《六譯館叢書》本。

《春秋》，認爲「《春秋》擬《易》而作，聖人之極功，終身研之而不能盡」①，廖平亦從《春秋》着手，一生以《春秋》學著作最多； 王氏以禮制考三代制度，廖平亦以禮制區分今文、古文學。劉師培稱廖平「明於《春秋》，善説禮制」②，此兩大特點，幾乎都導源於王闓運。不過，廖平並不亦步亦趨，唯老師之馬首是瞻。他思維明敏，時出新論，却從不蹈襲舊説； 無論先儒前賢，或者近人師長，只要其説有未愜於心，廖平都勇於論難商榷，提出自己的見解。

廖平嘗言：爲學當精進不已，不可故步自封，當求「十年一大變，三年一小變，每變愈上，不可限量」；「變不貴在枝葉，而貴在主宰」；「若三年不變，已屬庸才，至十年不變，則更爲棄材矣」③。廖氏之學歷經「六變」，各有年代④：

第一變：始於一八八三年癸未，以《王制》、《周禮》平分今、古，是爲初變，光緒十二年（一

① 王代功：《王湘綺先生闓運年譜》卷三，民國八年刻本。

② 蒙文通：《井研廖季平師與近代今文學》，蒙默編《蒙文通文集》第三卷，巴蜀書社，一九九五年。

③ 廖平：《經話》甲編。

④ 案：關於廖平經學「六變」的起止時間，學術界有不同的看法，見黄開國《廖平評傳》第二章，百花洲文藝出版社，二〇一〇年。此據廖平《四益館經學四變記》、黄鎔《五變記箋述》、柏毓東《六變記》的傳統説法。

八八六）付梓之《今古學考》爲此期之代表著作。廖平認爲：今文經爲孔子所創，古文經爲周公所作；「今學博士之禮制出於《王制》，古文專用《周禮》，故定爲今學主《王制》、孔子，古學主《周禮》、周公，然後二家所以異同之故，燦若列眉；千谿百壑，得所歸宿」①，《王制》、《周禮》可「同治中國」。從此今、古文之學遂得分明。

以禮制之別區分今、古，堪稱廖平對經學及經學史之一大貢獻。古文學家俞樾亟稱《今古學考》爲「不刊之書」，近人蒙文通更譽之爲有清一代學術史上「三大發明」之一（另兩大「發明」爲顧炎武之《音學五書》、閻若璩之《尚書古文疏證》），具有「劃時代」意義。

第二變：始於一八八八年戊子。此一時期，變平分今、古爲尊今抑古，以《知聖篇》、《闢劉篇》（後改爲《古學考》）爲代表作。廖平「折群言而定一尊」，認爲「古文家淵源，則皆出許（慎）、鄭（玄）以後之僞撰。所有古文家師說，則全出劉歆以後據《周禮》、《左氏》之推衍。又考西漢以前，言經學者，皆主孔子，并無周公；六藝皆爲新經，并非舊史。於是以尊經者作爲《知聖篇》，闢古者作爲《闢劉篇》」。故據《王制》以遍說群經，以今文爲孔子之真學，且於《周禮》中删除與《王制》相反者若干條（舊有《周禮删劉》之作）。

第三變：始於一八九八年戊戌。泯滅今、古之畛域，群經傳記，統歸一律，進而判分王、

① 廖平：《四益館經學四變記》，《六譯館叢書》本。本節以下所引，未另加説明者皆同此。

伯、皇、帝之學，變「今」、「古」而爲「小」、「大」。廖平發現，「以《王制》遍説群經，於疆域止於五千里而已」，與《中庸》所謂「洋溢中國，施及蠻貊」、《禮運》所言「大同」等説頗有齟齬；乃「閉門沈思，至於八年之久」，乃悟「《周禮》爲根基，《尚書》爲行事」。於是定《周禮》爲皇、帝之學，爲大統，《王制》爲王、伯之學，爲小統。且曰：舊之平分今、古及尊今抑古「大抵皆就中國一隅言」；「蓋《王制》、《周禮》，一林二虎，互鬥不休，吾國二千年學術政治，實深受其害。合之兩傷，甚於洪水猛獸」，今若「一内一外」，以《王制》治内，主中國；以《周禮》治海外全球，主世界，則「一小一大，一内一外，相反相成，各得其所」矣。此期代表作爲《地球新義》、《王制集説》、《皇帝疆域圖》等。

梁啟超認爲，此第三變乃是因張之洞干預的結果，説廖平「晚年受張之洞賄逼」，故對平分今、古之説「復著書自駁」①；或者是廖平懼禍的支吾應付之辭：「言今文爲小統，古文爲大統」，「則戊戌以後懼禍而支離之也」②。梁説甚有影響，然而未必中肯。

對廖平尊今抑古諸説，張之洞的確深致不滿，一八九七年，張曾令宋育仁傳語廖平，重申「風疾馬良」之誡。面對師友的責難，廖平雖因之「忘寢餐者累月」，然而並未改變自己的看

① 梁啓超：《清代學術概論》二十三。

② 梁啓超：《論中國學術思想變遷之大勢》第八章。

法，其致宋育仁函，仍固執己見。其函略云：作《今古學考》，主於平分今古，皆天時人事、時會使然，「非鄙人所能自主者也」；尊今抑古之説，李兆洛（申耆）、龔自珍（定菴）諸先達已申之於前，則已説「實因而非創」。「兩漢舊學，墜緒消沈，鄙人不惜二十年精力扶而新之，且並群經而全新之，其事甚勞，用心尤苦，審諸情理，宜可哀矜」；而「風之見疾，馬之見良，正以其識見精明耳」，「若以門户有異，則學問之道，何能囿以一途？」同時又隱隱流露出對恩師張之洞的不滿：「即使弟子學人，不紹箕裘，而匠門廣大，何所不容！……況至人宏通，萬不以此。反覆推求，終不識開罪之所由。」①字裏行間，全無悔過自責之心，更非改絃易轍之意。至於《地球新義》諸作，已經成書於戊戌政變之前，則「懼禍」云云，遂不知從何談起！

第四變：始於光緒二十七年辛丑（一九〇一），主題是「天學」與「人學」。一九〇一年，廖平始以《楚辭》解《詩》，次年又成《知聖續篇》，漸悟天人之學，是乃廖氏經學四變之始。廖平以爲，孔學之中，不僅有治中國、治世界的小統、大統之學，是即「人學」，而且有治天地神鬼和未來世界的「天學」；《易》、《詩》、《書》、《春秋》四經以天、人分，「人學爲六合以内，天學爲六合以外」；《春秋》言伯而包王，《尚書》言帝而包皇，一小統，一大統，爲人學二經，《詩》、《易》則天學之二經。廖平又稱，先儒所謂「詭怪不經之書」，如《靈樞》、《素問》、《楚辭》、《山海經》、

① 廖平：《四益館文集·論學三書·與宋芸子論學書》，《六譯館叢書》本。

《列子》、《莊子》、《尸子》、《穆天子傳》等以及道書、佛典之類，「自天人之學明」，皆能涣然得其解釋。刊行於一九一四年的《孔經哲學發微》，是此一時期的代表著作。

第五變：始於一九一八年戊午，融「小大」於「天人」。廖平認爲，六經皆孔子「革更野史，譯從雅言」，由「古本之文」翻譯而成。六經各有領域：《禮》、《春秋》、《尚書》講六合以内事，爲「人學」三經，《王制》、《周禮》等爲之傳，而「各有皇、帝、王、伯四等」。《易》、《詩》、《樂》「遨遊六合以外」，爲「天學」三經，《靈樞》、《素問》、《山海經》、《列子》、《莊子》、《楚辭》、古賦爲之傳。不僅此也，中國之六書文字，亦爲孔子所創造①。

第六變：約始於一九一九年，在一九二一年完成。其特點可以用廖平自題楹聯來概括：「黄帝六相説《詩》、《易》，雷公八篇配《春秋》。」即以《黄帝内經》之「五運」、「六氣」説來發揮《詩》、《易》的「天學」哲理，以《靈樞》、《素問》中黄帝與其臣雷公等人相問答的内容及理致來闡釋《春秋》的「人學」思想。廖平以爲，「《内經》舊以爲醫書，不知其中有『天學』，詳六合以外，有『人學』，詳六合以内」②。

自六變學成，廖氏經學體系之孔經哲學便由「人」及「天」，兼攝「人」、「天」，廣大悉備，無

① 黄鎔：《五變記箋述》卷上，《六譯館叢書》本。

② 黄鎔：《五變記箋述》卷下。

所不有，無施不宜； 廖氏之思想便從經學、諸子，兼容文學、醫學、方技、宗教神學諸領域，馳騖乎諸學並包，勤思乎參天貳地。

廖平一生，以學術、教育自任，不僅勤於著述，成就斐然，而且桃李滿天下，弟子遍蜀中，如黄鎔、帥鎮華、吴虞、蒙文通、李源澄、杜剛伯等知名經學家、思想家和史學家，皆出其門下。

廖平是中國近代影響鉅大的經學大師之一，同時也是中國傳統經學的最後一位大師，因而贏得了人們普遍的尊敬。他逝世後，追悼大會在成都舉行，自蔣介石、戴季陶、孫科以下，各界名流或親赴弔唁，或敬致挽聯，以表達對這位碩儒的哀悼之思、崇敬之情，章太炎先生還爲廖平撰寫了墓誌銘①。

三、廖平的著作

廖平一生潛心學術，著述甚豐，數量達數百種，内容廣泛涉及經、史、子、集四部，範圍極爲廣博，雖然有的著作託名門人，但不影響其反映廖平的思想。可惜大量的文獻或未覓見，或已亡佚，或已殘缺，有的今天只可考其存目。一九二一年成都印行《六譯館叢書》，卷首《新

① 章太炎：《清故龍安府學教授廖君墓誌銘》，《制言》半月刊一九三五年第一期。

訂六譯館叢書目録》表明，該叢書收録廖氏著作一百零八種篇。一九四二年，四川省圖書館《圖書集刊》發表廖平女兒廖幼平所編《六譯先生未刻已刻各書目表》，著録「現有未刻者二十一種，已刻者九十七種」（《書目表》序），其已刻書目從光緒三年到民國二十五年，全部按撰著和刊刻年代先後編排，其未刻書目實際列目一十六種，總計實有一百一十三種。二十世紀八十年代初，廖幼平輯《廖季平年譜》（巴蜀書社，一九八五年）亦附此目，内容無所增減；又附卞吉新編《現存廖季平著作目録》，係「據四川省圖書館及四川省社科院所收藏者」編成，共有一百零四種（内含稿本四種），按小學類、論學類、孝經類、春秋類、禮類、尚書類、詩經類、樂經類、易經類、諸子類、醫類、地理類、雜著類十三類排列。

近時，由於編纂和研究《廖平全集》的需要，鄭偉博士博考各類書目和傳記，撰《廖平著述考》（四川大學出版社，二〇一四年），共考得廖平各類著述信息（含單篇文章和專著，包括已刊、未刊、已佚、草稿和擬撰未成者等）凡七百二十二種（篇），另有叢書彙編十三種。在現存的文獻中，考得著作類（不含鈔録者）共有一百六十餘種（篇），分爲十四大類：（一）群經類，（二）周易類，（三）尚書類，（四）詩經類，（五）三禮類，（六）樂經類，（七）春秋類，（八）孝經類，（九）論語類，（十）小學類，（十一）子學類，（十二）醫書類，（十三）術數類，（十四）雜著類。其中著作部分目録（此處專著分類根據文獻實際進行分合，與《廖平著述考》分類略有差異）如下：

（一）「群經類」二十六種：廖平以經學有微言大義，章句繁多，博而寡要，勞而少功，故治經以博覽會通，提綱挈領，發幽闡微，歸納義例爲特色。其群經之作貫穿經學六變，與廖氏經學思想嬗變（前四變）大體對應。第一變，以發明「平分今古」之説爲核心，闡發群經義例，概論爲學次第，撰有《經學初程》一卷（與吴之英合撰）、《今古學考》二卷、《群經凡例》一卷；第二變，以「闢劉」和「知聖」爲要，收録以經説瑣語，並於「小大」、「皇帝」之説間或討論，爲經學第三變做了必要鋪墊，撰有《知聖篇》一卷、《古學考》一卷、《尊經書院日課題目》一卷、《經話》甲編二卷、《經話》乙編一卷；第三變，推揚小大統之説，發揮皇、帝、王、伯之學，由中國而及全球，並就「尊今抑古」轉爲「古大今小」變化過程中的著述提要與短篇文稿進行輯存，對所著經學著作進行編目，撰有《地球新義》二卷、《家學樹坊》一卷、《四益館經學目録》一卷；第四、第五變，推尊孔子，爲孔正名，借群經之言，以賅「小大」之旨，發明「人天」之學，撰有《知聖續篇》一卷、《皇帝大同學革弊興利百目》一卷、《群經大義》一卷、《群經總義講義》一卷、《尊孔篇》一卷、附録一卷、《群經大義補題》一卷、《孔經哲學發微》一卷、《四譯宬書目》一卷、《世界哲理箋釋》一卷（又名《世界哲理進化退化演説》，廖氏演説，樂山黄鎔箋釋）、《祆教折中目録》一卷。第六變，總結廖平經學之學術源流與思想變遷，「今古」、「大小」、「人天」等，不一而足，撰有《四益館經學四變記》一卷、《五變記》（黄鎔箋述）二卷、《經學六變記》等。

（二）「周易類」六種：廖平《易》學始於光緒六年（一八八〇）《生行圖譜》（今未見），該書嘗呈張之洞審閲。此後經學六變，皆有《易》學之作，然多數已難尋見，恐或亡佚，現惟存六種。第二變時，廖氏《易》學重在推明《易》例，疏解「貞悔」之義，撰有《易生行譜例言》一卷，《貞悔釋例》一卷，《易經新義疏證凡例》一卷；第三變時，旨在推明《易古本》之要旨，撰有《易經古本》一卷；第四變時，就三《易》原旨流別、六十四卦卦名意義進行辨正，撰有《四益易説》一卷，《易經經釋》一卷。

（三）「尚書類」七種：廖平《書》學發端於同治十年（一八七一）《禹貢驗推釋例》之作，「六變」之中，皆有撰述，而以第二變「尊今抑古」以後撰著爲多，現存七種。第一變，以發明《書》學義例爲主，撰有《今文尚書要義凡例》一卷，《今文尚書二十八篇序例》一卷；第四變，以《尚書》爲六合以内人學之大成，即《詩》、《易》天學之初步，以發明大統小統之説，撰有《書經大統凡例》一卷，《書經周禮皇帝疆域圖表》四十二卷；第五變，發揮經義，推明皇、帝、王、伯之説，撰有《書尚書弘道編》一卷，《書中候弘道編》一卷，《尚書今文新義》一卷。廖氏《書》學雖以言「小大」、「人天」爲要，且多以後三變爲主，然其早期之作，如《禹貢驗推釋例》、《洪範釋例》、《尚書王魯考》等，亦見其對「驗小推大」方法之闡發與運用，據此可見其《書》學思想濫觴與治《書》徑路。

（四）「詩經類」五種：廖平《詩》學肇始於光緒二十六年（一九〇〇）《三家詩辨正》、《齊詩微繹必讀》之作，而詩學諸作則多成於廖氏經學第三變以後，現存五種。除《詩經經釋》（作於一九三〇年）外，《詩緯新解》一卷、《詩緯搜遺》一卷、《釋風》一卷（又名《詩學質疑》）、《孔子閒居》一卷（此四種後又彙編爲《四益詩説》），皆成於民國三年（一九一四），即第五變時期，爲廖氏晚年之作，亦爲其《詩》學之代表。廖氏治經，師今文家説，於《詩》則以《齊詩》爲主，其捃摭群經緯候之辭，取其涉於《詩》三百篇者彙輯成篇，以發明《詩緯》之義，以破《詩》無義例之説，進而推「小大」之學，以至「人天」之境。

（五）「三禮類」十六種：廖平《禮》學爲其經學大宗，數量僅次於《春秋》類文獻。廖平治《禮》，發端較早，同治十年（一八七一）即作《官禮驗推》。在其「經學六變」前的「專求大義」時期，廖平於《穀梁春秋》用力尤深，其解經多據禮制言，發明三禮例、表甚多，可謂治《禮》之濫觴。廖平精研禮學，通貫六變，而主要集中於前三變之中。廖氏以「禮制」爲經解鈐鍵，以爲治《春秋》之理論基礎，亦爲其「平分今古」、「尊今抑古」、「小大」統等學説之理論依據。故劉師培稱其「善説禮制，其洞察漢師經例，魏晉以來，未之有也」。蒙文通則言：「禮制以立言，此廖師根荄之所在。」現存文獻十九種，分佈於三禮之中，其治禮次第，初以《儀禮》、《禮記》爲主，後及《周禮》。第一變，發明三禮經傳諸例，認爲今學《禮》以《王制》爲主，六經皆素王所傳，故詮解禮制、經義，大張《王制》之學，於分經、分傳彙輯，附以先師舊注，撰有《禮經凡例》一卷，《兩戴記分撰凡例》一卷，《王制學凡例》一卷，《容經凡例》一卷，《周官考徵凡例》一卷，《禮運禮器郊特牲訂》（又名《禮運三篇合解》）三卷，《王制訂》一卷，《王制集説》一卷，《分撰兩戴記章句》一卷。此後沿襲第二變「尊今抑古」思想，商榷古注，於第三變時成《周禮鄭注商榷》一卷。第四變時，廖氏繼續發揚「小大」之説，詳述皇、帝、王、伯之學，漸至「人天」之學，撰有《周禮新義凡例》一卷，《坊記新解》一卷，《大學中庸演義》一卷，《容經淺注》一卷，《周禮訂本略注》二卷。第五變時，又將舊所批《禮記》付刊，取名《禮記識》。

（六）「樂經類」一種：廖氏《樂》學之作凡十一種，多成於前三變，尤以第二變爲多，或輯補經傳，疏證經籍；或推考源流，以緯證經；或發明新義，推求凡例，然其原著皆未及得見，惟得其《樂經凡例》一卷，爲第一變時之作。廖氏以《樂經》雖亡，尚存其他經傳之中，由記考經，可輯而出之，是書遂立經爲主，以記附之，旁采諸經、子、史所載樂事而成。

（七）「春秋類」二十六種：廖平《春秋》學爲其經學大宗，數量居其經學文獻之首。三傳博大，治之非易，故廖氏治《春秋》，特重禮制與發凡起例，因而爲《凡例》、圖表者甚衆。其治三傳，又以「内外」別之，《穀梁》以「内學」、「外學」言，《公羊》、《左傳》以「内編」、「外編」言。以本傳爲核心所撰之注疏者，歸入「内學」或「内編」；圍繞本傳所作之基礎研究者，歸入「外學」或「外編」。廖氏治《春秋》，以《穀梁》爲初階，其發端於光緒六年（一八八〇）《穀梁先師遺説考》，次及《公羊》，後治《左傳》與《春秋》總論，其《穀梁》學所奠定之基本範式（經學義理、治經原則、解經方法等）成爲其《公羊》學、《左傳》學等之憑依。故蒙文通稱「《穀梁》釋經最密，先生（廖平）用力於《穀梁》最深」，「後復移之以治《公羊》、《左氏》，皆迎刃自解」。廖平《穀梁》

學、《公羊》學諸作大多成於經學前兩變，而《左傳》學及「三傳」總論則多爲第二變以後之作。現存「春秋類」著作二十六種，據廖氏治《春秋》次第與成書時間先後，其目如下：

①《穀梁》學：〔内學〕《穀梁春秋經傳古義凡例》一卷，《穀梁春秋經傳古義疏》十一卷；〔外學〕《釋范》一卷，《起起穀梁廢疾》一卷，《穀梁春秋經學外篇凡例》一卷。②《公羊》學：《何氏公羊春秋十論》一卷、《續十論》一卷、《再續十論》一卷（合爲《何氏公羊解詁三十論》），《公羊春秋補證凡例》一卷，《公羊春秋經傳驗推補證》十一卷、首一卷。③《左傳》學：《左傳古義凡例》一卷，《春秋左氏傳漢義補證簡明凡例》一卷，《春秋古經左氏説漢義補證凡例》一卷，《五十凡駁例》一卷，《左傳杜氏五十凡駁例箋》一卷，《左氏春秋學外編凡例》一卷，《春秋左傳杜氏集解辨正》二卷，《箴箴左氏膏肓》一卷，《左氏春秋考證辨正》二卷，《左傳經例長編》一卷（北圖鈔本），《春秋左氏古經説義疏》十二卷。④《春秋三傳》總論：《春秋圖表》二卷，《春秋孔子改制本旨三十問題》一卷，《素王制作宗旨三十題》一卷，《擬大統春秋條例》一卷，《春秋三傳折中》一卷。

（八）「孝經學」二種：廖平《孝經》學諸作多載於《孝經叢書目録》，多數未及得見，或擬撰未遂，或已亡佚，現存《孝經學凡例》一卷，《孝經叢書目録》一卷。

（九）「論語類」一種：廖平《論語》學之作多成於經學前兩變，其以《論語》爲「素王」微言，其凡例大端，在發群經之隱秘，故以例求隱，稽考舊説，發隱抉微，於《論語》之義，多有辨正。

現存一種，即作於第一變時的《論語彙解凡例》一卷。

（十）「小學類」五種：廖平文字訓詁之作現存四種。多成於經學六變以前，而民國間撰述者以尊孔尊經爲基調，不似早期漢學著述。廖氏初習宋學，张之洞督學四川後，提倡「兩文達」之學，廖平遂棄宋學而習漢學，自謂：「入尊經後，始從事訓詁文字之學，博覽考據諸書，始覺唐宋人文不如訓詁書字字有意。」其間，撰有《爾雅舍人注考》一卷、《六書説》一卷。進入經學第一變後，廖平將舊作《轉注假借考》補爲《六書舊義》一卷，以班固之説爲主，六書各分其類，以形、意、事、聲爲造字之法，轉注、假借爲用字之法。第四變之時，廖平推尊孔學，以爲廣大悉備，「人」、「天」並包，撰《文字源流考》一卷，以爲孔子繙經正名，特創六書雅言，未有六書之前，亦必有字母之時代，所謂孔氏古文，不能不由結繩而改進。古文其初發明，囿於鄒魯；今則東西南北，萬里而遙，所有齊語、楚咻、方言、百家語、外國語，無不爲其所吸收。六書必傳之萬世，統一全球。此説可謂孔經人學一統宇内之旁證。此期，另作有《隸釋碑目表》一卷。

（十一）「子學類」四種：廖平之學，始於經學，而及子學，廖氏以諸子之學，皆出於孔門四科，爲六藝支流，源皆本於六經。其所論及子學者十家：儒家、道家、釋家、陰陽家、法家、名家、墨家、縱横家、雜家、兵家，其中以儒家類居多。現存四種，涉及道、墨、陰陽者。四變之際，廖氏主「人天」之學，撰《莊子新解》一卷、《莊子經説敘意》一卷、《五行論》一卷，以敷宏其説。大抵以莊學出於孔子，其尊孔宗經，詬詘僞儒，傳六經之天學，心同《詩》、《易》。《莊子》一書屢言「大小」、「天人」之分，以天人、神人、至人爲天學三等，以仁、義、禮、樂爲人學四等。六合之内，聖人爲尊；六合以外，爲天人、至人。而「五行」全爲五帝學，經傳之《五帝德》本不指中國一隅而言，「天人」皆有五帝之説。六變之後，廖氏又爲伍非百《墨辯解詁》作序，成《墨辯解故序》一卷。

（十二）「醫書類」四十六種：廖平自幼習醫，舞勺之年，嘗從廖榮高學醫。至其晚年，於醫學諸作用力尤深。現存四十三種，作於第四變後期至第五變初，即一九一二年至一九一八年。初就《黄帝内經》中有關診絡、診皮等問題，進行專題考釋，並對日本丹波元堅所著醫書進行删輯，撰有《釋尺》二卷，《診絡篇》一卷，《診絡名詞》一卷，《診皮篇》二卷，《診皮名詞》一卷，《藥治通義輯要》二卷。繼而對脈絡諸説、診皮之法，平議補證，撰有《脈學輯要評》三卷，《脈經考證》一卷，《診絡篇補證》三卷，《診絡篇病表》一卷，《黄帝太素人迎脈口診補證》二卷（又名《人寸診補證》），《分方異宜篇》一卷，《診皮篇補證》一卷，《營衛運行楊注補證》一卷。此後，專治《黄帝内經》所論經脈者，於楊上善之説有所辨正，間論傷寒諸症，撰有《傷寒講義》一卷，《隋本黄帝内經明堂》一卷（附《攝生消息論》），《平脈考總論》一卷，《内經平脈考》一卷，《靈素五解篇》一卷，《素問靈臺秘典論篇新解》一卷，《楊氏太素三部診法補證》一卷，《九候篇診法補證》一卷，《十二經動脈表》一卷，《瘧解補證》一卷，《真藏見考》一卷。後又於《黄帝内經》論筋骨與論疑難者，以及「三部九候」諸説，詳辨疏證，撰有《診筋篇補證》一卷，《十二筋病表》一卷，《三部九候篇》一卷，《仲景三部九候診法》一卷，《難經經釋補證》二卷，《中西骨格辯正》一卷，《診骨篇補證》一卷。最後，圍繞「傷寒」，進行專題研究，力主古義，稽考諸説，平議優劣，間或訂補，撰有《傷寒總論》一卷，《傷寒古本考》一卷，《傷寒平議》一卷，《瘟疫平議》一卷，《太素傷寒總論補證》一卷，《桂枝湯講義》一卷，《巢氏病源補養宣導法》二卷，《熱病説》一卷（又名《太素四時病補證》），《傷寒雜病論古本》一卷，《傷寒古本訂補》一卷。此外，又成醫著目録三種，即《四譯館醫學叢書目》一卷，《隋本靈樞目録》一卷，《素問楊氏太素本目録》一卷。

廖平現存醫著雖多爲第四變之作，且以研討醫學問題爲主，然亦出現經、醫會通之傾向。廖氏以《靈樞》、《素問》分政治、醫診二大派，天道人事，異轍殊趨，釐定部居，剖析涇渭，庶政學收功於大統，醫術不遁於虛玄。故廖氏治醫，不惟以醫論醫，更是以醫明經。爲其經學第五變、第六變，借《靈樞》、《素問》，以「五運」、「六氣」等説而發明「天學」之旨，打通「人天」之際，奠定其思想基礎。而其後所撰《内經三才學説》（存目）、《靈素皇帝學分篇》（存目）、《靈素陰陽五行家治法考》（存目）等會通諸學之作，亦當爲此會通思想之反映。

（十三）「術數類」五種：廖平術數諸作現存五種，皆成於經學第四變之時。世傳唐楊筠松撰《撼龍經》、《疑龍經》、《天玉經》、《青囊奥語》、《都天寶照經》等著，專論地理形勢，或言山龍脈絡、結穴之義；或以陰陽星辰，言相地之法。然諸書文字簡略，術亦深奧，昔日術家多所不傳，故廖氏撰《地學答問》一卷，《撼龍經傳訂本注》一卷，仿《王制》、《周禮訂本》，分經、傳、説之例，掇其要語爲綱，採其詳説爲目，審辨部居，判劃門類，重訂《撼龍》之書；並以經學、天文、律曆爲本，探原於漢晉以前諸書，爲之鈎玄而提要；推重蔣大鴻之説，力辨飛宫挨星之誤，以輔弼分九星，並繪順逆交會各圖，以資證明，使楊氏絶學復明於世。雖蔣氏《地理辨正》一書，於楊氏諸作有所發明，然蔣書或囿於授受，或拘泥舊文，或懼於漏洩，故艱深隱僻，於是廖氏又撰《都天寶照經》一卷，《地理辨正補證》三卷（黄鎔箋述），以窮經之精思，研古先舊法，博采傳、緯、子、史諸説，勘明楊（筠松）、曾（文辿）立法之原。廖氏以術數諸書爲經傳之精華、天學之左證，故廖氏之作雖究地學，其所徵引，皆明孔道精微，亦足見地學肇端於聖經，推廣爲六合，扼要於天樞，會歸於《周易》，彌綸上下。又有《命理支中藏干釋例》一卷，以明其説。

（十四）「雜著類」十六種：此爲廖平各時期藝文之作，主要包括遊記、倫理、楚辭及文集彙編等。現存十五種，據成書時間，其目如下：《游峨日記》一卷，《國語義疏凡例》一卷，《倫理約編》一卷、附録一卷，《楚辭新解》一卷，《楚辭講義》一卷，《離騷釋例》一卷，《高唐賦新釋》一卷，《游戲文》一卷，《會試硃卷》一卷，《四庫西書提要》一卷，《四益館文集》一卷，《四益館雜著》一卷，《六譯館雜著》一卷，《四益館外編》一卷，《六譯館外編》一卷。

另據晚清民國各種報刊，还搜集到廖平的《集外文》一卷。

四、《廖平全集》的整理

廖平的著作，除部分未刊稿外，大部分隨撰隨刻或隨發表，除單行本外，還編有《四益館經學叢書》（收十二種）、《四益館醫學叢書》（收二十四種）、《則柯軒叢書》（分裝十册），後來成都刊印《蟄雲雷齋叢書》，上海刊《適園叢書》，都收有廖平著述。一九二一年四川存古書局輯印《六譯館叢書》，收録廖平著作最多，達一百零八種，雖説蔚爲大觀，但是仍然未全，如廖平研究《春秋》學的代表作《穀梁春秋經傳古義疏》，就没有收録。至於其他手稿、單篇散文，更是散見各處，有的甚至逐漸亡佚，故需要重新加以編録和整理。

自一九三二年廖平逝世後，學界即漸次展開了對其學術文獻的整理與研究。在思想研究方面，有的學者對廖平經學六變、經學思想、在中國經學史上之地位，以及與康有爲、張之洞等人之關係問題進行了深入的討論，已經取得豐碩成果。相較而言，廖氏學術文獻的整理，則顯得較爲薄弱，僅有李耀仙主編《廖平學術論著選集》（巴蜀書社，一九八九年）、《廖平選集》（巴蜀書社，一九九八年）、劉夢溪主編《中國現代學術經典・廖平蒙文通卷》（蒙默選輯，河北教育出版社，一九九六年）和王鳳蘭主編《廖平醫書合集》（天津科學技術出版社，二〇一〇年）等。由於是選編，這些選編和整理自然缺乏全面性、代表性和系統性。

從經學文獻的整理來看，兩部「選集」收録廖平的經學著作共計十五種，主要圍繞廖平經學「六變」，涉及禮學類、春秋類和論學類。它們的整理出版，爲廖平經學思想的研究提供了第一手資料，給相關研究提供了較大便利。然而，廖平經學著作多達百種，涉及《易》、《書》、《詩》、《三禮》、《樂》、《春秋三傳》、《論語》、《孟子》、《孝經》、《大學》、《中庸》等經典領域，卷帙浩繁，亡佚較多，仍需進一步全面系統地搜集整理。

從醫學文獻的整理來看，《廖平醫書合集》收録廖氏醫學著作二十二種，但仍然有部分醫書散在《合集》之外。

《廖平全集》即以《六譯館叢書》爲主，廣搜博採廖平已刻、未刻各類著述，還將散落各種雜誌檔案館的單篇文章四十八篇，收集起來編爲《集外文》。所收各書施以新式標點，還附録各類研究資料，爲學界提供齊全的廖平文獻。

可惜由於年久失收，廖氏有的著作早已不存或不知散落於何處。我們根據現存廖平著作的實際情況，將所收録廖平著述歸爲九大類（加上「附録」共十類）：（一）群經類（十七種）；（二）周易類（五種）；（三）尚書類（六種）；（四）詩經類（二種）；（五）三禮類（十一種）；（六）春秋類（十六種）；（七）雜著類（十四種）；（八）醫書類（二十六種、附六種）；（九）術數類（四種）；（十）附録（六種）。共收廖平專著一百零七種，其中集外單篇四十八種。其分類和分卷較前諸家稍有不同，且《六譯館叢書》彙印時將數種書合爲一種，或將多種單篇合爲一書，故總數統計稍異。如十八種「凡例」合刊爲《群經凡例》，故只統計爲一種。「醫書類」的一些小書，往往附刊於其他書後，未計種數。一些單篇文章則收入「雜著類」《集外文》。「附録」係廖平年譜、傳記、學術、評論等信息。此外，《六譯館叢書》所收《光緒會典》、《三巴金石目録》、《長短經是非篇》以及見於雜誌的《四庫西書提要》全係鈔録舊文，别無詮解；成都玉清道院所刊《吕祖忠孝誥附考》雖署「廖平校證」，實非廖平之作。故均不予收録。

編校的原則是要保持原貌，但是廖平爲了闡發自己的思想，往往有意改經，我們在點校時一般不予回改，必要時在校記中指出。底本中的異體字、俗字、避諱字，一般不强求規範；但對於其前後使用不同而有礙理解者，根據其使用頻率較高的一種酌情統一。引文與原書或通行本文字不同者，或顯係删節，又不影響文意者，一般不出校，也不改動原文。如果引文確實有誤，或與通行本形成較大反差者，酌情出校説明。對於前人的校勘成果，我們亦擇善而從。

由於廖平著作數量很多，收藏比較分散，一些藏書機構又坐地起價，搜集資料的過程可謂一波三折，艱難之至。含辛之餘，我們仍黽勉從事，盡量搜羅，并對這些著作進行全面系統的整理校點，力圖爲學界提供資料完備、校勘精良的廖平研究文獻。

本書的校點工作，主要由楊世文、舒大剛、邱進之、鄭偉承擔，其中楊世文教授组織審訂用力尤多。劉明琴、鄒豔、宋桂梅、仇利萍、张卉、吴龍燦、張玉秋、張夢雪、楊婷、薛會新、張慧、鍾雅瓊、劉洋、申婷婷、王芳、王小禕、陳悦、劉慧敏等分担了部分資料搜集校對工作。金生楊、潘斌、田君承擔了部分審讀工作。蒙默、廖名春、蔡方鹿、黄開國、郭齊、尹波等先生對編纂工作給予了極大的關心與支持。

最後我們要特别致謝的是，上海古籍出版社原社長王興康先生、原總編輯趙昌平先生，現社長高克勤先生、總編輯吕健先生，都對本書的出版給予了特别的關照；中共中央文獻研究室原主任、國際儒學聯合會會長滕文生先生，四川省政協原副主席章玉鈞先生，四川大學社科處處長姚樂野教授，都曾積極推動本書編纂與地方文化建設的結合。由於本稿的繁複性，奚彤雲、占旭東、杜東嫣等同志在編輯工作中付出了超常的精力。此情此義，真是感激莫名，謹在此一併致以衷心感謝！

由於我們的水平有限，其中可能有不少未盡人意之處，懇請識者不吝賜教。

《廖平全集》整理小組

二〇一四年八月

總目録

群經類

今古學考
古學考
經話（甲、乙）
知聖篇
知聖續篇
經學初程　〔以上第一册〕
群經凡例
群經大義
群經總義講義
尊經書院日課題目
經學六變記

尊孔篇 〔以上第二册〕
倫理約編
孔經哲學發微
皇帝大同學革弊興利百目
世界哲理箋釋
家學樹坊

周易類

易生行譜例言
四益易説
易經古本
易經經釋
貞悔釋例 〔以上第三册〕

尚書類

書經大統凡例
尚書今文新義
書尚書弘道編
書中候弘道編
書經周禮皇帝疆域圖表
經傳九州通解　〔以上第四册〕

詩經類

四益詩説
詩經經釋

三禮類

王制訂
王制集説
分撰兩戴記章句
禮記識
禮運禮器郊特牲訂
大學中庸演義
坊記新解
容經淺注
周禮訂本略注
周禮新義凡例
周禮鄭注商榷　〔以上第五册〕

春秋類

穀梁春秋經傳古義疏　〔以上第六册〕
公羊春秋經傳驗推補證　〔以上第七册〕
春秋左氏古經説義疏
春秋左傳杜氏集解辨正　〔以上第八册〕
起起穀梁廢疾
釋范
何氏公羊解詁三十論
擬大統春秋條例
左傳古義凡例
五十凡駁例
左傳杜氏五十凡駁例箋
箴箴左氏膏肓
左氏春秋考證辨正

左傳經例長編
春秋圖表
春秋三傳折中　〔以上第九册〕

雜著類

地球新義（戊戌本）
地球新義（丙子本）
六書舊義
文字源流考
莊子經説叙意
莊子新解
墨辯解故序
楚詞講義
楚詞新解
會試硃卷　〔以上第十册〕

游戲文
四益館雜著
四益館文集
集外文〔以上第十一册〕

醫書類

隋本黄帝内經明堂
内經平脈考
診皮篇補證
診筋篇補證
診骨篇補證
診絡篇補證
人寸診補證
分方異宜考〔以上第十二册〕
三部九候篇

營衛運行楊注補證
靈素五解篇
瘧解補證
脈學輯要評
脈經考證
傷寒總論
傷寒古本訂補
傷寒雜病論古本
傷寒古本考　〔以上第十三册〕
傷寒平議
傷寒講義
仲景三部九候診法
藥治通義輯要
難經經釋補證
巢氏病源補養宣導法
真藏見考

素問靈臺秘典論篇新解　〔以上第十四册〕

術數類

地理辨正補證
地學答問
漢志三統曆表
撼龍經傳訂本注

附録

四譯館外編
六譯先生年譜
六譯先生年譜補遺　〔以上第十五册〕
六譯先生追悼録
傳記與評論
井研藝文志　〔以上第十六册〕

群經類

群經類目録

今古學考……五
古學考……九九
經話(甲、乙)……一六三
知聖篇……三一七
知聖續篇……三七九
經學初程……四五一
群經凡例……四七五
群經大義……六三三
群經總義講義……七五三
尊經書院日課題目……八〇七
經學六變記……八七七
尊孔篇……九九一
倫理約編……一〇一九

孔經哲學發微……一〇五一
皇帝大同學革弊興利百目……一一六七
世界哲理箋釋……一一九五
家學樹坊……一二二五

今古學考

廖平 撰
黄海德 楊世文 校點

校點説明

《今古學考》是廖平的成名之作，也是經學「初變」時期最重要的代表作。此書核心思想萌發於光緒九年癸未（一八八三），「是年説經始分古、今。春赴北京會試不第，舟車南北，冥心潛索，得素王、二伯諸大義」（廖幼平編《廖季平年譜》），此後常以禮制説《春秋》。廖平有感於乾嘉以前經説混淆古、今學，使人失所依據，乾嘉之後學者雖知分古、今，然仍無歸屬，遂根據許慎《五經異義》而作此書，以禮制平分今、古。廖平自述著書宗旨曰：「故定爲今學主《王制》、孔子，古學主《周禮》、周公。……今、古兩家所根據，又多同於孔子，於是倡爲法古改制、初年晚年之説。……此《今古學考》張明兩漢師法，以集各代經學之大成也。」（《初變記》）此書主張「平分今古」，用東漢許、鄭法，上卷爲表，下卷爲説。上卷列表二十，回溯今、古文學源流，梳理今、古文學之界限和綫索。下篇於《經話》中取其論今、古學者一百零六則，申論今學歸本孔子、《王制》，古學歸本周公、《周禮》之旨。此書是廖平經學初變的標誌，影響巨大。光緒十五年（一八八九）俞樾與廖平會於蘇州，稱《今古學考》爲不刊之書。康有爲見此書，「乃盡棄其舊説」（梁啟超《清代學術概論》）。章太炎稱之曰：「善分別古、今文，蓋惠、戴、凌、劉所不能上。」（章太炎《程師》）此書作於光緒十一年乙酉（一八八五）至光緒十二年丙戌（一八八六）間，光緒十二年由成都尊經書局刊行，爲《四益館經學叢書》之一。此本又收入《六譯館叢書》，保持初刻原貌，民國十年辛酉（一九二一）印行，本次校點即以此本爲底本。此外還有清宣統三年（一九一一）上海國學扶輪社《張氏適園叢書初集》本、《蟄雲雷齋叢書》本、民國十七年（一九二八）資研社本等。

目録

今古學考原目……一一
今古學考卷上……一四
《漢藝文志》今古學經傳師法表……一四
《五經異義》今古學名目表……一八
《五經異義》今與今同古與古同表……一九
鄭君以前今古諸書各自爲家不相雜亂表……二三
今古學統宗表……二四
今古學宗旨不同表……二六
今學損益古學禮制表……二八
今學因仍古學禮制表……二九
今古學流派表……三〇
《兩戴記》今古分篇目表……三一
今古學專門書目表……三四

今古兼用雜同經史子集書目表 …… 三九
《公羊》改今從古《左傳》改古從今表 …… 四一
今古各經禮制有無表 …… 四二
今古各經禮制同名異實表 …… 四四
今古各經禮制同實異名表 …… 四六
今古學魯齊古三家經傳表 …… 四七
鄭君以後今古學廢絶表 …… 四八
今學盛于西漢古學盛于東漢表 …… 五〇
今古學經傳存亡表 …… 五二
今古學考卷下 …… 五四

今古學考原目①

卷上

《漢藝文志》今古學經傳師法表
《異義》今古學名目表
《異義》今與今同古與古同表
鄭君以前今古先師著書不相混亂表
今古學統宗表
今古學宗旨不同表
今學損益古學禮制表
今學因仍古學禮制表
今古學流派表

① 此爲廖氏原目，與正文所標略有出入。

《兩戴記》今古篇目表

今古學專門書目表

今古兼用今古所同經史子書目表

《公羊》改今從古《左傳》改古從今表

今古各經禮制有無表

今古各經禮制同名異實表

今古各經禮制同實異名表

今古學魯齊古三家經傳表

鄭君以後今古學廢絶表

今學盛于西漢古學盛于東漢表

今古學經傳存佚表

卷下

經話 一百□十□則①。

① 據統計，實爲一百零六則。

案：《藝文志》博士經傳及古經本，溯古學之所以名也。《異義》今、古名目，明東漢已今、古並稱也。《異義》條説之不同，先師著書之各異，使知今、古學舊不相雜也。凡此皆從前之舊説也。至于《統宗表》，詳其源也。《宗旨不同表》，説其意也。《損益》、《因仍》二表，明今之所以變古也。《流派篇目表》，理其委也。《戴記篇目》、《今古書目表》二表，嚴其界使不相混也。《改從》、《有亡》，辨其出入名實同異，究其交互。凡此皆鄙人之新説，求深于古者也。更録三家經傳，明齊學之中處；《今古廢絶》，詳鄭君之變法；《今古盛衰》，所以示今學之微；《經傳存佚》，所以傷舊學之墜。至于此而今、古之説備矣。所有詳論，並見下篇。丙戌六月朔日，編成識此。井研廖平。

今古學考卷上

《漢藝文志》今古學經傳師法表

《易》，施、孟、梁丘、京、高。案：此五家，今學也。班於今學皆不加「今」字。

《易》，費。案：此一家，古學也。班不言古經。

班曰：「漢興，田何①傳之。訖於宣、元，有施、孟、梁丘、京氏，列於學官。而民間有費、高二家之説。劉向以中古文《易經》校施、孟、梁丘經，師古曰：「中者，天子之書也。言中，以别於外。」或脱去『無咎』、『悔亡』。唯費氏經與古文同。」

《尚書經》二十九卷。班注：「大小夏侯二家。歐陽經三十二卷②。」師古曰：「此二十九卷，伏生傳授者。」案：此今學。

《尚書古文經》四十六卷。班注：「爲五十七篇。」案：此古學，班言古經。

班曰：「秦燔書禁學，濟南伏生獨壁藏之。漢興亡失，求得二十九篇，以教齊魯之間。訖

---

① 田何：原作「田和」，據《漢書·藝文志》改。

② 三十二卷：原作「二十二卷」，據《漢書·藝文志》改。

孝宣世，有歐陽、大小夏侯氏立於學官。《古文尚書》者，出孔子壁中。武帝末，魯共王壞孔子宅，欲以廣其宫，而得《古文尚書》及《禮記》、《論語》、《孝經》凡①數十篇，皆古字也。孔安國者，孔子後也，悉得其書，以考二十九篇，得多十六篇。安國獻之，遭巫蠱事，未列於學官。劉向以中古文校歐陽、大小夏侯三家經文，《酒誥》脱簡一，《召誥》脱簡二。率簡二十五字者，脱亦二十五字；簡二十二字者，脱亦二十二字。文字異者七百有餘，脱字數十。」

《詩經》二十八卷，魯、齊、韓三家。案：此三家，今學。

《毛詩》二十九卷。案：此古學，班不言古經。

班曰：「漢興，魯申公爲《詩》訓故，而齊轅固生②、燕韓生皆爲之傳。三家皆列於學官。又有毛公之學，自謂子夏所傳，而河間獻王好之，未得立。」

《禮經》七十篇。后氏、戴氏。《記》百三十一篇。七十子後學者所記也。《明堂陰陽》三十三篇。古明堂之遺事。《王史氏》二十一篇。七十子後學者。劉向《别録》云：「六國時人也。」《曲臺后蒼》九篇。案：此今學。

① 案：「凡」前原衍「二」字，據《漢書・藝文志》删。

② 轅固生：原脱「生」字，據《漢書・藝文志》補。

《古經》五十六卷。《周官經》六篇。王莽時劉歆置博士。師古曰：「即今之《周官禮》也。亡其《冬官》，以《考工記》充之。」案：此古學，班言古經。

班曰：「漢興，魯高堂生傳《士禮》十七篇。訖孝宣世，后蒼最明。戴德、戴聖、慶普皆其弟子，三家立於學官。《禮古經》出於魯淹中。」

《春秋經》十一卷。公羊、穀梁二家。《公羊傳》十一卷。《穀梁傳》十一卷。公羊子，齊人。穀梁子，魯人。案：此今經。

《古經》十二篇。《左氏傳》三十卷。左丘明，魯太史。案：此古學，班言古經。

班曰：「《公羊》、《穀梁》立於學官。」

《論語》，《魯》二十篇，《齊》二十二篇。多《問王》、《知道》。案：此今經。

《古》二十一篇。出孔子壁中，兩《子張》。案：此古學，班言古經。

班曰：「漢興，有魯、齊之説。傳《齊論》者，昌邑中尉王吉、少府宋畸、御史大夫貢禹、尚書令五鹿充宗、膠東庸生，唯王陽名家。傳《魯論語》者，常山都尉龔奮、長信少府夏侯勝、丞相韋賢、魯扶卿、前將軍蕭望之、安昌侯張禹，皆名家。張氏最後，而行於世。」

《孝經》一篇。十八章。長孫氏、江氏、后氏①、翼氏四家。案：此今學。

① 后氏：「后」下原衍「一」字，據《漢書・藝文志》删。

《古孔氏》一篇。二十二章。劉向云：「古文字也。《庶人章》分爲二也，《曾子敢問章》爲三，又多一章，凡二十二章。」

案：此古學。

班曰：「漢興，長孫氏、博士江翁、少府后蒼、諫大夫翼奉、安昌侯張禹傳之，各自名家，經文皆同。唯孔氏壁中古文爲異。『父母生之，續莫大焉』，『故親生之膝下』，諸家説不安處，古文字讀皆異。」

案：此漢人今、古分派之始也。經在先秦前已有二派，一主孔子，一主周公，如三《傳》是也。齊魯，今學；燕趙，古學。漢初儒生達者皆齊魯，以古學爲異派，抑之，故致微絶。當時今學已立學官，而民間古學間有傳者。如《毛詩》、《費易》。後孔壁古經出，好古之士復據此與今學相難，今學亦無以奪之。雖不立學官，隱有相敵之勢。至于劉歆校書得古文，古學愈顯。世以孔壁所出經皆古字，别異于今學，號曰「古經」，與博士本並行。至後漢，而今、古之名立矣。

《五經異義》今古學名目表

今《易》京、孟説　古《周禮》説

今《尚書》夏侯、歐陽説　古《尚書》説

今魯、齊、韓《詩説》　古《毛詩》説

今《春秋》公羊、穀梁説　古《左氏》説

今《禮戴》説　古《孝經》説

今《孝經》説

今《論語》説

許氏《説文序》，其偁《易孟氏》、《書孔氏》、《詩毛氏》、《禮周官》、《春秋左氏》、《論語》、《孝經》，皆古文也。案：《漢書・藝文志》「孟」當作「費」。

案：西漢今學立在學官，古學傳之民間，當時學者稱古學爲「古文」。蓋博士説通行，惟古爲異，故加號别異，目爲古也。至於東漢，古學甚盛，遂乃加博士説以「今」字。故班氏以前猶無「今」號，至許氏《異義》，乃今、古並稱。古號得於西京，今號加於東漢，合而觀之，端委可尋矣。

《五經異義》今與今同古與古同表

許君《五經異義》臚列今、古師説，以相折中。今與今同，古與古同，二者不相出入，足見師法之嚴。今就陳本標厥名目，以見本原，條其異同，使知舊本二派，自鄭君以後乃亂之也。

今《易》京氏説 一

《易》孟、京説 一

《易》孟、京，《春秋》公羊説 一

《易》孟氏、《韓詩》説 一

案：以上今《易》孟、京説，全與古學異，與今學《春秋》、《詩》同。

今《尚書》歐陽説 二

今《尚書》歐陽、夏侯説 四

夏侯、歐陽説 一

案：以上今《尚書》歐陽、夏侯説，全與古學説不同。

今《韓詩》説 一

今《詩》韓、魯説 一

《詩》齊、魯、韓，《春秋》公羊說　一

《韓詩》說　二

《詩》齊說、丞相匡衡說　一

治《魯詩》丞相韋玄成說　一

案：以上今《詩》魯、齊、韓三家說，全與古學異，與今學《春秋公羊》同。

今《春秋》公羊說　七

《春秋》公羊說　四

《春秋》公羊、穀梁說　二

《公羊》說　二十三

《穀梁》說　二

《春秋》公羊董仲舒說　一

《公羊》以爲，《穀梁》亦以爲一

大鴻臚眭生說　一

議郎尹更始、待詔劉更生等議一

案：以上今《春秋》穀梁、公羊說，與古學全異。

今《禮》戴說　三

今大戴《禮説》二

今《禮》戴、《尚書》歐陽説 一

《禮》戴及匡衡説 一

大戴説 一

戴説 一

《戴禮》及《韓詩》説 一

《禮》戴説 一

戴《禮》、《公羊》説 一

案：以上今《禮》戴説，全與古學異，與今《尚書》、《詩》同。

今《孝經》説 二

《孝經》説 一

今《論語》説 一

案：以上今《孝經》、《論語》説①，與古學全異。

古《尚書》説 九

① 論語説：原作「論説」，據文意補。

古《毛詩》説 三

　《毛詩》説 六

古《左氏》説 二

古《春秋左氏》説 五

古《春秋左氏傳》説 二

　《春秋左氏》説 三

　《左氏傳》 四

　《左氏説》 二十四

　奉德侯陳欽説一

古《周禮》説 十二

古《周禮》、《孝經》説 一

　《周禮》説 二

　侍中騎都尉賈逵説 一

案：以上古《尚書》、《毛詩》、《左氏春秋》、《周禮》説，全與今《禮》異，而自相同。審此，足見古《禮》自爲古《禮》一派，與今異也。其有誤説三條，一爲《穀梁》、《公羊》與《左氏》同，一爲貢禹與《古文尚書》同，駁見下卷。

鄭君以前今古諸書各自爲家不相雜亂表

《尚書》歐陽、夏侯説
三家《詩》故、傳
《韓詩》薛、侯説
《春秋》嚴、顔①、尹、劉説
《公羊》何氏《解詁》
《孝經》后、張、長孫説
《論語》張、包説

案：以上各家皆今學。所著書除何氏《解詁》以外，見于玉函山房輯本所引用，全本于《王制》，不雜用古學説，不如范氏注《穀梁》，據《周禮》古學説以攻《傳》。可知東漢以前，今學與今學自爲一派，與古别行，不求强同。以古亂今者，皆鄭君以後之派，舊原不如此也。

《尚書》賈、馬注
《毛詩故訓傳》
《周禮》二鄭、杜、賈、馬注
《禮記》馬、盧注
《左傳》劉、鄭、賈、馬、服、潁、許注
《論語》馬氏《訓説》
《國語》賈注
《説文解字》

案：以上皆古學。所著書除《説文解字》外，皆見于馬輯本所引用，全本于古學各書不用博士説，不如鄭君注《周禮》、《毛詩》雜用今禮。可知秦漢以來，古學獨行，自爲一派，不相混雜。考之古書，證以往事，莫不皆然。非予一人之私言，乃秦漢先師之舊法也。

① 顔：原作「彭」，據《漢書・藝文志》改。

今古學統宗表

今學	古學
《王制》爲今學之主	《周禮》爲古學之主
《穀梁》全同《王制》	《孝經》爲古學
《儀禮記》爲今學	《儀禮》經爲古學
《戴禮》有今學篇	《戴記》有古學篇
《公羊》時參古學	《左傳》時有緣經異説
《魯詩》	《逸禮》古學
《魯論語》以上魯。	
《楊氏易》	《費氏易》
《施氏易》	
《孟氏易》	
《梁丘氏易》	
《京氏易》	
《高氏易》	
《歐陽氏尚書》	《古文尚書》
《大夏侯氏尚書》	

《小夏侯氏尚書》

《齊詩》

《齊論語》以上齊。

《韓氏易》

《韓氏書》

《韓氏詩》以上韓。

今《孝經》

案：《公羊》以前皆經本今學先師依經立說者也。以下十七家則皆據《王制》說推衍比附于諸經者也。今經爲孔子晚年之書，故弟子篤信謹守，欲以偏說群經。此今學統宗之沿變，事詳《王制義證》。

《毛詩》

古《論語》

案：《逸禮》以上皆經本古學先師依經立說者也。以下四家，則皆據古《禮》說推衍比附以說群經者也。古經出于壁中，較今經多，博士抑之，不得立。好古之士嫉博士如仇，故解四經亦用古說，以與今爲難。故不惟古經用古說，即無今、古之分者亦用古說，此後來之變也。至于古經，漢初亦有傳習，其說與今異者，則又好古之士與今學樹敵，在先秦已如此也。

今古學宗旨不同表

今	古
今祖孔子	古祖周公
今《王制》爲主	古《周禮》爲主
今主因革參用四代禮。	古主從周專用《周禮》。
今用質家	古用文家
今多本伊尹	古原本周公
今孔子晚年之説	古孔子壯年主之
今經皆孔子所作	古經多學古者潤色史册
今始于魯人，齊附之	古成于燕趙人
今皆受業弟子	古不皆受業
今爲經學派	古爲史學派
今意同《莊》、《墨》	古意同史佚
今學意主救文弊	古學意主守時制
今學近于王	古學帥乎伯
今異姓興王之事	古一姓中興之事
今西漢皆立博士	古西漢多行之民間
今經傳立學，皆在古前	古經傳立學，皆在今後

今	古
今由鄉土分異派	古因經分異派
今禮少，所無皆同古禮	古禮多，所多皆同今學
今所改皆周制流弊	古所傳多禮家節目
今漢初皆有經，本非口受	古漢初皆有師，後有廢絶
今以《春秋》爲正宗餘皆推衍《春秋》之法以說之者。	古惟《周禮》爲正宗即《左傳》亦推衍以說之者，餘經無論矣。
今多主緯候①	古多主史册
今學出於春秋時	古學成于戰國時
先秦子書多今學	先秦史册皆古學
今秦以前無雜派	古秦以前已有異說
今無緣經立說之傳	古有緣經立說之傳
今無儀注，皆用周舊儀	古有專說，不通別經
今經唯《王制》無古學餘經皆有，推衍古派。	古經唯《周禮》無今說餘經皆有，推衍今派。
《孝經》本無今說	《春秋》本無古學
今經唯存《公》、《穀》，范氏以古疑今	古經皆存，鄭君以今雜古學
注今經，李、何以前不雜古	注古經，馬、許以前不雜今
《戴禮》古多于今，漢儒誤以爲今學	子學皆今學，漢儒誤以爲古
古《儀禮》經，漢初誤以爲今	今《王制》，先師誤以爲周
以上說皆見下卷。	以上說見下卷。

① 候：原作「侯」，據文意改。

今學損益①古學禮制表

此專表今、古不同者。

古	今
古封公方五百里，侯方四百里，伯方三百里，子方二百里，男方一百里。地五等	今封公、侯方百里，伯方七十里，子、男方五十里。地三等
古一甸出一車	今十井出一車
古六卿大夫士員無定數	今公卿大夫士皆三輔一
古畿內不封國	今畿內封國
古有世卿，無選舉	今無世卿，有選舉
古《周禮》十二年一巡守	今《王制》五年一巡守
古天子下聘，不親迎	今天子不下聘，有親迎
古禘大于郊，無祫祭	今禘爲時祭，有祫祭
古天子無大廟，有明堂	今天子有大廟，無明堂
古刑餘爲閽人	今刑餘不爲閽人
古社稷皆人鬼	今社稷皆天神
古田稅以遠近②分上下	今皆什一，分遠近
古山澤皆入官家	今山澤無禁
古厚葬	今薄葬
古七廟祭有日、月、時之分	今七廟皆時祭

① 損益：原作「改變」，據卷首標目改。
② 近：原無，據文意補。

案：今異于古，皆孔子損因周制之事。擬撰《今古禮制不同表》，姑發其凡，以示義例。

今學因仍古學禮制表 此專表今、古相同者。

古	今
古《曲禮》有二伯、州牧、庶邦小侯	今《王制》有二伯、方伯、卒正
古《周禮》州牧立監	今《王制》方伯有監
古《周禮》天子六軍，大國三軍，次國二軍，小國一軍	今《王制》同
古《周禮》有冢宰、司徒、司馬、司寇、司空官	今《王制》同有惟冢宰司徒兼職，司寇屬于司馬，不同。
古《内則》養老儀節	今《王制》同
古《儀禮》經五禮儀節	今《儀禮記》同
古《周禮》明堂參用四代禮樂彝器	今《三朝記》四代同
古《左傳》文襄制：諸侯比年小聘，三年大聘，五年一朝	今《王制》同
古《周禮》親耕田獵	今《王制》同
古《祭義》祭廟儀節	今《祭統》同

案：今、古相同，此孔子因仍周制不改者也。擬撰《今古禮制通用表》，姑發其凡，以示義例。

今古學流派表

今魯派

今齊派

今韓派

今緯派

今《易》、《尚書》、《詩》、《孝經》、《論語》派

案：今學舊本一派，傳習者因地而異，故流爲齊、韓派。大約齊學多主緯説。至于《易》、《尚書》、《詩》、《孝經》、《論語》，本不爲今派，學者推今禮以偏説群經，乃有此流變，則亦如古學之緣經立説也。今派全由鄉土致歧異。

古《周禮》派

古《國語》派

古《左傳》派

古《孝經》派

古《易》、《尚書》、《詩》、《論語》派

案：古學舊有四派，皆緣經立説。《周禮》、《國語》自爲派。《左傳》、《孝經》因經而異，故不能同。至于《易》、《尚書》、《詩》、《論語》，本不爲古派。學者推古禮以偏説群經，乃有此流變，則純爲緣經立説者矣。古學無因鄉土而異之事，各門皆專派。

兩《戴記》今古分篇目表

今	古	今、古雜	今、古同
《王制》 《千乘》 《四代》 《虞戴德》 《冠義》 《昏義》 《鄉飲酒義》 《射義》 《燕義》 《聘禮》	《玉藻》 《深衣》 《盛德》 《朝事》以上《周禮》。 《祭法》 《曲禮》 《檀弓》 《雜記》以上《左傳》。 《祭義》 《曾子立事》、《本孝》、	《文王世子》小學。 《中庸》 《本命》以上儒家。 《樂記》樂。 《月令》陰陽家。	《武王踐阼》 《文王官人》 《五帝德》 《帝繫姓》以上史學。 《大學》 《學記》 《勸學》 《衛將軍文子》以上學問。 《經解》 《緇衣》 《坊記》

《祭統》
《主言》
《哀公問于孔子》
《禮三本》
《喪服四制》

《立孝》、《大孝》、《事父母》、《制言》三、《疾病》、
《天圜》以上《孝經》。
《內則》
《少儀》
《保傅》以上小學。
《禮運》
《禮器》
《郊特牲》以上《詩》《禮》。
《明堂》
《明堂位》
《諸侯遷廟》
《諸侯釁廟》

《表記》以上經學。
《儒行》
《子張問入官》①
《哀公問五義》
《仲尼燕居》
《孔子閒居》
《禮察》
《小辨》
《用兵》
《少閒》
《易本命》
《誥志》
《哀公問》以上儒家。
《夏小正》陰陽家。

① 子張問入官：「問」字原脱，據《大戴禮記》補。

《投壺》二篇。

《公冠》以上《逸禮》。

《奔喪》

《曾子問》

《喪大記》

《問喪》以上喪禮。

《喪服小記》

《大傳》

《服問》

《閒傳》

《三年問》以上喪服。

今古學專門書目表①

今學書目表治今學者祇許據此表書，不得雜古學。

《王制》

《穀梁春秋》

《公羊春秋》

《儀禮記》

《戴記》今學各篇

《孟子》

《荀子》

《墨子》

《司馬法》

《韓非子》

《吴子》

古學書目表治古學者祇許據此表書，不得雜今學。

《周禮》

《左氏春秋》

《儀禮經》

《戴記》古學各篇

《逸周書》

《國語》

《説文》以上今存本。

① 案：此標題原無，據本書卷首目録補。

《易緯》

《尚書大傳》

《春秋繁露》

《韓詩外傳》

《公羊何氏解詁》以上今存本。

《易》

《子夏易傳》漢韓嬰。

《薛氏記》薛虞。

《蔡氏易説》蔡景居。

《丁氏易傳》漢丁寬。

《韓氏易傳》漢韓嬰。

《淮南九師道訓》漢劉安。

《施氏章句》漢施讎。

《孟氏章句》漢孟喜。

《梁丘氏章句》漢梁丘賀。

《京氏章句》漢京房。

《易》

《古五子易傳》

《費氏易》漢費直。

《費氏易林》漢費直。

《周易分野》漢費直。

《馬氏注》後漢馬融。

《書》

《今文尚書》

《歐陽章句》漢歐陽和伯。

《大夏侯章句》漢夏侯勝。

《小夏侯章句》漢夏侯建。

《尚書緯六種》馬輯本，鄭注。

《詩》

《魯詩故》漢申培。

《齊詩傳》漢后蒼。

《齊詩翼奉學》漢翼奉。

《韓詩故》漢韓嬰。

《韓詩内傳》漢韓嬰。

《韓詩説》漢韓嬰。

《韓詩薛君章句》漢薛漢。

《韓詩翼要》漢侯苞。

《詩緯三種》馬輯本，宋注。

《書》

《古文尚書》

《古文訓》漢賈逵。

《馬氏傳》漢馬融。

《詩》

《毛詩馬氏傳》後漢馬融。

《周官禮》

《鄭大夫解詁》漢鄭興。

《鄭司農解詁》漢鄭衆。

《杜氏注》漢杜子春。

《賈氏解詁》漢賈逵。

《周官傳》漢馬融。

《儀禮》

《大戴喪服變除》漢戴德。

《石渠禮論》同上。

《冠禮約制》漢何休。

《禮記》

《禮傳》後漢荀爽。

《月令章句》後漢蔡邕。

《月令問答》同上。

《禮緯三種》馬輯本，宋注。

附：《樂緯三種》宋注，馬輯本。

《春秋》

《春秋大傳》

《春秋決事》漢董仲舒。

《公羊嚴氏春秋》漢嚴彭祖。

《公羊顔氏記》漢顔安樂。

《穀梁傳尹氏章句》漢尹更始。

《儀禮》

《婚禮謁文》漢鄭衆。

《喪服經傳》後漢馬融。

《禮記》

《禮記馬氏注》後漢馬融。

《禮記盧氏注》後漢盧植。

附：《樂經》漢劉歆。

《樂記》同上。

《樂元語》同上。

《鍾緯書》同上。

《春秋》

《左傳劉氏注》漢劉歆。

《春秋牒例章句》後漢鄭衆。

《左氏傳解詁》後漢賈逵。

《左氏長經》後漢賈逵。

《穀梁傳記》漢劉向。

《解疑論》後漢戴宏。

《公羊文謚例》後漢何休。

《春秋緯十五種》馬輯本，宋注。

《孝經》

《孝經傳》魏文侯。

《后氏說》漢后蒼。

《安昌侯說》漢張禹。

《長孫氏說》漢長孫氏。

《孝經緯九種》宋注，馬輯本。

《論語》

《齊論語》

《安昌侯論語》漢張禹。

《包氏章句》後漢包咸。

《三傳異同說》後漢馬融。

《左傳解誼》後漢服虔。

《春秋成長義》

《左氏膏肓釋痾》並服虔，附《解誼》後。

《春秋釋例》後漢潁容。

《春秋奇說》後漢彭汪。

《左傳許氏注》後漢許淑。

《論語》

古《論語》

《孔氏訓解》漢孔安國。

《馬氏訓說》後漢馬融。

《周氏章句》後漢周氏。 《論語緯一種》宋注，馬輯本。 以上原書皆亡，今據馬、陳輯本補録。今學諸書皆爲《王制》派①，可以《王制》統諸書也。	以上原書皆亡，今據馬輯本補録。鄭康成注、箋雜有今學，不録。古學諸書皆爲《周禮》派，可以《周禮》統諸書也。

今古兼用雜同經史子集書目表②

今多于古	古多于今	今、古雜	今、古同
《五經通義》	《鄭注周禮》	《鄭注禮記》	《爾雅》
《石渠論》	《鄭箋毛詩》	《鄭駁異義》	《急就章》
《白虎通》	《鄭注周易》	《鄭攻膏肓》	《方言》
《孔子集語》	《鄭注尚書》	《起廢疾》	《博雅》
《訓纂》	《鄭注論語》	《發墨守》	《埤倉》

① 派：原無，據文意補。

② 案：本書卷首目録作「今古兼用今古所同經史子集書目表」。

《古文官書》
《史記》
《漢書》
《列女傳》
《新序》
《説苑》
《公孫龍子》
《莊子》
《尹文子》
《老子》
《關尹子》
《列子》
《文子》
《太玄》
《法言》
《鹽鐵論》
《新論》
《獨斷》以上子部。

《鄭注孝經》
《五經異義》
《三倉》
《倉頡》
《凡將》
《後漢書》
《三國志》
《商子》
《鄧析》
《鬼谷子》
《新語》
《新書》
《論衡》
《潛夫論》
《申鑒》
《風俗通義》

《鄭志》
《杜左傳注》
《六藝論》
《魯禘祫義》
《家語》
《孔叢》
《聖證論》
《僞孔傳》
《釋名》以上經部。
《尸子》
《鶡冠子》
《燕丹子》
《吕氏春秋》
《淮南子》

《楚辭》集部。

《古今字詁》
《戰國策》
《世本》
《山海經》
《竹書紀年》
《穆天子傳》
《越絶書》
《吴越春秋》
《晏子春秋》
《虞氏春秋》
《古史考》以上史部。
《孫子》
《六韜》
《管子》
《慎子》
《素問》
《周髀》

《公羊》改今從古《左傳》改古從今表①

《公羊》改今用古表	《左傳》改古從今表
《王制》、《穀梁》：禘爲時祭。《公羊》以爲殷祭。 《王制》、《穀梁》：妾母不得爲夫人。《公羊》：妾母爲夫人。 《王制》、《穀梁》：葬不爲雨止。《公羊》：雨不克葬，謂天子諸侯。 《穀梁》：夫人不歸寧。《公羊》：夫人得歸寧。同《左傳》。 《王制》、《穀梁》：二伯。《公羊》以爲五伯。從《左傳》。 《穀梁》言用皆不得禮。《公羊》于用下有合禮、不合禮。	《國語》：禘於圜丘，稱禘郊。《左傳》：禘於太廟，祀文王。 《祭法》有祧廟，無世室。《左傳》有世室，無祧廟。 《祭法》無太廟，祖宗在明堂。《左傳》有太廟，無明堂。 《周禮》：大夫有刑。《左傳》：刑不上大夫。 《周禮》：刖者爲閽。《左傳》：刑人不在君側。 《國語》：日祭、月享、時祀。《左傳》用時祭，無日、月祭。

① 案：本標題原無，據本書卷首目録加。

案：《公羊》今學，有改今從古之條；《左傳》古學，有從今改古之條。蓋《公羊》居近燕、趙，有雜采；《左傳》屈於經，又不能不宛轉求通。二家其事相同，一因乎地，一求合于經之故也。姑發其例如此，不詳録也。《王制》、《周禮》、《國語》、《孝經》皆自成一説，不求合於人，故與二傳不同。

今古各經禮制有無表

	今《穀梁》	今《公羊》	古《周禮》	古《左傳》	古《國語》	古《孝經》
同會同。	無	無	有	無	不見	無
祧廟	無	無	有	有	有	無
壇墠	無	無	有	有	有	無
太廟	有	有	無	有	無	不見
明堂	無	無	有	有	有	有
世室	有	有	無	有	無	不見
禘	有	有	無	有	有	有
祫	有	有	無	無	無	無
原廟	無	無	有	有	有	不見
宗	無	無	有	無	有	不見

遇	無	無	有	無	有	不見
祔主	無	無	有	有	有	不見
三公	有	有	有而不同			不見
六卿	無	無	有	有	有	不見
監	有	有	有	無	無	不見

案：以上禮制有無，舊説多牽混言之。今表其有無，無者即可不言此禮。擬通撰定一表，姑發其例如此。

今古各經禮制同名異實表

	今《穀梁》	今《公羊》	古《周禮》	古《左傳》	古《國語》	古《孝經》
禘	夏祭	大祀太廟	不見	大祀太廟	祀天帝	春祭
郊	祀天	祀天配人鬼	不見	祈穀、祀后稷	祀上帝	祀后稷以配天
社	祀地祇	同上	祀人鬼	同上	同上	祀地祇
雩	祈雨	同上	祈雨、祈穀	同上	同上	不見
五等爵名	非實爵	同上	實爵	非實爵	實爵	同上
五爵封地	三等	同上	五等	五等	五等	同上
三公	司徒、司馬、司空	同上	太師、太傅、太保	同上	同上	同上
喪中不祭	群廟皆不祭 郊天不廢	同上	惟新祔主不祭	同上	同上	不見 不見
喪中祭		同上	群廟皆祭	同上	同上	不見

三軍	方百里所出	同上	方五百里所出	同上	同上	不見
七廟	太祖、三昭、三穆	同上	不見	考廟、四親廟、二祧	同上	不見
服	三服	同上	五服	同上	同上	不見
附庸	不及方五十里	同上	不見	同上	同上	不見
公	執事	同上	不執事	執事	不執事	不見
卿	在古學爲大夫	同上	在今學爲公	同上	同上	不見

案：以上各經同名實異者，此當分別觀之。後儒不知，混爲一説，則名實淆矣。擬撰《群經同實異名表》，姑發其例如此。

今古各經禮制同實異名表

	今《穀梁》	今《公羊》	古《周禮》	古《左傳》	古《國語》	古《孝經》
春祭	祠	礿	同上	郊	不見	禘
夏祭	禘	祠	禴	雩	不見	無
太廟	太廟	同上	郊	太廟	郊	郊
宗廟	世室	同上	明堂	世室	明堂	明堂
禮官	司徒	同上	宗伯	同上	同上	不見
功德祭	因祭	同上	五祀	同上	同上	不見
朝	四時同名	同上	四時異名	四時同名	四時異名	不見
	庶人在官	同上	府史胥徒			不見
方伯	方伯	同上	牧	州牧	牧	不見
井田	一井八家	同上	一井九家	同上	同上	不見

案：以上各經同實異名者，此當分別觀之。後儒不知，混爲一説，則名實淆矣。擬撰《群經同實異名表》，姑發其例如此。

今古學魯齊古三家經傳表

魯	齊	古
《易》亡	《田何易》	《費易》
《書》亡	伏生《尚書》	《古文尚書》
《魯詩》	《齊詩》附《韓詩》。	《毛詩》
《穀梁春秋》	《公羊春秋》	《左傳春秋》
《高堂儀禮》	后倉、大小戴《記》	《周禮》
今《孝經》不分魯、齊	同上	古《孝經》孔氏
《魯論語》	《齊論語》	古《論語》

案：今、古之分，魯篤守《王制》，于今學爲純。古學全用《周禮》，于古爲純。南北相馳，

辛甘異味，齊學本由魯出，間居兩大之間，不能不小用古學，如《公羊》是也。漢博士唯齊學盛，以伏生、公孫弘皆齊學也。魯學《易》、《書》皆不傳，蓋亡在漢初，非舊亡也。今立此表以明三派，以魯、古爲準，齊消息于其中。亦如《春秋》日、月、時例，月在中無正例，三學之齊即《春秋》之月例也。

鄭君以後今古學廢絕表

武帝	楊氏				歐陽氏		
宣帝	施氏	孟氏	梁丘氏		同上	大小夏侯	
元帝	同上	同上	同上	京氏	同上	同上	
平帝	同上	同上	同上	同上	同上	同上	《古文》
光武	施氏	孟氏	梁丘氏	京氏	歐陽氏	大小夏侯	不立
章帝	同上	同上	同上	同上	同上	同上	《古文》受學。
魏	鄭《易注》		亡	亡			鄭《書注》
晉	鄭《易注》	王《易注》					鄭《書注》

武帝	魯	齊	韓		后氏				公羊				
宣帝	同上	同上	同上		大小戴氏				同上		穀梁		
元帝	同上	同上	同上		同上				同上		同上		
平帝	同上	同上	同上	毛	同上		《逸禮》	《周禮》	同上		同上	左氏	
光武	魯	齊	韓	不立	大小戴氏	不立	不立	不立	顏氏	嚴氏	不立	左氏後廢。	
章帝	同上	同上	同上	毛受學。	同上	同上	同上	同上	同上	同上	穀梁受學。	左氏受學。	
魏		不立	不立	鄭《毛詩箋》	鄭《禮記注》	鄭《儀禮注》	亡	鄭《周禮注》	何注			賈、服注	
晉		亡	亡	同上	同上	同上		同上	同上		范注	賈、服注	杜注

今學盛于西漢古學盛于東漢表

今學	古學
《楊氏易》武帝時立，光武時未立。 《施氏易》孝宣時立，光武時復立。 《孟氏易》孝宣時立，光武時復立。 《梁丘氏易》孝宣時立，光武時復立。 《京氏易》元帝時立，光武時復立。	《費氏易》西漢未立。東漢陳元、鄭衆傳其學，馬融作傳，鄭玄作注。
《歐陽尚書》武帝時立，光武時復立。 《大小夏侯尚書》孝宣時立，光武時復立。	《孔氏古文尚書》平帝時立，光武時未立。肅宗時詔高才生受杜林傳其學。賈逵作訓，馬融作傳，鄭玄作注。
《魯詩》文帝時立，光武時復立。 《齊詩》孝宣時立，光武時復立。 《韓詩》孝文時立，光武時復立。	《毛詩》平帝時立，光武時復立。肅宗時詔高才生受衛宏，鄭衆好其學。衛宏作序，馬融作傳，鄭玄作箋。

今	古
《大戴禮》孝宣時立，光武時復立。 《小戴禮》孝宣時立，光武時復立。 《慶氏禮》未立。	《周官禮》王莽時立。中興，鄭衆傳其學。馬融作傳，鄭玄作注。
《公羊春秋》宣帝時立，光武時復立。 《穀梁春秋》孝宣時立，光武時未立。	《左氏春秋》平帝時立，光武時立，後罷。肅宗時，詔高才生受鄭興，陳元傳其學。賈逵作訓，服虔作注。
附： 《高氏易》未立。 今《孝經》 今《論語》趙岐説有博士。	附： 古《孝經》未立。 古《論語》未立。

案：今學盛于西漢，屏斥古學不得顯。古學盛于東漢，今學寖微。二學積爲仇敵，相與參商。馬融指博士爲俗儒，何休詆古文爲俗學。可見鄭君以前，二學自爲水火，不苟同也。

今古學經傳存亡表

《楊氏易》《漢志》不著録。

《施氏易》《隋志》：亡於西晉。

《孟氏易》《隋志》：八卷，殘缺。梁十卷。《舊唐志》有十卷。《宋志》無。

《梁丘氏易》《隋志》：亡於西晉。

《京氏易》《隋志》有十卷。《宋志》無。

《高氏易》《隋志》：亡於西晉。

《歐陽尚書》《隋志》：亡于永嘉之亂。

《大小夏侯尚書》《隋志》：亡於永嘉之亂。

《費氏易》《隋志》無，《舊唐志》有，《宋志》無。

《孔氏古文尚書》《隋志》、《舊唐志》有馬注，《宋志》無。

《魯詩》《隋志》：亡於西晉。	《毛詩》今存。
《齊詩》《隋志》：魏代已亡。	
《韓詩》《隋志》有二十二卷，無傳之者。今存《外傳》。	
《大戴禮》今存。	《周官禮》今存。
《小戴禮》《禮記》今存。	
《慶氏禮》《儀禮》今存。	
《公羊春秋》今存。	《左氏春秋》今存。
《穀梁春秋》今存。	
今《孝經》張禹注，《隋志》已無。	古《孝經》今存。
今《論語》張禹注，《隋志》已無。	古《論語》今存。
案：今學書，今唯存《韓詩外傳》、《大小戴》、《慶禮》、《公羊》、《穀梁春秋》五家，餘十二家亡。	案：古學書，唯《易》、《尚書》亡，餘今皆存。蓋今學盛于西漢，至于哀、平，古學乃興，以後皆古學弟子，故今學浸微，魏晉之後，今經遂亡。鄭注古學，兼采今學，今學之亡，鄭氏之過也。

今古學考卷下

舊擬今、古學三十論目，欲條説之，倉卒未能撰述。謹就《經話》中取其論今、古學者，以爲此卷。中多未定之説，俟有續解，再從補正。

今、古二派，各自爲家，如水火、陰陽，相妨相濟，原當聽其别行，不必强爲混合。許君《異義》本如《石渠》、《白虎》，爲漢制作。欲于今、古之中擇其與漢制相同者，以便臨事緣飾經義，故累引漢事爲斷。又言叔孫通制禮云云，皆爲行事計耳；至書之並行，兩不相背，則不欲混同之也。鄭君駁《異議》時，猶知今、古不同，各自成家，至于撰述，乃忘斯旨。注古《周禮》用《王制》，箋《毛傳》用《韓詩》，注《古文尚書》用夏侯、歐陽説。夫説經之道，與議禮不同。議禮可以斟酌古今，擇善而從；説經則當墨守家法，雖有可疑，不能改易，更據别家爲説。今注古學，乃欲兼有今學之長，采今易古，正如相者嫌一人耳目不好，乃割别人耳目補之，不惟無功，而且見過。使鄭君作注時，猶存《駁異義》之見，則分别今、古，先師之法不致盡絶。乃前後異轍，使今、古之派遂至漢末而絶也，惜哉！

許君雖于今、古互有取舍，不過爲漢制緣飾。至于各經家法，聽其别行，不欲牽合之也。如明堂説，許案云：「今禮、古禮各以其義説，無明文以知之。」又《公羊》、《左氏》説朝聘不同，許案云：「《公羊》說，虞夏制；《左氏》說，周禮。《傳》曰『三代不同物』，明古今異說。」是許以今、古不同，不欲混通也。又諸侯夫人喪，《公羊》、《左氏》異說。許案云：「《公羊》說，同盟諸侯薨，君會葬；其夫人薨，又會葬。是不違國政而常在路。《公羊》、《左氏》說俱不別同姓、異姓。《公羊》言當會，以爲同姓也；《左氏》云不當會，據異姓也。」是許以今、古各有所據，不欲强同也。至其餘條，或云從《左氏》，或云從《周禮》，亦自定一尊，不欲含混。至鄭氏著書，乃全與此意反矣。

《異義》久亡，今就陳氏輯本考之，所存將近百條。今與今同，古與古同，各爲朋黨，互相難詰，以其門户原異，故致相歧也。中惟三條古與今同者①。《穀梁》說「葬不爲雨止」，統尊卑而言；《左氏》說：「庶人不爲雨止。」《公羊》說：「雨不克葬，謂天子諸侯也。卿大夫臣賤，不能以雨止。」此《公羊》參用古學之言也。《公羊》說：「臣子先死，君父名之。」《左氏》說：「既没，稱字而不名。」許以爲《穀梁》同《左氏》。按此皆後師附會之説，于經傳無明文，同異無關于今、古禮制者也。又引《魯詩》說：丞相匡衡以爲「宗廟宜毀」；《古文尚書》說：「宗廟不毀。」許據《公羊》御史大夫貢禹說，同《古文尚書》不毀。按毀與不毀，經無其證，凡此所同，皆

① 中惟三條古與今同者：原作「中惟三條古與今異者」，則與前説「今與今同，古與古同，各爲朋黨」相矛盾，故「異」字當爲「同」之誤。

無明據，至于大綱，無或參差也。

孔子初年問禮，有「從周」之言，是尊王命、畏大人之意也。至于晚年，哀道不行，不得假手自行其意，以挽弊補偏；于是以心所欲爲者書之《王制》，寓之《春秋》，當時名流莫不同此議論，所謂因革繼周之事也。後來傳經弟子因爲孔子手訂之文，專學此派，同祖《王制》。其實孔子一人之言，前後不同。予謂從周爲孔子少壯之學，因革爲孔子晚年之意者，此也。

鄭君注《禮記》，凡遇參差，皆以爲殷、周異制。原今、古之分，實即此義。鄭不以爲今、古派者，蓋兩漢經師已不識《王制》爲今學之祖，故許君以《公羊》「朝聘」爲虞夏制，鄭君以《王制》爲殷禮。但知與《周禮》不合，而不知此爲孔子手訂之書，乃改周救文大法，非一代所專，即今學之本也。今于數千年後得其根源，繼絶扶微，存真去僞，雖清劃繁難，固有不能辭者矣。

《王制》、《祭統》，今學；《祭法》，古學。二者廟制、祭時一切不同，且故意相反。兩漢經師言廟制、祭儀，皆牽混説之。特以之注經，則自鄭君始。議禮之事各有意見，多采輯諸説以調停其間，不能由一人之意，此議禮之説多不可據也。

今、古經本不同，人知者多。至于學官皆今學，民間皆古學，則知者鮮矣。知今學同爲魯齊派，十四博士同源共貫，不自相異；古學爲燕趙派，群經共爲一家，與今學爲敵，而不自相異，則知者更鮮矣。知今學同祖《王制》，萬變不能離宗；《戴禮》今、古雜有，非一家之説；

今、古不當以立學不立學爲斷；古學主《周禮》，隱與今學爲敵；今禮少，古禮多；今禮所異皆改古禮等説，則西漢大儒均不識此義矣，何論許、鄭乎！

魯、齊、古三學分途，以鄉土而異。鄒與魯近，孟子云「去聖人居，若此其近」，蓋以魯學自負也。荀子趙人，而游學于齊，爲齊學。《韓詩》燕人，傳今學而兼用古義，大約游學于齊所傳也。《儒林傳》謂其説頗異，而其歸同。蓋同鄉皆講古學，一齊衆楚，不能自堅，時有改異。此韓之所以變齊也。而齊之所以變魯者，正亦如此。予謂學派由鄉土風氣而變者，蓋謂此也。

群經之中，古多于今，然所以能定其爲今學派者，全據《王制》爲斷。《三朝記》知其爲今學者，以與《王制》合也。《禮記》冠、昏、鄉飲、射義所以知爲今學者，以與《王制》同也。同者從同，異者自應從異，故舊説淵源，皆不足據。蓋兩漢末流，此意遂失，混合古、今，雖大家不免。如劉子政有古禮制，馬融説六宗偶同伏説是也。審淄澠，定宫徵，毫釐之差，千里之失，不亦難哉！

初疑今派多于古，繼乃知古派多于今。古學《周禮》與《左傳》不同，《左傳》又與《國語》不同，至于《書》、《詩》所言，更無論矣。蓋《周禮》既與《國語》、《周書》不同，《左傳》又多緣經立義之説。且古學皆主史册，周歷年久，掌故事實，多不免歧出，故各就所見立説，不能不多門。至于今學，則全祖孔子改制之意，只有一派，雖後來小有流變，然其大旨相同，不如古學之紛繁也。

《論語》：「周監于二代，郁郁乎文哉！吾從周。」此孔子初年之言，古學所祖也。「行夏之時，乘殷之輅，服周之冕，樂則《韶舞》。」此孔子晚年之言，今學所祖也。又言夏殷因革，繼周者，百世可知。按《王制》即所謂繼周之王也，因于周禮，即今學所不改而古、今同者也，其損益可知。《王制》改周制，皆以救文勝之弊，因其偏勝，知其救弊也。年歲不同，議論遂異。春秋時諸君子皆欲改周文以相救，孔子《王制》即用此意，爲今學之本旨。何君解今禮，以爲《春秋》有改制之文，即此意也，特不知所改之文，全在《王制》耳。

今、古之分，鄭君以前無人不守此界畔。伏《尚書》、三家《詩》無論矣。何君《公羊解詁》不用古說，其解與《周禮》不同者，皆以爲《春秋》有改制之事，不强同《周禮》，此今學之派也。至于許君《説文》用古義，凡今文家皆以博士説目之，屏爲異義。至于杜、鄭、興、衆父子。賈、馬，其注《周禮》、《左傳》、《尚書》，皆不用博士説片語隻字。《五經異義》焉有以今學長于古義一條目？今説既爲俗儒，不可據以爲用今學也。至于引用諸書，亦惟用古派，從不用《王制》。其分别異同，有如陰陽、水火之不能强同。鄭司農注大司徒五等封地，全就本經立説，不牽涉《王制》。其注諸男方百里一條云：「諸男食者四之一，適方五十里，獨此與五經家説合耳。」其所謂之「五經家」者，即《王制》子男五十里之説也。《異義》謂之今文，《説文》目爲博士，斥爲異説，不求雷同。即此可見東漢分别今、古之嚴。自鄭康成出，乃混合之。可含混者，則含混説之；文義分明者，則臆斷今説以爲殷禮。甚至《曲禮》古文異派，亦以爲殷禮。鄭君受賈、馬之學而兼采今文，今欲删其混合以反杜、馬之舊。須知此非予一人之私言，乃兩京之舊法，試爲考釋，必知不謬矣。

今、古之混亂，始于鄭君，而成于王子雍。大約漢人分別古、今甚嚴，魏晉之間厭其紛争，同思畫一。鄭君既主今、古混合，王子雍苟欲争勝，力返古法，足以摧擊鄭君矣，殊乃尤而效之，更且加厲。《家語》、《孔叢》皆其僞撰，乃將群經今、古不同之禮，託于孔子説而牽合之。如《王制》廟制，今説也；《祭法》廟制，古説也；各爲規模，萬難强同者也。而《家語》、《孔叢》之言廟制者，則揉雜二書爲一説。鄭君之説，猶各自爲書；至于王氏，則並其堤防而全潰之。後人讀其書，愈以迷亂，不能復理舊業，皆王氏之過也，故其混亂之罪，尤在鄭君之上。欲求勝人，而不知擇術，亦愚矣哉！

鄭君以前，古學家著書，不惟不引據《王制》師説，並《公》、《穀》二傳、三家《詩》、今文《尚書》、今《易》，凡今學之言，避之如洪水猛獸。惟其書今、古雜有，或原無今、古派之分者，乃用之。如杜、鄭、賈、馬之引《孟子》、《論語》、《禮記》是也。引《春秋》，則惟《左氏傳》。至于引二《傳》「跛者迓跛者」條，則亦但引其文句而不言書名，皆足見其門户之峻厲也。

《禮運》、《禮器》、《郊特牲》孔子告子游，皆古學説，此孔子未作《春秋》以前「從周」之言。至于作《春秋》以後，則全主今學，如《大戴》告哀公之《三朝記》，全與《王制》、《穀梁》合是也。孔子傳今學派時，受業早歸者未聞，故弟子有專用古學者。又或别爲不受業之隱君子所爲。

然大約出于受業者多，因欲與受業之今學分別，故權以古學爲不受業，非弟子遽無古學者也。《緯》云：「志在《春秋》，行在《孝經》。」《孝經》皆已成之迹，《春秋》則虚託空言。故予意以《孝經》爲古學，《春秋》爲今學，《論語》爲今、古雜。以《孝》屬行，行必從周；《春秋》屬志，志有損益；《論語》少壯晚年之語皆有，故不一律，大約從今者多。至于《孝經》有今學，《春秋》有古學，《論語》有今、古兩派，此皆後來附會流派，孔子當日不如此分別也。

《論語》因革、損益，唯在制度，至于倫常義理，百世可知。故今、古之分，全在制度，不在義理，以義理今、古同也。至于弟子之大義，經師之推衍，乃有取舍不同、是非異致之説。揆之于初，無此分別。《異義》所録師説，半皆東漢注解家言，索虚爲實，化無爲有，種種附會，都非原旨。然既欲各立門户，則好惡取舍，亦不能不小有改動。言各異端，亦不必强同，但讀者須知此非今、古正義，不蔽錮于許説，可也。近言今、古派者皆本原于《異義》，今不盡據之。

今、古之分，或頗駭怪，不知質而言之，沿革耳，損益耳。明之制不能不異於元，元之制不能不異於唐宋。今學多用殷禮，即仲弓「居敬」之意；古學多用周禮，即《中庸》「從周」之意。今制與古不同，古制與今異派，在末流不能不有緣飾附會之説。試考本義，則如斯而已，故不必色駭而走也。

魯爲今學正宗，燕趙爲古學正宗，其支流分派雖小有不同，然大旨一也。魯乃孔子鄉國，弟子多孔子晚年説，學者以爲定論，漢人經學，以先師壽終之傳爲貴，亦如佛家衣鉢真傳之説也。故篤信遵守。初本以解《春秋》，習久不察，各是所長，遂以偏説群經。此魯之今學爲孔子同鄉宗晚年説以爲宗派者也。燕趙弟子，未修《春秋》以前，辭而先反，惟聞孔子「從周」之言；已後改制等説未經面領，因與前説相反，遂疑魯弟子僞爲此言依託孔子。如漢人傳經别雜異端，乃自託于師終時手授其傳，故弟子不信其書之比。故篤守前説，與魯學相難。一時隱君子習聞周家故事，亦相與佐證，不信今學而攻駁之，乃有《周禮》、《左傳》、《毛詩》之作。自爲朋黨，樹立異幟，以求合于孔子初年之説。此古學派爲遠于孔子兼采時制，流爲别派者也。其實今學改者少，不改者多；今所不改，自當從古。凡解經，苟今學所不足，以古學補之可也。齊人間于二學之間，爲鄉土聞見所囿，不能不雜采，乃心欲兼善，遂失所繩尺。不惟用今學所無，並今學有明文者，亦皆喜新好異，雜入古説，今不爲今，古不爲古，不能施行。然九家之中有雜家一派，則兼收並蓄，志在包羅，亦學人積習也。昔人云：「仲尼没而微言絶，七十子喪①而大義乖。」此之紛紜，大約七十子喪之後乎！皆不善學者之所致耳。

《易》、《書》、《詩》、《春秋》、《儀禮》、《周禮》、《孝經》、《論語》今、古之分，古人有成説矣；唯《戴記》兩書中諸篇自有今、古，則無人能分别其説。蓋《戴記》所傳八十餘篇，皆漢初求書官私所得，有先師經説，有子史雜鈔，最爲駁雜。其采自今學者，則爲今學家言；采自古學

① 喪：原作「没」，據《漢書·藝文志》改。下句「喪」字同。

者，則爲古學家言。漢人以其書出在古文之先，立有博士，遂同以爲今學。此今、古所以混淆之始，非鄭康成之過也。然考《異義》，雖以《戴禮》爲今説，而杜、賈諸家注《周禮》、《左傳》，于《戴記》有引用之篇，有不引用之篇。是當時雖以《戴禮》爲今學，而古文家未嘗不用其説，足見其書之今、古并存矣。今之分别今、古，得力尤在將《戴禮》中各篇今、古不同者歸還本家，《戴記》今、古定，群經之今、古無不定矣。予以《王制》爲今學之祖，取《祭統》、《千乘》、《虞戴德》、《冠義》、《昏義》、《射義》、《聘義》、《鄉飲酒義》、《燕義》等篇注之，附于今派。取《祭法》篇爲古《國語》説；又取《玉藻》、《盛德》、《朝事》等篇爲古《周禮》説；又以《曲禮》、《檀弓》、《雜記》爲古《春秋左氏》説。詳見《禮記今古篇目表》。至于其餘，或爲《儀禮》説，或爲《詩》、《禮》、《孝經》説，陰陽五行説，學問派、子史派、陰陽五行派，無今、古之分及今、古雜用者，都爲考訂。每篇各自爲注，以類相從。再不求通别家，牽混異解。《戴記》一明，則群經無不大明。蓋以《記》中諸篇經説居十之七八，自别入《記》中，經不得記不能明，記不得經無以證，仳傰兩傷，甚至援引異説以相比附，故注解愈多，經意愈晦，經學亦愈亂。今爲合之，如母得子，如石引鍼，瓜分系别，門户改觀，群經因此大明，故云得力處全在解得《戴記》。予以《王制》解《春秋》，無一字不合，自胡、董以來絶無此説。至以《戴記》分隸諸經，分其今、古，此亦二千年不傳之絶學。微言大義，幸得粗窺，故急欲成之。或以此説爲過奇，不知皆有所本，無自創之條，特初説淺而不深，偏而不全，心有餘而力不足，形近是而實則非；久乃包羅小大，貫穿終始，采花爲蜜，集腋成裘，無一説不本前人，無一義仍襲舊説，積勞苦思，歷數年之久，于盤根錯節，外侮内憂，初得彌縫完善，而其得力尤在分隸《戴記》，觀前表及《兩戴章句凡例》可見。

或問：《王制》制度，孔子全用殷禮，抑亦别有所本？曰：孔子答顔子參用四代，《王制》言巡狩與《堯典》合，則不獨殷禮矣。又《緯》云殷五廟，周七廟；尹更始説《穀梁》七廟，據周；天子稱崩，劉向説亦云據周；是《王制》參用四代之證。然《中庸》云：「吾説夏禮，杞不足徵；吾説①殷禮，有宋存焉。」是春秋時，夏以前禮制皆殘缺不可考。大約孔子意在改制救弊，而虞樂、夏時以外多不可考，故建國立官，多用殷制，《緯》云《春秋》用殷禮是也。《説苑》引伊尹説三公、九卿、二十七大夫事，與董子同，是立官用殷禮也。《緯》云殷爵三等，周爵五等，今爵五而地三，是亦用殷禮也。《春秋》有故宋之説；《穀梁》主王後其先殷人二義；孔子卒，殯用殷禮。故《春秋》見司馬、司城二官，明改制用殷禮三公也。《殷本紀》伊尹説湯以素王之法，與《春秋》素王義同。史公素王妙論，亦以伊尹爲主，豈「素王」二字亦從伊尹來耶？説者以素爲從質之義，史公論范、計，亦質家意，豈素王爲伊尹説樸質之教，孔子欲改周文，倣于伊尹從質之意而取素王，故《春秋》多用殷禮耶？

或以今、古爲新派。曰：此兩漢經師之舊法也。詳見前卷。以《王制》主今學無據。曰：

① 説：《禮記・中庸》作「學」。

俞蔭甫先生有成説矣。以《國語》在《左傳》先爲無考。曰：此二書爲二人作，趙甌北等早言之矣。《戴記》有今有古，鄭、馬注《周禮》、《左傳》已有此決擇矣。今、古二家各不相蒙，今、古先師早有此涇渭矣。以今、古分别禮説，陳左海、陳卓人已立此宗旨矣。解經各還家法，不可混亂，則段玉裁、陳奂、王劼注《毛詩》已删去鄭《箋》矣。以《禮記》分篇治之，則《隋志》已有《中庸》、《喪服》、《月令》單行之解矣。今與今合，古與古合，不相通，許君《異義》早以類相從矣。考訂《戴記》簡篇，則劉子政、鄭康成已有分别矣。今之爲説，無往非因，亦無往非創；舉漢至今家法融會而貫通之，以求得其主宰。舉今、古存佚群經，博覽而會通，務還其門面，並行而不害，一視而同仁。彼群經今、古之亂，不盡由康成一人。今欲探抉懸解，直接卜左，則舉凡經學蒙混之處，皆欲積精累力以通之，此作《今古考》之意也。

今、古之分，于經傳以《王制》、《周禮》、三《傳》、《戴記》爲證，于禮制以宗廟、禘祫、田税、命官、制禄爲證，可謂詳明。然此别其異同，試以「會同」明其意旨。《論語》有會同，是當時本有會同，故公西舉之，此《論語》據古學之證也。《周禮》有會同，合于《論語》，是《周禮》用舊儀典册之證也。《春秋》無同，是孔子不守周禮，自立新制之證也。《左傳》無同，是《左傳》緣經立説，經所無者不能有之證也。《書·禹貢》①、《詩·車攻》有會同，此夏、周有會同之旁證

① 禹貢：原只一「禹」字，意不明，據《尚書》補「貢」字。

也。《國語》、《孝經》無會同，此別派異于《周禮》之證也。即此一事考之，前後沿革，本原派別，皆可由之而悟。語簡事繁，學者當舉一反三也。

予撰《今古禮制分類鈔》，以徐、秦《通考》爲藍本，分今爲五派，古爲六派，詳見前《流派表》中。以爲正宗。凡古有今無、今古同、今古雜者，別立三門收之，子、緯亦附焉。至《易》、《書》、《詩》舊皆同列，既無明文，惟據注疏分隸，今盡削落，不以爲據；其有明文者，分爲四代制，以入《沿革表》。《論語》今、古兼有，亦如《禮記》分篇例，各從其類。漢人《易》、《書》、《詩》、《孝經》皆分今、古，誤説也；以《易》、《詩》證禮制，亦誤據也。《禮記》兼有今、古，以隸今學，誤也；《論語》今、古雜，今、古二家立二派，各爲家法説之，亦誤也。今盡汰誤説，別立新門，學者據此分鈔分説，禮制涇渭判然，不啻江河，執此治經，庶有澄清之效。

《司馬法》司馬主兵，《王制》之傳也。其言兵制出師，與《周禮》不合，蓋全主《王制》也。《孔叢子·軍制篇》間于今、古之間，有用《周禮》之文，有用《司馬法》之文。今凡與《王制》、《司馬法》同者，則以入《王制》；與《周禮》同者，入古也。又考《司馬》逸文與《王制》同見于孔、賈諸疏所引者，今本乃無之。豈孔、賈所引別一書，今存本乃穰苴書歟？

三統循環，由周而夏，此質家矯枉之言，孔子不主此議。周末名流，競欲救文。老、尹、桑、莊，厭棄文敝，至于排仁義，不衣冠。矯枉者必過其正，此諸賢之苦心，救世之良藥也。然風氣日開，文明漸備，宜俗所安，君子不改，情文交盡，來往爲宜，若欲改周從夏，不惟明備可惜，亦勢所不行。繼周不能夏制，亦如繼唐、虞之不能用羲、軒也。子桑伯子，欲復夏禮者也；《説苑》言孔子往見論文質之事。《論語》所謂「簡」，謂夏制也；「敬」，謂殷制也。孔子許伯子之質，仲弓以繼周不能用夏，惟當用殷，小參夏意，深明損益，洞達治體，與孔子語顔子意相合。故夫子以南面嘉之，謂可與言繼周之事。《王制》用殷禮，仲弓有啟予之助。又孔子言服周冕，非獨取一冕，凡儀注等威、章服、文藻之事，皆從冕推之，故儀禮以及威儀皆不改也。「乘殷輅」，「輅」取實用，務于致遠，凡制官、爵命《王制》所改之事，皆其太甚，有害無益者也。至于夏制，所取者少，人事日文，不能復古。惟天道尚質，行時郊祀，大約皆夏正也，假時、輅、冕以示其例而已。四科之中，顔子、仲弓以德行見。制作精意，二子得聞，以下偏才，舍大謀細矣。所改者今，不改者古，觀其因革之原，而今、古之事思過半矣。

周制到晚末積弊最多，孔子以繼周當改，故寓其事于《王制》。如因尹、崔世卿之事，乃立選舉之政；因閽弒吴子之事，乃不使刑者守門；因諸侯争戰，乃使二伯統制之；國大易爲亂，乃限以百里；日月祭之瀆祀，乃訂爲四時祫祭；厚葬之致禍，乃專主薄葬。凡其所改，專爲救弊，此今學所以異古之由。至于儀禮節目與一切瑣細威儀，皆仍而不改。以其事文郁足法，非利弊所關，全用周制，故今學《祭統》、《祭禮》儀注與古學《祭義》同也。凡今學改者少，其不改者皆今、古同儀。《禮記》雖爲今學，然所言與經不相倍，以此仍用周制之故。通考《分類鈔》，凡今無者别爲一册，入此門者，皆今、古所同者也。

今學祇一派。雖齊、韓參用古學，然其主今學處無異説也。古學則在經已有數派，不能同。故《今古分類鈔》凡專派與所無，皆爲注明。如會同爲《周禮》專派，禘嘗爲《孝經》專派。他家所無者，入之。又《周禮》無禘祫；《左》、《國》無祫；《周禮》朝、覲、宗、遇分四時，爲專派；《左》、《國》有朝無覲、宗、遇；並爲注明分隸。治古學者當守此界限，亦如今、古之嚴，不可但因其俱爲古學，遂蒙混而説之，如前人之混亂今、古也。

今、古之分，本以禮制爲主。至于先師異解，漢人因其異師，亦以爲有今、古之別，實則非也。如爵制之大小，疊制之異同，六宗之名目，社主之松柏，既無所據，何分古、今？又《尚書》稽古有「同天」、「順考」之異説，然無關禮制，隨便可也。因「同天」偶爲今學家言，「順考」偶爲古學家言，學者亦遂以爲今、古有所分別，實則不然。今學附庸，古《周禮》無附庸。《異義》古學説有附庸，此亦後師誤説。許氏有「從今改古」之條，皆此類也。

今學禮，漢以前有《孟》、《荀》、《墨》、《韓》可考。古學則《國語》、《周書》外，引用者不少①。漢初燕趙之書不盛傳，賈、張以外少所引用，然不能謂其出於晚近也。

今天下分北、南、中三皿，予取以爲今、古學由地而分之，喻古爲北皿，魯爲南皿，齊爲中皿。北人剛强質樸，耐勞食苦，此古派也。南人寬柔敦厚，温文爾雅，此魯派也。中皿間於二

---

① 不少：據上下文意，似當作「少」。

者之間，舟車並用，麥稻交儲，習見習聞，漸染中立，此中皿派也。齊學之兼取古、今義，正如此。

《孝經》、《論語》，《漢志》有今、古之分。今欲復二派之舊，其事頗難。《孝經》爲古派，全書自成首尾。《論語》則採録博雜，有爲今學所祖，有爲古學所祖。欲一律牽合，於今、古説必多削足合屨之失。然舊有古、今二派，又不能强合之，竊欲仍分爲二家。《論語》今學詳今，古學詳古，凡異説皆注明，如附解存異之例。至于《孝經》，純以今學説之，則又用《左傳》以古禮説《春秋》之法。好學深思之士，必能成此書也。

今、古經傳，唯存《春秋》。《王制》、《周禮》皆三《傳》所據以爲今、古之分者。四家爲今、古之正宗，同異之原始。二門既別，然後先師各囿所習，推以説《易》、《書》、《詩》、《論語》、《孝經》。凡此五經今、古之説，皆後來附會之談，非本義也。説《春秋》得孔子修述之旨者，三《傳》之中唯《穀梁》。説《易》、《書》、《詩》、《論語》、《孝經》，皆當力求秦漢以前之説。故五經今、古先師之説，多與以前同。今當以秦以前者爲正義，漢以後者爲晚説也。

《藝文志》「《孝經》」下云：「各家經文皆同，惟孔氏壁中古文爲異。『父母生之，續莫大焉』，『故親生之膝下』，諸家説不安處，古文皆異。」《孝經》古文異今文，不審是先秦原文，抑漢後譯改？然必有不安，其説乃異，是今文自招之也。《左傳》破今學，其所以立異之處，亦如《孝經》，多由今説不安，或弟子主張太過，或義例繁難不能畫一之處，古傳則必別立一説以易之。如何氏《日月例》，何怪唐宋人極詆之？范注不知《春秋》用《王制》，何怪其據《周禮》以駁傳？苟能盡明今學，則其事理平實，人亦何苦而思易之？空穴來風，終當自尤也。

今以《穀梁》、《左氏》爲今、古學根本，根本已固，然後及《禮》與《易》、《書》、《詩》等經。蓋古、今起于《春秋》與《王制》、《周禮》，餘皆先師推所習以説之者。《統宗表》即此意也。根本已立，然後約集同人以分治群經，人多經少，當易成也。

今、古説，其見《異義》者，多非其實。大約出於本書者爲上，其稱某家説者多附會之談。許君於其互異者，每以有明文、無明文爲説。是有明文爲可據，無明文爲不足據也。而明文之説，又以平實者爲正，如三公、九卿之類是也。推例爲附會，如《易》家以六龍定六馬，《詩》家以譚公爲稱公是也。學者不察，則附會之説最易誤人。凡人説一事，口之所出多流爲歧異，如明堂、郊、禘諸説紛紜是矣。又六宗之説，至二十餘家不同，有何明文？皆意爲之。此不足據也。先師主持一説，末流每至附會。如《公羊》本素王，因素王之義遂附會以爲王魯是也。有震驚張皇之色，乃過情虚擬之詞。今者細爲分出，務使源流派别，一覽而明。其于《異義》所言，不無千慮一得矣。

《詩》、《書》有四代異制，以今、古學説之，皆非也。然先師既主此説，則不能不婉轉以求通，所謂削足適屨之事，每不免焉。如九州之制，《王制》所言共五千里，《周禮》所言則萬里，此今、古禮制之分也。特二學皆就春秋制度言之，不必通説四代也。而《尚書》有五服之文，本與《王制》三服、《周禮》十服不合。而先師欲各合其禮制，故今學之歐陽、大小夏侯説則以五百里爲一服，五五二千五百里，合南北得五千里，減省里數以求合《王制》之説也。古學之杜、馬説，則以爲千里爲一服，五服五千里，合南北爲萬里，加多里數以求合《周禮》之説也。實則《王制》、《周禮》之説，皆與《尚書》夏制不相關。而今、古先師乃欲抱其《王制》、《周禮》之説以徧説群經，統括沿革。其中左支右絀、朝四暮三之蹤跡，班班可考。今誠各知其所據以推考求通之意，則我用我法，得失易明。若不知其所據，震驚其異同，必求有所以折其中，或於其中更欲有左右焉，此豈能合也哉？予確知先師折中求合之説都非本意，故欲以四代沿革補正其誤，使知此皆後師推衍之説。不明此意，經意何由得哉！

三《傳》著録，皆先秦以前。《穀梁》魯人，《左傳》燕趙人，故《公羊》出入二家，兼收燕魯，特從今學者多耳。今學二伯，古學五伯，《公羊》從五伯之説。他如仲子爲桓母，改蔡侯，東爲朱，凡此皆事實之變異者。至于禮制，則説禘説郊，時雜古制。蓋以齊居魯與燕之間，又著録稍晚，故其所言如此。好學深思者，當自得之。

《左傳》出於今學方盛之時，故雖有簡編，無人誦習，僅存秘府而已。至於哀、平之間，今學已盛而將微，古學方興而未艾。劉子駿目見此編，遂據以爲今學之敵，倡言求立。至於東漢，遂古盛而今微，此風氣盛衰迭變之所由也。

今學傳孔子，本始於魯。公羊始師齊人，受業於魯，歸以教授，當其始，仍《穀梁》派也。

如荀子游學於齊，學於公羊，始師其說。《春秋》多同《穀梁》，是齊學初不異於魯學之證。至於歸以教授，齊俗喜夸好辨，又與燕趙近，游士稷下之風最盛，故不肯篤守師說，時加新意，耳濡目染，不能不爲所移。齊學之參雜於今、古之間，職是故也。《儒林傳》言，伏生口授《尚書》有壁藏書，《公羊》有齊語，故人以爲舊由口授，至漢乃著竹帛。實則群經著録，皆在先秦以前。《公羊》之有齊語，是秦前先師，非漢後晚師。不如舊説孔子畏禍遠言，不著竹帛也。

魯恭王壞宅所得之書，不止古學，即今學亦有，以其書已先行，故不言耳。壁中諸書，皆魯學也。伏生口授《尚書》，世已尊行；魯壁中古文出，孔氏借以寫定，魯《書》遂變爲古學矣。《春秋公羊》由齊傳授，壁中所出，當即《穀梁》。《穀梁》傳而壁中魯學《尚書》之本文不傳，遂使人疑非其比，豈不可惜哉！

壁中《尚書》出，東漢諸儒以古學説之，亦如《儀禮》古文而西漢諸儒以今學説之也。二書本無今、古之分，其以今、古分門户，先師附會之説也。

魯人不喜爲漢用，漢家因少抑之，魯學又無顯者。《公羊》之盛，全由公孫弘。《穀梁》經傳皆先秦之遺。史公云：「秦雖焚書，而鄒魯絃誦之聲不絶。」故漢初徵魯生講禮，魯書未亡。漢抑魯學，可由史公之言悟之。其後既久，乃興魯學，而猶假借壞宅得書以爲説者，則又史臣回護之言，不盡事實也。

魯《書》未亡，學猶盛，故《魯詩》、《穀梁》江公能傳之。不然，則江公何以崛起？魯《書》學之亡，則以世無達者，不幸而亡。《穀梁》雖存，終漢乃得立，此魯學之所以微也。魯《尚書》家不傳，班《書》謂伏《書》傳於齊魯，非也。魯自有《尚書》，不傳於世，辨意欲周旋此事耳。

漢初，齊人以經術貴顯者，始於伏生，繼以公孫弘，故齊學盛。魯無顯達，故以寖微。至於重魯輕齊，則宣、元以後風氣改變之言，亦賴當時天子、丞相之力耳。不然，終漢不得立也。

漢初，經學分三派，魯、齊、古是也；分二派，今、古是也。分三派者，《詩》、《魯詩》、《齊詩》、《韓詩》、《毛詩》。《春秋》、《穀梁》魯，《公羊》齊，《左傳》古。《禮》、魯高堂生傳《士禮》，齊后倉，古《周禮》。《論語》，《魯論》、《齊論》、《論語古》也。四經是也。分二派者，《易》、《尚書》、《孝經》，三經是也。《尚書》今學，出於伏生，齊學也。《易》傳於田何，亦齊學也。《孝經》后倉、翼，亦皆齊學也。然則七經中，齊、古學皆全。所缺者，魯之《易》、《書》、《孝經》三經説也。漢初，齊盛魯微，故失三經之傳。而古學行於民間，乃能與齊學相敵。則以古與今異，齊、魯同道，故存齊而魯佚與！

《毛詩》説田獵，與《穀梁》同文，此古、今學所同之禮制。故予謂今學所不改者，皆用周禮是也，柳氏大義不察，乃以《毛詩》與《穀梁》同師，則合胡越爲一家矣。古、今學所同之禮，當由此推之也。

漢儒著書，初守一家之説；至於宣、元以後，則不能主一家。如劉子政學《穀梁》，而《五經通義》、《新序》、《説苑》中所載禮制，乃有與古學同、今學異者。是不專主一家之證。

漢初古學不顯，而《公羊》中乃多用古禮，此古學先師在《公羊》著録以前已經大行之證。

因《公羊》之録用其説，足知其書出在秦以前矣。

《穀梁傳》言「誓誥不及五帝，盟詛不及三王，交質子不及二伯」，與《荀子》同。據此説，則今説謂周初無盟，桓、文不交質也。《周禮》有盟，《左傳》有交質，此即實事，亦不與今説相妨。《周禮》非周公手定，《左傳》桓、文亦無交質事，疏家乃以《穀梁》爲漢初人著録，不見古籍而然。如此説，則何以解于《荀子》？又《穀梁》爲漢人作，從何得來？憑空臆造，全無實據，然疏家説不足駁斥也。

《春秋》去文從質，因時救弊，意本於老子，而流派爲子桑、惠、莊之流。墨子學於孔子，以其性近，專主此説。用夏禮改周制，本之於《春秋》，如「薄葬」即《王制》不封不樹之意。特未免流於偏激，一用夏禮，遂欲全改周禮，與孔子之意相左矣。春秋時有志之士皆欲改周文，正如今之言治，莫不欲改絃更張也。《論語》「禹無間然」一章，全爲《墨子》所祖，所謂崇儉、務農、敬鬼、從質，皆從此出。然孔子美黻冕，墨子則並此亦欲改之。當時如墨説者不下數十家，特惟墨行耳。

《禮》學之有古、今派，是也。然七十子之徒，文質易見，異同最多。所言之事，有不見於《周禮》、《儀禮》、《王制》者，此等禮制不能歸入於今，亦不能歸入於古。竊以此類亦有數例。有爲經中未詳之義，補經未備，如《儀禮》諸記之類是也。有爲緣經起義，如《詩》、《書》有此説，先師存此義，爲《禮經》所不詳，如《王制》言天子大夫爲監之類是也。有爲沿革佚文者，

《周禮》、《儀禮》皆一時之書，一代典禮，每有修改；《禮緯》言周初廟制，與後來不同，此亦修改之例。不知《周禮》爲何時之書，《儀禮》爲何時之書，則其中不無修改刊落之文，如《左氏》言文、襄之禮之類是也。有異説别録者，古人習禮，質文隨意，有既從一家而其異説亦偶存之，如子游、子夏之裼襲不同是也。有爲士君子一人之事不合時制者，如《鄉黨》記孔子之事，張盟生説此皆孔子一人之事，與常不合者，使常義則可不見，又其事爲朝廷所不詳之事，故隨人而改是也。有爲訓誡之事，如《幼儀》、《弟子職》之類，並非國家一定典禮，私家編此以訓童蒙，言人人殊，詳略隨意之類是也。有禮家虚存此説，欲改時制，未見施行者。有因緣失本，誤據爲典要，實與禮制不合者。有殘篇斷簡，文義不全者。有經傳混淆，前後失次者。有句讀偶誤，斷續非真者。門目既多，豈能必所言之皆合本義？故説經以《禮記》爲繁雜難通。然既得其大綱，再爲細分節目，有所不解則姑闕疑，就所立門目以求之，想當十得八九矣。

《周禮》之書，疑是燕趙人在六國時因周禮不存，據己意，採簡册摹仿爲之者。其先後大約與《左傳》、《毛詩》同，非周初之書也。何以言之？其所言之制與《尚書》典禮不合，又與秦以前子書不同。且《孟子》言：「諸侯惡其害己，而去其籍。」無緣當時復有如此巨帙傳流。故予以爲當時博雅君子所作，以與《王制》相異，亦如《左傳》之意。其書不爲今學所重，故《荀》、《孟》皆不引用。其中禮制與《左傳》不同，必非一人之作。但不識二書孰在前，孰在後？孰爲主，孰爲賓也？

《儀禮》經爲古學，《記》爲今學，此一定者也。今不能於二者之中而分之。大約高堂傳經以後，已爲今學。後古經雖多廿餘篇，無師不習，是經亦今學之經矣。於此經欲立今、古二派，殊難措手。然細考《記》文，頗有與本經不同者，則經爲古學，《記》爲今學，亦不妨稍分別之，以示源委區別之意。

西漢今學盛，東漢古學盛。後盛者昌，而《易》、《尚書》、《詩》、《禮》之今學全佚，而惟存古學，無以見今學本來面目。猶幸《春秋》今學之二傳獨存，與古相抗，今學全由《春秋》而生，又孔子所手定之書，其所以不亡，或者鬼神爲之呵護。予立今學門户，全據二傳爲主，至今學所亡諸書，皆以二傳與《左傳》相異之例推之，以成存亡繼絶之功，準繩全操於此。此又治經之一大幸也。

《異義》引今、古説，有經傳、師説二例。師説多於經傳十分之七八，非議禮之口説，則章句之繁文，未足爲據。漢廷議禮，視丞相所學。苟與之同，雖屈而可申；倘或異家，即長亦見絀。半以勢力辯訥①定優劣，無公道也。又東漢以後，今學與古學争，如《異義》所載是也；西漢以前，則今學自與今學争。夫一家之中，何有長短？乃意氣報復，自生荆棘，如轅固、黄生之論湯武，彭祖、安樂之持所見，必於家室之中，別圖門户之建。蓋諸人貪立太常，邀求博

① 辯訥：原作「辨吶」，據文意改。

士。漢法：凡弟子傳先師說，苟其同也，則立其師；倘有同異，則分立弟子。故當時恒希變異以求立。嚴、顔因此得並在學官，大小夏侯、大小戴意亦如此，其分門爲利禄也。以此倡導學者，宜乎人思立異。實本一家，而奪席廷爭，務欲取巧，遂致同室操戈。後來古學大盛，今學遂不自攻而深相結納，以禦外侮，而已有不敵之勢。無事則相攻，有事乃相結，《唐棣》之詩，何不早誦乎！

予約集同人，撰《王制義證》。以《王制》爲經，取《戴記》九篇，外《公》《穀傳》、《孟》、《荀》、《墨》、《韓》、《司馬》及《尚書大傳》、《春秋繁露》、《韓詩外傳》、緯候、今學各經舊注，據馬輯本。並及兩漢今學先師舊說，《今文尚書》、《三家詩》用陳氏輯本。至于《春秋》、《孝經》、《論語》、《易》、《禮》尚須再輯。務使詳備，足以統帥今學諸經，更附録古學之異者，以備參考。此書指日可成，以後凡注今學群經禮制，不必詳說，但云見《義證》足矣。如今《易》、《尚書》、《春秋》、《公》、《穀》、《詩》魯、齊、韓、《孝經》、《論語》皆統于《王制》，可以省無數疏解。習今學者但先看《王制》，以下便迎刃而解。起視學官注疏，不惟味同嚼蠟，而且膠葛支離，自生荆棘。一俟此書已成，再作《周禮義》以統古學。而其中節目詳細，均見于《經話》中。

地理家有鳥道之說，翦迂斜爲直徑；予分今、古學，意頗似此。然直求徑道，特爲便於再加高深；倘因此簡易，日肆苟安，則尚不如故迂其途之足以使人心存畏敬。然二派之外又有無數小派，稽其數目不下八九家，苟欲博通周攬，則亦非易事。

鄭君號精通三《禮》，其《王制注》或周或殷，一篇數易。注《王制》采《祭法》，注《祭法》用《王制》，徒勞唇舌，空擲簡札，説愈繁而經以愈亂。大約意在混同江河，歸并華岱，自謂如天之大，無所不通，乃致非類之傷，各失其要也。《後書·儒林傳》①：中興，鄭衆傳《周官經》。後馬融作《周官傳》，鄭玄作《周官注》。玄本習《小戴禮》，後以《古禮經》校之，取其義長者，故爲鄭氏學。案：此謂鄭君混合今、古也。

今、古不同，鍼鋒相迮，東漢諸儒持此門户猶嚴。許叔重治古學，《五經異義》是古非今，《説文解字》不用今學；杜、鄭、賈、馬所注《周禮》、《左傳》等書，不用今説；何君《公羊注》不用《周禮》；是其證也。鄭君生古盛今微之後，希要博通之名，欲化彼此之界，爲何以箋《詩》？欲以今學入古也。爲何以注《周禮》？欲以今説補古也。爲何以注《尚書》？欲以今文附古也。今、古之分，自鄭君一人而斬，尊奉古學而欲兼收今文，故《禮記》、《儀禮》今古之文，一律解之，皆其集大成一念害之也。魏晉學者尊信其書，今、古舊法遂以斷絶，晉儒林所傳，遂無漢法，且書亦因此佚亡，不能不歸過於鄭君。蓋其書不高不卑，今、古並有，便于誦習，以前今、古分門之書皆可不習，故後學甚便之，而今、古學因之以亡，觀于表説可以見之，不可不急正者也。

鄭君之學，主意在混合今、古。予之治經，力與鄭反，意將其所誤合之處，悉爲分出。經

---

① 後書儒林傳：即《後漢書·儒林傳》。

學至鄭一大變，至今又一大變。鄭變而違古，今變而合古。離之兩美，合之兩傷，得其要領，以御繁難，有識者自能別之。

予創爲今、古二派，以復西京之舊，欲集同人之力，統著《十八經注疏》，今文《尚書》、《齊詩》、《魯詩》、《韓詩》、《戴禮》、《儀禮記》、《公羊》、《穀梁》、《孝經》、《論語》，古文《尚書》、《周官》、《毛詩》、《左傳》、《儀禮經》、《孝經》、《論語》、《戴禮》。《易》學不在此數。以成蜀學。見成《穀梁》一種。然心志有餘，時事難就，是以初成一經而止。因舊欲約友人分經合作，故先作《十八經注疏凡例》。既以相約同志，並以求正高明，特多未定之説，一俟纂述，當再加商訂也。昔陳奂、陳立、劉寶楠、胡培翬諸人在金陵貢院中，分約治諸經疏，今皆成書。予之所約，則並欲作注耳。

予治經以分今、古爲大綱，然雅不喜近人專就文字異同言之。二陳雖無主宰，猶承舊説，以禮制爲主。道、咸以來，著作愈多。試以《尚書》一經言之，其言今、古文字不同者，不下千百條。蓋近來金石剽竊之流，好怪喜新，不務師古，專拾怪僻，以矜雅博。夫文人製詞，多用通叚①，既取辟熟，又或隨文，其中異同，難言家法。兩漢碑文，雜著異字，已難爲據；况乃濫及六朝碑銘，新出殘篇。偶見便欲穿鑿附會，著録簡書，摭其中引用經語異文異説，强分此今文説，此古文説。不知今、古之學，魏、晉已絶，解説雖詳，毛將安附，此大蔽也。石經以前，經

---

① 叚：原作「段」，當爲「叚」之訛，據文意改。

多譯改，今、古之分，不在異文，明證在前，無俟臚證。陳左海以異字通假爲今、古之分，亦不得已之舉，所取漢人辭賦之異文，徒取簡編宏富，非正法也。古、今異字，必係不能通假有意改變者，方足爲據。如《左傳》之改「逆」爲「送」，改「尹」爲「君」，改「伯」爲「帛」之類，實義全反，然後爲異。不然則畢録異同，亦但取渲染耳。若詞人之便文，晚近之誤奪，牛毛繭絲，吾所不取。

大小戴《記》九十餘篇，凡《禮經》記文不下十篇，以此推之，則别經之記當亦有編入者。今定《王制》爲《穀梁》、《公羊》記；《曲禮》上半小學，下半爲《春秋》；《檀弓》、《祭法》、《雜記》爲《左傳》記；《玉藻》、《深衣》、《朝事》、《盛德》爲《周禮》記；《祭義》、《曾子》十篇爲《孝經》記；《經解》、《表記》、《坊記》、《緇衣》爲經學説之類。詳見《兩戴記今古分篇目表》。經、記互證，合則再美，離則兩傷，此千年未發之覆也。又《禮運》三篇，有經有傳，當合爲一大傳。《大傳》爲經，《服問》、《喪服小記》二篇爲傳，當合爲一。竊意此《禮運》三篇舊本一事，乃記夫子與子游論禮之言。子游習禮，此其授受之證也，後來先師各加注記。後因文多，分爲三篇，經、傳混淆，前後錯雜，使讀者如散錢滿屋，不知端委。今因《王制》例推之，分爲經、傳，便有統制。至于《大傳》爲經，《服問》、《小記》爲記，觀其篇目命名，已得其大概矣。

俞蔭甫先生以《王制》爲《公羊》禮，其説是也。壬秋師以其與《大傳》同，不言封禪，非博士所撰之《王制》，亦是也。蓋《王制》孔子所作，以爲《春秋》禮傳。孟、荀著書，已全祖此立說。漢博士之言如《大傳》，特以發明《王制》而已，豈可與《王制》相比？精粹完備，統宗子緯。魯齊博士皆依附其說，決非漢人所作。盧子幹因不能通其說，故以爲博士作，以便其出入，實則非也。

《王制》有經有傳，並有傳文佚在別篇者。至于本篇經傳之外，並有先師加注記之文，如說尺畝，據漢制今田爲說是也。此固爲戴氏所補，至目爲博士手筆，則誤讀《史記》矣。

《王制》無一條不與《穀梁春秋》相同。說詳《義證》。二書皆蝕蒙已久，一旦明澈，可喜何如？不封不樹不貳事，鄭以爲庶人禮，不知《穀梁傳》已有明文。譏世卿、非下聘、惡盟，尊齊、晉爲二伯，以曹以下爲卒正，以冢宰、司馬、司城爲三公，亦莫不相合。至于單伯、祭仲、女叔諸人使非爲監之說，則聽《左氏》、何君之互爭，不能一斷決。范氏據《周禮》以駁傳，亦無以折之矣。

《春秋》之書以正將來，非以誅已往。《王制》一篇即爲邦數語，道不行乃思著書，其意頗與《潛夫》、《罪言》相近，憤不得假手以救弊振衰，則欲將此意筆之于書。又以徒托空言，僅如《王制》則不明切，不得已乃借春秋時事以衍《王制》之制度，司馬遷言之詳矣。《王制》所言皆素王新制，改周從質，見于《春秋》者也。凡所不改，一概從周。范氏注《穀梁》，以《周禮》疑《王制》，據周制駁《春秋》，是囈語耳。又孔子所改皆大綱，如爵禄、選舉、建國、職官、食貨、禮樂之類，餘瑣細悉不改。其意全在救敝，故《春秋》說皆以爲從質是也。

今學、古學之分，二陳已知其流別矣。至于以《王制》爲今文所祖，盡括今學，則或疑過于奇。竊《王制》後人疑爲漢人撰，豈不知而好爲奇論？蓋嘗積疑三四年，經七八轉變，然後乃爲此説。疑之久，思之深，至苦矣！辛巳秋，檢《曲禮》「天子不言出」、「諸侯不生名」數節，文與《春秋傳》同，又非禮制，因《郊特牲》、《樂記》一篇有數篇、數十篇之説，疑此數節爲先師《春秋》説，錯簡入《曲禮》者也。癸未在都，因《傳》有二伯之言，《白虎通》説五伯首説主兼三代，《穀梁》以同爲尊周外楚，定《穀梁》爲二伯，《公羊》爲五伯。當時不勝歡慶，以爲此千古未發之覆也。又嘗疑曹以下，何以皆山東國？稱伯、稱子，又與鄭、秦、吴、楚同制？爵五等，乃許男在曹伯之上？考之書，書無此疑；詢之人，人不能答。日夜焦思，刻無停慮，蓋不啻數十説，而皆不能通，唯闕疑而已。甲申，考大夫制，檢《王制》，見其大國、次國、小國之説主此立論，猶未之奇也；及考其二伯、方伯之制，然後悟《穀梁》二伯乃舊制如此，假之于齊晉耳。考其寰内諸侯稱伯及三監之説，然後悟鄭、秦稱伯，單伯、祭仲、女叔之爲天子大夫，則愈奇之矣，猶未敢以爲《春秋》説也。及録《穀梁》舊稿，悉用其説，苟或未安，沉思即得，然後以此爲素王改制之書，《春秋》之别傳也。乙酉春，將《王制》分經傳寫鈔，欲作《義證》，時不過引《穀梁傳》文以相應證耳。偶抄《異義今古學異同表》，初以爲十四博士必相參雜。乃古與古同，今與今同，雖小有不合，非其巨綱，然後恍然悟博士同爲一家，古學又别爲一家也。徧考諸書，歷歷不爽，始定今、古異同之論。久之，悟孔子作《春秋》、定《王制》爲晚年説，弟子多主此義，推以徧説群經。漢初博士皆弟子之支派，故同主《王制》立説。乃定《王制》爲今學之祖，立表説以明之。蟻穿九曲，予蓋不止九曲，雖數十百曲有矣。當其未明，則百思不得。西人製一器，有經數十年父子相繼然後成者。嘗見其石印，轉變數過，然後乃成，不知其始何以奇想至此。予于今、古同異，頗有此況。人聞石印，莫不始疑而終信，猶歸功于藥料；此則並藥料無之，將何以取信天下乎！

史公不見《左傳》，則天漢以前固無其書。然《前漢·儒林傳》謂張蒼、賈誼傳《左傳》學，爲作訓解；《藝文志》無其書，則其説亦誤襲古學家言也。按《國語》蚤出而《左傳》晚興，張、賈所見皆爲《國語》。因其爲左氏所輯，言皆記事，與《虞氏》、《吕氏》同有《春秋》之名。其稱《左氏春秋》者，即謂《國語》，不謂《左傳》。《左傳》既出之後，因其全祖《國語》，遂冒「左氏」名爲《左氏傳》。又以其傳《春秋》，遂混《左氏春秋》之名。後人聞傳《左氏春秋》，不以爲《國語》而以爲《左傳》，遂謂張、賈皆習《左傳》，此其冒名混實之所由也。使當時有《左傳》以傳經，又有師説，張、賈貴顯，何不求立學官？縱不立學官，何以劉子駿之前無一人見之？太史公博極群書，只據《國語》。劉子駿《移太常書》，只云臧生等與同，不云其書先見。班書又云，歆校書，見《左傳》而好之，是歆未校書以前不見《左傳》也。觀此，則張、賈不習《左傳》明矣。前亦頗疑《左傳》爲河間人所僞造，有數事可證其爲先秦之書者。其書體大思精，鴻篇巨帙，漢人無此才，一也。劉子駿爲漢人好古之最，猶不能得其意旨所在，則必非近作，二也。使果一人所爲，則既成此書，必不忍棄置；且積久乃成書，力不易，亦必有人治其學、傳其事。書成以後不授學者，而以全部送之秘府，又無別本，使非劉子駿，將與《古文尚書》同亡，至重不忍輕棄，三也。《曲禮》出在漢初，已爲傳記，則原書必不在文、景之後，四也。西漢今學盛，使果西漢人作，必依附二家，不敢如此立異，五也。以舊説論之，駁《左》者謂成于建始，則不若是之遲；尊《左》者謂出于漢初，則不若是之蚤。能知遲蚤成出之原，則庶乎可與談《左》學矣。

漢人今、古之説，出于明文者少，出于推例者多。《白虎通》所引《尚書》説之斂後稱王，《公羊》説之三年稱王，《詩》、《春秋》之五不名、五等皆稱公，皆推例之説也。然明文之説，亦多出于推例。如《公羊》之由經推禮，與《左傳》之由經推禮，同一經也，有世卿、無世卿異，譏喪娶、不譏喪娶異，此又明文中推例得之者。然有明文之推例，皆先師説；無明文者之推例，皆後師説。後師推例雖同先師，然附會失解者多于先師，以其學不如先師也。故予今、古禮制，以《王制》、《周禮》有明文者爲正宗，以三《傳》推例有明文者爲輔佐。至于後師無明文之説，則去取參半。若《易》、《尚書》、《詩》、《論語》、《孝經》諸先儒説，除《禮記》本記諸篇外，則全由據《王制》、《周禮》以推之者。此于今、古學爲異派，其中或同或異，或因或革，則又立《流派表》以統之。

始因《白虎通》臚列各經師説，欲將其説列爲一表，名曰《五經禮制異同表》。後作《群經今古禮制異同表》，以爲足以包括群籍，遂不作《五經表》。今案：此表不能不作。何以言之？諸經異説，有迴不相同，不關今、古之分者，如今《春秋》天子即位三年乃稱王，而《尚書》

説則據《顧命》以爲初喪稱子釗，斂後稱王。據經爲説，則無論今、古文《尚書》皆不能立異，與《春秋》三年稱王之説不同。《春秋》據踰年稱公，以爲踰年稱王，此據經也。《尚書》據「王麻冕」，以爲斂後稱王，此亦據經也。諸經如此類者實衆，不立此表，則此類無所歸宿，又必在今、古學中爲難矣。

博士言禮，據《禮》文者半，推經例者半。大約推例者皆當入《五經表》。何以言之？今學《王制》明文與古學不同者少，凡非明文則半多推例而得者，若以入《古今表》，反是以無爲有，此當入《五經表》。見此異同，非三代之不同，非今、古之異制，皆先師緣飾經義意造之説。又《禮記》中所言異同，有二家異説者，有文義小變者。此二派又足爲《今古表》之陳涉、吴廣，亦必求所以安頓之。二家説異者，立一表附《古今表》後。至于《曲禮》，本古文家説也。然所言六大、五官、六工之事，又全與《周禮》相反。足見古禮學中原有數派，但不用三公九卿，俱爲古學也。大約《今古表》中今學只一派，古學流派多，以其書多人雜，不似今學少而專一也。

《異義》採録今、古説，多非明文，後師附會蓋居其半。夫今、古異同，當以《王制》、《周禮》爲綱領，《公》、《穀》、《左氏》爲輔佐。但據經傳，不録晚説，唯議明文，不徵影響。今許所録，可據者半，不可據者半。大約今、古分别，兩漢皆不能心知其源。至於晚末，其派愈亂，如以今學説聖人皆無父而生，古學説聖人皆有父，豈不可笑！又《公羊》説引《易》「時乘六龍以馭天」，知天子駕六；未踰年君有子則廟，無子則否。皆誤説也，而亦徵録。又引《公羊》以鄭伯伐許爲讖。《左》說鄭伯伐許以王事稱爵，皆非經意，爲余所駁者也。大抵許君身當晚近，有志復古，而囿於俗說，其作此書亦如其《說文解字》，真贋雜採，純駁各半，屈於時勢，莫可如何。然其採雖雜，今猶與今爲一黨，古猶與古爲一黨，不自相攻擊。蓋其始則同有鄉人之義，繼則同爲博士黨同伐異，視古學如讎仇，惟恐其進與爲難，故雖自立異，仍不敢援之以自樹敵，故說猶同也。

《異義》所録《左氏》，亦有異同。大約《左氏》亦有數家，故致歧出。如既言《左氏》說，「麟是中央軒轅大角獸，孔子作《春秋》者，禮修以致其子，故麟來爲孔子瑞」。又採陳欽說：「麟，西方毛蟲。孔子作《春秋》，有立言。西方兑，兑爲口，故麟來。」陳欽，《左氏》先師也。是《左氏》固非止一家，故說不同也。又言《左氏》說：「施於夷狄稱天子，施於諸夏稱天王，施於京師稱王。」載籍不傳此義，此蓋用《曲禮》說《左傳》也，而文、事與《曲禮》小異。此則未必異說之不同，蓋《左氏》舊用《曲禮》說，後久失傳，晚師無知者，而其初傳授之義，猶相墨守，久而訛脱，故與《曲禮》殊異。亦如《公羊》言桓公盟詞及孔子說，較之《孟子》多有訛脱是也。此《曲禮》爲《左氏》說之起文，亦如《孟子》爲魯學《春秋》先師之起文也。

初不得古學原始，疑皆哀、平之際學人所開。不然，何以漢初惟傳今學，不習古文？繼乃知古學漢初與今學並傳，皆有傳授。所以微絶，則以文帝所求伏生，武帝所用公孫弘，皆今文先師。黨同伐異，古學世無顯達，因此不敵。《毛詩》假河間獻王之力，猶存授受。至于《左傳》、《周禮》，遂以絶焉。西漢今文甚盛，皆以古學爲怪，惡聞其説，習之何益，故不再傳而絶。觀劉子駿争立，諸儒仇之，可知古學之微，非舊無傳，蓋以非當時所貴爾。

古學微絶，以非時尚，然其書猶陰行于民間。《異義》言叔孫通制禮有日祭，是爲古説。又云叔孫通制禮以爲天子無親迎，從《左氏》義。陸賈著書議禮，實多用其説，特未立學官耳。此爲孤芳，彼有利禄，人孰肯舍此就彼。數傳之後，今學至大師數千。古學之絶也，不亦宜乎！

孔子作《春秋》，無即自作傳之理，故以口授子夏。《左氏傳》則承史文而傳之，亦非魯史自作傳也。今、古二家，孔子與魯史比，子夏與《左氏》比，以爲口説則皆口説，以爲傳記則皆傳記，分别言之，皆未窺其原也。甲申擬博士答劉子駿書，尚未悟此理，尋當改作也。今、古諸經，漢初皆有傳本傳授。其中顯晦升沉，存亡行絶，亦如人生命運，傳不傳，有幸不幸。諸説後來或分口説、載籍，或以爲有師、無師，皆謬也。《儀禮》，班氏以爲孔子時已不全，其説是也。

漢初，古文行于民間，其授受不傳。然《尚書》、《史記》所引多古文説，則武帝時有古《尚書》師也。毛公爲河間獻王博士，則古《詩》有師。古《周禮》説多見于《戴記》□□師説，當時尚多引用，是《周禮》□□亦有傳也。暇時當輯爲《漢初古文群經先師遺説考》，以明古文之授受，非漢人僞作也。

予讀《儒林傳》，未嘗不歎學人之重利禄也。古、今本同授受，因古文未立學官，不惟當時先師名字遺説不可考，其有無是學，亦幾不能決，豈不可痛惜乎！

《藝文志》有《周禮傳》四篇，不知撰者何人。若在武、宣以後，必傳名氏，豈秦、漢先師遺説之存者歟？《五行志》引《左傳》説，亦不詳爲何人之作。或疑爲劉子駿説。按劉語當著名氏，此亦秦漢先師説之偶存者。《戴記》中有二經師説，又當如今文《春秋》之《王制》，爲先秦以前之書，爲二經祖本矣。

《王制》天子大夫爲監於方伯國，《春秋》之單伯等是也。《左傳》不用其説，而《周禮》云作之牧，立之監。其所云立監者，蓋即與《王制》同，是古《周禮》亦有此説。《左傳》異之者，蓋爲監實非當時故事，《周禮》新撰，偶同《王制》耳。

古説有與今説相反，今説大明，遂足以奪古學之説。縱有明據，解者皆依違不敢主張，顯與今學爲敵。如《左傳》之「元年取元妃，卒哭行祭」是也。今學譏喪娶、喪中祭，此變古禮也。《左傳》禮，元年娶元妃。文二年，公子遂如齊納幣。《傳》云：「禮也。凡君即位，好舅甥，修婚姻，娶元妃以奉粢盛，孝也。孝，禮之始也。」宣元年，「公子遂如齊逆女」，《傳》無譏文，此《左傳》即位娶元妃之證也。《傳》云「娶元妃以奉粢盛」，明婚爲祭，此喪祭之明證也。外如杜氏所引：襄十五年晉悼公卒，十六年晉烝於曲沃。鄭公孫僑①云：「溴梁之明年，公孫夏從寡君以朝於君，見于嘗酎，與執膰焉。」皆足爲證。又僖三十三年《傳》云：「葬僖公，緩②作主，非禮也。凡君薨，卒哭而祔，祔而作主，時祀於主，烝嘗③禘於廟。」按古禮重祔，今學不言祔；今學言祀主於寢，古學言祀主於廟，二者各異，不相通。古學作主以後，即祔於廟中。凡小祀日祭則但祀新主祔者，唯烝、嘗、禘大祀，乃于廟行事，非不祭也。其譏吉禘莊公者，謂於祔主行禘祭，故譏之，非謂餘廟皆不祭也。特祀于主，烝、嘗、禘於廟，全從禘於莊公出來。後世學者以今混古，各相蒙亂，左右支吾，皆不能通矣。

古學亦用三年不祭之説，特謂新主耳。今學亦有喪不廢祭之事，謂郊天耳。二家各有所據，其分析處甚微。《周禮》亦主喪祭，其説特爲注家所掩耳。如喪中用樂，《周禮》有之，後人皆不敢主其説，亦是也。

魯共王壞宅所得書，各家數目不同。《史記》不詳其事，劉子駿以爲有《左傳》。《漢書・

---

① 公孫僑：原作「公孫儒」，「儒」爲「僑」之形誤。案：公孫僑即子産，今據《左傳》襄公二十二年文改。

② 緩：原作「復」，據《左傳》僖公三十三年文改。

③ 嘗：原作「常亦」，據《左傳》僖公三十三年文改。

河間獻王傳》言：求得書皆古文先秦舊書《周官》、《尚書》、《禮記》、《孟子》、《老子》之屬，皆經傳説記、七十子之徒所論。立《毛氏詩》、《左氏春秋》博士。《魯恭王傳》言得古文經傳，無書名。《藝文志》云：得《古文尚書》及《禮記》、《論語》、《孝經》凡數十篇，皆古字也。按以《漢書》證之，恐有《左傳》是劉子駿依附之説。傳古學者燕趙人，多不行於魯，當由今學與之爲難，故託言其書出於魯，以見魯舊傳其學之意，非實事也。

今、古學人好言今、古學得失，争辨申難，無所折中。竊以爲雖漢已如此，然皆非也。今學如陸道，古學如水路，各有利害。實皆因地制宜，自然之致，自有陸水，便不能偏廢舟車。今駕車者詆舟船之弊，行舟者鄙車馬之勞，於人則掩善而著惡，於己則蓋短而暴長。自旁觀言之，則莫非門户之見，徒爲紛更而已。

學禮煩難，今、古不足以統之，故表中多立門目。然其中有文字異同一例，本爲一家，傳習既久，文字小異，此當求同，不可求異者也。如《王制》與《孟子》，《祭法》與《國語》，宜無不合矣。其中乃有小異處，後人遂張皇而①不爲《孟子》與《王制》、《祭法》與《國語》有合，此則大非也。何以言之？《孟子》言葵丘盟詞，當即《穀梁》所言，乃《孟子》詳而《穀梁》略。《公羊》不在葵丘，所引則又略矣。《孟子》引孔子「其事則齊桓晉文」一節，當即《公羊》「納北燕伯于陽」傳所

① 而：原作「山」，疑當爲「而」字之訛，據改。

引，乃《公羊》與《孟子》互異。又《公羊》定元年引沈子，即《穀梁》定元年所引之沈子也。同引一師，同説一事，而文句不同。又如《左》、《國》、《禮記》、諸子之記申生事，本一事也，而所記各異。《孔子集語》集孔子之言，同一説也，而文義詳略乃至大相反。此皆當求其同，而不當求其異。然此以知其源爲難，苟不知其源而惟求不異，則未有不爲害者矣。鄭君是也。

漢初叔孫通制禮，多用古説。原廟之制，此古禮也。《周禮》祀文王於明堂，而方岳之下亦立明堂，如齊之明堂是也。《左傳》「有先君之廟曰都，無先君之廟曰邑」，此亦原廟明堂之制。惟今學乃不言明堂，立太廟，不立原廟也。古學，天子宗廟中無太廟，惟別立明堂，諸侯不立明堂，曰太廟。今學則天子諸侯同曰太廟也。今學家間有説古禮者，舊頗難於統屬。今立一法以明之，以爲講今學者時説古學，如《孟子》、《荀子》皆言明堂是也。此如《春秋》曲存時制之例。

古學，禘爲祀天地，郊爲祈穀，禘重於郊。禘者，示帝也，故謂魯禘非禮，《穀梁》不言禘非禮。古學無祫祭。《公羊》説禘用古學，説祫用今學。今學不以禘爲大祭。古學每年一禘，亦無三年一祭、五年再祭之説。

講禘祫須先知廟制。今先作《今古學廟制圖》，便知古無祫祭，今無配天禘祫之説。本數言可了，先儒含混言之，遂致糾葛耳。《左傳》不立四時祭之名，《周禮》則有之。《左傳》雩爲祈穀，與《周禮》同，又有求雨之雩。今禮則雩專爲求雨，無祈穀説。《左傳》移動今學時祭，以郊、雩、烝、嘗當之。四者皆爲農事，所謂春祈秋賽，不專在宗廟行事者也。此《周禮》、《左傳》所以不同。欲分今、古禮，須先將其名目考清。某禮於古爲某事，於今爲某事；某禮爲今、古學所有，某禮爲今、古學所無；某禮無其事而有名，某禮有其實而異其號。須先考正名實，然後求細目。不先知此，則禮制不能分也。

古禮門目多，今禮儀節少。今禮如建國、爵禄、立官、選舉外，其改動古學者可以計數。至於一切儀節名物，多從古説。故凡所不改者，皆今、古同者也。今爲一表以收今、古不同者，以外有古無今者，則均附此篇之後。所録雖屬古文，實則今禮亦如此也。

《月令》説：脾爲木，肺爲火，心爲土，肝爲金，腎爲水。此古文説也。博士説：肝木、心火、脾土、肺金、腎水，今醫家皆祖博士，而古文無知之者。以高下相生爲序：脾居中主生爲木，次肺火，次心土，次肝金，次腎水①，腎生脾，又始焉。甚有理。然予説藏府，不以配五行。脾胃爲中，肺心在上，肝膽在下。脾與胃對，肺與肝對，心與膽對。脾胃主消納，肺受而爲氣，肝受而爲血，心爲氣精，膽爲血精。肺肝主形質，心膽主精華。氣血已盛，然後腎生；氣血將衰，則腎先死。腎如樹木花實之性，乃五藏之精華，以爲生發之機者，古書當有此説。

《周禮》封建之制與《王制》相較，一公所封多至二十四倍，此必不能合者。《孟子》以齊魯

① 水：原脱，據上下文意補。

皆百里，初以爲今學門面語也。然下云「今魯方百里者五」，以爲大，似確是當時實事，繼乃悟周初封國實不如《王制》之小，諸侯封大易爲亂，故《王制》改爲百里。魯舊本大，《詩》有七百里之説是也。至孟子時多所侵削，所謂「魯之削也滋甚」，非魯多減小國，乃僅此方百里者五也。周禮本非百里，《孟子》以《王制》爲周禮，皆因主其説久，周禮不可聞，故即以是爲周禮。董子亦以《王制》爲周禮。封建之制，變爲郡縣，郡之大者方廣得四五百里，漢初封國大者亦四五百里，此所本也。《王制》則衆建諸侯而小其力之説也。總之，《周禮》之書與《王制》同意，均非周本制，特《周禮》摭拾時事處多，《王制》則于時制多所改變爾。

今學有大廟，古學無大廟。《明堂位記》因《春秋》有大廟，緣經爲説，故曰「大廟，天子明堂」。以明堂、大廟分爲天子、諸侯制，順《春秋》大廟之文也。今學禘在大廟，古學禘不在大廟。鄭曰行於圜丘。《春秋》有「禘於大廟」，當緣經爲説，故《左傳》曰：「季夏六月，以禘禮祀周公於大廟。」①言天子禘於圜丘，諸侯則禘於大廟，以順《春秋》「禘於大廟」之文也。此《左氏》緣經立説之事也。

予言今、古，用《異義》説也。然既有許義，而更別有異同者，則予以禮制爲主，許以書人爲據。許以後出古文爲古，先出博士爲今，不知《戴記》今、古並存，以其先出有博士，遂目爲

① 案：「季夏」至「大廟」不見於《左傳》，爲《禮記·明堂位》文。

今學，此大誤也。其中篇帙，古說數倍於今，不究其心，但相其面，宜其有此也。《異義》明堂制，今《戴禮》說明堂篇曰云云，又引古《周禮》、《孝經》說明堂文王之廟云云。按，今學不言明堂，言明堂皆古學，劉子駿所說是也。《戴記》四說皆古學之流派，非今學也。且其四說有一說以明堂爲文王之廟，即許君所引古《周禮》、《孝經》說也。安見其說在《周禮》便爲古，在《戴記》便爲今？大小《戴記》凡合於《周禮》、《左傳》、《毛詩》者，盡爲古學；合於《王制》者，盡爲今學。一書兼存二家，此不以實義爲主，乃以所傳之先後爲主。使當時《周禮》早出，得立博士，或《戴記》晚出，不得立，不又將以《周禮》爲今，《戴記》爲古乎？蓋漢人今、古紛争，積成仇隙，博士先立，古學之士嫉之如讎。凡未立者引爲一黨，已立者別爲一黨，但問已立未立，不問所說云何。東漢之末，此風猶存。故許右古左今，著爲《異義》，以《戴記》先立，尚挾忿排斥以爲異端。今則無所疑嫌，平心而覩，源流悉見。康成和解兩家，意亦如此。然康成合混，予主分別。合混難而拙，分別易而巧。然既合混之後，又歷數千年之久，則其分之也，乃轉難於康成昔日之合之矣。

《異義》引《左氏》說曰：古者先王日祭於祖、考，月祀於高、曾，時享及二祧，歲祫於壇墠，終禘及郊宗石室。按，此說《左傳》者之言也，其言本於《國語》、《祭法》而不盡合。《祭法》言親廟有五，其廟制以考爲總匯，當是日祭考、月祀四親廟，故下有下祭五殤之文。以上祭五代，故下亦得同。今說日祭祖、考，月祀高、曾，此則改五代以爲四代也。至於以歲祫終禘爲説，則更非《左》意矣。《國語》雖有歲、終之文，歲猶可言，終當不能定爲常典。其謂王終耶，抑謂外蕃之終耶？此恐當從外蕃説，事無定，不能言時日也。至於歲一行祫，亦與烝嘗禘於廟不合。大約此言亦誤解緯説，妄附祫禘，而不知《左傳》本義不如此也。

《禮記·冠義》、《婚義》、《鄉飲酒》、《射義》與《儀禮記》異篇，舊以爲異師重篇，今乃知此《王制》今學六禮記也。以《婚義》言之，内官百二十人，與外官同，此今説。又《儀禮》爲士禮，此獨詳王后事，可知此《王制》説。又《射義》「天子以射選①諸侯、卿、大夫、士」，「古者天子之制，諸侯歲獻貢士于天子」，試之于射宫，射中多者得與于義云云，及慶讓餘地、削地之説，全與《穀梁》、《大傳》、《繁露》等書同，此亦今學也。古學則不貢士，皆世官，亦不以射爲選舉，此可知也。又《婚義》云：「夫禮始于冠，本于婚，重于喪祭，尊于朝聘，和于鄉射。」《王制》則云：「六禮：冠、婚、喪、祭、鄉、相見。」按，《王制》之相見即《婚義》之朝聘也，于士爲相見，于天子爲朝聘。《王制》之鄉即《婚義》之鄉射也。

予學《禮》，初欲從《戴記》始，然後反歸于《周禮》、《儀禮》。縱觀博考，乃知其書浩博無涯涘，不能由支流以溯原，故以《王制》主今學，《周禮》、《儀禮》主古學。先立二幟，然後招集流亡，各歸部屬。其有不歸二派者，別量隙地處之，爲立雜派。再有歧途，則爲各經專説。

---

① 以射選：原作「射以選」，據《禮記·射義》乙。

《易》、《詩》、《論語》，言多寄托，大約可以今、古統之。至《尚書》、《左傳》、《公羊》、《孝經》，則每經各爲一書，專屬一人理之。《尚書》爲史派，有沿革不同，以統《國語》及三代異制等說。庶幾有所統馭，不勞而理也。

《王制》似有佚文在别篇，疑《文王世子》其一也。今觀《千乘篇》，其説四輔全與《王制》文同，此孔子晚年告哀公用《春秋》説也。予初以《王制》後篇分爲三公，今此篇乃以四官分主四時，今用其説主四官，特司寇不入三公數耳。又《王制》言大司徒以教士車甲，《千乘》作司馬是也。上下文同，司馬主兵，知司馬義長。不然，《王制》説司馬主兵者不見矣。今取爲注，則官職之事詳矣。得此輔證，又一字千金也。

《孔子三朝記》皆晚年之説，故多同《王制》、《千乘》、《四代》、《虞戴德》等篇是也。故《虞戴德》多與《穀梁》合。如天子朝日，「諸侯相見，卿爲介，以其教士畢①行，使仁守」。及射禮、慶讓諸節，此其文義皆同《穀梁傳》。文與今學合者，舊多失引，一俟《王制義證》成，再爲補改也。

《千乘篇》者，《王制》説也。《王制》言三公，而《千乘》多司寇，分主四時。《王制》言司寇事甚詳，既不得謂《千乘》與《王制》不合，又不得謂司寇非秋官，疑當依《千乘》作四官。司寇

---

① 畢：原脱，據《大戴禮記·虞戴德》補。

既掌四時，其不與三公敵體者，乃任德不任刑之意。故其所掌與三公同，而退班在三公後。《王制》：司寇獻獄之成于三公，而三公聽之，然後獻于王，此司寇受制三公之證也。蓋樂正，司徒之副；司寇，司馬之副；市，司空之副。三者爲九卿之首。然樂正猶爲上公佐，司寇乃爲中公佐。一主教，一主刑，刑不先教，雖司寇不敵樂正之尊，此孔子任德不任刑之意也。董子之説，蓋原本于是矣。

人見廬山圖，皆知其只一面，而全山不見也。然習見此圖，目中雖以爲一面，而心中遂以爲足以盡廬山，故見其左右及後面之圖，則駭然以爲别山而非廬，此人情也。人日讀《王制》，以爲此正面也。及觀《孟》、《荀》、《大傳》、《繁露》、《外傳》、緯候制度，則以爲别山而非廬，此又人情也。故凡《孟》、《荀》、《書》、《詩》、《春秋》師説、緯候之文，多各異端，不能得其綱領，不以爲異説，則以爲僞撰，不以爲傳聞，則以爲訛挩，而孰知其即廬山之别面也哉！予故類集而推考之，諸書各説一面，合之乃全，或左或右，或全或後，于是向之匾而不圓者，今乃有楞象，其中曲折，亦俱全備。譬之人身，《王制》其面目四體而已，諸書乃其藏府腸胃、經絡脈理。今但言面目四體，則是木偶；必須得其藏府清和，經絡通鬯，乃知行步飲食，出謀發言。苟不及諸書，則是木偶《王制》而已。

《王制》一篇，以後來書志推之：其言爵禄，則職官志也；其言封建九州，則地理志也；其言命官、興學，則選舉志也；其言巡狩、吉凶、軍賓，則禮樂志也；其言國用，則食貨志也；

其言司馬所掌，則兵志也；其言司寇，則刑法志也；其言四夷，則外夷諸傳也。大約宏綱巨領，皆已具此，宜其爲一王大法歟！

古學六卿，今六部之所仿也。今學則只三公：司徒主教，禮部是也；司空主養，户部是也；其餘吏、兵、刑、工四部，今學皆以司馬一官統之。可見其專力于養教之事。古學分一司馬爲四官，今反重吏、兵、刑爲繁缺，毋怪教養之政膜不相關也。

《王制義證》中當有圖表，如九州圖、建國九十三圖、二百一十國圖、制爵表、制禄表，務使此書隱微曲折，無不備見，又皆可推行，雖耗歲月所不辭也。

或疑古學出于燕、趙爲無據，曰：荀子趙人，《韓詩》燕人，皆爲今學，豈能必燕、趙爲古？叔孫通、賈子亦非燕、趙人，此可疑者也。然古學秦前無考，漢初不成家，先師姓名俱不傳，又何能定其地？西漢古學，惟《毛詩》早出成家，今據以立説者，特以《毛詩》爲主。毛公趙人，又爲河間博士，且魯無古説，齊則有兼採，以此推之，必在齊北，此可以義起者也。今、古之分，亦非拘墟所能盡，以鄉土立義，取人易明耳。至于實考其源，則書缺有間，除《毛詩》以外，未能實指也。

古學考

廖平 撰
楊世文 校點

校點説明

《古學考》作於光緒十三年（一八八七）至光緒二十年（一八九四），曾名《續今古學考》、《闢劉篇》，光緒二十三年（一八九七）由成都尊經書局刊行。先是，《今古學考》刊行之後，學界毀譽交加，廖平作了自我反省，並與師友討論辯難，先於光緒十三年作《續今古學考》自駁自說，次年改訂，易名爲《闢劉篇》。「丙戌（一八八六）之後，乃知古學新出，非舊法。於是分作二编，言古學者《闢劉》，言今學者《知聖》」（《井研縣志·藝文志》）。次年至廣州，將二書示之康有爲，康初堅拒其說，後大以爲然，遂循其宗旨著成《新學僞經考》、《孔子改制考》，分別刊行於光緒十七年（一八九一）、光緒二十四年（一八九八）。廖平於光緒二十年（一八九四）改訂《闢劉篇》，并易名爲《古學考》時，又參考了《新學僞經考》的一些觀點。此書主張「尊今抑古」，認爲古學始自劉歆，「於是考究古文家淵源，則皆出許、鄭以後之僞撰。所有古文家師說，則全出劉歆以後，據《周禮》、《左氏》之推衍。又考西漢以前言經學者，皆主孔子，并無周公；六藝皆爲新經，并非舊史」（《二變記》）。此書末附《周禮删劉》，尋摘文獻中劉歆删改《周禮》十二證，以輔證《古學考》的觀點。此書與《知聖篇》是廖平經學二變時期的代表作。有清光緒二十三年（一八九七）成都尊經書局刊本，收入民國十年（一九二一）四川存古書局印《六譯館叢書》。本次校點，即以此本爲底本。

目録

古學考……………………………………………一〇五

古學考

丙戌刊《學考》，求正師友。當時謹守漢法，中分二派。八年以來，歷經通人指摘，不能自堅前説。謹次所聞，録爲此册。以古學爲目者，既明古學之僞，則今學大同，無待詳説。敬録師友，以不没教諭苦心。倘能再有深造，尚將改訂。海内通人不吝金玉，是爲切望。甲午四月，廖平自記。

舊著《知聖篇》，專明改制之事，説者頗疑之。然既曰微言，則但取心知其意，不必大聲疾呼，以駭觀聽。今則就經言經，六藝明文，但憑目見。或爲擇善取同，或爲新義創制，不能質言，都從蓋闕。專述經言，不詳孔意，非僅恐滋疑竇，抑以別有專篇也。

舊以《王制》爲孔子爲《春秋》而作。崧師云：「此弟子本六藝而作，未必專爲《春秋》與自撰。」案舊説誤也。《文選》注引《論語讖》：「子夏等六十四人撰仲尼微言以事素王。」由《論語》可推《王制》。凡《王制》所言，皆六藝之綱領，仲尼没，弟子乃集録之。六經制度，全同此書。當删定時，不審其爲舊文新義。但六藝皆明王法，而此乃王者之制，宜無不同。聖作爲經，此篇在記，自係弟子推本孔經，作爲大傳，以爲諸經綱領，不必定爲孔筆。孟、荀於此書指爲周制者，則以六經周事爲多，就經説經，自爲時王之制。《左》、《國》爲六藝事傳，凡係經説，皆寓之時事，與董子「因時事加王心」之説實同，皆以發明經義。聖作爲經，賢述爲傳；《王制》既不爲經，則是群經大傳，出於弟子無疑。

舊説以《詩》、《書》禮制有沿革，不入今、古派，皆先師各據所學以説之者。周宇仁以爲四代同制，全合《王制》。案其説是也。《詩》、《書》與他經，漢十四博士同據《王制》説之，别無異制，可見其同。及經同學細考《書》、《詩》所言禮制，與《王制》無絲毫出入，今《尚書》、《三家詩》説可證也。又《書》有四代之文，《詩》兼二代、列國，而禮制並無沿革。唐虞舊典，下同《春秋》。古《書》、《毛詩》乃盡棄今學而參以《周禮》，然每與經不合。馬、鄭不能如伏、韓詳備者，勉强自然，真僞各異。舊以二經有沿革，不入今、古學派。既實知其沿革與今禮符合，故不得不歸今學也。説詳《書》、《詩》二經《凡例》。

舊説以《周禮》與《左傳》同時，爲先秦以前之古學。宜賓陳錫昌疑《周禮》專條，古皆無徵。今案：前説誤也。此書乃劉歆本《佚禮》、羼臆説揉合而成者，非古書也。何以言之？此書如果古書，必係成典，實見行事者。即使爲一人擬作私書，亦必首尾相貫，實能舉行。今其書所言制度，惟其本之《王制》今禮者，尚有片段。至其專條，如封國、爵禄、職官之類，皆不完具，不能舉行，又無不自相矛盾。如建國五等、出車三等之類。且今學明説見之載籍者，每條無慮數千百見；至《周禮》專條，則絶無一證佐。如今學言封國三等，言三公九卿，毋慮千條，而《周禮》言地五等，以天地四時分六卿，則自古絶無一相合之明證。此可知其書不出於先秦。擬將其書分爲二集：凡《佚禮》原文，輯出歸還今學；至劉氏所羼補之條，删出歸之古學。故今定《周禮》爲王莽以後之書，不能與《左氏》比也。說詳《周禮删劉》與《官禮凡例》。

舊表以《樂》與古《書》、《毛詩》爲古學，非也。《樂》爲六藝之一，既經手定，則同屬五經；以《韶》爲宗，則迥非周舊矣。孔氏寫定《尚書》，以今文數篇推其異者寫成隸字耳，有經無說。毛公《詩》，班云：「自以爲子夏所傳。」此二家亦今學也。孔、毛西漢之書，皆爲今學而不傳。東漢之桼書《毛傳》，則杜、賈、謝、衛託始於孔、毛以求勝，與西漢别爲一家。前今後古，不得因後以改前。說詳《古文尚書》、《毛詩凡例》。

舊以《儀禮》經爲古學，記爲今學，新津胡敬亭以爲皆今學。今案：其說是也。《儀禮》爲孔子所作，孺悲所傳《士喪禮》可證。爲《王制》司徒六禮之教，與《春秋》莫不合，此亦全爲今派，非果周之舊文，尚爲古派，而記乃弟子所記也。今將經記同改入今學，以此即爲「經禮三百」，先師所云「制禮正樂」是也。說詳《儀禮凡例》。

舊說禮制以不同《王制》爲古派，以《左傳》、《周禮》與《王制》同者爲今、古所同；同邑胡哲波以爲不如分經。今案：舊說誤也。孔子以後惟今說盛傳，《左傳》及《官禮》皆爲今學。其與①《王制》不同者，則儀節參差，一書不能全備，參差互見，潤澤經說以補之，非異說也。

① 與：原無，據文意補。

今《王制》與《穀梁》爲魯學，然實爲今學。一家不能盡天下變，弟子七十人各學所聞，異地傳授，彼此各詳，不必皆同。如《公羊》今學也，而禮與《穀梁》不盡同；《國語》今學也，而廟祭與《王制》相近。此非互文補義，即三統異説。六經既定一尊，又以三統通其變，弟子各據所聞以立説，故異説亦引據孔子語可證。《王制》統言綱領，文多不具；《春秋》、《詩》、《書》、《儀禮》、《禮記》所言節目，多出其外，實爲《王制》細節佚典，貌異心同，如明堂、靈臺、月令之類，此佚脱之儀節也。《孟子》云：「此其大略，若夫潤澤之，則在君與子。」《王制》所言，大略也；先師乃據各經所見，以相潤澤。故《王制義證》所采董子爵國、官職等詳細節目，文多互異。此在《王制》雖無明文，各經別有詳説。如今之祭祀祖先，本有日、月、時、歲之不同，必詳乃爲全文，此一定之理也。乃諸書多言時祭，而略於日、月、三年，此舉中以包上下也。《孝經》獨言春、秋二祭，則以諸侯歲只二祭，錯舉以見之。《國語》言日祀、月享、時祭、歲殷、終王，乃爲全文，特其中各有隆殺等差耳。今孔廟朔望皆行香，使謂祖廟一年只臨祭二次，未免過於疏畧，非人情。一日一臨，又過瑣細。大約日祀爲廟祝所行，或如今禮於宫中別有日祀之事，皆未可知。總之，諸經所言禮節，苦不能全，必相參合，乃爲詳備。以今列古禮，緣人情，不能是丹非素，拘泥一家，非斥異己。此例一明，然後知今禮廣博，無所不包。今於劉歆以前異禮，統以參差例歸之。不立古學者，以其時尚無古學也。故今同一例，亦並删之。

舊説《儀禮》謂孔子所改者少，不改者多，不能據實。今以六藝爲斷，凡見於六藝者，統歸經制，不復問其改與不改。至於古書所言周之佚聞行事，其與六藝不合者，則别入四代禮制佚存中，當時有此行事，未必即周舊典，亦未必人皆如此。馬、鄭雖嘗本此求異今學，然此爲誤解例，非古學之根原，其事亦不盡爲古學所祖。故别爲一書，不使古學家得專之也。

舊以魯、齊、古爲鄉土異學，今、古爲孔子初年、晚年異義。同年黄仲韜不以爲然。今案：西漢既無古學，則無論齊、趙①，既立參差例，孔語實歸一途。《公羊》與《穀梁》異義，舊以爲《公羊》用古學，今合勘之，乃得其詳。《左》、《國》全本六藝佚禮，亦屬經説。西漢以前，道一風同，更無歧路，則鄉土未定之説皆可删之。

舊以《孝經》爲古學，因其禮制與《王制》有異也。今案：《孝經》既爲孔子所傳，其中所言祭祀、明堂雖與《王制》小異，然其説時見於他傳記，不應獨爲古學。今定《孝經》與六藝同爲今學。至其儀節異同，則統以補證《王制》。説經以異説爲貴，可以借證，非禮制偶異，便爲古學。又當時實無古派，謂後人因此以求異則可，謂《孝經》爲古學家則不可也。

舊表以《逸禮》、費《易》爲古學，非也。《逸禮》即《周禮》之原文，《禮經》非古，則逸者可知。又其文散見者，皆今學也。《易》西漢無古學，費氏雖經有異文，然其説禮制仍今學。故《異義》無古《易》，《藝文志》於費《易》亦不云古，可見《易》無古學。總之，劉歆以前不可立古

① 齊趙：疑當作「齊魯」。

名，建武後古學乃成，則不得以《逸禮》、費《易》爲古學也。

舊以孔子晚、壯爲今、古之分。鐵江師以爲未合。此因説有兩歧，誤爲此説。實則「從周」之言，專指儀節底册，成憲足徵，據此改定，不如夏、殷簡陋廢墜，故以「從周」爲言，即「服周冕」之意。《公羊》專主改周從質立説，實則孔子於周有益損，非但損無益也。舊表以今學主薄葬，富順陳子元以爲疑，今從改正。如三年喪、親迎等事，皆繁難過於古制，可見非專主從簡。古用世卿，《王制》學禮乃興學校、開選舉，踵事增華，與無爲儉樸相反，實晚年亦不盡主質。蓋孔子自五十知命以後，已著四教以教人，諸書所録皆作述以後之言，又多由没世後弟子所記，宗主孔子，無敢異同，縱語有參差，義無出入，不能於聖言强分壯、晚也。

舊以今禮少、古禮多，李岑秋中書以爲失實。其説是也。蓋以《左傳》、《儀禮》、《周禮》皆爲古學，古學多，今學只一《王制》，則今少於古。今考定六藝與《左》、《國》皆今學，並取《佚禮》原文歸入，則古不過劉歆所羼千餘字耳。且百家不折中於孔子者，書皆不傳；搢紳所言，皆爲孔義，傳記實無古名，何論多少？古學後興，浸淫《詩》、《書》，故異禮古多於今。然非其實，當正之者也。

舊表以今用質，古用文，今主救文弊，古主守時制；同邑董南宣以爲疑。今案：前誤也。孔子於周有所加隆，非因陋就簡，惟求質樸。故《論語》以損益爲言，而《荀子》主尚文爲説。從質義本三統，孔子既定一尊，又以三統通其變，皆指後王法夏、法殷而言，非謂既往之夏、殷、周。又其所用之法，亦於經制中分立三品。如社之松、柏、栗，如官職唐虞五十、夏一百、殷二百、周三百①，既已三百之後，則難改爲一百也。古書三代之説，有可循環者，有不能循環者，皆經説之三品，以爲後王之法者。蓋忠、質與文，本從後相較品騭之語。在三代皆爲因時制宜，非夏、商有文乃抑而不用，至周故意改文也。文明日開，不能復守太素，非夏、殷舊制實可用，特爲三統而改，繼周不能用夏禮，亦不能用殷禮，踵事增華。夏末已異禹制，湯承而用之；商末已變殷制，周承而用之；周末又漸改，孔子承而用之，故有加文之事。三統之説，惟服色可變，以新民志；至人事宜俗，不能相循。孔子定制，既改獉狉②餘習，又補彬雅節目，文質合中，無復可易。《論語》云：「百世可知。」《中庸》云：「百世以俟聖人而不惑。」既臻美善，雖百世不改。若如舊説，則孔子用殷，繼乃用周，何以答顔子兼用四代，並屢有從周之言，今取周禮較多二代乎？大抵定制，折中一是可永行。三統主通變，亦五運、五德之説。上古文明未備，可以改易，後則不能改制以新耳目。惟旗幟服色，後世互用之則可，若典制相循，秦漢以來全無改易矣。

---

① 殷二百、周三百：原作「殷二官、周三官」，據《禮記·明堂位》改。

② 獉狉：原作「榛狉」，據文意改。

《爾雅》舊不知歸隸何學，崇慶楊子純以爲聲音訓詁①無分今、古，是也。蓋《爾雅》成於先秦，尚無古學名目，當歸今學爲是。雖與《王制》間有小異，是爲異義，不比《説文》成于古學已成之後。然《爾雅》雖爲今學，古學取用訓詁則無有不可。今、古之分不在此也。

《論語》舊以爲今、古皆有，仁壽蔣芰塘以爲皆今學，其説是也。孔子撰六藝，此篇乃多論述作之旨，又爲弟子所記，皆傳今學，不能謂爲古也。雖間有參差，然多同實異名。

《兩戴記凡例》以各篇分隸今、古，同邑楊静齋嘗疑之。今案：書出先秦，時無古學，篇章繁博，自非《王制》能盡。然當歸之異義；縱爲古學所宗，亦不能謂之爲古。如《祭法》專主《國語》，《左》、《國》皆爲今學。《曲禮》六大、五官、六府、六工爲周禮舊目，《逸禮》、《孝經》諸説既同隸於今，《武王踐阼》、《五帝德》、《帝繫姓》等篇皆爲《尚書》師説。喪禮、喪服、《詩》、《禮》小學，原於六藝，即同《周禮》之《玉藻》、《深衣》、《盛德》，仍爲今學。他如《朝事篇》所言朝、覲、宗、遇與巡守年限，文與《周禮》相同，然鄭注《周禮》不引以爲據，是鄭所見《朝事》無此語可知。今本所有，不審盧注誤入經文，抑古文家所羼改也。外如陰陽五行，經學儒家無論矣。總之，秦以前古學已成，則此類當歸附於古；其時既無古名，不過同氣之中各有門庭，一源之流其分兩派。若遂指爲異族，勢等讎仇，不惟後前失序，又且分合不明。今故以六藝定

① 詁：原脱，據文意補。

今學，不專主《王制》一篇，所有同異，悉爲融化，於《戴記》削去古學一例。

舊以今、古同重。李命三以爲古不如今，其説是也。六藝皆孔子作，禮亦爲孔子所傳，本同一源，纖毫悉合。又秦漢皆今學，諸子博士莫非此派。義詳證多，今學所長也。以今禮説六藝，首尾貫通，無待勉强。今禮即由經文推出，欲樹别義，必背經文，古學受制於經之事也。古《書》、《毛詩》本以立異，意主釋經，則於其細微枝節處變之，而輔以異例、異説以求自别。明著之條，苦不能變，則於其細微枝節處變之，然其改變，不過十中之二三①，所改既於經嫌强合，又與不變之條每相齟齬，此古《書》、《毛詩》之所以不如今學也。至於《周禮》出於羼補，《王制》綱領貫串，節目詳明，實可舉行，而經傳、載記、子、緯、史、志，符合師説，不可勝計。長壽李命三《王制輯説》可考。《周禮》其爲《佚禮》原文者無足論，其專條不惟綱領不能尋求，且與本書亦相矛盾。即如封建、爵禄之類，全不能行，且諸書並無一明文確證。《周禮》本依託《王制》以行，若提出今學明條，更無以自立。至於《詩》、《書》經文，全同今學，古學乃以《周禮》推説《詩》、《書》，自張門户。而經文與師説明説今欲變之，亦如《周禮》之變《王制》。故杜、賈、謝、衛諸家先録經文舊説，不能驟改，取其可以通融之條簡畧注之。至於馬《傳》，更加禮説；鄭君繼起，乃稍明備。然所加與經不符，勉强衍説，臆撰無徵。以《尚書》五服馬、鄭注改之，其義自見。今經專條，則避難不

① 二三：原作「三三」，據文意改。

説，此其短也。今本《毛傳》畧存訓詁，禮制缺畧，此謝、衛開宗之本，杜子春説《周禮》與此畧同。説者不識此意，以爲古書簡畧。按先秦①傳記莫如《兩戴》，西漢之作則伏、董、韓、劉，莫不詳明，何嘗似此簡陋？今欲解經悉合古説，豈不大難？至《孝經》、《論語》，不過意取備對，與今學相配，彼時已未成家矣。蓋是非本有一定，今學既爲正宗，而謂别派亦精確詳審，與之相比，固非情理所有。若能精思果力，再補義例，突過前賢，亦勢所能。若謂足敵今學，則恐終難，願與治今、古者共勉之。

舊以今學無異説，古多異説；周宇仁以爲今多古少，其説是也。今學弟子人多，數經不同，又歷年久遠，不能不有異義。曾子與子游裼襲②異同，儒家分爲五派，此其驗也。古學本只《周禮》，乃多與《詩》、《書》不同，何况今學？舊説過拘《王制》，凡有異説皆歸古學。今於哀、平以前不立古學名目，則凡異説統歸今派，不必拘定《王制》，以六藝爲斷，爲得其實也。

舊説以《周禮》、《毛詩》、《左傳》、古《書》爲一派相傳；新繁楊静亭以爲《毛詩》在後，是也。《左傳》建國立官，多仍今義，而《周禮》則故與相反，此二書不同之證。古文以其傳於劉歆，遂自爲古，非也。古《書》、《毛傳》則經無明文，徒取《周禮》古制之專條，推以説之；二書

① 先秦：原作「秦」，脱「先」字，據文意補。

② 裼襲：原作「褐襲」。案《禮記·檀弓上》：「曾子襲裘而弔，子游裼裘而弔。」據改。

今學各條，反致不敢直用。蓋欲取以爲説，則適與今同，無以自成門户，凡所主張皆古學專條。此述者之事，不能自由之苦衷也。其始雖欲立異，門户尚未分明；其後門户既改，從違不得不嚴，反於今學不敢襲用。此四書有明文、無明文，用今學、不用今學之分。所以古學之中，又自有異同也。

舊以今、古學皆有經，富順王復東疑其説。今案：前説誤也。經爲孔子所傳，凡經皆今學，即《孝經》、《論語》、《左傳》、《國語》亦然，則固無古經矣。《周禮》本爲傳記，今蒙經名，然其原本今學，不過劉歆所改數條乃爲異耳，不得爲經。《書》、《詩》與《易》，更無論矣。今定凡經皆爲今學，古學惟歆所羼數條，即官禮亦爲今學。古之所以不如今，以其出於附會羼改也。

舊以古學漢初有傳授，劉介卿以爲始於劉歆，其説是也。古學以《周禮》爲主，雖《左傳》早出，非古學。古學始《周禮》，《漢書·河間獻王傳》有得《周禮》之文，出於較補。劉歆頌莽功德云：「發得《周禮》，以明因監。」可知《周禮》出於歆手，以爲新室制作。其書晚出，故專條西漢無一引用，《移博士書》亦不援以自助。孔氏《書》有經無説，毛公本傳子夏。東漢以後之古《書》、《毛傳》非西漢之舊。費《易》亦後來以配古學，實失其實，西漢無古學可知。雖叔孫通定禮有與《左傳》相同之處，然此乃今學，非實古學專書。古文家所指之張丞相、賈子、孔氏、太史公、毛公，皆實爲今學。得此考定，然後今、古之説乃明。

舊以今學於古學有因革，於孔子前已立古名，孔子損益，乃爲今學，則先古後今矣。不知古學至東漢乃成，雖《左傳》出於先秦，然其書兼傳六藝，據《王制》立說，由劉歆立古學，援《左傳》以爲助，與《禮記》無異。歆所詳《周禮》本於《佚禮》，是古全由今學生，非古在今前也。舊誤以周制爲古學，故致顛倒。實在周制本不可考，《左傳》全用六藝師說，雖間有爲古文家所點竄，然其大綱不能有異，凡異處謂其生於今學可也，不得以古前今後，失先後之實。

舊以傳古學者亦有弟子。此說非也。弟子本不止一說，然皆傳孔學，自當同爲今派。《左傳》經說亦爲弟子，孔子教授多在著述以後，弟子亦無聞古學先歸之事。《周禮》、《書》、《詩》事從後起者，更不待論矣。

《詩》之魯、韓、齊三家，舊以魯爲純今學，齊、韓皆參用古學。按其時尚無古學，何緣參之？蓋多互文見義耳。《公羊》之與《穀梁》，亦同此例。今以《穀梁》、《魯詩》爲魯學，《公羊》、《齊》、《韓詩》爲齊學，不尊魯而薄齊，特以此示異同之例。齊學同祖孔子，特文義參差，後人不明此義，强爲分别耳。今以韓附於齊，只分二派，以鄉土說之。至於古學，當時未成，東漢以後亦非鄉土所拘，不入鄉土之例，示區别焉。

舊以孔子前子書歸入古學，華陽范玉賓以爲非。今案：范說是也。子書多春秋以後處士託名，管、晏未必自撰，半由後儒掇拾。又子書多采古書，如《管子》之《弟子職》及《地員》等篇，非《管子》書，或集《管子》者之采入，抑或漢以來乃附入，其中實多今學專家之語。今當逐書細考，不能據人據時以爲斷。至於兵謀、縱横等書，本不入派，爲其中有爲今、古學所同者，摘鈔備證可也。

舊用古説，以爲五經皆爲焚書，有佚；康長素非之。今案：康説是也。博士以《尚書》爲備，歆憤其語，遂以爲五經皆有佚缺，然後古文可貴。《易》有《連山》、《歸藏》，《書》有《百篇序》，《詩》有賦、比、興、笙詩，《春秋》有鄒、夾，《禮》有《佚禮》，託之壁墓，尊爲蝌蚪，群仍其誤，以爲經缺，千年不悟。近來諸儒講西漢之學，牟、邵諸家乃發經全之説，信而有徵。文詳各經凡例，足相發明。

舊以《春秋》爲孔作，《詩》、《書》、《易》、《禮》則爲文王、爲國史、爲周公之遺，以四經與《春秋》不類。使孔但作《春秋》，則四經當爲舊制，必有異同。今一貫同原，知無新舊之異。六經垂教，不能參差；四代①同文，必由一人手定可知。歆《移書》猶以經歸孔子；以後報怨，援周公以與孔子爲敵，遂以《易》爲文王、周公作，《春秋》爲魯史，《儀禮》出于周公，《書》爲歷代史筆，《詩》國史所存。撏撦仲尼，致使潔身而去。東漢以後，雖曰治經，實則全祖歆説。

舊以史册爲古學，華陽張盟孫以爲不然，是也。古學託始《左傳》，其書實以今禮爲本，非據史册爲説。其據史册爲説者皆異例，非異禮也，須辨之。既不能加古名，安能指史册與《左傳》同類？謂古學家祖之，則可；遂以史册爲古學，不可也。凡屬史册，今不以歸二派，舊例今、古同者

① 四代：原作「四伐」，據文意改。

亦附焉。

舊專據《王制》以爲今學，凡節目小異者遂歸入古學；胡敬亭以爲文異義同，其説是也。蓋當時拘泥《王制》、《穀梁》魯學爲今學專門，凡文不見二書者，不敢據爲己有。又以《左傳》爲古學，其文與魯學小異者，皆以爲古學。《周禮》、《國語》多同孔語，故以爲孔子實傳古學。劉歆以前，如張蒼、賈誼、毛公皆傳古學，代有授受。及細考之，乃知《左》、《國》全爲今學，其書早行，未經劉歆羼亂。《周禮》亦惟專條乃爲劉語，其與《戴記》①同者皆爲今學。實古學之所以立者，全在今《周禮》羼改數條，歆以前實無此等議論。今學廣大，不能僅據《王制》明文有言有不言，要之皆其所統。由此觀之，則西漢以上無不爲今學者。《周禮》古文之學實至東漢中葉乃盛行。所指師傳，皆出僞託。如《祭法》廟制、祭儀與《國語》同，而《荀子》亦有此説。《祭法》有祧、有明堂，《王制》無之。孔子之言祧、言明堂者不一而足，此不能盡屏爲異説也。蓋事理繁博，諸經每詳一端；細節門目，必須參合，乃能全備。大綱之封國、職官、選舉、學校，群書皆同，而細節文多互見。即以廟制言，大綱之七廟，祀天神、人鬼莫不同，而祭期則小異。《詩》與《王制》詳四時祭法，有日、月、歲、終，《孝經》只春、秋二祭，《公羊》則言禘、祫，説

① 戴記：原作「載記」，據文意改。

各相歧，必合通乃爲全義。言大綱者則參互者①傳記之細節。《王制》雖大綱畧備，然事禮非一書能詳，其大綱同，而節目不無小異。治《孝經》、《國語》者亦然。又漢去春秋久，《王制》爲先師之本，《公羊》傳嚴、顔二本，猶自不同。考《白虎通》引有《王度記》，《王度》當爲《王制》副篇。《王度》有記，則《王制》有記可知。舉一家之本，以盡括今學，勢所不能。今欲舉《王制》括群經，則以大綱爲主。如以《王制》説《公羊》，傳文不同者，則以尊卑異儀，差互見義，畧舉示例，文異義同諸例之至群經亦同，然後《王制》廣大，足以包括群經，不致小有異同，輒屏爲異説。如《禮記》孔子禮説與《王制》多異，固有依託；然其説多與六藝合，則不能不以爲孔子説。必有此例，然後《王制》足以包之。如《曾子問》、《檀弓》所言禮制多與《王制》不同之類。然此爲專治《王制》言之。若各舉一經以合《王制》，宜專明本經，不關異説。若再牽涉，徒②滋煩擾。師説參差，莫如《戴記》，今即以治《戴記》之法治《王制》，參觀以求，思過半矣。

治經須有次第，亦有年限，今畧定爲此説，以待治經者之採擇焉。《王制》以後世史書推之，其言爵禄，則職官志也；其言封建、九州、五服，則地理志也；其言興學、選舉，則選舉志也；其言巡狩、吉凶諸事，則禮樂志也；其言國用、財賦，則食貨志也；其言司

① 者：疑爲衍文。

② 徒：原作「徙」，據文意改。

馬所掌，則兵志也；其言司寇所掌，則刑法志也；其言四夷，則外夷諸傳也。大約宏綱巨領，皆具於此，宜爲一王大法。今立此綱，凡治經者，先須從此入手。此書已通，然後治《詩》。《詩》之東西通畿，大伯、二卿、四岳、兩卒正，此陳九州風俗以待治也。《尚書》之周公篇與末四岳橫説者與此同。《大雅》王事應三《頌》，《小雅》應《國風》，移風易俗，所謂平治之具也。此一代一王之法。三《頌》者，通其意於三統也，如《尚書》之四代。治《詩》之後，然後可以治《尚書》。《尚書》專明三統，《帝典》規模全與《王制》相合，儼然一代之制。以下二十七篇則《帝典》之細節。三代之文甚畧，以《帝典》推之，列序三代，即《詩》三統之意。《書》中又分禮制、行事二門。禮制專言制度，如《立政》言選舉、官人之法，《禹貢》言九州、五服之制，《吕刑》言司寇之事，《禹誓》、《費誓》言司馬出征之事，《文侯之命》言加命之事，《顧命》言繼位之禮，《洪範》言陰陽五行之事，爲全書大例。此數篇以制度爲主，朝廷典制，故文從字順。《商盤》、《周誥》則多述時事，告下之文，故不易讀。言時事者近於《國風》，言制度者近於《雅》、《頌》。《詩》、《書》已明，然後習禮、樂。《儀禮》者，《王制》司徒所掌六禮之節文。異説甚少，全爲儀注之事，治之甚易。樂者，《王制》大樂正所掌之實事，言止一端，易於循求。禮樂已明，然後治《官禮》。據《周禮》删去僞羼之條，易今名以別之。

《官禮》者即《佚禮》原文，立官與①《王制》冢宰三公相同，《曲禮》六大、五官、六府、六工即其舊目。《王制》于諸官舉其大綱，此爲專書加詳，二書重規疊矩。《王制》已明，此書迎刃而解，然後可治《春秋》。《春秋》者舉《王制》之意衍爲行事，制度綱目全同《王制》。《王制》如宫室圖樣，《春秋》則營造已成者。群經已明，《春秋》易治。然後治《戴記》、《左》、《國》。《戴記》者群經傳記。《王制》爲大宗，又分類附各經，則説已大明，不嫌繁難矣。《左》、《國》雖主《春秋》，群經傳説、經説皆見於本經，更以類相從，事最易舉。統計以三年學《王制》，《詩》、《書》、《禮》、《樂》、《官禮》、《春秋》、《禮記》、《左》、《國》，一年治一經，十二年而群經皆通。古之學者耕且養，三年通一經；今之學者終身不能一經，皆由失此秘籥故也。

六經相通之事，如《春秋》親迎，《詩》、《禮》莫不同；《春秋》三年喪，《詩》、《書》、《禮》皆同；《春秋》譏世卿，開選舉，《詩》、《書》、《禮》皆同；《春秋》九州、二伯、方伯，《詩》、《書》、《禮》莫不相同；《春秋》譏再娶娣姪，《詩》、《禮》皆有明文。約舉數端，餘可類推。三公九卿，群經皆同，唯僞《周禮》獨異耳。又九州、五服，群經皆同，亦唯僞《周禮》獨異，並無時代鄉土之異。

① 與：原作「爲」，據文意改。

又即《尚書》而論，《禹貢》與典、謨同，《吕刑》與《帝典》同。《尚書》四代禮制實無沿革①，使非孔制，四代當有異同，即一經中不自矛盾乎？伏君《大傳》又何爲據《王制》以遍説四代乎？維六經合爲一書，故此經所詳，彼經所畧。如明堂、辟雍，大典禮也，《詩》言之而《春秋》、《書》、《禮》可從畧。制爵班禄，《春秋》詳之，而《詩》、《書》、《禮》不詳言。相濟相成，乃能全備。後人專學一經，便有所窮。故博士議禮，本經所無，則從闕畧。經學須博通，乃備一王之制也。漢人博士據《王制》以徧説群經，使非相通，萬不能一律相合，觀十四博士同一制度，則經學之相通無疑矣。

自春秋至哀、平之際，其間諸賢諸子、經師博士，尊經法古，道一風同，皆今學也。雖其仁知異見，鄉土殊派，然譚六藝必主孔子，論制度必守《王制》，無有不同。劉歆報復博士，創爲邪説，顛倒五經。改《周禮》而《王制》殷，言鄒、夾而三傳闕，有《毛詩》而三家絶，有馬、鄭而今文佚，經學真傳由歆一人而斬，所存二傳、二禮，又皆亂於歆説，東漢以來皆受其欺，甚且助虐。故自西漢以後，六經分裂，不能相通，經禮糾紛，徒滋聚訟。今欲證千餘年謬誤，不能不首重巨魁，臚其罪狀，與天下後世共證之也。

王子雍與鄭君争不勝，造僞書以自助；劉歆與博士争不勝，改變古書以自助，其智同也。初則博士假朝庭之權以遏抑歆，後則歆假王莽之勢摧擊博士。歆掌儒林，既負權勢，得以自

① 沿革：原作「治革」，據文意改。

由，又淹博有作僞之才，遂足以翳蔽孔子，顛倒五經。自有劉歆，經學遂駁雜不純，掩蔽聖心，使後來治經者無一人能窺見尼山微意。今删汰古學四經，然後六經同源，微言可顯。

劉歆官司儒林，職掌秘籍。方其改羼《佚禮》以爲《周禮》，並因博士以「《尚書》爲備」一語，遂詆六經皆非全書。弟子恐其無本，則私改史書、緯書以自助。如《七畧》之有《周禮》、《左氏》、古《書》、《毛詩訓詁傳》，此劉歆所改。他如《劉歆傳》、《河間獻王傳》、《後漢書·儒林傳》之《毛詩》、《周禮》等字，則爲後來校史者所補。又范《書》以《毛詩傳序》爲衛、謝作，是晉宋間猶不以《毛詩傳序》爲西漢以前之書。今《鄭箋》、《鄭志》别有以《傳序》爲子夏、毛公作之文，此爲後人記識刊本，誤以入箋。《孔疏》所引古《書》與古文同者，多爲後人僞造，劉炫好作僞説，當出其手。與六朝人造《左傳》淵源同。此等皆僞説，史、緯别有真條。今人治經，先看陸氏《釋文·序録》、《隋書·經籍》，宜其不得途徑。今先考明其真者，然後僞説可祛。必先洗滌僞説，然後可以治經。説詳《古學各經淵源證誤考》與《釋文證誤》、《隋書經籍志證誤》中，《新學僞經考》甚詳。

劉歆顛倒五經，至今爲烈。真爲聖門卓、操，庠序天魔。蓋其才力既富①，又假借莽勢，同惡相濟，故黨羽衆多，流害深廣，不惟翻經作傳，改羼《佚禮》而已。至於史書緯候，亦多所改竄，後來流説，愈遠愈誤，至於不可究詰。今一旦起而正之，或者猶執流俗之經説、羼改之

① 富：原作「當」，形近而誤，今改。

史文以相難。此非好學深思，心知其意，固難爲淺見寡聞者道也。

天下之事，是非不能兩立，而劉歆僞説乃與孔子六經並立千餘年，人不能正其非。雖攻《周禮》者代不乏人，然由於今學未深，不能心知乎真，何能力辨乎僞。故前人所指《周禮》之僞半多真，古書於其僞者反不敢議，故遺誤至今。誠於今學多一分功夫，則古學多露一分破綻。今學大明，則古學不攻自破。惟流誤已久，若不闢之，恐不明白；然必於今學實有心得，方知其實。若但知其誤，而不能心悟乎真，亦無益也。

六經傳於孔子，實與周公無干。哀、平以前，博士全祖孔子，不祖周公。劉歆《移書》亦全歸孔子，後來欲攻博士，故牽引周公以敵孔子，古文家説以經皆出周公是也。後人習聞其説，遂以周公、孔子同祀學宫，一爲先聖，一爲先師，此其誤也。古學以《詩》、《書》、《春秋》爲國史，《周禮》、《儀禮》爲周公手訂，《易》爻辭、《爾雅》爲周公作，五經全歸周公，不過傳於孔子，與劉歆《移書》相反，與「作六經」、「賢於堯舜」之文不合，此當急正者也。崔氏《考信録》已駁周公著作諸説。

博士以《尚書》爲備，本出微言。詳見《尚書二十八篇叙例》。劉歆憤激其語，極力攻之，遂以五經皆爲不全：《連山》、《歸藏》之説出而《易》不全，六義之名立而《詩》不全，鄒、夾之書録而《春秋》不全，鄒、夾既無師無書，何以爲學？又何以自立？此出歆僞説，欲以攻三傳不能盡《春秋》耳。《周禮》出而禮不全。於五經之外臆撰經名，於博士經學之外别出師法，後人遂疑孔子之經不全，博士之本末足，經學雜而不純，博士缺而不備。引周公以攻孔子，造僞説以攻博士，皆歆一人之罪。公孫禄劾其顛倒五經，此之謂也。今學《詩》、《書》皆無序，百篇《書序》出於杜、賈，毛註則衛宏仿而爲之。舊以今學《詩》、《書》皆有序者，非也。

舊以古學劉歆以前有傳授，與今學同；德陽劉介卿以爲西漢無傳授，其説是①也。真成、康之政至東遷時已多改異，自孔子作六藝，儒者所傳皆孔子説。真周制雖間有存者，學者皆以爲變古流失。今《四代古制佚存》中所録是也。《左》、《國》、《戴記》諸子所言，均以孔子爲主。劉歆與今學爲難，始改《逸禮》以爲《周禮》，劉歆以前寔無古學派也。秦漢以前，所説禮制有與《王制》小異者，此三統異説之文，寔非今學外早有古學專門名家，自成一派。劉歆取《佚禮·官職篇》刪補羼改，以成《周禮》。劉氏弟子乃推其書以説《詩》、《書》、《孝經》、《論語》，此皆東漢事。馬融以後，古乃成家，始與今學相敵。許、鄭方有今、古之名。今學以六藝爲宗，古學以《周禮》爲首。今學傳於游、夏，古學張於劉歆。今學傳於周、秦，古學立於東漢。此今、古正變先後之分，非秦、漢以來已兩派兼行也。古學皆出東漢，故《後漢書·儒林傳》所言《周禮》、《左傳》、《毛詩》、古《書》、訓故傳注皆東漢人，無西漢以前師法書籍。《周禮》、《左傳》、古《書》其説不誤。惟《毛詩》傳、序流誤，以爲西漢毛公作，或又以爲先秦以前之人。以三事比

① 是：原脱，據文意補。

之，其例自見。《毛傳》與杜林《周禮訓》相同，但明訓詁而已，非西漢以前之師説也。

古學始於劉氏，當移書博士時，所尊三事，皆爲今學，不過求立《左氏春秋》、佚《書》《禮》耳。惜博士膠固，擯不與同。及後得志，乃挾《佚禮》改《周禮》，今學諸經悉受其禍，至今未艾。「人而不仁，疾之已甚，亂也」。今欲見古學晚出，證之《移書》自明。史稱《移書》引事直，則無不盡之言，後來古學家羼託之説，皆與此事不合。今特注之，以見《周禮》、《毛詩》、古《書》①之出於後起。「是故孔子憂道不行，歷國應聘，自衛反魯，然後樂正，此以樂爲孔所訂，與古文家以爲周公作者不同。《雅》、《頌》各得其所。此以《詩》爲孔子作，與以爲國史舊文者不同。修《易》，與②修《春秋》同，以《易》爲本《坤乾》而加筆削，與後以爲周文王作、孔子贊十翼不同。序《書》，與《詩》同。制作《春秋》，以記帝王之道。蓋此以爲孔子制作《春秋》，成王道，與博士緯、杜氏説同。《左傳》則以爲魯史舊文，周禮舊例。歆此時本同博士之學，後來攻博士，乃全與此説反。及夫子没而微言絶，七十子終而大義乖。微言即今學家所傳文王、素王作六藝改制之説也。不能明言，謂之微言。至孝文皇帝，始使掌故鼂錯從伏生受《尚書》。《尚書》初出於屋壁，朽折散絶，今其書見在，時師③讀傳而已。《詩》始萌芽。天下衆書往往頗出，皆諸

---

① 古書：原作「古事」，誤，據文意改。
② 「與」前原衍一「修」字，據文意删。
③ 師：原作「詩」，據《漢書・楚元王傳》改。

子傳説，猶廣立於學官，爲置博士。在漢朝之儒，惟賈生而已。據《漢書·儒林傳》以張蒼、賈生爲傳《左傳》，今不言，足見其僞託。至孝武皇帝，然後鄒、魯、梁、趙頗有《詩》、《禮》①、《春秋》先師，皆起於建元之間。據此則謂張丞相、尹咸、翟方進等傳《左傳》以相授受者，誤矣。當此之時，一人不能獨②盡其經，或爲《雅》，或爲《頌》，相合而成。《泰誓》後得，博士集而讀之。《泰誓》非博士舊傳，伏生只傳二十八篇。二十九篇之説，合《泰誓》數之也。《泰誓》蓋即十六篇《中候》之一，非真《尚書》文也。故詔書稱曰：『禮樂壞崩，書缺簡脱，朕甚閔焉。』時漢興已七八十年，離於全經，固已遠矣。及魯恭王壞孔子舊宅，欲以爲宮，而得古文於壞壁之中。《逸禮》有三十九，《佚禮》即今《周禮》，乃傳，非經。《書》十六篇。史公所録三代事不見《尚書》者即此，乃傳，非經。○據此，則孔壁所得惟《逸禮》、《佚書》二種而已，此二書爲今學，博士所傳，得孔壁乃全本，博士本不全耳。是當别無河間獻王得《周禮》、《毛詩》之説，而《左傳》亦不出於孔壁，如王充所云也。天漢之後，孔安國獻之，遭巫蠱倉卒之難，未及施行。及《春秋》左氏丘明所修，皆古文經，古字。舊説，即解經釋例之文。《五行志》引「説曰」是也。多者二十餘通，指説、微而言。藏於秘府，伏而未發。多二十餘通者，謂校通行《國語》多二十餘篇也。孝成皇帝閔學殘文缺，稍離其真，迺陳發秘藏，校理舊文，得此三

① 禮：原作「書」，據《漢書·楚元王傳》改。

② 獨：原脱，據《漢書·楚元王傳》改。

事。無《毛詩》。以考學官所傳，經或脱簡，傳或間編①。謂以中古文本校博士本有脱誤也。傳問民間，則有魯國桓公、趙國貫公、膠東庸生之遺與此同，得此三事，則校書時秘府書與博士所傳不同者，三種而已。校書作《七畧》，今班《志》乃有《周禮》、《毛詩》與《左傳》同學，何以劉氏不引二書爲據？乃引今學之遺。抑而未施。此乃有識者之所②惜閔，士君子之③所嗟痛也。往者綴學之士，不思廢絶之闕，苟因陋就寡，分文析字，煩言碎辭，學者罷老且不能究其一藝。信口説而背傳記，是末師而非往古。據桓、貫、庸三家皆傳《書》、《禮》之學者，是《左傳》並無師也。劉氏舍朝廷執政本師，不引以爲據，而遠及異學民間之儒生乎？且云遺學與之同，不免附會。何以不引翟方進等爲説哉！至於國家將有大事，若立辟雍、封禪、巡狩之儀，則幽冥而莫知其源。猶欲保殘守缺，挾④恐見破之私意，而無從善服義之公心；或懷妬嫉，不考情寔，雷同相從，隨聲是非，抑此三學，以《尚書》爲備，謂《左氏》爲不傳《春秋》，豈不哀哉！」此攻譏《公》、《穀》二家，專爲《左氏》而言。「且以數家之事，皆先帝所親論，今上所考視。其古文舊書，皆有徵驗，内外相應，豈苟而已哉！」

---

① 經或脱簡傳或間編：原無「經」、「傳」二字，據《漢書·楚元王傳》補。

② 所：原脱，據《漢書·楚元王傳》補。

③ 之：原脱，據《漢書·楚元王傳》補。

④ 挾：原脱，據《漢書·楚元王傳》補。

據以上所言，特欲於今學外立《左傳》古文耳。但云「古文舊書皆有徵驗，内外相應」，此兼《禮》、《書》言之也。《漢書》以《周禮》、《毛詩》並傳於河間，藏在秘府。《左傳》皆有師傳授受。《後漢・儒林傳》以建武立《毛詩》博士，皆六朝以後僞説行世，校史者據誤説所羼改。如《後漢書・儒林傳》十四博士之有《毛詩》，是其明證。今據此書爲證，僞説自破。故以古學成於東漢，以《周禮》爲劉氏所删補，《古文尚書》、《毛傳》爲賈逵、謝曼卿始創之説，非西漢之書也。

初用劉申受説，以《左氏》傳劉例，即本傳所謂章句出於劉歆。細考《五行志》引「説曰」在劉歆前，史采歆説，可云詳矣，今傳中無其一語。又歆説例多同二傳，今傳説「今説」多與二傳不同，又簡略不全。使歆爲之，當不如此。且杜氏所引劉説，多與本傳不合，知不然矣。《史記》引解説已十數條，則經説不由歆出，更不待言。說詳《左氏凡例》中。考劉歆文集初年全用博士説，晚乃立異。欲知其年限，因考《王莽傳》，乃知《周禮》之出，在王莽居攝以後。《王莽傳》上言《周禮》者只二事，在居攝後；中、下以後則用《周禮》者十之七。可見《周禮》全爲王莽因監而作，居攝以前無之。歆當時意在亂博士禮，報怨悦主，不料後世其説大行，比之於經，並改諸經而從之也。如天子十二女，博士説也；百二十女，《周禮》説也。《莽傳》上用十二女説，莽納女事。《傳下》用《周禮》説。莽自娶一百二十人。使《周禮》早出，抑劉歆早改《周禮》，則當時必本之爲説，何以全無引用？是「發得《周禮》，以明因監」，是時《周禮》始出，中多迎合莽意而作。今定《左傳》出於《史》前，《周禮》出於居攝以後。《周禮》未出，《左傳》亦爲今學。《周禮》出，乃將《左傳》亦牽率入於古學也。劉歆初本今學，後爲古學，考言之甚詳。

劉歆作《周禮》，以爲新室法。竊取《公羊》「爲漢制作」之語，而《莽傳》不盡用其制。如《周禮》已出之後，猶用以三輔一百二十官之説。蓋當時今學甚明，不能遂掩，至於引《周禮》，亦寥寥數條。古學之興，始於鄭康成，盛於六朝。史志遂以《周禮》爲主，今文附見志中矣。故《莽傳》皆今、古並用，非全用《周禮》，當作《莽傳參用王制周禮表》以明之。

舊作《周禮删劉》，將諸侯五等封地一條删出。考《史記》于魯、衛皆云四百里，《明堂位》七百里亦字之誤；方三百一十六里出《千乘》，四百里舉成數也。是方伯食四百里有明文可證。繼乃知此條實《佚禮》原文，特劉氏有所損益。方伯開田三百一十六里，此定説。二伯當加，故云五百里。以此推之，三爲卒正，二爲連帥，百里爲屬長。《王制》三等指本封，此五等指五長，開田乃明。互文相起制度，劉損益其文以爲實地，則失其旨。今將此條改還今學，則群經皆通，千載疑案涣然冰釋矣。

《周禮》不出於王莽居攝以前，于《莽傳》又得一確證。《莽傳》上實考周爵五等，地四等，有明文；殷爵三等，有其説，無其文。《周禮》明以爲地五等，與緯書合，無附庸。今以爲四等，合附庸而數，是未見《周禮》五等封明文也。又帝娶十二女，與後用《周禮》百二十女之説不合。使《周禮》果出於前，劉歆校書時已得見之，則居攝以前亦當引用，不致前後兩歧也。説詳《周禮删劉》中。

歆改《周禮》，今爲删出明條，不過千餘字，又雜有原文，然則合其零星所改，不過千字耳。歆固爲攻博士，尤在迎合莽意。莽居攝以前，全用今說；意欲變古以新耳目，且自託於新王，歆乃改《周禮》以迎合之，大約多莽私意所欲爲者。如引《周禮》爲功顯君服緦，爲莽娶百二十女，漢疆輿大，改爲九服萬里之説。諸如此類，皆歆逢迎莽意而爲之者也。

古學以《周禮》爲主。《漢書·河間獻王傳》有得《周禮》之文，出於後人校史者據誤説羼補。劉歆等頌莽功德云：「發得《周禮》，以明因①監。」可知《周禮》出於居攝以後，以爲新室制作。凡《周禮》專條誤説，莽皆曾見施行，《王莽傳》之文可考。《凡例》中「徵莽」一條，即謂此義。其書晚出，故專條不惟西漢無一引用，即居攝以前，莽、歆亦不援以自助。孔氏《書》有經無説。毛公本傳子夏。東漢以後之古《書》、《毛傳》非西漢之舊。費《易》後來以配古學，實失其實，則西漢無古學可知。雖叔孫通定禮有異同，然此爲三統參差例。非實有古學通行傳習。古文家所指之張丞相、賈子、孔氏、太史公、毛公，皆實爲今學。

舊以今學於古學有因革，是於孔子前已立古名，孔子損益，乃爲今學，則是孔子亦有晚年定論矣。不知古學至東漢乃成。劉歆援《周禮》以爲主，其徒黨最盛，推之於《詩》、《書》以成古學，是古全由今生，非古在今前。舊誤以周制爲古學，故致顛倒。實則周制本不可考，古學

① 因：原作「殷」，據《漢書·王莽傳》改。

亦非用周制。不得前古後今，失先後之實。

今、古學之分，師説、訓詁亦其大端。今學有授受，故師説詳明。古學出於臆造，故無師説。劉歆好奇字，以識古擅長，於是翻用古字以求新奇。蓋今學力求淺近，如孔安國之「隸古定」、太史公之「易經字」是也。古學則好易難字以求古，如《周禮》與《儀禮》古文是也。古學無師承，專以難字見長，其書難讀，不得不多用訓詁；本無師説，故不得不以説字見長。師説多得本源實義，訓詁則望文生訓，銖稱寸量，多乖實義。西漢長於師説，東漢專用訓詁。惠、戴以來，多落小學窠臼。陳左海父子與陳卓人乃頗詳師説，踵事增華，易爲力也。

《春秋大傳》褚先生引。爲例禮傳，《春秋譜牒》爲事傳。太史公據《譜牒》作《世家》、《年表》，此三傳言事之專書。《春秋》以十九國紀事，《十二諸侯年表》除許、曹、莒、邾、滕、薛、小邾七小國不數，《杞世家》有明文。此全本《春秋》立説。以周史事例之，則不得獨詳山東也。經於諸國記卒，故史詳其世系。不惟《左氏》同之，即《公》、《穀》言事，亦當據此。史公兼通三傳，尤爲《左氏》本師，故本之爲世家、年表。有《春秋譜牒》，本爲釋《春秋》之專書。若《左》、《國》則不獨爲《春秋》而作，不爲《春秋》專書也。

博士以《左氏》不傳《春秋》，初以爲專以説、微別行之故，繼乃知其書實不獨傳《春秋》。傳由《國語》而出，初名《國語》，後師取《國語》文依經編年，加以説、微，乃成傳本。《春秋》編年，專傳當依經編年；今分國爲編，其原文並無年月，一也。依經立傳，則當首尾同經；今上起穆王，下終哀公，與經不合，二也。《公》、《穀》所言事實，文字簡質，樸實述事；今傳侈陳經説，制度與紀事之文不同，三也。爲《春秋》述事，則當每經有事；今有經無傳者多，四也。解經則當嚴謹；今有經者多闕，乃侈陳雜事瑣細，與經多不相干，五也。既爲經作傳，則始終自當一律；今成、襄以下詳，而文、宣以上畧，遠畧近詳，六也。不詳世系與諸侯大夫終始，與譜牒世家之意不合，七也。《春秋》大事盛傳於世，載記紛繁。若於傳《春秋》，當詳人所畧，畧人所詳，乃徵實用。今不羞雷同，而畧於孤證，八也。有此八證，足見其書不專傳《春秋》，蓋仿經文「行事加王心」之意爲之。經皆有空言、行事二例。《詩》與《易》，空言也；《尚書》與《春秋》，行事也。《兩戴記》，空言；《國語》，行事也。空言未嘗不説事，而言爲詳；行事未嘗不載言，而事爲主。《尚書》、《春秋》，孔子因事而加王心；《國語》、《左傳》，因行事而飾經義。事爲實事，言不皆真言，假借行事以存經説，本爲六經之傳，不區區一家，以爲不專傳《春秋》，乃尊《左氏》與《兩戴》相同，非駁之也。《檀弓》，齊學之傳也。傳記唯《公羊》與《檀弓》稱邾婁，以齊語定之。中言《春秋》例禮與事數十條，言事與《左氏》文皆不同。而兼及他經者亦多。《左氏》之書正如其體。《國語》本爲七十弟子所傳，與《戴記》①同也。指爲丘明，始於史公。與《論語》所言非一人。其書決非史體，其人決非史官，萬不可以史説之者也。新刊《左傳凡例》詳之。

① 戴記：原作「載記」，據文意改。

《春秋譜牒》乃治《春秋》專書。若當時行事，則傳、記、子、緯各有傳述，言之甚詳。《譜牒》詳其世系終始行事，但有綱目，此真正傳《春秋》之書。畧人所詳，詳人所畧，文字簡質，如是已足。若傳記所言，則據《譜牒》綱目而衍成文章。如殺申生一事，傳記凡五六見，言皆不同，事亦不合。此類實繁，不能備舉。此皆借事各抒所聞見。事如題目，記述如文字，人各一篇，不能雷同。如崔杼、趙盾、世子生、踐土盟之類。總之今所傳者均非史。若周時真事，皆怪力亂神，不可以示後人。如同姓爲婚、父納子妻、弑逐其君、桓公滅卅國、姑姊妹不嫁七人等，背禮傷教之言，乃爲真事。當時亦均視爲常事，並無非禮失禮之説。孔子全行掩之，而雅言以《詩》、《書》執禮，不得於孔子後仍守史文之説也。《春秋》、《國語》皆經也，惟《譜牒》乃史耳。董子云：「《春秋》有詭名、詭實之例：當時所無之制，欲興之，則不能不詭其人；義所當諱之事，欲掩之，則不能不詭其實。《春秋》所見之監者，當其時並無其人其事。又凡所言夷狄，皆指中國，並非真夷狄也。意不欲言則削之。如鄭厲公入櫟以後，十數年不一記鄭事，數經弑殺，經無其文①是也。制所特起則筆之。如三國媵伯姬，當時無此禮，親迎亦無詳録伯姬之類。《春秋》有筆削，凡涉筆削，皆不可以史説之。削者首尾不全，筆者當時尚無其制。後人好以史説《春秋》，而無左氏又非史，則杜氏乃得售其術。故凡大事，衆人所共知，史原事也。至於一切外間小事，魯國細事，不惟當時多無記録，即使有之，亦其細已

① 文：原作「父」，據文意改。

甚，史不得詳。總之，孔子之修《春秋》，正如劉歆之改《周禮》。《周禮》爲劉氏之書，《春秋》亦爲孔子之書。《周禮》當復舊觀，《春秋》不可復言史法。如欲侈言史，太史爲聖人矣，則《通鑑綱目》真可以繼尼山之傳矣。

《春秋》爲孔子修，故爲經。杜氏承古文家法以爲魯史，「五十凡」爲周公舊例，多存史書原文，則十二公中至少亦經七八人之手。以爲據《周禮》凡例而書，故人多而文不一律。又據外國而書，並不問其得失及本國義例。似此，則真爲斷爛朝報，無足輕重矣。聖人垂教之大經，至詆爲依口代筆之雜説，非聖無法，至此已極。而世乃不悟，悲夫！

《春秋》爲孔子繼《詩》而作，於史文有筆有削，各有精意。若但據赴告之文，則與今《廣報》、《滬報》相似，且廣、滬報本亦自有義例，豈能不論可否，據赴直書之理？即如以十九國爲主，餘者不記事，全從《王制》立義，與六藝皆通。若但據史文，則當時國多矣，何以只此十九國來赴卒、葬，而宿乃一赴卒乎？每經皆有師説、義例，在於語言文字之外。如筆削、褒貶、進退、隱見、二伯、方伯、卒止、連帥諸凡義例、禮制四五十類，此《春秋》精意，師説也。《左》例中皆已具之，與二傳同，與《周禮》異，此《左傳》不可以爲古學之實也。

傳若爲國史原文，則一經即應有一傳，前後一律，乃爲舊文。今傳襄公卅年與僖前百年多少相等，且莊公至七年不發一傳，此成何史體？又傳多不應經，且有無經而傳，所以不書之故，則又非史官所得言。故杜氏不敢以傳爲專據史文，尚屬留心，不似後人魯莽也。國史之説，出於古文家，是隱駁孔子作六經之意。一言史，則其弊不可勝言。

《譜牒》爲《春秋》事傳，所謂「其事則桓、文」也；《公》、《穀》爲《春秋》例傳，所謂「其義則丘竊取」者也。各詳一門，互相啟應。今《公》、《穀》每因弟子問録事迹，則《公》、《穀》非不言事也。《春秋大傳》，今《曲禮》、《繁露》中有其文，與事傳初並不與經相連。依經附傳，此爲後出答問之書，故與今相比。《國語》者，弟子爲六藝作，本爲今學書，與僞《周禮》專條無一同者。古文家因傳歆手，牽爲古文，非是。劉歆羼《周禮》而不羼《左傳》，以《左傳》在前，非迎合莽意後乃成，且心慕其書，不忍竄亂之也。

《公羊》、《穀梁》本一家也，由齊、魯而分。劉歆更造爲鄒、夾之名，則《春秋》有四家矣。今會通齊、魯，合爲一家，並收《國語》以補事實，則三傳精華會萃一書，即鄒、夾二家之僞說，亦不能自立矣。

周宇仁據《大傳》文，主①博士二十八篇爲備之説，予初不以爲然，以古《書》引用者甚多，不能以佚文爲非《書》；及考百篇《書序》，然後悟周説爲是。如《大傳》言五誥，《孟子》引《湯誥》不在五誥中，蓋孔子所筆削爲經者實二十八篇，其餘即孔所論之餘，劉向云「周時誥誓號令」是也。及讀牟黔人《同文尚書》小傳序，力主此說。以二十八篇爲孔子刪定本，餘存尚多，

① 主：原作「生」，據文意改。

即《藝文志》之《周書》七十一篇也。其《百篇序證案》，以百篇出於衛宏、賈逵。蓋聖作之經，不應亡佚過半，且既經筆削，則聖經也。孟子於《武成》取二三策，以爲原文則可，聖經則何以尚待孟子之甄別？當亦非所敢言。《書》分帝王、周公、四岳二十八篇，各有起文，互相照應，其文已足，不能多加一篇。以義理事證包括無遺，不能於外再有所補。經貴簡要，傳貴詳明，人多以傳爲經。孟子引「放勳曰」云云，或以爲《尚書》佚文①。顧氏以「曰」爲「日」②，如此之類甚多是也。又《孟子》紀舜事，皆爲《尚書》師說，故文體與《尚書》不同。其誤原於《百篇序》。《百篇序》以在《史記》而人不敢駁，實則其說皆不通。古無《舜典》，衛、賈創爲其名，以湊百篇之數，陳亦韓說，本無別出《舜典》，《大學》引《書》通謂《帝典》。《子華子》、《孔叢子》亦稱《帝典》。陳蘭甫③誤於序說，並回護僞古文，疑「月正元日」以下，實古之《舜典》。按《帝典》古稱《虞書》，以虞包唐，故三統之說言有虞氏而不言唐堯，舉虞以包唐，不必別有《舜典》。且堯、舜均稱，二典當並重，西漢以前乃無人引其文，無人④道其名，萬不能軒輊若此，即此可悟古無《舜典》矣。舊

① 佚文：原作「佸文」，據文意改。
② 日：原竄於下文「甚多」後，今乙。
③ 陳蘭甫：原作「陳南浦」，誤。陳澧字蘭甫，據改。後同。
④ 人：原作「入」，據文意改。

本堯、舜並説，合爲一篇，名曰《帝典》。《大學》、《子華子》、《孔叢子》所稱《帝典》，其本名也。後師因其首言堯，稱爲《堯典》。諸書之稱《堯典》者，非便文，則譯改。《百篇序》本古文家仿張霸而作，羼入《史記》，以爲徵信。考張霸《百兩篇》備録經文，其僞顯著。劉歆欲攻博士經不全，故本其書作序。有序無經，不示人以瑕。序襲《百兩》，非《百兩》襲序。《毛序》出於謝，《書序》則劉歆所爲。以百篇立名，憤博士二十八篇爲備之説耳。僞古文之作，僞《書序》實始爲之俑。閻氏攻僞孔而不攻《書序》，未得罪魁矣。魏默深以《孟子》、《史記・舜本紀》之文爲《舜典》，據而補之；陳蘭甫强分「月正元日」以下爲《舜典》；皆誤於僞序之故。僞古文之《五子之歌》、《咸有一德》等篇，本非書名，杜、賈引以凑百篇之數，乃亦附會其名，而撰爲一篇，則不惟其文僞，並其篇名皆僞也。牟黔人分二十八篇爲三十一篇可也，以《史記》所引序爲真書則非。據云《書序》不見《史記》者三十七，恐不如此之多，試再考之。

初以《毛詩》爲西京以前古書；考之本書，徵之《史》、《漢》，積久乃知其不然。使《毛傳》果爲古書，《移書》何不引以爲證？《周禮》出於歆手，今《毛傳序》全本之爲説，劉歆以前何從得此僞説？同學有《毛詩傳序用周禮左傳考》甚詳。《藝文志》之《毛傳》，《劉歆傳》、《河間獻王傳》、《後漢書・儒林傳》之「毛詩」字，皆爲六朝以後校史者所誤羼，原文無此。舊有《毛詩淵源證誤考》一卷。

《周禮》出於劉歆，古《書》出於東漢，前人皆早已疑之，惟以《毛詩》出東漢，古無此説。然《後漢書》明以訓爲謝曼卿作，序爲衛宏作。使魏晉間果以《毛詩》出於西漢，鄭君有以《毛序》

爲子夏、毛公所作之説，范氏何敢以衛、謝當之？《後書·儒林傳》古《書》、《周禮》創始之注皆名「訓」，皆馬氏傳、鄭氏注。以二書相比，足見其例。此等爲范書真文，後人不能僞改。若十四博士之有「毛詩」字之類，則後來校史者所羼補，誤信後説，以改古書。今當由此類推。至於《鄭志》等書有以傳爲毛作者，則又劉炫等之僞説，證之本書，考之本傳，有明徵者也。牟黔人先生《詩切》主此説，以《毛詩序》爲衛宏作，别爲序，並以笙詩五篇爲纂人之名。

孔子言「詩三百」者不一而足，今《詩》三百，是《詩》備也。劉歆憤博士「以《尚書》爲備」一語，欲詆博士之詩不全，於是於《周禮》僞羼六義，於風、雅、頌之外，添出賦、比、興，其意不過「三易」、「百篇書序」故智。然賦、比、興①之説，古今無人能通，亦别無明證，此必出於僞説無疑。如言「三易」，孔子本「坤乾」作《易》，商得「坤乾」，何緣有《連山》、《歸藏》皆六十四卦之説？舊《易》言「坤乾」，孔子修之，改爲「乾坤」，扶陽抑陰②之説所由出焉。《書》實只二十八篇，十六篇特爲傳説。歆創爲百篇之序以攻博士，不惟雜凑乖謬，其病百出；即揑造《舜典》、《帝誥》二篇名，已萬不能通。《藝文志》鄒、夾二家《春秋》，按既言「無書」，則《藝文志》何以列之？無師則不必有書，即使有書無師，又何列之？而當日桓公、貫公、庸生之書所引用者，乃不收之，既有二

① 興：原作「賦」，據文意改。

② 扶陽抑陰：原作「扶陽陰抑隆」，據文意改。

家，《移書》何不引之？凡此皆劉氏報復「《尚書》爲備」一語之説也。而《毛詩序》首引六義《周禮》之文，傳又於詩下加「興也」字，朱子乃加「比」、「興」。此謝、衛爲劉歆弟子、據《周禮》爲説之切證也。若《毛詩》爲古書，則必實能將六義説清，與「三易」、「百篇序」皆通，然後能信爲真西漢以前之毛公，非謝、衛作也。牟黔人先生以六義爲劉歆僞説，是其一證。

六經皆爲孔子所傳，劉歆《移書》亦同博士説，此歆初議也。歆於事莽以前，議禮上書，皆全本今學，與博士無異，如廟制用《王制》、《穀梁》是也。至後乃造僞説，以攻博士。《周禮》爲周公手訂之書，又有「三易」、「六詩」，是經全爲周公舊文，非孔子作，明矣。《論語》云「雅、頌各得其所」，今歆創爲本之周公，而《毛詩》則據國史爲説，此亦不可通之明證也。

古無大小毛公之説，始於徐整，此魏晉以下人依仿小大戴、小大夏侯僞造而誤。且有二説：一同時，一隔代；亨、萇之名，叔侄之分，均不能訂。凡此皆僞説。同學《大小毛公考》已極明矣。《釋文》、《隋志》多採六朝人無稽之談，捏造名字，妄編世代。如《公羊》之數世、《穀梁》之數名，《左傳》與《毛詩》之淵源①授受，立爲一學。經學唯《易》授傳可考，《史記》有明文。此等如《唐書·世系表》臆造漢高祖父母之名，與近世地志姓氏俗説相同，不足以爲典要。若先入爲主，酷信其説，則亦聽之耳。河間獻王以毛公爲博士，亦誤説，漢唯天子立博士。

---

① 淵源：原作「淵深」，據文意改。

今學《詩》有傳，如劉向、董子所引諸條是也。所説多在文字之外，是爲一經微言大義，故漢人重師法，如《樂緯》之先周後殷、絀杞故宋之類，亦是也。毛傳但言訓詁，與《周禮》杜林訓同，此爲謝氏之訓。馬傳今有輯本。蓋《毛公詩》不傳，劉歆弟子以《周禮》、《左傳》二經不足以敵博士，乃推其説於《詩》、《書》，務與博士諸經相比。劉歆改《逸禮》爲《周禮》，弟子又從三家、歐陽、夏侯本翻改《毛詩》①、古《書》。三家《詩》師説詳明，禮制俱備，非祇言訓詁而已。粗言訓詁，不足以爲經説。今陳輯本與《韓詩外傳》可見。謝氏初翻經文，未有師説，欲變博士則不能臆作，欲襲三家則無以自異，故但言訓詁，稱爲訓，與《周禮》、《尚書》之稱訓同也。後來馬、鄭繼起，乃從而補之。《毛詩》之簡陋，正其門户初立，窮窘無聊，非得已也。今若只就傳序，欲通《詩》之意，則欲渡無津，勢不能行。陳石父疏亦惟有泛濫引用今説以濟其窮，非古學之真。或以《毛詩》爲古師簡奥。夫《論語》、《戴記》、《國語》、《孟子》説《詩》之文多矣，何嘗似此鈔録《爾雅》，便爲經説哉！

劉歆《周禮》中，暗寓攻擊聖經之言。除「三易」外，《詩》有「六義」，則經佚其半矣；有「豳雅」、「豳頌」，則《風》不及半矣；有「九夏」，則《肆夏》只得其一耳。此等説全無依據，歆悍然

① 毛詩：原作「毛經」，誤，據文意改。

爲之而不顧者，明知其無益，特欲以此説迷惑後人，使人有疑經之心。故至今千餘年①來，誤説從無人正之也。

東晉僞《古文尚書》，近人皆知其僞，作俑實始於歆造《百篇書序》羼入《史記》，使人疑史公從孔氏問故，必爲真序。不知《移書》明云「增多十六篇」，安得有五十九篇之説？使歆不造僞序，後人何從而作僞？且僞書《周官》一篇，直爲《周禮》師説，由僞生僞，歆其罪魁矣！《孔叢子》、《家語》僞書也，中多與《周禮》同，即是其僞。哀、平以前，《周禮》專條僞説無一左驗，凡有與《周禮》同者，皆爲劉歆以後僞書，可由此決之。《百篇序》爲攻「《尚書》爲備」，故自作之，《漢志》引用其文，出於歆手無疑。《毛序》則謝曼卿仿而爲之。

六朝人於劉學炎隆之際，篤信不疑。因其無本，反增撰僞説淵源，致成風氣。凡《隋志》、《釋文》所載，十無一真。即如《僞古文》，當時亦尊信不疑，更爲之辭。幸閻氏講明此事，世知其僞。今並删去《周禮》專條與《毛詩》、古《書》之誤説，則道一風同，霧霰消而日月重光矣。

博士説經，皆有傳授，以師説爲主。西漢中如伏、韓、賈、董、匡、劉諸書，全以經義爲主，不徒侈言訓詁而已。專言訓詁，是爲古文派，其學既無本源，又多與經相反，今爲考訂，其誤自見。

① 年：原無，據文意補。

《周禮删劉》叙例

古今疑《周禮》、删《周禮》者不知凡幾，惟其説淺畧，故不足以爲定讞。今立十二門以證其誤。説詳《凡例》。此書乃劉歆本《佚禮》羼臆説糅合而成者，如果古書，必係成典，實見行事。即周公擬作私書，此朱子説。亦必首尾相貫，可見施行。今所言制度，惟其原文同於《王制》者，尚有片段。至其專條如封國、爵禄、職官之類，皆不完具，不能舉行，又無不自相矛盾。如建國五等、出車五等之類。且今學明説見之載籍者每條無慮數千百見；至《周禮》專條，則絶無明證。如今學封國三等、三公九卿毋慮千條。而《周禮》地五等，以天地四時分六卿，則古絶無明證。可知其書不出於先秦。今於其中删去僞羼之條，並將原文補入，以還《佚禮》之舊。

《左傳》本於《國語》，典制全同《王制》，與《周禮》相反；其云喪祭、喪樂①、喪娶之類，多後人誤解傳意。至《周禮》，則劉歆迎合莽意所造之制，顯與今學爲難。如緯云殷爵三等、周爵五等、地三等，僞《周禮》則以爲五百里迭減。《曲禮》言五官與天官，《盛德》言六官之名，《千乘》以四官配四時，此皆今學家同實異名分配之説也。而劉歆本之作六卿，以天地四時分派矣。今學之師、保、傅乃太子官僚，而三公九卿則又明説不可易。劉歆以三太爲三公，三少

① 樂：原作「藥」，據文意改。

爲三卿，配之六卿，以合九卿之數。皆依傍今禮，推例小變，不惟不合《王制》，亦絶無明證。後來①古《書》、《毛詩》之學，則專從此異説，以爲宗派。其途愈隘，其説愈窘，馬、鄭繼起，尚不明備如今説也。《書》、《詩》於今學明條誤爲通義者，亦並用之，不相分别矣。

初以《周禮》爲戰國時作，《考工記》爲未修之底本，繼以爲劉歆采輯古學而成，皆非也。《周禮》原書即孔壁之《逸禮》，本爲弟子潤澤官職之言，與《荀子》序官同爲《王制》之節目也。序官言名銜之事，其文甚畧。《王制》冢宰在三公之外，所屬有太史、司會二官，不爲三公所統。常疑冢宰别爲一官，未必爲司徒兼攝，以掌職屬官，皆在三公外也，而無明説以爲證。《考工記》一篇與五官文同，他書無此體。百工爲司空職，古無其説。故先儒以爲命博士作，乃補五官之缺。或又云：缺《冬官》，取《考工記》補之。然《冬官》篇首明云「國有六職，百工居一」，並不云缺補。若如前説，命博士撰補，則何不據古書司空事，乃言百工乎？若如或説，缺《冬官》即有此記相補，除《考工記》外，他書並無此體，《考工》三十官，《孟子》一書已見十官，確是古書。不惟與本記文不合，於事理亦碍。則《考工》寔與五官同一書，特非《冬官》耳。考《曲禮》天官、六大、五官、六府、六工文與《周禮》②合，鄭注以爲其官皆見《周禮》，疑此與《周禮》合，而

① 後來：原版不清，據文意補。
② 周禮：原作「同禮」，據文意改。

名目參差不同，《周禮》六官之名，實本《盛德》。不敢據以爲説。蓋疑三、四年，乃始悉其故。蓋《曲禮》實即《佚禮》官職之舊題也。六大以大宰爲首，下五者即其同職。大士，「士」即「工」誤文，掌六工之事，後之六工即屬之。大卜當爲太僕。大宰即制國用之冢宰。六大即董子通佐大夫，董子説七人，今言六大者，未數司會耳。司會掌會計，下六府即其所統者也。此專主天子事。如今宗人、内務、大常、鑾儀、太醫、欽天、營造諸衙門，不統於部，直隸天子，故曰天官。此《王制》冢宰與三公別爲一官之説也。《曾子問》之宰祝、宰史與卿、大夫、士各爲一事。又有五官之文，卿、大夫、士即五官之堂屬也，與六大異事，即此可見。五官首之司徒、司馬、司空，則三公也。下之司士、司寇，則《王制》三官之二也。今學本立三公，而別①以樂正、司寇、市爲三官，三官皆卿也。而《千乘》以司寇配三公爲四官。司士名見《夏官》，掌選舉者。三公二官，配數則爲五官。《盛德》篇、《盛德》篇文有與《周禮》六官同者，乃注記混入正文，非《大戴》之舊，故康成注《周禮》不引以爲證。《昏義》六官，官讀如宫，《盛德》之六官②，則以三公司徒、司馬、司空合數司寇與六大之大宰、大宗也。《曾子問》稱大宗、宗人，則宗伯當即大宗也。三官、四官、五官名目配合雖不同，然皆爲今學説也。正如今之言閣部、科道、部院、部科、督撫、司道、道府，隨其類而言之例。六府則主爲天下理財，即《尚書》之六

① 別：原作「制」，據文義改。
② 官：原作「宮」，據文意改。

府也，爲司會所統。六工則爲天下造器。此爲工師所統。序官有工師，非大工是也。此皆别屬，不統於三公，不歸入六官者也。《曲禮》僅有其名，職掌則全見《佚禮》；《曲禮》爲綱，《佚禮》爲其詳細。此書本弟子所傳，故其文與《朝事》、《内則》等篇相合，出孔壁後，與《左傳》同藏秘書。《移書》所引《佚禮》，即有此六篇在内，當時學者不習其書。劉氏因立《左傳》與博士積仇，莽將即真，更迎合其意，於是取此六大、五官、六府、六工之文，删去博士之明條，而以①己説羼補其間。歆頌莽功德云：「發得《周禮》，以明因監。」此《周禮》始於莽歆之明文。故方氏苞《周禮辯》主此立説。又不仍舊次，承《盛德》篇六官舊文，以變三公九卿之説，於是以六大爲一卿，大宰即冢宰也，天官②即仍其號。改司徒禮官爲地官，以配天官，取司空所掌職盡歸之，以合地官之義。宋儒欲取五官之文以備冬官者，此也。即以大宗代司徒主春，司馬、司空仍舊文。其不用《曲禮》司士者，以《盛德》篇言宗伯，不言司士也。至於司空一官，則其職以歸司徒，並分見餘官，六府可以分隸，而六工不能。故即以司空作叙於首，以百工爲六職之一。此劉氏取《逸禮》爲《周禮》③，變六大、五官、六府、六工以爲六卿之實迹也。鄭君注《王制》，以《周禮》爲真周禮，故以《王制》爲殷

① 以：原脱，據文意補。
② 天官：原作「夫官」，據文意改。
③ 周禮：原作「同禮」，據文意改。

禮；其注《曲禮》，亦猶以《王制》①六大、五官、六府、六工爲殷禮。其所以指爲殷禮者，乃據劉歆臆撰之言耳。今定爲此説，則群疑皆通，劉歆顛倒五經之言，乃有實據。不依此義，則以司徒爲主地，司空主百工，天地四時分六官，凡西漢以前決無一明證。況衆證確鑿，無可疑乎！按以《周禮》爲出《逸禮》，則《逸禮》未嘗亡也。

同學所撰《王制輯義》上舉六藝，次及傳記，又次子、緯，下及經師。哀、平以前，莫不同條共貫，綱舉目張，實可見之施行。至於《周禮》專條，參于《佚禮》之中，不合經傳，又無徵據。因誦法真文，連及羼僞，明知其説不通，然不能概指爲僞，故以爲周公擬稿，未見施行。使周公初稿自相矛盾至二十四倍，亦失其聖。何以西周未行，廢稿乃流傳至於哀、平？況廢稿猶傳，何以真者反絶？今《王制》全與經制合，何又不以《王制》爲周公曾舉行之書乎？何又以爲三代有沿革，不知爲何代之書？果如此説，是亦沿變之制。況由百里改方五百里，由五服改九服，縱由奇變，亦萬不至此。《佚禮》本爲《王制》序，而全合六經，百世不易之制。今爲此僞羼數條，乃使其書爲廢稿，爲流失。無論其説無據，究得實，其書亦不足取。是名爲尊《周禮》，反以害之。今删去數條，其書便與六經相通，爲百世不易之法，真與聖經同尊。不惟②

① 以王制：原作「王制以」，據文意乙。

② 惟：原作「爲」，據文意改。

經學杜紛争，制度有實迹，且使孔子撰述苦心，不致經掩，道一風同，其樂何極！惡紫亂朱，惡莠亂苗，願與天下一證之也。

《周禮》真古書，真者多，僞者少。劉歆删去博士各條，參以臆説，以至真僞相雜，彼此兩傷。今删去劉説，據博士明文以補之，則箴芥相投，合之兩美，以復《佚禮》舊觀，歸還今學。其删除之條，與僞《古文尚書》編爲一類並行焉。

劉歆《周禮》之學，在王莽即不盡依，東漢亦不甚行。如《白虎通義》用古學者不過百分之一，班《志》用《周禮》者亦十無一焉。《周禮》盛行，全在魏晉以後。盧子植以《王制》爲僞，鄭君注《周禮》，古學日興，今學浸以微亡，皆在六朝之際，於是古學僞造淵源，自彌其闕。後人習聞其説，幾以爲《周禮》自古已有二派者。然此以末爲本也，試考《史》、《漢》，自知其事。

《周禮删劉》舉例十二證目 己丑作八證，辛卯作十證，甲午乃益爲十二，後有續①得，再爲補益。

違經

凡歆所改專條，皆與諸經違反。九州、五服、三等封，三公、九卿、六太之文本皆詳明，僞説皆與相反，今學全與經合，即此可知優劣。或因《周禮》不同經，以爲周公之私稿。即能通

① 續：原作「結」，據文意改。

之，亦與經無相干涉，況其萬不可通。

反傳

《左傳》傳於歆手，古文家以爲古學，乃其制度無一條與《周禮》同者。劉既改《周禮》，何不並改《左傳》？歆受古籍，不忍亂之，改《周禮》以爲莽制作，亦一時好奇喜事之舉，初不料遂傳爲經，支衍爲派，流毒至今如此之深。使歆早知如此，必改《左傳》以自助。病心喪狂，尚更何忌。歆傳二書而自有同異，同者通義，異者孤文，則是非不待言矣。

無徵

劉歆專條，西漢以上從無明證，此人所共知。或以《明堂位》方七百里説公方五百里，不知其爲「四」字之誤。《千乘》亦閒田所出，非本封。以學禮師保證三公，不知太子宮官皆兼攝，非本職。又或以《朝事》證會同，不知乃註文誤入，故鄭注不引之。實則《周禮》專條全出臆撰誤讀，無一明證也。

原文

凡歆所改，皆經傳之明條大綱，刪去一條，刪去大綱明條共千餘字，附刊於後。乃羼以己意。今其原文皆存，去僞補真，則全書血脈貫通。今刪一條，必以原文一條補之，其改易字句者，則改從原文，不臚舉其文。

闕畧

《王制》文少，綱目分明，可舉行，以實出聖作賢述也。歆本非制作之才，喪心病狂，迎合莽意，故其所改古之新説，皆不能舉行，雖馬、鄭極意求通，亦不能明切。如九服，不知天下若干①州，若干國；五等分封，四公一州，究不知共封幾公，與大小相維之制；九州則西只一州；北方二州，乃并封幽、并、兖、冀，多少懸殊，乖畫井之意。如鄭注百二十女分十五夕，粥成五服之爲千里，徒爲笑柄而已。

改舊

歆意與博士爲難，非博士之名義宏綱不改之。蓋惡其顯著，乃思立異幟。今於所改之條，各引博士舊説以明之。初本名通，誤遭蒙蝕，試加考究，其迹顯然。

自異

劉歆未上《周禮》以前，與以後議論相反。如莽初嫁女十一媵，後娶百二十女；初以六藝歸孔子，後全屬之周公；初以地合附庸四等，後以地爵皆五等。一人之説，前後不同。蓋歆本今學弟子，爲莽改《周禮》，兼以報博士怨，故前後不同如此。或乃猶以《周禮》爲校書所得，未嘗即此考之。

---

① 若干：原作「其千」，據文意改。

矛盾

歆刪博士明條，亂以己説，刪改未盡者，嘗有矛盾之事。如以地爲五等矣，而大國、次國、小國之文全同《王制》；如以百二十女爲内官矣，而九嬪乃與九卿對文。凡新改之文與舊文血脈不能貫通，非其智力有窮，作僞勞拙，勢有必至。若《考工記》序本以爲《冬官》，後其弟子乃以《冬官》爲闕，久而誤①其非，亦矛盾之一端也。

依託

劉所改之文，每不標異樹的，必取經傳可以蒙循之文依傍爲之，以求取信。又時有名同實異之事，以此迷誤後學，久而不悟。如六卿之文取《甘誓》，然《甘誓》乃從行之卿，上有三卿，居守者以三孤爲卿，仍襲三公九卿之名。師、保爲太子官，三公所攝，即以爲本職，而又以爲不必備，依稀恍惚，似皆有所本。然推考原文，皆不如其所言②，辨晰毫釐，要貴精識。

徵莽

《公羊》師説以《春秋》爲漢制作，歆改爲《周禮》亦是此意，故云「發得《周禮》」，以明因監」。考《莽傳》，凡專條皆曾舉行與稱述之，如百二十女、九畿、五等封、六卿、六遂，九州無

---

① 誤：疑當作「悟」。

② 言：原作「文」，據文意改。

梁、徐，加并、幽之類是也。以此證之，足見專爲迎合莽意而改，初非欲以《周禮》爲經也。

誤解

劉歆所羼之條，本出臆説①，無所考證，故其説不定。如《周禮》之出有數説，《連山》、《歸藏》有數説②，賦、比、興之不可解，《考工記》之非《冬官》，雖馬、鄭極心推補，終不能明。至於唐、宋以後，尤爲疑竇，凡《通典》、《通考》、史志書，一涉《周禮》專條，便成歧誤。觀其解説，其誤自明。此例最爲繁多，畧舉是例而已。

流誤

誤解其病在《周禮》，流誤則因而害於他經。如劉炫之作《連山》、《歸藏》，朱子之賦、比、興，《漢書》之鄒、夾，《尚書》之《百篇序》，束晳之《補亡詩》，以及馬、鄭之《詩》、《書》注，降而至於《釋文·序録》、《隋·經籍志》，疵謬百出，皆根原於《周禮》。今掘其根株，則枝葉自瘁。

今按：前人删改《周禮》者多矣，皆以意爲之，或乃去其真者，許其僞者。今立十二證目爲主，必十二證全者乃删之。如不能悉全，亦必有八九證者乃可。略舉九服示例，以下可以意推。

---

① 説：原無，據文意補。
② 説：原無，據文意補。

九服萬國九千里，删：

《夏官·大司馬》：「乃以九畿之籍，施邦國之政：職方千里曰國畿，其外方五百里曰侯畿，又其外方五百里曰甸畿，又其外方五百里曰男畿，又其外方五百里曰采畿，又其外方五百里曰衛畿，又其外方五百里曰蠻畿，又其外方五百里曰夷畿，又其外方五百里曰鎮畿，又其外方五百里曰蕃畿。」

《職方氏》：「乃辨九服之邦國：方千里曰王畿，其外方五百里曰侯服，又其外方五百里曰甸服，又其外方五百里曰男服，又其外方五百里曰采服，又其外方五百里曰衛服，又其外方五百里曰蠻服，又其外方五百里曰夷服，又其外方五百里曰鎮服，又其外方五百里曰蕃服。」

〔違經〕

《堯典》：「咨！四岳。」「咨！十有二牧。」《皋陶謨》：「弼成五服，至于五千，州十有二師。外薄四海，咸建五長。」《康誥》：「侯、甸、男邦、采、衛。」「甸」不當在①「侯」字下，「甸」蓋「男」之字誤，隸書「男」亦作「甸」。《左傳》「鄭伯，甸也」，即鄭男也。

〔反傳〕

---

① 在：原無，據文意補。

《左傳》：「侯、甸、男邦、采、衛」。《周語》：「先王之制，邦内畿服，即甸服。邦①外侯服，五百里侯服。侯、衛賓服，即綏服。蠻夷要服，戎狄荒服。」

〔改舊〕

《王制》：「千里之内曰甸，千里之外曰采，曰流。」博士説：「王者王五千里。」今《尚書》歐陽、夏侯説：「中國方五千里。」《公羊》説：「殷三千諸侯，周千八百諸侯。」《逸周書·殷祝解》：「湯放桀，而復薄三千諸侯大會。」《孝經説》：「周千八百諸侯，布列五千里②内。」《王制正義》引《尚書大傳·洛誥傳》云：「天下諸侯之來，進受命於周，退見文武尸者，千七百七十三諸侯。」《漢書·地理志》：「周爵五等而土三等，蓋千八百國。」衛宏《漢官儀》：「古者諸侯治民，周以上千八百諸侯。」

〔無徵〕

西漢前載記無九服之説。

〔原文〕

《禹貢》：「五百里甸服。百里賦納總，二百里納銍，三百里納秸服，四百里粟，五百里米。

---

① 邦：原作「鄉」，據《國語·周語》改。

② 里：原無，據《孝經注疏》卷十一補。

五百里侯服：百里采，二百里男邦，三百里諸侯。五百里①綏服：三百里揆文教，二百里奮武衛。五百里要服：三百里夷，二百里蔡。五百里荒服：三百里蠻，二百里流。東漸于海，西被于流沙，朔南暨聲教，訖於四海。」

〔闕畧〕

唐宋人合九服、五服爲一，誤說。《尚書》内四岳九州，外夷狄十二州。咸建五長，說最詳明。《周禮》不詳州數目。計今學内九州、外十二州，共廿一州。《周禮》則九千里，九九八十一州，多今學四分之三。《王制》九州，千七百國。《周禮》多至十倍，當爲萬七千國矣，其制不詳。

〔自異〕

〔矛盾〕

《大行人》：「邦畿方千里。其外方五百里謂之侯服，歲一見，其貢祀物；又其外方五百里，謂之甸服，二歲一見，其貢嬪物；又其外方五百里謂之男服，三歲一見，其貢器物；又其外方五百里謂之采服，四歲一見，其貢服物；又其外方五百里謂之衛服，五歲一見，其貢材物；又其外方五百里謂之要服，六歲一見，其貢貨物。九州之外，謂之蕃國，世一見，各以其

① 五百里：原作「四百里」，據《尚書·禹貢》改。

所貴寶爲摯。」《大司馬》、《職方》九畿、九服名次相同。《大行人》則爲七服，以要易蠻，少夷、鎮二服。《職方》方千里爲州，九州方三千里。《大行人》九州之外，謂之蕃國，以方七千里爲九州。據《職方》方千里爲州推之，方七千里當四十九州。今以要服以上爲九州，多四十州之地。

〔依託〕

《堯典》「萬國」。《左傳》：「禹合諸侯于塗山，執玉帛者萬國。」《淮南·地形訓》與此似同實異。《康誥》：「侯、甸、男邦、采、衛。」按中五服名日本此，《康誥》用《禹貢》之文，不如所說。《漢·地理志》：「東西九千三百二里，南北萬三千三百六十八里。」

〔徵莽〕

《王莽傳》：中九州之内縣二千二百有三。公作甸侯，是爲惟城。諸在侯服，是爲惟寧。在采任諸侯，是爲惟翰。在賓服，是爲惟屏。在揆文教，奮武衛，是爲惟垣。在九州之外，是爲惟藩。各以其方爲稱，總爲萬國焉。此與《大行人》同。

〔誤解〕

鄭氏注：「周公斥大九州之界，七七四十九，而方千里者四十九國。九服合王畿相距爲萬里。」按《職方》、《司馬》文皆九服，《大行人》乃作七服，尚是有誤。服、鄭注據方七千里爲説，非是。當以九千里算之。

〔流誤〕

古《尚書》説：「五服方五千里，相距萬里。」《尚書釋文》：「至于五千。」馬云：「面五千里爲方萬里。」《禮記·王制正義》引鄭《尚書·咎繇謨》注：「禹弼成五服：去王城①五百里曰甸服。其弼當侯服，去王城千里。其外五百里爲侯服，當甸服，去王城一千五百里。其弼當男服，去王城二千里。又其外五百里爲綏服，當采服，去王城二千五百里。其弼當衛服，去王城三千里。又其外五百里爲要服，與周要服相當，去王城三千五百里。四面相距爲七千里，是九州之内也。」「要服之弼，當其夷服，去王城當四千里。又其外五百里曰荒服，當鎮服，其弼當蕃服，去王城五千里。四面相距爲方萬里也。」鄭樵説：「五服、九服之制雖若不同，詳考制度，無不相合。禹之五服，各五百里，自其一面而數之；《職方》九服，各五百里，自其兩面而數之也。大抵周之王畿，即禹之甸服；周之侯、甸，即禹之侯服；周之男、采，即禹之綏服；周之衛蠻，即禹之要服；周之夷、鎮，即禹之荒服；大率二畿當一服。而周鎮服之外又有五百里之藩服，去王城二千五百里地，乃九州之外地，增于《禹貢》五百里而已。故《行人》、《職方》②言九州之外謂之藩服。」

---

① 王城：原作「王成」，「成」當爲「城」字之誤。

② 職方：原脱「方」字，據文意補。

《周禮》删文　九服見前，故不録。

《天官冢宰》第一

「惟王建國，辨方正位，體國經野，設官分職，以爲民極。乃立天官冢宰，使帥其屬，而掌邦治，以佐王均邦國。」

「建邦之六典，以佐王治邦國：一曰治典，以經邦國，以治官府，以紀萬民。二曰教典，以安邦國，以教官府，以擾萬民。三曰禮典，以和邦國，以統百官，以諧萬民。四曰政典，以平邦國，以正百官，以均萬民。五曰刑典，以詰邦國，以刑百官，以糾萬民。六曰事典，以富邦國，以任百官，以生萬民。」

「以府之六屬舉邦治：一曰天官，其屬六十，掌邦治。二曰地官，其屬六十，掌邦教。三曰春官，其屬六十，掌邦禮。四曰夏官，其屬六十，掌邦政。五曰秋官，其屬六十，掌邦刑。六曰冬官，其屬六十，掌邦事。大事則從長，小事則專達。」

「以官府之六職辨邦治：一曰治職，以平邦國，以均萬民，以節財用。二曰教職，以安邦國，以寧萬民，以懷賓客。三曰禮職，以和邦國，以諧萬民，以事鬼神。四曰政職，以服邦國，以正萬民，以聚百物。五曰刑職，以詰邦國，以糾萬民，以除盜賊。六曰事職，以富邦國，以養萬民，以生百物。」

《地官司徒》第二

「惟王建國，辨方正位，體國經野①，設官分職，以爲民極。乃立地官司徒，使帥其屬，而掌邦教，以佐王安擾邦國。」

「諸公之地，封②疆方五百里，其食者半。諸侯之地，封疆方四百里，其食者參之一；諸伯之地，封疆方三百里，其食者參之一；諸子之地，封疆方二百里，其食者四之一；諸男之地，封疆方百里，其食者四之一。」

《春官宗伯》第三

「惟王建國，辨方正位，體國經野，設官分職，以爲民極。乃立春官宗伯，使帥其屬而掌邦禮，以佐王和邦國。」

「春見曰朝，夏見曰宗，秋見曰覲，冬見曰遇，時見曰會，殷見曰同，時聘曰問，殷頫曰視。」

「歙豳雅」、「歙豳頌。」

「三易之法：一曰連山，二曰歸藏，三曰周易。其經卦皆八，其別皆六十有四。」

「一曰連山，二曰歸藏，三曰周易。」

---

① 野：原作「禮」，據《周禮・地官司徒》改。

② 封：原衍一「封」字，據《周禮・地官司徒》删。

「教以六詩：曰風、曰賦、曰比、曰興、曰雅、曰頌。」

《夏官司馬》第四

「東北曰幽州。」

「正①北曰并州。」

「凡邦國千里，封公以方五百里則四公；方四百里則六侯；方三百里則七伯；方二百里則二十五子；方百里則百男。」

《秋官司寇》第五

「春朝諸侯而圖天下之事，秋覲以比邦國之功，夏宗以陳天下之謨，冬遇以協諸侯之慮，時會以發四方之禁，殷同以施天下之政，時聘以結諸侯之好，殷頫以除邦國之慝，閒問以諭諸侯之志。」

「邦畿方千里。其外方五百里謂之侯服，歲一見，其貢祀物。又其外方五百里謂之甸服，二歲一見，其貢嬪物。又其外方五百里謂之男服，三歲一見，其貢器物。又其外方五百里謂之采服，四歲一見，其貢服物。又其外方五百里謂之衛服，五歲一見，其貢材物。又其外方五百里謂之要服，六歲一見，其貢貨物。九州之外，謂之蕃國，世一見，各以其所貴寶爲摯。」

① 正：原作「南」，據《周禮·春官宗伯》改。

「十有一歲，達瑞節。」

「十有二歲，王巡守殷國。」

「凡諸侯之邦交，歲相問也，殷相聘也，世相朝也。」

「令諸侯春入貢，秋獻功，王親受之，各以其國之籍禮之。凡諸侯入王，則逆勞于畿，及郊勞，眡館，將幣，爲承而擯。凡四方之使者，大客則擯，小客則受其幣而聽其辭。使適四方，協九儀賓客之禮。」

「朝、覲、宗、遇、會、同，君之禮也；存、頫、省、聘、問，臣之禮也。」

《冬官考工記》第六

「國有六職，百工與居一焉。或坐而論道，或作而行之，或審曲面勢，以飭五材，以辯民器，或通四方之珍異以資之，或飭力以長地財，或治絲麻以成之。坐而論道，謂之王公；作而行之，謂士大夫。審曲面勢以飭五材、以辯民器，謂之百工。通四方之珍異以資之，謂之商旅。飭力以長地財，謂之農夫。給絲麻以成之，謂之婦功。」

今案：六官所删成段者於左，單字孤文不列於此。所删之條，如能説通者，可以收入。如豳雅、豳頌之類。以外尚有未盡者，則俟補録。

經話（甲、乙）

廖平 撰
楊世文 校點

校點説明

《經話》甲、乙二編，寫作時間較長，作於光緒十四年（一八八八）至光緒二十三年（一八九七）間，歷時約十年。該書實爲廖平治學筆記、心得、治經之語的摘編，類似《日知録》，可以作爲初學者的治經指南。其中甲編分二卷，卷一言治經應守之要，其孫廖宗澤「疑爲襄校尊經時所擬」（《六譯先生年譜》）。甲編卷二言治《禮》學門徑，以及十三經、諸子所論若干禮制辨析。乙編一卷，收入讀經治學之法筆記、語録。廖宗澤《六譯先生年譜》曰：「説經以『話』名，自先生始。是集所收爲丙申以前之説，多證鄭學誤，專詳博士之學。如據《大傳》以明堂在四郊，駁鄭説十二室同在南方，天子每月移一室之非；據博士説天子娶十二女，百二十女爲命婦，三公、九卿、二十七大夫、八十一元士之妻，駁鄭君以爲天子妾媵分夜值宿之非；……皆各經盤根錯節，可謂削平大難。其餘諸條，亦皆由苦思積累而得。」廖平後來擬撰《經話丙集》、《經話丁集》，未成書。《經話》是瞭解廖平經學二變時期治學方法和經學思想的重要著作。光緒二十三年（一八九七）尊經書局刊入《四益館經學叢書》，民國十年（一九二一）四川存古書局印行《六譯館叢書》收入。今據此本整理。

目録

經話甲編卷一……一六九
經話甲編卷二……二四六
經話乙編……三〇二

經話甲編卷一

釋道入門，均有戒律；儒林恣肆，無所折守。思窺精微，先立章教。

一戒不得本原，務循支派。

凡經皆有大綱巨①領爲其本根，而後支流餘裔因緣而生。立説須得大主腦，探驪得珠，以下迎刃而解；如不得要領，縱極尋枝節，終歸無用。今之治經者多沿細碎，不尋根原，所以破碎支離，少所成就。如何邵公之日月，有可謂勞碎，然枝枝節節，徒費心力，不惟人不能明，即②己亦心無主見，特不能不立一説，以敷衍門面，此大謬也。

二戒以古亂今，不分家法。

東漢以前十四博士皆爲今學，同祖《王制》，道一風同，與經神形俱肖。古學本於劉歆作僞，以與今爲敵，然其初門户甚嚴，各尊所聞，不相羼雜。鄭康成思集衆成，乃舉群經今、古不同之義，悉一律解之，合胡越爲一家，聯南北爲一轍，遂使今、古蒙蔽千古。鄭

① 巨：原作「臣」，據文意改。

② 即：原作「既」，據文意改。

雖勉强敷衍，非經宗旨，故不能自圓其説。

三戒自恃才辯，口給禦人。

治經須謹嚴，不可輕肆，《公羊傳》好權詞酬答，自矜不窮，口辯雖雄，經例遂混。董子與江公議，以口給取勝①，所謂辭勝於理者也。此爲先師精絶之弊。至於晚學②，恣口衍説，欲以才辯服人，則譾陋荒謬，不在此品。

四戒支離衍説，游蕩無根。

説經須明白顯易，如土委地，其思而得之也最難寫③，而言之甚易，原不以影響囫圇爲高。何注《公羊》，每不④儻恍無據。以下諸家，至於巨難，率皆自欺欺人，敷衍了事，多以艱深，文其固陋。學者當務精深平實，不可作誑語也。

以上四端，高材所忌，中賢以下，其敝可陳。不守古訓，師心自用，非也；泥古襲舊，罔知裁擇，尤爲蒙昧。

---

① 以口給取勝：「口」原作「日」，「勝」原爲墨丁，據文意改補。

② 學：原爲墨丁，據文意補。

③ 寫：原作「與」，據文意改。

④ 不：據文意，疑爲衍文。

何邵公之誤用董説，劉申受之鈔襲何注是也。

不識堂奥，依傍門户，非也。略知本原，未能瑩澈，是爲自畫。

陳卓人、陳左海是也。

違背傳注，好作新解，非也。株守陳言，牽就附會，是曰瞽蒙。

六朝《禮》學諸家，株守鄭説是也。

不通音訓，罔識古義，非也。鋪張通叚，主持偏僻，更爲俗癖。

如國朝諸家是也。

以上中材流弊，世所襲用，略爲敷陳；至於平常所知，都不陳列。

治經如做酒，穀米麯蘖、柴炭水火，漢學派也；抉取精華、盡棄糟粕，宋學派也。宋人鄙漢學爲糟粕，然其造釀不從糟粕而出，明水涚齊，不堪尊罍，故治經始於繁難，終歸簡易，然其泓澈樽甕，莫不由糟粕而來。此漢、宋之兼長也。治經當遵此法，不純乎漢，亦不流於宋。滄州釀法，其傳固尚在人間也。

經説舊本明暢，至於誤説，展轉蒙蔽，其道迂歧，欲復大明，其事甚苦。故嘗謂經如九曲珠，解者用心，須有蟻穿之妙。東漢以來，用心甚淺，非但無七八，甚或不能三四，膚末初階，便矜妙諦。譬如古鏡本明也，塵土蝕翳，經千百年，乃徐致其蒙銹，其翳之非日月之事，其磨之也自非旦夕之功。今以旦夕之力與千百年争，固不能敵已，故雖有小效，不能大明。史公云：「非好學深思，心知其意，固難爲淺見寡聞道。」經學之要訣，其在斯乎？

國朝經學，喜言聲音訓詁，增華踵事，門户一新，固非宋明所及，然微言大義，猶尚未聞。嘉道諸君，雖云通博，觀其撰述，多近骨董，喜新好僻，凌割六經，寸度銖量，自矜淵博，其實門内之觀，固猶未啟也。國朝經學，初近于空疏，繼近于骨董，終近于鈔胥。高者如陳左海、陳卓人，然一偏之長，未贍美富。子夫謂道咸以來著書多爲《經籍籑詁》①、《五禮通考》子孫，可謂善謔矣。

古人之學者如牛毛，成者如麐角。經學習者雖多，成者實少，特惜不能如弈手之高下可定耳。嘗欲繪海岱圖以喻經學，以岱爲今學，海爲古學。如游岱有躋其巔者，有歷其半者，有僅至其麓者，有徬徨山下者，有左右互趨者，有反背而馳者，各題其名字，以識所學。然必高才博學，乃能入此品。其餘置身闤闠嵩華，便自以爲游歷泰渤者，不知去題尚遠也。

予思而不學，終歲不聞誦聲，而夢寐亦相縈繞。積習已久，不能改，有神無跡，所以班白少自樹立者，亦以是故也。再加涵詠之功，庶有自然之妙乎！

子夫常言，説經須有一定。予推衍其説云：醒時如此，醉夢亦如此；率爾如此，沈思亦如此。千百人攻之而不能破，衾影之間循之而不能改。若此境界，其于古人中求之乎！

古人言通經致用，舊以爲將經中所言施于政事，非也。無論古今，時勢不同，泥經敗績。

① 經籍籑詁：原作「經籍纂詁」，案：此書爲清阮元編，作「籑」爲正。

試問古來經生，何曾有以功業見者？不流于迂疏，則入于庸儒。然則經果無益於治乎？蓋通之難也。從來建勳業者，非由閱歷深，則本見幾審舉，盤根錯節，决斷裕如。儒生平居，何曾得假手以歷試諸艱？而以經喻天下，則一極亂之天下也。其中義例文句，精粗微顯，參雜紛煩，萬有不齊，與國家政事同也。其巨疑大難，百思不通，則國家之盤根錯節，以一人之心思，窮幽極渺，攬目振綱，積以年月，參以師友，然後雜亂有序，變幻歸則，終始相貫，彼此不淆。從開宗以至絶筆，無一字一句不血脈貫通。以此治經之法治天下，然後大小并包，難易合律，舉王公以至匹夫匹婦，從大政以至一草一木，莫不得其性情，措施無弊。此乃通經致用之法也。經如陶範，心如金土，以經範心，心與經化。然後其心耐勞知幾，包大含細，原始要終，舉天下之大不足以亂其神，舉事務之繁不足以擾其慮。周公所以致太平者，以其有制作之才；孔子所以言神化之效者，以其收博約之效。吁，難矣哉！

治經如種田，後人享先人之福，惠、戴、阮、王非不自勤時爲之也。譬如闢草燒山，畫疆耕耨之事，以次而成，而後來食穀者，皆前人之功也。莫爲之前，雖美不彰。今日之事，固不敢没諸先達之勤勞也。

讀經傳當因所言，知所不説；因其一端，知其全體；因其簡説，知其詳旨；因其不言，知所宜言。巵言別義，不足以亂其聰明；精旨微言，不能當其校索。所謂目無全牛者也。

子夫云：「無論注疏及諸家成説，一到課期均無所用；著書必須到考課時服其精到，乃爲完善。蓋考課以數日之力解一義，以數十百人之力共一題，用心久而合力多，誠有平日成説，至此莫不罅漏百出者。」其論蓋有爲之言。余反其説云：「以著書論之，若必如考課之法，則百年不能成一書。且考課之所以衆説紛紛、新解層出者，多未能融會全經，僅就偶爾聰明，穿鑿附會，以求新奇。若平日全未經心之事，固可因此一考而明，或義本平常、事兼疑闕者，經此立異，反致瞀亂。治經如作室，其前後左右、梁棟門户，所宜熟思籌畫者也。至於一牕一桷，所關甚微，不必苦心經營。以牕桷而論，即至精之室，使人盡力推敲，未必不有所以易之者。總之室之美惡不在於此，徒盡心於牕桷，而棟梁門户之事反失宜焉，此豈足爲美室哉？舍大而謀細，棘端刺猴，泰山不覩，此古今之大弊也。考課之法不可移以治經，以其用心不同也。」子夫笑而不答。

古來學問，起初莫不精美，後則每況愈下。正以始難後易，始拙後巧；始有勤苦之心，後漸歸於偷惰。始心震驚，既成之後乃視爲平常。大似今洋貨，當其初來，莫不精美，人亦不辭價昂而購之；後乃以爲常物，其物亦遂脆薄粗惡，大遜從前。今得一百年前鐘表，視如拱璧，即以十年計之，亦不啻三變。人心淺薄，日趨苟安，于貨物且然，則固不必疑經學之日下矣。高雲程大令嘗論鹽局事，謂鹽局初立，上下委員莫不精明能幹；至於中間雖不及前，猶有能手；後則守成敷衍，尚形絀支。夫豈沃土之不材，亦或運會爲之也。予以爲上而國家，下至書院，亦莫不然，而經學其尤者也。

千古學問，真者不能傳，而僞者不能絶。釋老、醫卜、雜技古法，莫不皆絶。傳習之書，有莫知所由者，又何疑於經學？《藝文志》《公羊》著録之書皆不存，而行漢末之何君；《穀梁》著述之書皆不存，而行東晉之范氏。學問始難而終易，人情好易而避難。今有難易二事於此，命十人治之，則趨易者十之八九，就難者不過一二人。以一二人與八九争，其勢已不敵；况由八九可化作千百，由千百可化爲億萬，此一二人者或一再傳而遂澌滅焉。幽蘭空谷，誰甘寂寥？難者或且不欲示人，而易者一倡百和，天下風靡。後來作疏，又視傳習之多寡以定去取，則安得不取晚近而廢本初哉？天下喜鄭過於雅，天下喜紫過於朱。阮生窮途，痛哭而返，此亦有心人之不忍聞者也。照像之法，因影留像，必須先定形體，留影鏡中。當其方照之時，稍一小動，移步换形，精神全變。竊意修改舊説，當用此法，一指一動，一目之瞬，精神迥然不同，不可説一節改一節，致其精神脈絡壅滯齟齬。然此非稿成數年後，精神閒暇，案日將成稿另鈔一過，不能如此通貫。然以《春秋》而論，每日一年，亦須終年方及一部，安得三年餘暇，通改三傳？况到改鈔時，又未必别無見解，所以此事斷難畫一。《孟子》云：「立其大者，而小者不能奪。」然則此事亦惟務其大而已。

宋儒言「中」字，謂凡事求「中」，義近惝恍，不切實。其實經學奥妙，聖人精微，總而言之，不過一「中」字。所謂「中」者，「中的」也。至求「中」之法，則又不出「智」、「聖」二字。孟子云：「智，譬則巧也；聖，譬則力也。猶射於百步之外也，其至，爾力也；其中，非爾力也。」孔子，一善射人也。其巧聖，其力大，其持弓審固之法，全在於經，知之明，守之固，便爲通人。

其巧妙至於貫虱穿楊，百發百中。百變之中，有一定之準。先有征鵠以爲標準，其事甚明，非謂既已持弓挾矢，尚不識準，則必東西左右測量審度，而後發矢。但知其處，皆能自至。與孟子「時中」、「智」、「力」之説相反也。

古之聖賢，皆在北方。經傳所言，多取喻於「射」、「車」。欲仿程侍御書例，作《釋射》、《釋車》二篇，凡經、傳、史、子、中古語謡諺，説一門者依類編次，不惟諸書可明，而經亦愈以大顯也。

古人傳經難，今人傳經易。惟其難也，故不能立新説，墨守舊訓；苟一求新，則全不可通，故守而不變。後人治經便易，因其易也，則以墨守爲無奇。且以歷來承襲舊説無深入之妙，明敏之士稍加綜覽，便已通曉，故鄙薄求新。蓋人心喜變，如織坊初得一新様，勉力學之，猶恨不能，不敢改易。行之既久，人人所能，以爲無奇，則别出新式。從古無積久不變之事，職是故也。經學之真本微妙難習，學者舍難趨易，後遂因其易也而思變之。變者又不能通，其難者愈趨簡便，故其壞無所底止。今欲反之於難，然遲之又久，恐不免終流於淺易也。

友人欲爲《禮》學三大表，曾與商酌條例。粗舉巨綱數條相告，且云若其細目新解，非用工之後，陸續補修不能。此説甚善。予撰《穀梁古義凡例》，修改近十次，乃成今本。此事務須隨時添改，不能先立限制，謂以後必如此用工也。又有治《論語》者欲商酌條例，予以此告之，蓋不可從門外説門内話也。

治經有數大例，前人未能暢發者，今當仿《古書疑義舉例》，作爲一書以明之。如詳略隱見例，以《春秋》爲主；三統禮制異同循環例，以《王制》①爲主；四代無沿革，以《尚書》爲主；參用方言例，以《公羊》爲主；譯改古語例，以《尚書》爲主；記識入經例，以《禮記》爲主；省文互見例，以《儀禮》爲主；舉小數以起例，以《周禮》爲主；因事見義例，以《左傳》爲主。略舉其目，當詳推之也。

史公云，百家言黄帝「不雅馴」，「皆折中於孔子」。當時古書尚多，史公唯以孔子爲歸，此巨識也。今所傳秦以前書皆合於孔子，以外皆不傳。如莊、墨、申、韓諸家皆主孔子，所言禮制，皆同《王制》，其人皆師法孔子者也。太史公所言「不雅馴」者，大約如《山海經》、《竹書》之類，不與經説合者。當日此類書必多，今傳者絶少。至於諸子百家，皆孔子之徒，用孔子之説。

西漢以前，言經學皆主孔子，不繫於周公。漢明帝於學校並祀周孔。鄭君以先聖爲周公，先師爲孔子。議者以周公爲先聖作經，孔子爲先師傳經。此乃古學盛行之後，援周公以與孔子爲敵。其意以周爲古，孔爲今，古早於今。如《學考》今、古平重，則此説可存；若考其實，有今無古。古學萌芽劉歆，諸説皆其緣飾，則周公之祀不當在庠序間。今、古之辨，至今

---

① 王制：原作「禮制」。案：廖平以《王制》言三統禮制異同，此當作《王制》。

未明，而學宫不祀周公，其來已久。此其中固暗有主之者，不然，何以人皆不明古學之僞，而能去周公之祀也？

《管子》、《學考》列入古學。初以爲在孔前，必古學；繼乃知此書皆今學。《管子》立制，多改《周禮》，蘇子瞻所論是也。正孔子改制前事之師，又其書非管子手訂，多春秋以後名法之言，故多可爲《王制》之注，當細推而攷之①。

西人補牙，窮極巧妙。夫取金石與骨肉相聯，既爲地無多，又須有言、食，苟非親見，亦必斥爲荒唐。乃積思細審，卒使聯合，有如生成。夫血氣之事猶且如此，何況經學？苟用心能如西人，則何爲不成？惜乎務博淺嘗，不能深細，因以無成耳。

予立三統循環例，以收傳説相歧不能畫一之制。以《論語》「社樹」、《孟子》「學校」、《考工記》「明堂」爲起例。如《祭法》與《王制》廟制不同，然皆爲七廟，以爲此循環變易之例。凡經中彼此參差、大同小異之事，皆包括無遺矣。又立互見例。禮制門目繁多②，統集諸經所有，乃成全備制度。今一經所言，每門不過數條、數十條，前人不知此爲互見，各就一端言之，執此攻彼，久成聚訟。今以此爲一大例，收集諸不同之條而錯綜之，穿插之，同歸一致。如時

---

① 推而攷之：原作「推而收之」，「收」、「攷」形近而誤，據文意改。

② 繁多：原作「緐多」，蓋形近而誤，據文意改。

祭，《王制》言四時，《孝經》言春秋，《左傳》言秋冬，而《祭法》、《國語》乃有歲時月日之全文。此詳略不同之例也。若此之類，祇得從同而分别之，豈可復爲立異，以致頭目添多，不能料理耶？

前代之書有後代官名、地名、人事，舊説多據以爲僞作；不然，則以爲古人已有此官、此地；二者過猶不及。如《月令》言「大尉」，或以爲秦官而疑非古書；或又據緯書「舜爲大尉」之文，謂古有「大尉」官，此皆不知譯改之例者也。《堯典》、《禹貢》當時之文，豈能平易如此？皆譯改之故。《内經》其明證也。「皇」字從王得聲，本爲王後字。三皇之世，文字未立，稱王而已；春秋以後乃有皇帝之説；本朝稱王，以「皇」加古帝。凡書之古「王」，皆改爲「皇」。後人不知此意，乃疑「王」、「皇」先後矣。《穀梁》二伯，漢人書説當有以二伯稱者，今有五伯，無二伯，以凡言二伯者皆改作五伯矣。《左傳》以齊桓、晉文、楚莊、吴王、越王爲五伯，而《傳》文初年有五伯之文，則亦如陳桓公未薨而稱謚，後來之稱，非當時已如此，文偶未檢耳。

古書傳寫，文字往往異同，能得别本相參，爲益無窮。嘗讀孫本《孔子集語》，凡互見别書而有異同詳略者，皆並列之，於是乃無不可解之書。蓋一本所言，皆有失檢，佚文脱句，動成疑難，苟列異同以相互證，是較釋文之功尤巨也。《月令》言四大廟，鄭君以爲十二室。考《大傳》云：「自冬日至數四十六日，迎春於東堂，距邦八里，堂高八尺，堂階八等。」「仲春之月，御青陽正室。」又云：「自春分數四十六日，迎夏於南堂，距邦七里，堂高七尺，堂階七等。」「仲夏之月①，御明堂正室。」又云：「迎中氣於中室。」又云：「自夏日至②數四十六日，迎秋於西堂，距邦九里，堂高九尺③，堂階九等④。」「仲秋之月，御總章正室。」「自秋分數四十六日，迎冬於北堂，距邦六里，堂高六尺，堂階六等。」「仲冬之月，御元堂正室。」案：天子於城門外立四堂，以順時令。然則東堂即青陽，南堂即明堂，西堂即總章，北堂即玄堂，或六里、七里、八里、九里不等，非一廟十二室明矣。又不云「大廟」，而云「正室」，然則「大廟」、「正室」之變文，非如宗廟之大廟矣。何以見四堂與明堂不異？曰：既於東方迎春，則不於南方布令可知，推之西北當復然，一也。既立四堂以順時令，棄而不御，而攢擠於南方，必非情理。若惟四迎，在其地則不必建堂，二也。南方有南堂，又有明堂，重復不例，三也。其四迎略言方向，十二御則言堂名者，彼此互見，非有異地異名之例也。其説較《月令》爲詳，其名較常典爲正。不然，則四大廟中何以又頒令？不幾於倍祖宗耶？故知正文不作大廟也。「御」字亦較「居」字爲近。又四堂下字皆疊韻，恐本一名，口音流變，如《公羊》、《穀梁》之異也。

---

① 之月：原脱，據《尚書大傳》補。

② 日至：原脱，據《尚書大傳》補。

③ 九尺：原作「尺九」，據《尚書大傳》改。

④ 等：原作「級」，據《尚書大傳》改。

予於錯綜例外，又得隱見例。著述之事有二：以言傳者，文字是也；以形傳者，圖畫是也。二門雖異，而其以隱見爲例，則靡不同。畫家畫宫闕，設景而見者千百分之一二耳。即單畫一室，見陽不見陰，露左必隱右，牕牖門户，不過見十分之一，非不欲鋪寫，勢不能也。讀畫者皆知爲隱見例，以其所圖者形，形有未備，人所易知。至於著書，其甘苦實如作畫，詳則傷瑣，且有筆墨不能盡者，必待施行之時，然後相機審酌潤色。孟子所云「大略」、「潤澤」是也。天下雖至瑣碎之書，亦有不能盡者，何况經文古質簡略，經有一語，非數千百言説之不能詳者。如《王制》言選舉事，數十言耳，苟欲施行，則草注設科條例盈篋，猶恐不備。其言爵禄數百言耳，然其法至簡，亦當倍蓰於今。搢紳若吏户案牘，猶不必言也。古人文字簡質，意中之事十未及一，今人乃不能如讀畫者之考求其陽陰、右左、隱見、露藏，以爲言在此，意已盡於此，及到施行，有東無西，具前闕後，乃又嘆書不可行，豈不誤哉！書之陰陽鱗爪，本如畫之可以踪跡求，惟積久不懈①，用心習成風氣。不知當因所見以求所不見，不可守所見以蔽所未見也。畫家若不見全形，讀書亦苦不見全義。予因《春秋》隱見推之《王制》，因《王制》推之群經，更因群經推之載籍，以讀畫之法讀書，則隱見之例張矣。

學以專經爲貴。然非徧覽諸經，則一經亦不能通；唯群經熟，然後專經有所借證。如欲

① 懈：原作「解」，據文意改。

通《穀梁》，非通《公羊》，不知《公》、《穀》大同小異，借證者多也；非通《左傳》，不能知二家，互文見義，有所補證也；不通《禮經》，不能知《穀梁》與《禮》之曲折相合也；非通《詩》、《書》，無以悟素王制作與《詩》、《書》重規疊矩也；非通《論語》，無以見《春秋》師說也。故必徧通群經，然後能通一經；未有獨抱一經，不務旁證而能通者。

六經同出一源，其宗旨、大義、禮制皆相同；而其體例、文字，則諸經各自不同。西人《全體新論》謂人之骨節，因地而異。竊謂經之體例，意亦如此。經猶人也，此經之骨節與他經不同，如有不察，以《春秋》之法施之《詩》、《書》，必有不合。亦如人各異地，妄以爲同爲人，即同此骨節，拘於其貌而未知神理，且其貌亦有不相似處。

郢書燕説之事，不惟漢初先師有之，即先秦諸子亦然，如以鄭聲爲鄭國之聲是也。董子號爲《春秋》大師，《繁露》多不得《傳》意。學者須知此意，然後不爲舊説所誤。

識古今之異語，通華夏之方言，古人翻譯，三代所重也。自漢以來，唯辨中外，不達古今，釋藏、洋書，同文盛典，而古書則皆用漢本，不敢改字，其故何也？箋注之興，起於漢代，周秦以上通用翻譯，凡在古語，都易今言，改寫原文，不別記識，意同於箋注，事等之譯通。上而典章，下而醫卜，莫不同然，事既簡易，語便通曉。故《靈樞》、《素問》語雖淺近，而實爲黄帝之書。先師世守，口傳積變，語有今、古之分，意無彼此之别。博士所傳《尚書》已多變易，刊定《石經》，經本乃定。史公本用今學，而所録《尚書》文多易字，或以爲以注改經，不知此古者翻譯之踪迹、改寫之模準也。伏生《尚書》與古文不合，則由伏生所改也。後來《古文尚書》不能讀，則以漢不識周語也。隸古定寫本以今文準古文，是以今文翻譯古文。使非由今文翻譯，則不知作何語也。今文以外所多之篇，或以爲漢人不識古字，故不傳；或以爲無師説，皆不然。既識其字，均通其語，何待師説，乃可相習乎？《尚書》唐虞之文，平易過於殷周，歷時既遠，而文同一時，或且難易相反者。古人讀書不如今全篇巨帙，木札竹簡每以一篇爲終始，《論語》之言《周南》、《召南》，《禮記》之言傳《士喪禮》是也。凡名篇要義，則習者多；僻文瑣典，則習者少。習者多則改本數變，故文最平常；僻篇則習者少，少則未經改動，即改而未至大變，故文多難讀。《尚書》文之難易，不拘前後，而以篇之有名、無名爲斷，正以習者有多少之分也。漢以後經尊，經尊則不敢改其字，而別爲箋注。自箋注既盛，後人其心，讀《堯典》則以爲字字皆堯史官所手訂，《禹貢》則以爲字字皆大禹所校閲，人心囿於所習，不能推見古昔事，宜經術之日下乎！此説最爲有功，不惟有益於《尚書》，凡漢以前書皆當以此法視之，可省無數瞽説。

今、古本之異同，翻譯也；三《傳》之異文，四家《詩》之異文，翻譯也；今文與今文異，古文與古文異，翻譯也；引用經字，隨意改寫，翻譯也；同説一事，語句不同，翻譯也；詳略不同，大同小異，翻譯也；重文疏解，稱意述義，翻譯也。苟能盡翻譯之道，則又何書之不可讀哉！

《漢書》云：「《尚書》讀近《爾雅》，通古今語而可知。」《爾雅》者，翻譯之書也。所列者古今之異語，華夏之方言，全爲六書轉注、假借之事。其書始於先秦，緯書子夏已引「初哉首基」，《尸子》又引其文。而漢師叠有增益，随時所加，初非子夏所撰，無論周孔。以説《詩》語入，此亦翻譯之類也。讀近①《爾雅》，謂改寫之讀合於《爾雅》。

人情莫不好辨喜新，是己非人。孔安國得古文而寫定，劉子駿得《左傳》而争立，苟非勢窮才詘，未有俯首聽人而自甘墨守者也。漢儒傳經，株守師法，蓋由勢使，非本性生。漢人經本難得，掌於學官，其事頗似今欽天監、機器局，皆由官辦，窮鄉貧士，力不能造此儀器，又屠龍之技無所用之。故欲治經，必到京師就讀官本，難於自治。到學之時，都由師講授，限於時日，拘於程式，墨守强記，猶懼弗任。苟欲求新改舊，不惟官法所禁，亦且勢力交窮，先師守舊不變，職是故也。又古書簡札最爲笨重，一經之册多可載車，大似今刊刻板片。《後漢書》「洛陽有書肆」，亦有賣售之事，特一書則盈車累篋，大似今賣書板也。惟資記識，艱於誦讀，初學憑之以講授，成材難資乎翻檢，不能不篤守家法者，勢使然也。今人動云漢儒重家法，有經無師不敢習。然則《周禮》、《左氏》當時皆無始師，何以劉子駿能傳習之？至謂《尚書》亦因無師説，故聽其餘篇之佚，則以所佚實皆孔子删棄之餘，知其僞也。不然，《泰誓》一篇何以又傳？豈以人謹於今學，而勇於古學哉？

① 近：原無，據文意補。

爲學須善變。十年一大變，三年一小變，每變愈上，不可限量，所謂「士别三日，當刮目相待」者也。變不貴在枝葉，而貴在主宰。但修飾整齊，無益也。若三年不變，已屬庸才；至十年不變，則更爲棄才矣。然非苦心經營、力求上進者，固不能一變也。

解經非文字安適不加字，迂曲非真解也。然就文敷義，雖明白如話，亦有非真解者。如《公羊》「上無天子，下無方伯」，何《注》可謂明白矣，豈知《傳》意卻去上下二層，專責中間二伯乎？此非但求老嫗可解，便爲真諦也。其餘如「貴賤不嫌同號」二語，何《注》亦似明快，而實亦非。大抵文句不大詳明，當别求義證以申明之。

解經實義有證佐難，虚字有精神尤難。然虚字精神實出於實義明確之後。詩人得一好句，有所言，有所不言；言在此，意在彼；所言者少，所包者衆；神悟景態，超然言表。解經亦如此，須讀經如讀詩，能知作者苦心佳處，然後爲得。《春秋》虚字，説者尚知用心；至於《禮記》，凡一切虚字皆若爲累文者，即直爲删節，亦無不可。以此知《禮記》之精藴，尚蓄而未發也。

治經不惟當理會虚字，并當翫味虚神。壬秋師謂作時文爲治經之要法，蓋習經不如作時文之專而久且衆也。《禮記》文多，號爲大經，門户繁賾，較《左傳》尤難治。學者讀之，摘記其明文定説，已不勝其難，何况能推考其虚字虚神。然其中之《大學》、《中庸》二書，則文義頗詳盡，則以合在四子，治之者多也。今取士之法，四子陳文太多，誠能略採《大》、《中》之義，以五經作考試正場，改四書文於後，如能有方樸山、王廥東諸家聽題之法，則於此必別開無數法門，惜不能如八股專精。

觀人一節，能知長短，此治經之切法。經傳所陳義理，多不具録，舉一反三，因端竟委，是在善學者。若見一節，僅就一節言之，不能推到全體，此非善學者。須有西人《全體新論》心思乃可。治經如墾闢，諸經皆有田畝可以耕穫，若《禮記》則如深山大壑，怪木叢草，荒穢不治，且多人迹未到之處。若欲成沃壤，則其待人力墾治者，較他經爲多也。

《經解》所言諸經利弊，各主一意，不相貫通，足見以一經之法推説諸經之非。余説諸經，先注《經解》一篇，以爲叙意，此即經學要旨也。以此足見《禮記》所包者廣，故余於《戴記》立「經學」一門，以《經解》、《學記》、《勸學》爲主，輔以《坊記》、《表記》、《緇衣》諸篇，以爲經學程式。《學記》一篇，先師治經之法也，亦當詳註，證以今事，甘苦備嘗，癥瘕立見，其斯爲學人指南與！

今本《穀》、《公》二《傳》，亦如小學之《倉頡》、《凡將》等編，非始初之本也。當時先師各有存本，詳略不同，有始初本，有晚近本，同時又有各本。今所存者一本，正所謂九牛之一毛。故《穀梁傳》有引「傳曰」者，《公羊》雖無「傳曰」明文，然其例可推。乃始初之本也。董、劉所引，有爲今本所無者，同時異本也。又所引師説稱「子」者，亦别本也。大約稱「傳曰」者爲大例，最初之本；稱「子」者爲小例，中間之師。不可以今傳本爲足以盡經，又不可以今傳本爲一人之言。《韓詩外傳》有稱「傳曰」者，此亦如二《傳》引《傳》之例，皆先師説，非韓氏一人之言，《内傳》之説也，使爲《内傳》之言，則亦不稱《傳》，又如董子所引《傳》也。

凡立一説，類於作畫，初爲柎影，繼爲勾勒，然後再加綵色。予之著書，莫非新説，其始也偶然得閒，有柎影之底本。或加探索，或經歲月，然後首尾具備，本末皆全。又積之久，而後精神虚實備到。其中有由推索得者，有由感觸得者，有由終悟始者，有由始要終者，有修潤已成者，有草創初具者。

初據三統之説，以《春秋》爲救周敝而已，非百王之通典。救周之敝，作反文從質之《春秋》，行之數百年，又當作一反質從文之《春秋》，則舊説偵矣。繼乃知三統爲先師救敝循環之變例，《春秋》乃斟酌百王通行之大法。何以言之？繼周不能再用夏禮，此一定之明説，而先師乃有三統循環之説者，此指春秋以後法夏、法商、法周而王之三代，非古之夏、商、周。古者三代歷時久遠，由質而文，至周略備。孔子專取周文，故云用周以文。實則孔子定於周，文所未備，尚有增加，安得預防其敝而反欲從質與？傳記所謂三代，有指真三代者，有指法三代而王者，何以别之？大抵可以循環，制度無大分别者，爲法三代而王之三代；制度迥異不能循環者，爲真正古之三代。如《明堂位》，虞官五十、夏官百、殷官二百、周官三百，既有三百之周制，萬萬不能再返於五十、一百之制，此不能循環者也。至於社樹之三木、明堂之三形、學校之三名，此制度無大異。古之三代，文質懸殊，必不如此，此又可以隨便推行，故此爲後世法三代而王，託名之三代，非古之三代也。擬將經傳三代制度作爲二表：一，三代沿革表，録真三代沿革不能循環之事；一，三統循環表，凡可循環者皆入之。又舉經傳所不同之制，依文質之意而補之。蓋孔子制作，垂法萬世，《春秋》所言，皆不能改者也。至於後王易代，不能不有因革，則造此三統之變以通之，使之循而改作，此三統所以濟一定之窮者也。《春秋》非從質一時之旨也，故《王制》篇中循用周禮。孔子答顏子參用四代，此因革定章之言，與三統專用一家之説不同。《孟子》謂孔子賢於堯舜，以《王制》制度非唐虞所及，孔子斟酌四代之禮，著爲《春秋》，行之萬世，此爲大綱。其三統損益，亦但就大關有三等之變通，大端不能改，不謂三綱五常不可改；制度可改不可改者，即指制度而言。《王制》千七百國，秦之郡縣大小似之，漢之郡國即其遺意，今州縣即《王制》意也。選舉之制，秦漢以來皆用《王制》説。漢最近制科意稍失，然其大旨同也。秦漢建官，多用三公之説；至蘇綽六官之制，乃同《周禮》。戰國秦漢之間，今學最盛，所有制度多本此意，此即《春秋》定章，爲後世永行之典。其中所有變通，即因革可知者也。《春秋緯》云：「孔子曰：『丘作《春秋》，王道成。』」《孝經緯》：「志在《春秋》，行在《孝經》。」凡此義不下數十見也。

《左氏》及諸傳記言春秋時事，其與經傳禮制不同者，乃真周制也。所言禮皆主於孔子。孔子不以作自居，故託於三王，而六經禮制皆同，無沿革彼此之殊，此不指爲素王之制作，不能也。古書傳者皆主孔子，故其説同。西漢經師據《王制》以説六經，十四博士莫不相同。故當時同以《王制》爲經説，而無三代不同之分。故於先秦則孟、荀言制度全本《王制》，乃當時不以爲孔子《春秋》改制之意，而全以爲《周禮》。他如墨子、韓非、司馬、班氏，莫不誤襲其説，此當力反者也。

《王制》書較《周禮》少，然《王制》之説易明，而《周禮》專條之説轉甚晦。蓋秦漢以來，子史先儒全用《王制》説，少①則易明。又其書爲先師所祖，遺説甚多，故最明晰。至於《周禮》所有未備，則全出劉歆。如周爵五等，千里之地僅能封四公，即封侯祇能七、封伯祇能十、子祇能二十五、男祇能百，不審其制。蓋劉歆②意圖變亂今説，至其能行不能行，所③

近人所著四家《詩》、三《傳》異文，此非古法也。《隸釋》所載《石經》，每經之後，祇④刊同學異文，不遠及别家。如《公羊》嚴氏，異文祇録顔氏；《詩》用魯，異文祇言韓、齊；此見洪氏跋語中。《論語》今文，則録盍、周、包。三經如此，推之餘經皆同，不引古經以相證。今經學廢墜，不能備徵同學，而但引異家以爲比較矣。

《石經》用嚴氏《公羊》，所録顔氏異文有四條可考，多屬傳文有無，不僅文字異同小故。

---

① 少：原作「多」。案前有「《王制》書較《周禮》少」句，則「多」當爲「少」，據改。

② 劉歆：原無「歆」字，據文意補足。

③ 「所」字之後，原刻本文字漫漶，無法辨識。

④ 祇：原作「同」，據文意改。

顔、嚴在武、昭之後，同師而傳異，是今本《公羊傳》有嚴氏所補羼編纂，不盡出於先秦。大約先秦之傳别爲一書，此嚴氏手訂之故。《白虎通》引《傳》，有爲今本所無者，至《穀梁》亦然。故今二《傳》本不足以盡其學也。

二王後得用其故國禮制，亦指封國諸侯而言，非封君不用此例也。孔子世居魯，已爲魯人，又仕魯，爲周人。且大夫不得祖諸侯，宋公之禮，非孔子所敢議也。《檀弓》：孔子夢奠兩楹之間，用殷禮。君子正終，大失尊王從周之意。此蓋素王之説。《詩》以《商頌》終，亦此意。《莊子》以周公、孔子爲元聖、素王，《荀子·儒效篇》①以周、孔爲主，故《孟子》屢以周、孔並言。《春秋》以故宋爲説，若就常義説之，孔子不得用殷禮，不得爲殷人。凡此皆改制、故宋遺説，不可以常解解者也。

傳記所言三代異禮，有細節瑣目，必非夏、殷所有者，此甚可疑。古禮簡質，何以及此。周時又不應遠徵夏、殷之禮。《論語》以杞、宋皆不足徵，《中庸》又云「杞不足徵」，殷禮有宋存。由此推之，是傳、記所謂夏禮，謂法夏而王者；殷禮，謂法商而王者。孔子必託二國爲説者，當時夏、殷典章故籍，皆杞、宋所掌，故必徵之二國。既入周朝，文章大備，所用制度亦不

① 荀子儒效篇：原作「荀子大儒篇」。案《荀子》無《大儒篇》，其以周公、孔子爲大儒，在《儒效篇》，據改。

能純用古禮。如夏制桐棺而宋、周厚葬，此當時禮臣必定斟酌損益，從時王制中略加從忠、從敬之意而已。孔子雖本自作，亦多取二國，故三統之説託於二國以行，亦如言周公而託於觀禮取則於文、武之方策。故讀者不可以爲實出二國，亦不必以爲全與二國不相干。此説本原於《論語》、《中庸》，特後人不識耳。

改正朔，易服色，是異姓興王之事，中興之主不能如是。孔子使見用當時，必不能全改周制，所謂從周是也。縱有陋弊，不便大改，惟天以夫子爲木鐸，制禮作樂，託於素王，乃可自我作故，託於興王之事。《論語》云：「殷因於夏禮，所損益可知；周因於殷禮，所損益可知；其或繼周者，雖百世可知。」又云：「如有王者作，必世而後仁。」《檀弓》云：「明王不作，天下其孰能宗予。」《論語》云：「鳳鳥不至，河不出圖，吾已矣夫！」《孟子》云：「《春秋》，天子之事也。」凡此，皆明異姓興王之事。何邵公「《春秋》爲漢制作」，古實有此義。先師附會於漢，微失其旨耳。

萬乘、千乘、百乘之説，是《戴記》通行之語，自緣禮制而生。天子方千里，大國方百里，祇得百乘，其諸侯云千乘者，指閒田言之耳。統計一州，方百里者國三十①，方百里得百里者三

---

① 方百里者國三十：「國」原作「百」，據《禮記・王制》改。又：《王制》此句前尚有：「方千里者，爲方百里者百」一句。

十；方七十里得百里之半六十國，又得百里者三十；方五十里得方百里四分之一，百二十國，亦得百里者三十。是封三等，國各百里者三十，三三而九，餘方百里者十，以爲閒田，正出千乘。經傳所云千乘之國，正指方伯而言。八州千乘之國，不過以萬比千，得十分之一。故天子云萬乘，諸侯得云千乘也。《孟子》云「大國百里」，指本封；云「千乘」者，指閒田；其謂「千乘之家」、「百乘之家」，皆謂是也。方千里者十，開方得三百一十六里。《管子》與①《刑法志》所言是也。實計則爲三百一十六里，舉成數則爲四百。《史記》言魯、衛封四百里，《漢書》言齊封四百里，皆以其千乘言之。故《明堂位》之「方七百里」，「七」當爲「四」字之誤。東漢經師以百里不能得千乘，於是改爲十井一乘之説，以求合諸侯千乘之稱；不知千乘出於閒田，不出本封百里之内。博士雖改易乘數，仍不可通。何以言之？今學衹能添百里乘數，不能減②千里乘數。萬乘、千乘，十分得一，此定制也。今添百里爲千乘，則千里當爲十萬乘。諸侯數少，天子數多，萬、千終不能合。由此觀之，則不明閒田之制，千乘、百乘之言不能解也。

《司馬法》爲今學説。鄭注所引同方百里，萬井三萬家，革車百乘，士三百人，徒三千人，方百里出革車三百乘，甲士三千人，徒萬千人者，此今學之《司馬法》也。服注《左傳》引《司馬

---

① 與：原作「從」，據文意改。

② 減：原作「滅」，據文意改。

法》云：一丘出牛三頭、馬一匹，一甸出車一乘者，此《周禮》之《司馬法》方三百一十六里出車千乘之制也。文義異同與古書合。《前漢·刑法志》云：方千里得千乘，方百里得百乘，方三百一十六里得千乘，則千乘出於方三百一十六里，本有明文可據，班説本於《管子》，蓋古經師舊説也。東漢今學説，如包注《論語》、何注《公羊》，皆以百里出百乘，與萬乘説自相矛盾。凡經説古多不如今，惟此則今不如古。然古學家但言百里不能出千乘，而所以得千乘之地，未能實指。今學則堅守大國百里，欲闢《周禮》地五等之説，故就百里中穿鑿言之。大抵此東漢以後經師失據之言。至於西漢博士，則係班《志》之説，以爲方三百一十六里所出，不出於百里，而《管子》亦以齊方三百一十六里也。

劉歆竄改《周禮》以迎合王莽，莽舉其改易之條，皆見施行，《莽傳》之文可考也。予初以今、古并重，誤於歆説頗重。王莽雖漢之蟊賊，而實爲千古一大經師。今學西漢盛，至莽而終；古學東漢盛，自莽而始。欲講經意，在將《王制》、《周禮》之説求其細例，可以見諸施行，而莽則已先我爲之，凡經中制度皆悉規摹舉辦一過。當時五經博士外，復立六經祭酒，大約皆古學。其講封建、地圖至於數年之久，蓋其審矣。今以王莽爲一禮學大師，凡當時之事皆以歸之；實則其説皆孔光、劉歆與博士祭酒之言，非莽所自作。今既不見名氏，則凡當時之説統目之爲王莽説云云，經同學考校數年，乃知其説之誤也。

莽制有主今者，有主古者，有今、古合并者。本傳謂莽以《周官》、《王制》之文置卒正云云，此即今、古合并之法也。其封建、井田、置官、分爵諸大政，皆詳悉可尋。《王制》之説散見於諸書，可以旁證者多。《周禮》師説不如《王制》之詳，東漢之説又多有出入。然考《莽傳》，其説固已不能通，又何以行遠哉！

鄭注《周禮》，以鄉爲近郊百里，遂爲遠郊百里外，郊外曰野①，有都、縣、家削三等。是鄉遂僅祇二百里以内，而以下三等無明文；六鄉六遂又不應如此之小。而《莽傳》則不然，王莽祇以鄉、遂爲等，西都爲鄉，東都爲隊，不分五等。今其文曰：「分長安城旁六鄉，置帥各一人；六帥②分三輔爲六尉郡。」顔注引《三輔黄圖》③注其事云：「渭城安陵以西北至栒邑、義渠十縣屬京尉大夫府，居故長安寺；高陵以北十縣屬師尉大夫府，居故廷尉府；新豐以東至湖十縣屬翊尉大夫府，居城東；霸陵、杜陵東至藍田、西至武功、郁夷十縣，屬光尉大夫府，居城南；茂陵、槐里以西至汧十縣，屬扶尉大夫府，居城西；長陵、池陽以北至雲陽、祋祤④十縣，屬列尉大夫府，居城北。」考《地理志》，三輔共五十七縣，今曰六十縣，舉成數，或有分并

---

① 郊外曰野：四字原無，據《周禮注疏》補。
② 六帥：據《漢書·王莽傳》，二字爲衍文。
③ 三輔黄圖：「黄」原作「皇」，據《漢書·王莽傳》顔師古注改。
④ 祋祤：原作「袚初」，據《漢書·王莽傳》顔師古注改。

也。莽又以河南爲東都，曰保信鄉，分爲六隊。《地理志》：南陽前隊，河内後隊，潁川左隊，弘農右隊，河東無明文，則除河南居中，河東附隸，前後左右以隊名者四見，此莽斟酌損益而爲之者也。大約《周禮》之六鄉，即莽之六尉，六遂即莽之六隊。莽於西都以城旁爲鄉，衆縣爲尉；東都爲州，衆縣爲隊，亦變通潤色之意。故東都之制與西都不盡合，而以鄉、遂分東西州，則一定之制也。此皆爲内郡。千里以外乃曰近郡，有障蔽者曰邊郡。故隴西、天水、張掖、敦煌①等不入畿内之數，因時制義，其意可見。據此，是古《周禮》先師説不以鄉、遂、家削、縣、都分五等，可據莽以説之矣。莽説雖不能通，然鄭變其説而仍不通，則不如莽之爲得也。

《書》堯舜制度全與《王制》符同。據《孟子》「神農」章所言，當時必無此等制度。如五玉、三帛、二牲、度律、量衡及巡狩、貢賦、甸服之類，此承平數百年乃有之事，豈獸蹄鳥跡方交於中國，人方得平土而居，遂能如此詳盡文備？此當爲序《書》時潤色譯改之言，所謂「祖述堯舜」之事。古時制度大簡畧，不足以立教，故孔子以此託之帝王，當時不能有此制度也。

孔子六藝非但鈔録舊文，别有新意，然既以六藝託之帝王，遂以新義亦歸之帝王，此述者之事也。如孟、荀以《王制》爲周禮，漢初經師莫不同之。孔子於堯時已云「三年，四海遏密八

① 敦煌：原脱「煌」字，據文意補。

音」，故《禮記》以夏、殷皆爲三年喪也。

今、古之分，東漢初已啟其端。班書《志》、《表》多臚列今、古之説，今當悉取而分隸之。如《百官表》言《周禮》建官，又云或曰司徒、司馬、司空爲三公。《地理志》言職方之説，下又云「周爵五等，而土三等」云云。此皆今、古説之有明文可考者。

子夫云：近來小學最盛，段、嚴、桂、朱專門名家，皓首成書，或校正異同，或摭拾訓故。要其用意，在明文義，字詁既通，方可治經。末流之弊，小學未通，年已衰晚，叩其經義，茫乎未聞。金石專門，復爲接踵，銅器古泉，搜采具備，既費貲財，且傷精力。本志所存，偏旁孳乳，藉證六書，贋鼎虹梁，每多僞贋，淺見倦士，侈爲古本，得其一字，兼攻洨長。假金石以證《説文》，借字畫以證經義，畢生株守，不知變遷。譬如農織，原爲飢寒；議耒耜，計隴畝，終未得一餐之飽、一縷之被。保氏教國子，八歲之事，十五以後即入大學。今乃以童稚所業，而爲老師宿儒呫嗶而夸張之。況古今所傳，多便俗學，精善之籍，盡皆秘隱。《説文》在漢已爲俗陋，託命於斯，無亦自薄！至如音均之書，鈔輯之録，尤爲拾墜於敗簏，築室於道旁，隴西之游，越人之射耳。大海蕩蕩，宜江河以道之，微者亦溝渠以澮之，胡爲盂匙以測量、涓滴以蓄儲哉！按此爲株守小學者發，切中時弊，故取之。癸丑在晉陽，欲作《語上篇》以矯其弊，匆匆無暇。此編所言，頗多曩旨。

西漢博士説以校東漢，固爲精審，然其失本意者亦多。董子號爲大師，然謬者亦十居二三。蓋專門之言，時有過當；且經義玄遠，淺求之不可，過於求深亦不可也。姑即一事以發其例。《白虎通》言京師，謂三代異名，周王城名京師，此當時博士之言，從來無異議，而實乖經義。周原不以王居爲京師，稱京師者，《春秋》之意耳。京師猶《詩》之六師。天子出，六師從；不敢斥言天子，舉王師以爲天子所在之稱，其例正與王所同。又周東西通畿，《春秋》存西京，不使秦主之，故王居稱京師。襄王居於河陽，則以河陽爲京師。河陽稱京師，知京師非王城定名。《公》、《穀》皆云：「京，大也。師，衆也。」天子所居，故以衆大言之。《傳》例：諸侯言師，天子言京師，與諸侯言上，天子言大上相同。《傳》不以京師爲王城，故以衆、大解之。此微言大義之僅存者，乃爲博士説所蒙蝕。夫《傳》有明文之説猶如此，其他可知。今雖篤守博士説，至於失解亂真者，亦不曲從之。

《緯》云：「亂我書者董仲舒。」「亂」字當讀如「予有亂臣」之「亂」。至於「傳我書者公羊高」，則爲東漢人增損圖籍之言，當是戴宏①以後人所羼，捏造「公羊」五名，編以世系、傳受淵源，改古書以合於私學。「穀梁」亦以四名見，使以祖、父、孫、子編排，亦如「公羊」之五世矣。有志復古者，當力辨之。

坊間有《公穀合讀》一書，俗本不足譏。然二《傳》相通，藉此可見。《穀梁》文簡例多，《公羊》文繁例少，彼此互見，可相補證，當以省文互見例讀之。蓋二書皆答問而作，同引《大傳》

① 戴宏：疑當作「衛宏」。

以告弟子。後來寫本互有詳畧，本傳未詳，正可借證別傳。又多文異義同，《公》、《穀》之分，在晚師引用寫定，非原本有異。如《公羊》「六羽」，《傳》「天子三公」云云；「城楚丘」，《傳》「春秋上無天子」云云，此《大傳》文也。今《穀梁》闕於引載，而子政說乃有其文，是劉本同有此傳，此當取《公羊》以補之。《穀梁》「葬桓王」，《傳》云「獨陰不生」云云；「夫人孫於齊」，《傳》「人之於天也，以道受命」云云，此《大傳》文也。《公羊》失於採用，而董子說乃有其文，此當用《穀梁》以補《公羊》之缺也。又如詞繁不殺，即詳録伯姬之意。定元年同引沈子說，而文有小異。二《傳》經說正可互相引證，以見全體。然非精熟文義者，不可以持此論，苟不精而好言合併，則治絲而棼之矣。

《穀梁》言正言禮，《公羊》言禮而不言正。《穀梁》傳「丹楹」、「刻桷」，一「非禮」、一「非正」，初不知正與禮之分。嘗欲通考《傳》例一過，一日偶悟正即中也。天下無一定之中，《春秋》無達例，即示人以緣事求中之意。中非中間之中，中謂射中也；正乃正鵠，亦射中也。程朱言中，謂凡物之中，虛渺無據。今以事如射侯，處事如射者之求中。侯有尊卑大小，又東西遠近轉徙無方，射者必先熟審，然後射之，乃得中的。孔子所謂中，即此意也。皆就實事取象，侯爲標識，取其意明，不如舊說一國之中、一邑之中，必須測量推考，冥索於影響疑似之間，然後能定。求之甚難，操之少據，設此蕩恍之局，以誤學人也。《禮》爲舊典，有一定之形，正如射中，有隨機之巧。本一侯也，因其東西南北、高下倚側而後定我用矢之道。射由侯生，不能自定，故有合禮而正者，有合禮而非正者，有違禮而不正者，有違禮而得正者，故善惡表中正貴於禮。《穀梁》不言權，正即權也。正無定，權亦無定。一借射爲喻，一借衡爲喻。得此一解，乃知《春秋》言權、言中之義，皆在「正」字也。願與深於義理者共明之。

或疑《春秋》爲後王法，秦漢實不用之。世無無弊之法，何能以一定之制執定通行？三統之説，豈能使秦如夏、漢如殷，晉復爲周耶？案：此疑頗深，然非孔子意。孔子作六經，專言大綱大紀，以爲萬世法，當時即已尊榮，歷久其道愈顯，不如舊説《春秋》專以救弊，不過如書策罪言，補偏救弊，以挽文勝之弊，徒爲一時之書而已。至於後世改制，則別立三統之法於六藝中，一事一物，别爲三等名目以通其變，如社樹、明堂、學校是也。六經定制，斟酌盡善，百世不改，其小有損益變化，乃其中潤色之事。即以封建、選舉、職官論之，由漢至今，可云變極矣！而今乃多與經制相合，雖有小變，不害大同。《論語》云：「其或繼周者，雖百世可知也。」「繼周」即謂繼《春秋》，「百世可知」謂大綱三千年不能出其範圍。《尚書》推本帝王制度如一，後之堯舜三代亦如古之二帝三王，今之視後，亦如古之視今。至於救弊補偏，大略盡於三統之説，通變不倦，固非如先儒所言，欲百世以下株守之也。然則人之學《春秋》，求今之制度以合《王制》，事變日新，終歸圍範，不徒以爲古制，反謂於今有宜有不宜，或損或益，尚須斟酌。五帝不同樂，三王不同禮，謂使孔子再生，亦不主《春秋》之制，如舊説所云也。《春秋》之學，全在磨鍊智慮，以就今之繩墨。改制之意，則當合二十四史中沿革求之，看其因心之妙，移步換形，不可方物。若以孔子修《春秋》宜古不宜今，今亦不師古，則大非三統循環相救之意矣。六經爲萬世而作，不專主救文，學者但當循此規矩，試觀歷代典制，及近今禮例，何一非《王制》之細註、《春秋》之詳説哉！禮家述古易，知今難，學者判爲二派。述古者鄙言晚近，治今者昧厥本源，皆非也。《儀禮》、《官禮》之於《王制》，不過如今之《通禮》、《會典》、《搢紳》諸書耳，但論大綱，三年可了。然常多變少，文略事簡，若見之施行，殊多缺略，後來因事草創儀注，是爲潤色，故《禮經》十七篇已足。蓋禮家所重，全在《禮》意，踵事增華，一成不變。殷周既有損益，若欲於數千年後株守《禮》文，非斥近事，是字必用古篆，書必用竹帛，豈非笑柄耶？古無棹几，今用綿絨，衣冠既異於《玉藻》，禮節更詳於淹中。大禹入裸國，先自去衣；泰伯逃句吴，首自被髮。以古法讀今書，正如用碑版於卷摺。聞康長素有《孔子會典》之作，以經包史，於近事尤詳，不泥不違，卓然大備，其有益經濟，尤勝於三《通》也。

漢人引經折獄，除《史》、《漢》外，董子有《公羊決事》。今雖亡，頗欲輯之，群經各分門目，采傳、記、子、史之文補之。以傳文言之，則《春秋》事實，案由也；師説，律例也。以《決事》言之，則時事，案由也；傳文，律例也。通經致用，此亦一端也。《春秋》文成數萬，其旨數千。循環見義，變化無方。漢儒引以決事，今可考者不過數十條，多雷同互見。此非經例不熟，則以必取有名之條以爲據，然後人信之，如人臣無將之類是也。

斲輪以古人書爲糟粕，此經學家當頭棒喝。天下六藝、九流、雜技、藝術，其可以言傳者，皆糟粕也。凡徵實之名物、象數，形而下者，猶可即糟粕求之。糟粕不離乎稻粱，形質不能過遠。至於形上之精華，則脱胎换骨，存液去膚，不能即形迹以求之。稻粱猶近於糟粕，糟粕遂大異乎酒。以《春秋》論之，則事實糟粕，筆削精華；以經傳論之，則傳本糟粕，師説精華；以經術言之，則文旨糟粕，運用精華。我之運用之妙，不能告人，所筆於書者皆形迹；知先師運用之妙不能告人，而著於傳者皆形迹；更以知孔子運用之妙不能告人，而著於經者皆形迹。今墨守《春秋》之文，豈遂足知孔子？株守六藝之文，又豈足以盡孔子？凡著書，其先精神才力必有十百倍於此，存之心者多，著於編者少。今於《春秋》堂奥猶不能窺，又安能不如隙中觀鬭？更何望其有見於《春秋》之外哉！孔子當日作《春秋》，已使續《春秋》可也，原《春秋》可也，拾遺《春秋》可也，以其意託之空言亦可也，寓之於别經亦可也，删改此《春秋》亦可也，且廢此而别作一《春秋》亦可也。以運用之妙，存乎一心，從心不踰，變化之妙，不可方物也。正如善書者，或大或小，或長或短，或肥或瘦，或剛或柔，或真或草，莫不入妙。父不能傳之於子，子不能學之於父，天下後世師之而不得其彷佛，以其糟粕在此，而精華不傳也。近人得一舊帖，臨摹既久，遂以此帖爲規矩方圓之至，肥瘦、剛柔，毫釐無不入妙。古人當日亦必定出於此，而不能少異。實則使古人當時盡反其所摹之帖，而别書之，今之學者亦必以爲盡善而不能稍異。如篤信其臨本之説，不能想見其運用，而拘拘於糟粕，此學人之通弊也。况其所學之本，不知幾經翻摹鈎臨，其長短、肥瘦、剛柔之間，已全失古人之意。或且與其真迹相反，而若人方自以爲如親見古人執筆書此，詳道其經營結構之甘苦而剌剌不休，若以爲此本乃書家自然入化之妙，古人適偶得之，不得絲毫增損於其間。治經者其弊多同於此，以其心眼力量卑陋狹隘，至此而止，不能別有所見。然治經能如此，學字者久不壹得，而此學字者亦非積月累年忘餐廢寢不能到此境。經學既乏專力之人，其傳變改異，年久勢異，且千百倍於字帖之壞。孔子筆削真迹，蓋依稀彷彿，毫無存者。既不能少窺其彷彿，又安可遂舍糟粕哉！後人誤會《莊子》之言，乃欲盡去糟粕，而別探精華，流爲心學一派，名爲學古，實則師心自用。今欲求一鑽研糟粕者而不可得，且欲探精華，非羈困糟粕中久而解脱者不能。予之爲此論者，欲爲十年後開此心胸，使不致以尋行數墨終其事，不敢使不求糟粕者聞也。

近於《春秋》尋行數墨之功，有十之六七，至於神悟超然文字之外，其在十年後乎！老子幼壯學《禮》，藤牽葛覃，網羅一身，晚乃奮然舍去。嗚呼！其用功自得之況，不知其在晚年歟？在少壯歟？

《春秋》之善惡，表功罪也；褒貶，表升降也。其中亦須有一部律例，當立吏、刑二衙門專辦此事。凡有功則交吏部，有罪則交刑部，因其功罪之大小，定其刑賞之重輕。袁佑安同年嘗推考捐例，謂其淺深貴賤有一定之則，無論從何項捐起，加捐至某官，貴賤莫不相符。方長孺言薛侍郎精於刑律，見罪名有七八百條輾轉不合者。《春秋》之功罪刑賞，必須如捐例之精，不致如刑律有不合之條，方爲精實。此説先師已有之，如《五經異義》引僖公逆祀，《公羊》

以爲大惡，《左氏》以爲小惡，則議處之事，二司員議論不合，固已久矣。

《春秋》所包者廣，以今六部况之，無不爲其所包：吏部掌其爵禄，禮部掌其禮文，户部掌其分土居民、國入歲計，兵部掌其征討，刑部掌其刑罰，工部掌其工程。實則今學立三公，以九卿兼其事：大司徒禮官兼吏部，大司馬兵官兼刑部，大司空户官兼工部。特《春秋》文案律例不全，唯《王制》與《傳》文而已。其中瑣細枝節不詳，録者不勝録，亦以古今不同，僅發其凡，而一切小事，但就當代時制考之，不必冥索於古。凡欲得《春秋》細微，非熟讀律例掌故不行。在郫與黄緯如兄刑席孫壽成之妻弟也。言刑名事，頗有啟發，知切實處故在有實用也。

荀子云「法後王」，此治經之要法也。以《春秋》言之，則二百四十年事實，即當今二百卌年之影子也；筆削褒貶，即當今補偏救弊之影子也。要將先王先師影子引之於今，是二是一，然後爲法後王，然後爲好經學。竊欲將天下化成一大洋紙，將《春秋》經意化成一圖，以留影照像之法託照此圖於紙上，今、古分明，毫釐俱在，其依稀之間，啟人神悟不少。

小徐《説文·部序》即仿《序卦》爲之，或頗譏其無理，不知此古例也。古書皆有序以説部次，不必有實理。即《逸周書》亦有序。按此説甚佳，禮官序總目見於《曲禮》，《荀子》有《序官篇》。除《易》、除《書》、《禮》次序尚易循求，惟《詩》次序無古説，最繁雜。以《國風》言，十五國次無説，一國中各詩先後無説。近人選詩，如王漁洋，其去取前後之旨，學者猶能道之；孔子之《詩》，頗似《千家詩》，全無論次，爲坊間最劣之本。說《書》、《禮》要知十七篇、二十八篇爲全①，然後其序可得而知。論《詩》則必先將《風》、《雅》、《頌》與十五國大綱分别已定，然後其中次序可以徐徐清理。必定此説，然後《詩》可治。

《公羊》爲齊學，孔爲素王，故宋從殷，是其所主。《檀弓》篇中多殷禮，如喪禮，謂「與其禮不足而哀有餘」之類，盡屬從質意。又言《春秋》事十餘條，如「仲遂卒於垂」、「新宫災」、「齊告王姬之喪」、「戰於郎」之類，類次《春秋》禮制、實事之遺説，别篇初無此體。又「邾婁」惟《公羊》乃有是稱，《檀弓》稱「邾婁」者三，是其書確爲齊學所記無疑，其説皆足與《公羊》相發明。初以此篇爲《左傳》説，《左傳》不稱「邾婁」，又多以孔子新制歸之成、康，以爲《公羊》近是。太史公云「游、夏不能贊一詞」；今《檀弓》記子游、子夏之事甚多，可知爲《春秋》先師説。曾子傳《孝經》，篇中言曾子事亦多，恐不無齊學《孝經》之遺説。按，緯云：「志在《春秋》，行在《孝經》。」以《孝經》屬參，以《春秋》屬商，二書並提。緯爲齊學，故《檀弓》篇中兼有《春秋》、《孝經》説，亦勢所必然也。〇孝以喪、祭爲重，故篇中多言喪禮。今取其書分注《公羊》，如取《王制》注《春秋》之制，務求推闡比附，毫無遺議。苟《公羊》中不能歸宿者，則以之説《孝經》可也。

《周禮》説始見於《王莽傳》，劉子駿實主其學。方望溪《周禮辨》指《周禮》多劉歆所羼，據《王莽傳》「發

① 案「書」、「禮」二字當倒。

得《周禮》，以明因監」之文，知《周禮》撰補於歆也。《移書》不見《周禮》名目，所引《逸禮》即《周禮》原文，争立不得，後因莽將即真，乃改羼今本以爲新因監。《逸禮》原文實出於秘府，劉氏校書時，與《左傳》同出，蓋今學官職之説。《曲禮》云，天子建天官，先立六大，以下五官、六府、六工説，《逸禮》之總名；《逸禮》乃《曲禮》之實事，亦如《荀子·序官》之類。此爲孔子所定，而弟子潤色之文。惟其書六大、六府、六工皆别自爲書，不統於五官，而五官則五卿之底本也，劉氏因其書世所不傳，故改羼以迎合莽，與今學爲難。《曲禮》六大爲天官，大宰即冢宰，《王制》大史、司會皆屬宰。此如今宗人府、内務府之職，專爲王官，不爲三公所統。劉氏承其文，以冢宰爲天官，所司之職則有改變焉。天子之五官如今之六部，三公所統屬者。司徒、司馬、司空，此三公也；司士、司寇、九卿之二，《王制》所謂三官也。司士文見《周禮》，蓋司馬之屬，掌①選舉者也；司寇亦屬司馬。《王制》以爲三官千乘以配四時者。今劉氏於五官去司士，添入冢宰、宗伯以合六卿之數，以司馬爵禄之事歸之天官，如今吏部以司空土地之事歸之司徒，而以司徒之職歸之宗伯，司馬、司寇仍原文，司空所掌之事既歸之司徒，遂以六工之事歸之，此其所以誤也。其以冢宰、司徒、宗伯、司馬、司寇、司空爲六卿者，則由誤襲《盛德篇》之舊名也。

① 掌：原作「賞」，形近而訛。據文意改。

天子之六府曰司土、司木、司水、司草、司器、司貨，《左傳》以爲水、火、金、木、土、穀①，金仁山有分配之説。舊本六府連文。亦如《考工記》連叙六工三十人皆掌財物，當爲司會屬員，除大府、王府、内府、外府、泉府以府名官之外，如職幣、甸師、司甲、司戈盾、司弓矢、倉人、廩人，凡主財賄、器用、儲藏者，皆當爲六府之職，大約其數與六工人數相去不遠也。劉氏以分隸五官，鄭氏以爲祇六人，皆歸司徒者，誤也。今當詳細考訂，以還六府之舊。

六工之文，今《考工記》是也。劉氏以司空本職屬之司徒，則冬官實無事可掌，故全以考工之事歸之《冬官》，作序以明其事。司空不掌工，古有明説，故後來徐悟其非。馬、鄭乃有《冬官》不全之説，實出於東漢末季，《周禮》初傳無此説也。後人不知其故，以《周禮》缺《冬官》，以《考工記》補之。按，除《周禮》外，無此文體，何緣缺一官即有《考工記》相補？又或以爲文帝命博士作《記》補之，尤不通。博士既補《考工》，何不取古書《冬官》佚文補之，乃但説工事？且《記》亦非博士能作。此《記》與五官文同出一原，因無冬官職權以相當，而文與五官小差者，則當其時未能改修一律之故。宋人欲據《王制》及今學家司空説，取五官中上地之官群歸於司空，劉氏以司空之文散之於司徒。今輯諸篇司空之文歸之於《冬官》，返本還原，其説原不爲誤，特宋人尚多不合，必再加考訂耳。

《王制》官職以九命爲實職，以九錫爲加銜差使，大國九命，則凡百里之侯皆九命矣。其中所

---

① 穀：原作「教」，據《左傳·文公七年》改。

有長、帥、正、牧、伯，差使職事各有等級，共爲五長，皆從加賜而定。錫命相連，合爲十八綬，如今九品官分正、從。今正、從一品爲九、八錫；正、從二品爲七、六錫；正、從三品爲五、四錫；正、從四品爲三、再錫；正五品爲一錫；從五品爲九命；正、從六品爲八、七命；正、從七品爲六、五命；正、從八品爲四、三命；正、從九品爲再、一命。兼舉則錫、命一也，孤文則錫大命小，《王制圖表》中有此表。

《繁露・爵國篇》：天子立一后、一世夫人、中左右夫人、四姬、三良人，共十二人。大國一夫人、一世婦、左右婦、三姬、二良人。次國一夫人、世婦、左右婦、三良人、二孺子。皆九女。小國夫人、世婦，小國之夫人即世婦，小國之君如天子大夫。左右婦、二良人、一孺子。「二」舊作「三」，「一」舊作「二」，小國當止六女。附庸立一宗婦、二妾。三人。「妾」當爲「妻」。又：王后置一太傅、太母、三伯、三丞、世夫人、四姬、三良人，各有師傅。王后御衛者，上下御各五人；世夫人、中左右夫人、四姬上下御各五人；三良人各五人；世子妃姬如公侯之制。王后傅、上下史五人，三伯上下史各五人，少伯史各五人。大國夫人一傅母、三伯、三丞；世婦、左右婦、三姬、二良人，各有師保。夫人衛御者，上下御各五人；世婦、左右婦上下御①各五人。次國夫人一傅母、三伯、三丞；世婦、左右婦、三良人、二孺子各有師保。夫人衛御者，上下御各五人；世

① 御：原作「衛」，據《春秋繁露・爵國篇》改。

婦、左右婦、上下御各五人，二孺子御各五人。小國夫人一傅母、三伯、三丞；世婦、左右婦、三良人、二孺子又各有師保。夫人衛御者，上下御各五人；世婦、左右婦上下御各五人；二孺子各五人。附庸宗婦有師保，御者三人；妾各二人。

戊子年，李進士命三以《昏義》百二十女爲三公、九卿、二十七大夫、八十一元士之妻，證之禮書皆合，可無疑義，惟説《考工記》九卿、九嬪可疑。九卿九室，則百二十官當百二十室，一人一朝房，未免瑣碎。《周語》云：「内官不過九御，外官不過九品。」竊以《考工》之九卿、九嬪，即《周語》之九品、九嬪，非目九卿之夫婦。蓋朝房之制以品級分，王公尚侍以次疊降，非一人一室。又督撫官、廳、司、道一等，府、廳一等，州、縣一等，佐、雜一等，更不能一人一室。然則九卿謂九等之王臣，九嬪乃令婦之九等矣。

《春秋説》：天子娶十二女。考《公羊傳》、《白虎通義》，原防再娶，并非同時娶十二女。蓋以國家之亂，多由再娶，故聖人定爲不再娶之禮，以銷弭其禍亂。以人之好色，五十不衰，故當時多以襁褓者隸名，所謂待年於國。以二十嫁娶計之，天子五十之年，其媵女已經年三四十，則媵女之必取年輕者可知。如今填房、續婚之事，有正嫡嫁時媵女尚未生者，不過女家有此名目，將來如嫡薨或老病，則女國乃重送媵女，如《左傳》所稱繼室。如無事故，則壻家不請，女家亦不必再媵，以致徒恣煩擾。經意專在不許再娶二嫡，實非當時已有十二女同行也。一男三女已足相匹，必執定十二人，毋乃乖色荒之戒。又考十二女名目，《繁露》詳之，又各有保姆、師傅、史役人數，如民間之僕婦、使女，其人多選寡居有賢行及良家女子爲之。亦有品俸，是爲内官。雖掌燕寢之事，天子禮不得下淫，不如後世宮女，隨主者所喜，皆得召而御之。其官既有升降，其人亦隨時放遣，不如後世入宮則不得再出也。考《宋書·后妃列傳》：後宮通尹爲一品，列叙爲二品，司儀、司政、女林爲三品，都掌、治職等爲四品，通闈、參事等爲五品，中臺、侍御、執衛爲六品，合堂帥等爲七品。《文獻通考》：莊宗時後宮之數尤多，名號不可勝紀。明帝以後又有司寶、司贊、司膳、司飾、司醞、司衣等名，皆封夫人或郡夫人，小者縣君，亦宮官，八品、九品之文不見。其名目、職掌與《繁露》相合。漢晉以下以妃嬪分配品級、俸禄者不在此例。即《周禮》之九御，《考工》之九嬪。《周禮》有内、外命婦之文，歷代史志多有之。九御即内命婦，百二十官之妻即外命婦。内、外命婦皆官，非天子之妾媵，考之宋制猶如此，則經禮更可知矣。

《曲禮》：「天子有后、有夫人、公。有世婦、大夫。有嬪、以《昏義》推之，二字當在世婦之上，九嬪、九卿妻。有妻、士。有妾。」庶人在官者。此有嬪專指王臣言。又云：「公、侯有夫人、有世婦、大夫。二伯如天子之公，則下有卿嬪一等，此無嬪而言世婦，則公、侯指方伯言。有妻、士。有妾。」庶人。又云：「天子之妃曰后，諸侯曰夫人，大夫曰孺人，亦曰宗婦，不言卿曰嬪，略之。士曰婦人，亦曰御妻。庶人曰妻。」亦曰妾。《昏義》以夫人配公，嬪配卿，世婦配大夫，御妻配士，名目不同，蓋由内外異稱。今據《昏義》推之，考《繁露》，天子之妃無嬪、世婦、妻、妾名目，后以外，四夫人、四姬、三良人。諸侯亦無妻、妾名目。夫人外，三世婦、三姬、二良人。又附庸立一宗婦、二妾。是天子、諸侯、大夫嫡媵名目，上皆祇包下一等而言。如天子曰后，下一等名同諸侯之夫人；諸侯曰夫人，下一等名同大夫之世婦；附庸曰宗婦，下一等名同士之妻。除一等以下，名皆改變。又后、夫人、姬、良人與夫人、世婦、姬、良人合之，正嫡衹四等名目。《曲禮》天子乃有六等，知天子有夫人以下，指助祭公、卿、大夫、士、庶之妻言之；諸侯世婦下之妻、妾，亦指助祭之大夫、士、庶言之，不謂後宫有此名目。縱謂《曲禮》、《昏義》、《爵國》名異實同，然亦决非以三輔一，兩兩相對之二十七世婦、八十一御妻，不得借此以爲莽、歆百二十女之證也。

百二十女者，百二十官之妻也。鄭君承莽、歆之誤，以爲天子妾、媵。曾於《周禮删劉》中詳論其事。西昌吴清渠光源擬《代百二十女訟鄭君表》，亦袁子才「麒麟鳴冤」之意也。《表》云：「三公臣妻三人，九卿臣妻九人，大夫臣妻二十七人，元士臣妻八十一人，由内小臣轉上内宰引奏：臣妾聞：乾坤定位，則尊卑之象已呈；日月相從，則輔佐之義斯起。故《易》嚴天澤，《禮》别嫌疑，《書》戒朋淫，《詩》美有齊，《春秋》譏宗婦覿幣，蓋所以别上下、異内外、順陰陽、成教化也。《昏義》云，天子后立六宫、三夫人、九嬪、二十七世婦、八十一御妻妾等百二十人，本三公以下百二十官之妻也，膺從爵之榮，荷錫命之寵，有助祭之勤，佐躬桑之瘁。《祭義》曰：『卿大夫相君，命婦相夫人。』諸侯如是，則天子可知。是以揄闕、鞠展，與鷩毳同輝；《鵲巢》、《采蘩》，繼《雎》、《葛》而詠。臣妾等雖别尊卑，實皆正嫡，自有家政，體法坤闈。《周禮》明文曰「外命婦」，西漢已前典禮明著。乃鄭君注經，不從師説，肆爲矯誣，以百二十女統爲王后妾媵，攘竊臣妻，屬之天子。竊考天子十二女：王后一、世夫人一、中左右夫人三、四姬、三良人。禮加九女，媵從三國，名號甚章，人數蓋寡。王莽居攝以前，納女漢平，猶云十一媵家，足見本無百二十女之説。劉歆顛倒經制，迎合王莽，依託《禮》文，創爲邪説。莽當末路，曾見施行，是乃新朝之荒淫，并非先王之舊制。鄭君自號通儒，即當糾正，豈可承譌踵謬，攘臂助奸？不謂祖述僞制，歸獄周王，儕命妻於嬖私，亂君臣於鳥獸；乃又臆造進御之法，一月再周，十五而徧，强爲分夜，據何經典？矧萬幾餘閒，宜益珍養，問夜何其，敢耽淫樂！此固下愚所不道，鄙巷所羞稱者也。上則污滓聖經，下則流毒宫闈。乃儒生堅謂爲師承，後王竊喜其便己，千年沈冤，無從昭雪，切膚之痛，難緩籲呼。且娣姪之禮，專防再娶，長者已衰，少者乃進。《春秋傳》曰：『叔姬歸於紀。』明待年也。是法月之數，先具虚名；繼室之來，尚須更請；何有同時，數逾十倍？又考僞説之與本原，《昏義》全以陰政歸之王宫，不知王、后既爲夫婦，臣下自係匹耦，事定一尊，禮嫌並嫡，婢妾嬖賤，於禮無專。由此推之，則十一女尚須禀命，况合百二十人而聽之！不惟名目巧合，事無可疑；祭饗時主者既爲夫婦，乃以宫妾耦配外官，此例以觀，成何政體？往者新制備和嬪美御百二十人，皆佩印韍，執弓韣，篡亂之徒，洵不足論。後世大選良家，掖庭盈牣，多則萬計，少亦數千，禁錮如長夜，怨思變災祲，點汙臣妾，恨已難言，流毒後宫，害更何極！差臯浮於民田，論禍烈於國息，豈止大裘郊夏、麟皮冒鼓之瑣瑣者歟！臣等辱侍禕衣之儀，本主外臣之家，乃以被服之僮僮，下等抱衾之肅肅。雖事君致身，忠臣之義，而臣妻群御，從古未聞。武斷同於指鹿，誨淫幾於聚麀，離經畔道，亂倫敗化，未有如此之甚者也！昔蒙莊非聖，見擯異端；揚雄擬經，甚名太學。而鄭皐甚於擬經，直爲非聖，猶竊食兩廡，垂聲千載，漏彼卯誅，大乖孔法。恭維陛下握陰陽之符，立教化之本，別内外之嫌，嚴上下之分。日月昭灼，雷霆震聾，造言者有誅，亂經者奪祀。更請下鄭諸書，俾博士詳議。其乖聖經、違典禮者，悉令删除。」

春秋見經之國百餘，舊説茫無統緒，予乃分州以卒正之目歸之。據《王制》州七卒正，《春秋》魯衹見六國，疑不能定者五六年矣。甲午二月，以《易》一卦變七卦，與《春秋》合，始定州一方伯、七卒正。内江陳奎光其昌爲之説，文曰：「六經皆聖人手訂，雖微言奥義，各有宗旨；大制鴻綱，往往一貫。蓋聖人因天地之自然而定其法度，百變而不離其宗。《易》雖得於殷人，然《乾》、《坤》由翻改而始定，故規模制度，隱與《春秋》相通。《春秋》統以天子，分以二伯，參以方伯，佐以卒正，而鴻規舉；《易》始太極，分爲陰陽，立爲八卦，錯爲六十四卦，而鉅制垂。名目雖别，理數則同，天子即太極，二伯比陰陽，方伯視正卦，卒正如五十六錯卦，兩兩相當，不爽毫髮。蓋《春秋》與《易》雖有天道、人事之不同，淵源一貫，非偶然相合也。經師各拘家法，往往守本師之言，不觀會通。故《易》就畫明理，以爲通《春秋》則駭矣；《春秋》因事舉例，以爲通《易》則驚矣。别户分門，不能渾一。今考《春秋》之疆境，以九州爲度，四裔必加戎狄之名，錯處内地之夷狄，則言地以繫之，立州、國、氏、人四例，荆、梁、徐三國稱州，英、甲、潞三國稱氏，吴、越、留吁、廧咎如稱國，皆收入版圖，以備卒正之任。其淮夷、山戎、姜戎、北戎、伊洛戎、陸渾戎，不離戎狄者，受其朝貢，不責以伯帥之職。經見國百十餘，《傳》見國二百餘，惟青州見一州牧、七卒正、二十一連帥、一嘗見之附庸，餘州從略者，蓋備書則書不勝書，故舉内以概其餘也。冀、兖國少，以甲、潞等備卒正之選，不多見國，恐不識諸國以爲夷擯之也。雍不見國者，王臣舊采也。今本《説卦》震、巽、離、坤、兑、乾、坎、艮之序，分震、離、兑、坎爲四正，而以青、荆、梁、冀配之；他巽、坤、乾、艮爲四隅，而以徐、揚、豫、冀、兖配之。雍爲留都，今以豫代雍，相配爲圖，而聖人作經之旨，瞭如指掌矣。」

言漢學、尊許鄭者固囿於劉歆邪説，然考史傳，雖兩漢經士皆有流弊，謹立二十四目，引史傳以證，然後知學當嶄於是，不必①但尊漢師已也。

增益師説

山陽張無故子儒，信都秦恭延君。無故善修章句，爲廣陵太傅，守小夏侯説。文恭增師法，至百萬言，爲城陽内史。《張山附傳》

《夏侯勝傳》：勝從父子建，字長卿，自師事勝及歐陽高，左右采獲，又從五經諸儒問

① 不必：「必」字原爲墨丁，據文意補。

與《尚書》相出入者，牽引以次章句，具文飾説。勝非之曰：「建所謂章句小儒，破碎大道。」建亦非勝爲學疏略，難以應敵。建卒自顓門名經。

東京學者亦各名家，而守文之徒，滯固所稟，異端紛紜，互相詭激，遂令經有數家，家有數説，章句多者或乃百餘萬言，學徒勞而少功，後生迷而莫正。

亂經私作

世所傳《百兩篇》者，出東萊張霸。分析合二十九篇以爲數十，又采《左氏傳》、《書叙》爲作首尾，凡百二篇，篇或數簡，文意淺陋。成帝時求其古文者，霸以能爲《百兩》徵，以中書校之，非是。《孔安國傳》①下

《儒林傳》：韓嬰推詩人之意，而作内、外《傳》數萬言，其語頗與齊魯間殊，然歸一也。

立學勢力

霸以能爲《百兩》徵，以中書校之，非是。霸辭受父，父有弟子尉氏樊並，時太中大夫

---

① 孔安國傳：「傳」字原無，意思不明，據文意補。

平當、侍御史周敞勸上存之，後樊並謀反，迺黜其書。《孔安國傳》①附

上使江公與仲舒議，不如仲舒。而丞相公孫弘本爲《公羊》學，比輯其議，卒用董生。於是上因尊《公羊》家，詔太子授《公羊春秋》，於是《公羊》大興。

不通政事，迂疏寡效

博士選有三科，高弟爲尚書，次爲刺史，其不通②政事，以久③次補諸侯太傅。《漢書·孔光傳》

昭帝時，選博士通政事補郡國守相。《蕭望之傳》

陽朔二年詔④曰：儒林之官，四海淵源，宜皆明於古今，通達國體，故謂之博士。否則學者無述焉，爲下所輕，非所以尊道德也。《成帝紀》

---

① 孔安國傳：「傳」字原無，意思不明，據文意補。

② 不通：原作「不道」，據《漢書·孔光傳》改。

③ 久：原脱，據《漢書·孔光傳》補。

④ 詔：原作「傳」，據《漢書·成帝紀》改。

粗習師説，以意推衍

山陽張長安幼君先事式，後東平①唐長賓、沛褚少孫亦來事式，問經數篇。式謝曰：「聞之於師具是矣，自潤色之。」不肯復授②。

苟求利禄，射策取科

《東觀漢記》：徐防上疏曰：「試《論語》本文章句，但通度，勿以射策，冀令學者務本，有所一心，專精師門，思核經意，事得其實，道得其真。」

各異其師，黨同伐異

揚雄曰：「譊譊之學，各習其師。」

劉歆説：「猶欲保殘守闕，挾恐見破之私意，而無從善服義之公心；或懷妒疾，不考情實，雷同相從，隨聲是非。」又：「今則不然，深閉固距而不肯試，猥以不誦絶之，欲以杜

---

① 東平：「平」原作「半」，據《漢書・成帝紀》改。

② 授：原作「報」，據《漢書・儒林傳》改。

塞餘道，絶滅微學。」

班《志》曰：安其所習，毁①所不見。

《陳元傳》：今學者沉溺所習，翫守舊文，固執虚言傳受之道②，以非親③見實是之道。

末流遷變，齊不如魯

《儒林傳》：宣帝即位，聞衛太子好《穀梁春秋》，以問丞相韋賢、長信少府夏侯勝及侍中樂陵侯史高，皆魯人也，言《穀梁》本魯學，《公羊》氏乃齊學也，宜興④《穀梁》。

《藝文志》：漢興，魯申公爲《詩》訓故，而齊轅固、燕韓生皆爲之傳，或取《春秋》，采雜説，咸非其本義。與不得已，魯爲近之。

---

① 毁：原作「繇」，據《漢書·藝文志》改。
② 道：原作「言」，據《後漢書·陳元傳》改。
③ 親：原作「概」，據《後漢書·陳元傳》改。
④ 興：原作「與」，據《漢書·儒林傳》改。

别參異説，詐託傳受

京房授《易》梁人焦延壽，延壽云嘗從孟喜問《易》。會喜死，房以爲延壽《易》即孟氏學，翟牧、白生不肯，皆曰非也。至成帝時，劉向校書，考《易》説，以爲諸《易》家説皆祖田何、楊叔元①、丁將軍，大誼略同；唯京氏爲異，黨焦延壽獨得隱士之説，託之孟氏，不相與同。

高相治《易》，專説陰陽災異，自言出於丁將軍。

《藝文志》：又有毛公之學，自謂子夏所傳，而河間獻王好之。

自矜巧慧，變亂師法

孟喜好自稱譽，得《易》家候陰陽災變書，詐言師田生，且死時枕喜膝，獨傳喜，諸儒以此耀之。同門梁丘賀疏通證明之，曰：「田生絶於施讎手中，時喜歸東海，安得此事？」後博士缺，衆人薦喜。上聞喜改師法，遂不用喜。

蜀人趙賓好小數書，後爲《易》，飾《易》文，以爲「箕子明夷，陰陽氣亡箕子；箕子者，

---

① 楊叔元：原作「楊叔」，據《漢書·儒林傳》補。

萬物方荄茲也」。賓持論巧慧，《易》家不能難，皆曰「非古法也」。云受孟喜，孟喜爲名之。後賓死，莫能持其說。喜因不肯仞，以此不見信。

徐防《疏》曰：「伏見太學試弟子，皆以意説，不修家法，私相容隱，開生姦路。每有策試，輒興諍訟，論議紛錯，互相是非。孔子稱『述而不作』，又曰『吾猶及史之闕①文』，疾史有所不知而不闕也。今不依章句，妄生穿鑿，以遵師爲非義，意説爲得理，輕侮道術，寖以成俗。」

互持意見，同源異流

眭孟弟子百餘人，唯彭祖、安樂爲明，質問疑義，各持所見。孟曰：「《春秋》之意，在二子矣！」孟死，彭祖、安樂各專門教授。由是《公羊春秋》有嚴、顔之學。《前漢書・儒林傳》

章帝詔：「漢承暴秦，褒顯儒術，建立五經，爲置博士。其後學者雖曰承師，亦别名家。孝宣皇帝以爲去聖久遠，學不厭博，故遂立大、小夏侯《尚書》，後又立京氏《易》。建武中，復置嚴氏、顔氏《春秋》，大、小《戴禮》博士。此皆所以扶進微學②，尊廣道藝也。」建

① 闕：原作「關」，據《後漢書・徐防傳》改。
② 扶進微學：原作「抉進徵學」，據《後漢書・章帝紀》改。

初四年。

分習篇章，不能獨盡

《劉歆傳》：當此之時，一人不能獨盡其經，或爲《雅》，或爲《頌》，相合而成。《泰誓》後得，博士集而讀之，故詔書稱：「禮壞樂崩，書缺簡脱，朕甚閔焉。」

喜談災異，蒙蝕經誼

高相《易》無章句，專説災異。

《夏侯勝傳》：勝少孤，好學，從始昌①受《尚書》及《洪範五行傳》，説災異。

《京房傳》：焦延壽其説長於災變，分六十四卦更直②日用事，以風雨寒温爲候，各有占驗。

《李尋傳》：尋治《尚書》，與張儒、鄭寬中同師。寬中等守師法教授，尋獨好《洪範》災異，又學天文、月令、陰陽。事丞相翟方進，亦善爲星曆。

① 始昌：「始」原作「姪」，據《漢書·眭兩夏侯京翼李傳》改。

② 直：原作「住」，據《漢書·眭兩夏侯京翼李傳》改。

《眭兩夏侯京翼李傳》①贊：察其所言，彷佛一端，假經設誼，依託②象類，或不免乎億則屢中。

附會異端，乖離本意

漢興，魯申公爲《詩》訓故，而齊轅固、燕韓生皆爲之傳，或取《春秋》，采雜說，咸非其本義。與不得已，魯最爲近之。

《夏侯勝傳》：勝少孤好學，從始昌③受《尚書》及《洪範五行傳》。說災異，後事蕳卿④，又從歐陽氏問。爲學精孰，所問非一師也。

《藝文志》：辟者又隨時抑揚，違離道本，苟以譁眾取寵。後進循之，是以五經乖析，經學寖⑤衰。

---

① 眭兩夏侯京翼李傳：「眭」原作「睦」，「李」原作「學」，據《漢書》改。
② 託：原作「説」，據《漢書・眭兩夏侯京翼李傳贊》改。
③ 「始昌」前原衍一「姪」字，據《漢書・眭兩夏侯京翼李傳》删。
④ 蕳卿：原作「簡卿」，據《漢書・眭兩夏侯京翼李傳》改。
⑤ 寖：原作「侵」，據《漢書・藝文志》改。

畏繁苦多，以求便易

孟卿善爲《禮》、《春秋》，授后倉、疏廣。世所傳《后氏禮》、《疏氏春秋》，皆出孟卿。孟卿以《禮經》多，《春秋》煩雜，乃使喜從田王孫受《易》。《前漢·儒林傳》

枝葉繁雜，雕繪競譁

古之學者耕且養，三年而通一藝，存其大體，玩經文而已。是故用日少而畜德多，三十而五經立也。後世經、傳既已乖離，博學者又不思多聞闕疑之義，而務碎義逃難，便辭巧説，破壞形體，説五字之文至於二三萬。後進彌以馳逐，故幼童而守一藝，白首而後能言。

秦近君能説《堯典》，篇目兩字之説至十餘萬言，但説「曰若稽古」三萬言。《劉歆傳》：往者綴學之士，不思廢絶之闕，苟因陋就寡，分文析字，煩言碎辭①，學者罷老且不能究其一藝。

揚雄曰：「今之學者非獨爲之華藻，又從而繡其鞶帨。夫書理無二，義歸有宗，而碩

---

① 煩言碎辭：「言」原作「文」，據《漢書·楚元王傳》改。

學之徒莫之或從，故通人鄙其固焉。」

口辨自雄，不求理勝

董仲舒通五經，能持論，善屬文，江公吶於口，上使與仲舒議，不如仲舒。於是上因尊《公羊》家。

賓持論巧慧，《易》家不能難，皆曰「非古法也」。

依附圖讖，迎合風習

以爲前世陳元、范升之徒更相非折，而多引圖讖，不據理體。《儒林・李育》

朱浮五書云：「語曰：『中國失禮，求之於野。』臣浮幸得與講圖讖，故敢越職。」本傳

蒙混今、古，不守家法

鄭康成師事京兆第五元先①，始通《京氏易》、《公羊春秋》，又從東郡張恭祖受《周禮》、《禮記》、《左氏春秋》、《韓詩》、《古文尚書》。

① 第五元先：「第」原作「弟」，據《後漢書・鄭玄傳》改。

建初八年詔：「五經剖判①，去聖彌遠；章句遺②詞，乖疑③難正，恐先師微言將遂廢絶，非所以重稽古、求道真也。其令群儒選高才生受學《左氏》、《穀梁春秋》、《古文尚書》、《毛詩》，以扶微學，廣異義焉。」

章句漸疏，浮華相尚

自是游學之增盛，至三萬餘生，然章句漸疏，而多以浮華相尚，儒者之風蓋衰矣。《儒林傳》

樊準《疏》：「今學者蓋④少，遠方尤甚，博士倚席不講，儒者競論浮麗，忘謇謇之忠，習諓諓之詞⑤。文吏則去⑥法律而學詆欺，鋭錐刀之鋒，斷刑辟之重。」本傳

①剖判：原作「割判」，據《後漢書・章帝紀》改。
②遺：原作「疑」，據《後漢書・章帝紀》改。
③疑：原作「離」，據《後漢書・章帝紀》改。
④蓋：原作「益」，據《後漢書・樊準傳》改。
⑤謇謇：原作「蹇蹇」；諓諓：原作「淺淺」。據《後漢書・樊準傳》改。
⑥去：原作「學」，據《後漢書・樊準傳》改。

僞撰源流，以冒授受

徐防《疏》：「伏見太學試博士弟子，皆以意説，不修家法，私相容隱，開生姦路。每有策試，輒興①諍訟，論議紛錯，互相是非。孔子稱『述而不作』，又曰『吾猶及史之闕文』，疾史有所②不知而不肯闕也。今不依章句，妄生穿鑿，以遵師爲非義，意説爲得理，輕侮道術，寖以成俗，誠③非詔書實選本意。改薄從忠，三代常道，專精務本，儒學所先④。臣以爲博士及甲乙策試⑤，宜從其家章句⑥，開五十難以試之，解釋⑦多者爲上第，引文明者爲高説。若不依先師，義有相伐，皆正以爲非。五經各取上第六人，《論語》不

① 興：原作「與」，據《後漢書·徐防傳》改。
② 所：原無，據《後漢書·徐防傳》補。
③ 誠：原無，據《後漢書·徐防傳》補。
④ 先：原作「光」，據《後漢書·徐防傳》改。
⑤ 策試：原作「試策試」，據《後漢書·徐防傳》改。
⑥ 章句：原無，據《後漢書·徐防傳》補。
⑦ 釋：原無，據《後漢書·徐防傳》補。

宜射策①。雖所②失或久，差可矯革。」書上，詔下③公卿，皆從防言。

私改經字，以合私文

黨人既誅，其高名善士多坐流廢，後遂至忿争④，更相言告，亦有私行金貨，定蘭臺桼書經字⑤，以合其私文。《儒林傳》

好博兼通，無所裁決

張玄專心經書，方其講問，廼不食終日，及有難者，輒爲張數家之説，令擇所安。諸儒皆伏其多通，著録千餘人。《儒林・張玄》

① 論語不宜射策：「論」原作「洽」，「策」原作「節」，據《後漢書・徐防傳》改。
② 所：原無，據《後漢書・徐防傳》補。
③ 詔下：原無，據《後漢書・徐防傳》補。
④ 忿争：原作「侈至」，據《後漢書・儒林列傳》改。
⑤ 桼書經字：原作「麥書金字」，據《後漢書・儒林列傳》改。

删除章句，以便觀覽

光武召見，問經義，應對甚明。帝善之①，拜郎中，稍遷左中郎將。詔令：「《春秋》章句，去其復重，以授皇太子。」《儒林·鍾興傳》

中元元年詔書，五經章句煩多，議欲減省。至永平元年，長水校尉儵奏②言：「先帝大業，當以時施行，欲③使諸儒共正經義，頗令學者得以自助。」

王晉卿大令，蓮池書院名手也，著作甚富。壬辰晤於凌雲，敦囑《今古學考》啟人簡易之心，則經學不足貴。猶劉介卿所言，經學不可如白香山詩，原貴同異依違，使人鑽仰無盡之意。然推考既久，門面丕煥，雖似簡捷，實更繁難。既立一法，便有得失通蔽，急須考究。從前之難，門外與門內相紛拏；今日之難，一家之中務求和協。統括六藝，折中子史，大綱既分，細事毛起，不見其易，反嫌其難。如以三《傳》合通，即此一事，已不易矣。

前刊《學考》，於康成小有微詞，爲講學者所不喜。友人遺書相戒，乃戲之曰：「劉歆乃爲

① 帝善之：原作「帝善善」，據《後漢書·儒林列傳》改。
② 奏：原作「養」，據《後漢書·章帝紀》改。
③ 欲：原作「雖」，據《後漢書·章帝紀》改。

盜魁，鄭君不過誤於脅從。今由流溯源，知歆爲罪首，亂臣賊子，人品卑汙，誰更爲之作説客？賈、馬以下，可不問矣。」説詳《古學考》。

己丑在蘇晤俞蔭甫先生，極蒙獎掖，謂《學考》爲不刊之書。語以已經改易，並三《傳》合通事，先生不以爲然，曰：「俟書成再議。」蓋舊誤承襲已久，各有先入之言，一旦欲變其門户，雖蔭老亦疑之。乃《闢劉》之議，康長素踰年成書數册，見習俗移人，賢者不免。

廣州康長素奇才博識，精力絶人，平生專以制度説經。戊己間從沈君子豐處得《學考》，謬引爲知己。及還羊城，同黄季度過廣雅書局相訪，余以《知聖篇》示之，馳書相戒近萬餘言，斥爲好名鶩外，輕變前説，急當焚毀。當時答以面談，再決行止。後訪之城南安徽會館，黄季度病未至，兩心相協，談論移晷。明年，聞江叔海得俞蔭老書，而《新學僞經考》成矣。甲午晤龍濟齊大令，聞《孔子會典》已將成，用孔子卒紀年，亦學西法耶蘇生紀年之意。然則《王制義證》可以不作矣。生公①説法，求之頑石；得此大國，益信不孤。長素刊《長興學記》，大有行教泰西之意，更欲於外洋建立孔廟。《中庸》云：「天之所覆，地之所載，人力所通，日月所照，霜露所墜，凡有血氣者莫不尊親。」於今皆驗。長素或亦儒門之達摩，受命闡教者乎？

① 生公：原作「孫公」，誤。《蓮社高賢傳》：「竺道生入虎丘山，聚石爲徒，講《涅槃經》，群石皆點頭。」據改。

王仲孺同年請立國朝十三經，列有書目，未刊行之。《周禮》、《左傳》二種亦曾見稿本，大抵不出小學窠臼，多仍古學誤説。初欲群經各著注疏，以張西漢之學。見成三《傳》，書已及半，《詩》方徵逸説，意在再作《佚禮》、《詩》、《書》三種，餘皆聽之能者。故刊《群經凡例》以示宗旨，不再事撰述。既以精力有限，務廣者荒，且難者既通，易者固不必書成也。戊子以前，尊經友人撰《王制義證》，稿已及半，後乃散失。蓋課卷不能裝訂，隨手散佚。繼聞長素《會典》即是此意，乃決意不作。亦以《王制》無所不包，難免挂漏；否則《義證》重雜，難於去取。《凡例》已刊，擬但撰《辨疑》、《異義》二門，專考其異，以同者太多，不能盡也。

《左傳》舊以爲古學，與二《傳》異。丙戌曾刊有《凡例》，專主此義。己丑以後，專力治之，五年以來，愈覺其水乳交融，無一不合。舊説異處，多由于杜，非在《傳》。文難莫難於「君氏」一條，今將隱五年《傳》「王使尹氏、武氏助曲沃」句移於隱三年「君氏、武氏」下，知左氏經本作「尹」，作「君」之聲子乃《傳》，事不見經者。取五年之「尹氏」以證經，退「君氏」聲子説於《傳》中，則事迹全同矣。又叔服、王子虎以爲二人，而《穀梁》中已存有二説：「新使」指叔服；「執重以守」則別爲一人，同《左傳》説，非叔服矣。《大事表》中所有異同，今皆一貫，不惟不相歧異，且愈見合通之妙。至於晉欒施與高彊①、蔡侯朱②與東國爲一人，則由字誤，因而説異，又不在此例矣。

余三《傳》皆作注疏，三書各爲一家，不能彼此互文見義，全録又嫌重複。如采《史記》之事，《王制》之禮，全經之例，三書不能不重複。每與同學商其併省之法，頃得一説，先作單經本，將三《傳》事、禮、例相同之文併入此本，三《傳》本經下不注，但注《傳》，以存三家門面，而通其説於經，經可通而《傳》不必盡同。請樂山李子凡光珠、帥秉均鎮華纂録，不惟可省刻資，愈見通經之妙。

《禹貢》：「五百里侯服，百里采，二百里男邦，三百里諸侯。」按文例，與下三服不合，「百里采」三字，當爲上「五百里米」下三字之衍文，「米」又誤「采」。當作「三百里男邦，二百里諸侯」，方與下文合。《尚書》侯、甸、男邦、采衛之文數見。按甸乃内服，不應數在侯下。《左傳》：「曹伯，甸也。」「鄭伯，男也。」「甸」乃「男」之隸變。力作勺，即爲甸。則《尚書》「甸、男邦」者，「甸」爲隸古，「男」乃先師記識混入者，當作「侯甸、邦甸」，下小注「男」字。采衛，「采」字與

---

① 與高彊：三字原脱，據《左傳・昭公十年》補。

② 蔡侯朱：「朱」原作「東」，據《左傳・昭公二十一年》改。

「侯」字對，「衛」與「男邦」對，則「采」當即綏服「綏」字，綏①亦作「賓」，「賓」古作「⿱宀丂」，與「采」形亦近。《王制》：「千里之内曰甸，千里之外②曰采、「采」當讀爲「綏服」之「綏」，指九州。曰流，指要、荒。」如此則各經皆通矣。

丙子科試時未見《説文》，正場題「狂」字，余文用「狾犬」之義，得第一。乃購《説文》讀之，逾四、五日覆試，題「不以文害辭」，注：「『文』云作《説文》之『文』解。」乃摭拾《説文》、《詩》句爲之，大蒙矜賞，牌調尊經讀書。文不足言，特由此得專心古學，其功有不可没者。姑存於此，以資談笑。文曰：

《詩》無達詁，不求甚解可也。夫説《詩》自識字始，及識字而《詩》更難説，辭害矣，何以文爲！今夫《周易》無達占，《春秋》無達例，學貴變通，無取執一，於《詩》何獨不然哉？蓋四時興觀，不盡學人之所製；六書精奥，豈僅點畫所能包？文字有限，辭義無窮。以無窮之辭，窮有限之文，此其勢不至於交病而不止。且夫依類而文生，理罪而辭出，文非辭不屬，辭非文不立，固並行而不相害者，然而難言之矣。史籀作篆，文章丕焕中興，而汗簡殘編已改鐘鼎彝盤之舊，經篆所以多異文也。況竹漆斟傳，經師多由於口授，必求

---

① 綏：原作「綵」，據文意改。

② 千里之外：四字原脱，據《禮記·王制》補。

通於穿鑿，則郢書燕説，何與於舉燭之文？比興陳辭，篇什最多通轉，而長言永歎不同魯史筆削之嚴，傳箋所以少定解也。況《白華》無辭，樂府但紀其鏗鏘，必牽就於形聲，則太史輶軒，已不勝徵文之苦。但曰文也，甚矣害！且夫文有在體者焉，有在音者焉，有在義者焉。文有體，體必精。「霝」改作「靈」，時雨豈由巫玉；「禡」原作「馬」，祭祀別有禂名。「賊」改從「戎」，「賴」乃作「負」，是不但「禘」之譌「禓」，乃爲不辨字形也。其害一也。文有音，音必諧。求福不難，易儺而言語方合；飲食之飫，變饇而義訓始通。煅不諧火，鳳不殊風，是不但好讀爲好，乃爲不識古均也。其害一也。文有義，義必確。參昴稱嘒，小星乃能有聲；鐘鼓歌嗟，樂器乃有行步。「鴉」即是「雅」，「頌」以代「容」，是不但「剪」訓爲「斷」，乃爲有乖古訓也。其害一也。以象形言之而文害：牛象頭角三封，馬象髦尾四足，采象獸爪分别，而西之象則鳥在巢中。創造取飛鳥情態，而式廓、衣服，製句獨不類夫蟲魚。彼夫東爲木日，北爲背人，辨方位之陰陽，無殊營室，而此乃獨取依聲之例也。且以方一字附會，遂使人以西眷、西人之句法，皆爲難字而莫通，是以文害一句之辭矣。且以方言考之，而文更害。朝鮮謂兒泣不止曰咺，楚謂兒泣不止曰咷噭，宋謂兒泣不止曰喑，秦謂兒泣不止曰嗟。豳、岐爲雍州故地，而《斯干》、《生民》，矢音獨不諧夫土俗。彼夫謂他人罿，夃酌我罍，操土音於井鬼，無異楚囚，而此乃獨蹈忘本之愆也。一字舛誤，遂使人疑呱矣、喤喤之啼聲，皆爲他州所擬作，是以文害一章之辭矣。害深矣，不塞不可。能爲走獸，於本飛禽。及爾女之爲乃若，古甚而不古者，亦不可泥。穢留彤管，目靜女於城隅；繩束白茅，稱吉士於尨吠。甚至縭巾爲處子所服，而聊可與娛；寡慾者亦思踰牆而摟，文字曾可據乎？所以入又多，又不可據，爲指在掌中；惠而愛，而不可定，爲毛在頰上。我觀西河爲説《詩》之主，而素絢存疑，致勞請益，猶覺讀書未免過拘耳。襄爲解衣耕，刑爲刀守井，及威困之爲姑廬，深甚而不深者，亦不可膠。窈窕無與心容，宮闈歌幽閑之女；蒙戎非關草蔻，泥中嘆流離之臣。況乎文昭皆史册所傳，而則百斯男，太姒亦不勝生育之苦，文義果可信哉？所以「菀」爲「宛」，而「麥」爲「來」，諧其聲而義別；「康」爲「苛」，而「苦」爲「快」，反其用而文同。我觀元公著訓詁之篇，必另本單行，不相比附，正恐據注以疑經文耳。中心爲忠，《扶蘇》與《北山》同調；即狂犬童僕，他説可徵，豈可以別解相繩，遂罪其不倫？以爲擬夫古字，孳生未緐，經典別有通用之例。而書傳六體，保氏亦備載而不删。況本書之訓，多非本義乎？故河上築臺，不妨以[illegible]鼃例其父；牆歌埽茨，亦可以鶉鵲比其君也。不然，莫本爲茻中之日，而臣子作歌反用之，終苦其不典。是子所引之《詩》文已難解也，而況其他！老子爲孝，《小弁》與《北山》同情，即不離不屬，省文相苞，豈可以辭旨未詳，遂責其不經而難訓？夫古人煩冗不事，《史記》亦爲錯舉之名。苟極力張皇旁觀，反譏其繁而不殺。況造句之例，不無參差乎？故有周稱顯，詁義未嘗與今聞通；帝命歌時，取義終覺與厥德異也。不然，非本爲飛鳥之形，而臣子歌謡引伸之，轉覺其過晦。是子所引之語文已難通也，而况夫《詩》！亥、豕、皿、蟲，點畫皆存精義，苟字學精貫，則存真正譌，不妨因時作干禄之書。汃、汾、砯、厲，字體未易詳求，苟識見膠粘，即載酒問奇，翻嫌泥古失史皇之意。子之所害，固不在文。然文辭一也。如曰不然，子何疑《北山》，而不疑《雲漢》也耶？

周公、成王事，爲經學一大疑。武王九十以後乃生子，成王尚有四弟，何以九十以前不一生？繼乃知成王非幼，周公非攝，此《尚書》成周公之意，又有語增耳。武王克殷後，即以天下讓周公，《逸周書》所言是也。當時周公直如魯隱公、宋宣公兄終弟繼，即位正名，故《金縢》①稱「余一人」、「余小子」，下稱二公，《誥》稱「王曰」。《檀弓》：「文王舍伯邑考而立武王。」蓋商法，兄弟相及。武王老，周公立，常也。當時初得天下，猶用殷法。自周公政成以後，乃立周法，以傳子爲主。周家法度皆始於公，欲改傳子之法，故歸政成王。問何以歸成王？則以初立爲攝；問何以攝位？則以成王幼爲詞。一説成王幼則生出襁褓，不能踐阼，或以爲十歲、以爲二、三歲不等，皆《論衡》所謂「語增」，事實不如此也。

《春秋》始於隱公，《左》以爲攝，隱即周公，周公即舜，舜、周公、隱公即孔子，皆從「攝」字立義。《公羊傳》：「吾立也歟哉？吾攝也。」周公事正如此。本立也，而自以爲攝，實非攝，故

① 金縢：原作「金滕」，據《尚書》改。

成王以魯爲王後，以與商比，成其讓志，故但稱周公，不稱王。《荀子》：「周公有天下而無天下，成王無天下而有天下。」周公立，則成王爲臣；成王立，則周公爲臣。《孟子》所云「堯帥諸侯北面而朝舜」者，由周公之事推之，周公實有朝成王之事。成王已立，周公已退，乃封伯禽。董子《三代改制篇》言殷立弟，周立子，即由周公改定。周公本爲天子，不傳於子，而傳於武王之子，後世乃疑周公不盡臣道①，不當稱王，魯不當用天子禮樂。不知周公有天下而不居，王莽無天下而竊取。以王莽擬周公，冤矣！若宋宣、魯隱生稱君，死稱公，何嘗因其有讓志而削奪平日之尊？《尚書》於周公稱王諸條是也。直稱之則曰「周公」者，此成周公之志，《春秋》隱不有正月之意也。然則周公可曰周文公，亦可曰周文王也。

《尚書》末四篇最難，説以爲四岳，是矣。而二「王曰」、二「公曰」，二在西京，二在東遷。不審二「公曰」，果當屬周公、秦公②采邑教士之誓？抑或費爲東岳，統南方，屬周公，秦爲西岳，統北方，屬召公？二《誓》即《詩》二《南》之意，二《誓》反統二「王曰」之命刑乎？北曰命，南曰刑，亦中外之分也。《書》王道終於成康，以下詳於《詩》。《書》之終，即《詩》之始。三《頌》周、魯、商，即《春秋》之大綱，《春秋》又繼《詩》而作也。

---

① 臣道：「道」字原爲墨丁，據文意補。
② 秦公：原作「秦爲公」，據文意改。

《詩》《風》、《頌》皆以國名繫，唯兩《雅》不繫地、國。今以《大雅》配三《頌》，《小雅》配《風》。風行草上，待治者，《頌》則功成作樂，轉樞作用全在《雅》。《詩》四體當以《南》、《風》、《雅》、《頌》爲主，劉歆加入賦、比、興，改《南》入《風》，而四始以《大雅》、《小雅》分爲二矣。《詩》「以《雅》以《南》」，以《雅》包《頌》，以《南》包《風》，如《春秋》錯舉四時之名。《左傳》以《采蘩》、《采蘋》爲《風》，與《易》稱《周易》，當是古文家所校改也。

「王魯」之説，非《春秋》説，乃《詩》説是也。亦非以魯爲王，直謂周公天子，魯爲王後耳。殷亡，周公作。周公反政，而後成、康之化行。《周頌》者記成、康事，《尚書》之《顧命》也。以魯繼之，此周公之後，舊爲天子，故與商同稱《頌》。《雒誥》之「王賓」，即指伯禽，一王二公，觀《魯頌》「公車千乘」，仍用侯禮可見。《春秋》以魯、宋同在青，魯之滕、薛、郳爲宋役，宋之蕭叔亦來朝公，則二國初皆王後，以王後兼方伯，如齊以太師兼大伯、方伯，此升降黜陟之事。直以魯爲王。説《春秋》不可，即説《詩》亦不可。

四川戊子鄉試，首題「大師摯適齊」一章，題義難解。己丑在粤，陶心雲先生濬宣擬刊廣州闈墨首題，余亦效顰，擬蜀闈題，破云：「使八伶於八州，廣魯樂於天下也。」此題上下無斷語，事又不見經傳，故用《樂記》「廣魯樂」，與《書》「封四凶以化四裔」意，以爲孔子定樂於魯，若推廣於天下，則當使八人分駐八州，如舜使四凶化四裔故事。齊、蔡、秦、楚，則《春秋》之四岳、蔡當爲晉字之誤，讀如字亦通。四正方，故言適。齊、楚東南，秦、晉西北，中分天下也。先言齊、晉，後言楚、秦者，中外之分也。四隅州以水地記，河當指兖，漢當指雍，徐、揚皆以海爲界，八人分主八州，皆以廣王化。當時無此事，孔子亦未嘗使之，不過心有「廣魯樂」之意，則當使八伶於八州耳。末段點八州處，學董子《山川頌》，頗有點化。欲刊之，而稿爲人所竊，亦不愛惜，今特記於此，以資談笑，非以爲定解也。

王仲章者，壬秋師仲子也。開敏有智略，善承家學，爲壬秋師所喜。嘗語余云：欲仿《鄭志》作《王志》，將師所有改易舊説者彙輯爲書，爲《家學提要》，未成而卒。余亦欲自爲此書，將所有改易舊説不得已之故，輯成一篇。然此事非蓋棺不能定論，又以《古學考》、《凡例》等篇皆已言之，不願緟複①，如繼起有人，聽其爲之可也。

孔子以匹夫制作，與周公同，故《詩》、《書》皆以周公爲主，周公即孔子前事之師也。周公本爲天子，立傳子之法，乃讓成王，自託於攝，亦如孔子爲天子事，而託於帝王。《帝典》爲《書》之主，堯爲天子，所詳皆舜攝政之事；成王爲天子，所詳皆周公攝政事。《左傳·隱公元年》：公不即位，云攝也。通其意於《書》，寔則《書》與《春秋》皆孔子攝爲之也。

《書》於《周書》四篇言文、武、成、康。《戡黎》但見「西伯」二字，並無「文王」一語；《坶誓》僅爲誓師之辭；《顧命》但詳喪葬、即位之事，可云極略；而周公獨占十二篇，典章制度、大經

① 緟複：原作「纁複」，據文意改。

大法皆在於此。蓋周公立爲天子，功成制作，而託言於攝，即《中庸》云「周公成文、武之德」，成、康繼治之休，皆周公成之是也。臣不尸大功，周公本自立，故不可歸於成王。所以如此者，周公本有天子①，而託於無位，爲玄聖。孔子庶人，而制禮作樂，故稱素王。此《孟子》所爲周、孔並列，《莊子》所以云「玄聖」、「素王」也。

《詩序》之見於經者惟《鴟鴞》。所以必見此者，通《書》之意於《詩》也。《書》、《詩》皆周公爲主，故魯爲《頌》。《金縢》「周公居東」一語，爲《詩》主宰。居東非避禍，非討管、蔡，蓋用夏變夷，開南服以成八伯之制。《詩》云：「周公東征，四國是皇。」《孟子》：「東征西怨，南征北怨。」不曰「西北」而曰「東南」，功用專在東南也。由雍州以及梁、荆、徐、揚，皆在南；以東都言，則在東。《詩》言「周南」、「召南」、「東征」，《書》言「居東」，皆謂周公開平南方，營東都，朝諸侯。文、武天下止於西北，周公乃弼成五服，中天下而立。如以「居東」爲避禍、討管蔡，則小矣。

經傳之言「西周」，指文、武；言「東」者，皆指周公。孔子所云「吾其爲東周乎」，蓋將法周公也。周公封魯，其詩乃繫之《豳》。《左傳》：歌《豳》，云：「其周公之東乎？」歌《王》，云：「其周之東乎？」歌《秦》，云：「其周之舊乎？」言周舊者，謂爲周之亡地。《詩》云：「赫赫宗

① 天子：疑當作「天下」。

周，褒姒滅之。」周之東指東都。今以《春秋》推《國風》，《豳》①爲周公；《王》即成、康。東西通畿，豳爲先王，王爲周京，秦爲留守，鄭爲從行，齊、晉、陳、衛，《春秋》四稱侯之伯爲四伯、邶、鄘爲亡國，魏、唐亦亡國。以衛推之，則魏、唐可以起晉。二公、二卿分開通南服，四州既通之後，存亡繼絶，以邶、鄘、唐、魏封之，爲存國四伯一卒正，亡國四伯一卒正。兩相對比，以北方四國移封外州四伯，故《邶》、《鄘》多説南方事。《春秋》初如《國風》，莊以下乃開南服。《周南》、《王》、《豳》所言「行役」、「東征」、「歸」，皆謂周公開南服、營洛邑，終歸於西京，與《春秋》存西京相通，不使秦有周舊地也。

《金縢》一篇，爲周公總叙。初言武王崩，周公代立；末言周公卒，成王以天子禮葬之；皆詳記西京事。至於居東，所有行事皆見於十一篇中。至十一篇有有序者，有無序者，其簡編錯亂，必須考訂。

或疑二十八篇不全，不知經貴簡要，如必百篇，則《書》與各經不類。實則《尚書》之義，《帝典》一篇已足，其餘二十七篇不過發明《帝典》，取其詳盡，略備四代之文而已。《禹貢》爲《帝典》分篇，九州、五服，命禹平水土，與四岳、十二州之傳説也。《咎繇謨》直爲《帝典》作傳，君爲典，臣爲謨，二篇盡之。《甘誓》征伐掌於司馬，士師之職，録此篇以爲天子親征之典。

---

① 豳：原爲墨丁，據文意補。

《湯誓》、《坶誓》紀二代所以興軍禮，亦統《甘誓》。《盤庚》遷都、安民、立國，司空之事，以周公用其法録之。《高宗肜日》①，敬天之變，義已包於「欽若」。《洪範》同於《咎繇謨》。《微子》、《西伯戡黎》紀殷所以亡、周所以興。《顧命》則即月正元日受終文祖之儀注耳。周公十二篇，凡所爲居中而治，制禮作樂，用賢討罪，其義皆具於典。且周公之攝政，亦舜之代堯也。《甫刑》紀司寇之詳文耳。《費誓》見諸侯三軍之制，與《甘誓》相配。《文侯之命》九錫作伯，即舜之命三公也。《秦誓》教士用人，義不能外於《帝典》。《易》曰：「易簡而天②下之理得。」此經之所以爲經也。

經精傳博，聖作賢述，一定之例也。《易》、《春秋》簡畧，《十翼》、三《傳》則詳也。《禮經》簡畧，而《記》、《説》則詳矣。孔子作五經，經皆全在。以爲經秦火有殘缺者，劉歆以後之邪説，西漢所無也。近人言《禮》與《書》、《詩》皆全，最爲詳明，足證劉歆之誤。春秋以後，除經以外，古書流傳者甚多，如《戴記》、《左》、《國》所引，嘗欲裒③輯編爲《三代藝文志》。太史公

① 高宗肜日：「肜」原誤作「彤」，據《尚書》改。
② 天：原脱，據《易・繫辭上傳》補。
③ 裒：原爲墨丁，據文意補。

以爲未經孔子所録者，其①文不雅馴，然《五帝德》、《帝系姓》亦不得爲經。即如「血流漂杵」、文不雅馴之《武成》，孟子亦以爲二三策可取。是有六經以後，不能謂所傳古書遂毫無所取，亦不能因有六經，遂使諸書廢止不行。且孔子暨及門、孟、荀所言，亦多有在六經外者。古書與聖經並行，本不足怪，張霸因其名目相似者採輯成篇，並分析二十八篇以爲「百兩篇」，作僞顯然，當時廢黜。今之百篇《書序》本由霸書而出，流傳至今者，以霸書録文，其僞易見，《書序》不録文，空有序，藏其所短，虚列篇名，使人無從指摘。傳於馬、鄭，又與所謂《連山》、《歸藏》、《鄒氏》、《夾氏》、《逸禮》、賦、比、興、豳、雅、頌、《周禮》同出，皆託於古文。《周禮》又寔有其書，遂使人疑六經皆有闕文，博士所傳，乃焚毁之餘篇，惟壁中、冢中所藏乃爲全書，遂使聖道不尊，經學蒙混。東晉僞書，汩没聖道，皆古文家之罪也。僞《書》篇數雖多，試問典禮、制度、義理、事寔，有能出此二十八篇者乎？

學人是古非今，久爲通病。不知以忠厚古樸言，則今不如古；以文章詳備言，則古不如今。三代以上遠矣，證以近事。改土歸流，諸州縣初誠忠樸，漸摩以久，乃近彬雅。如閩、廣古稱荒狉，士大夫有罪，乃放其地，今則比於内省。論民風純駁，誠不及前，以政化言，則古實遠不及今。川省初遭兵燹，縣不過數十百户，人與鳥獸争地，鬼魅横行，糧食棲野，相率以雞、

① 其：原爲墨丁，據文意補。

布易田土，比今誠爲渾噩，然不知詩書，争械相殺，婚嫁尤爲簡略。今則文教興隆，比於漢、宋，然而斗尺錙銖，争較必盡。制度事理，推考精詳，古今一大比例也。必欲尊古，豈非憤激一偏之論？蓋三代風尚，如泰西①諸國，專以興利捍災、致用便民爲主，然②事猶有蠻夷風。周之疆土③祇内四州，吴、越之間，即須文斷。《孟子》以禹、文爲夷，言堯舜之民幾不聊生，可見矣。詳見《知聖》。孔子乃丕變之。如今泰西人興利制器之事已盡，則内附求聖人教化之事。六經雖託之帝王，實爲孔子新制，不惟三代，即春秋時亦無之。如《左傳》所載吴、楚惡事夷俗，地在九州，化由周文，豈宜有此？蓋孔子虚文垂教，兩漢後乃漸發揮，唐宋方極詳。故近來制度典禮，曲折合經，以至今經始盡推闡。《論語》云：「百世可知。」今二千五百餘年，泰西輪車、輪舟、電線、開河、越海，正《中庸》所謂「人力所通」也。《禹貢》小九州，地球盡闢爲大九州。將來一統，再推廣五服，是孔子藴火尚④未發，中外成一統，天覆地載，凡有血氣，莫不尊親，乃爲暢發無餘。三代未有孔教，秦漢初見遵行，至今行而未暢，必俟地球内皆立孔廟，奉六經，回教、耶穌

---

① 泰西：原作「秦西」，據文意改。下同。
② 然：原爲墨丁，據文意補。
③ 疆土：原作「彊土」，據文意改。
④ 尚：下原有墨丁，據文意删。

不去自熄，道一風同，專尊聖學，斯爲盡其能事。孔學與此地球相終始，以數千年爲盛衰。今天下較秦漢文備，前人所謂盛衰者，乃以一年一日計，孔經則以千年、百年計。不然則杞人之憂，伊於胡底之説，不知屋上架屋若干重矣。林和靖云「後世當爲不鬼魅」，真爲名言。如婚嫁一事，周以前無論矣，春秋時父納子妾、同姓爲婚者幾爲常事。漢以倡爲后，醮婦歌女，毫無忌諱。唐六宮多穢德。宋以下乃内政修明，至今而大備。同姓爲婚之事，雖鄉曲①亦羞爲之；父納子婦，不惟女家不能聽定，即媒妁鄉里②亦駭聞聽。可見六禮春秋時猶無之。至今《儀禮》大行，古人醜惡之事，天下遂絶。即此可見，今勝於古。余講王制六藝典制，或疑其與今制相似，必非古法。豈知今之典禮無③不合於古，不可以爲二帝三王之澤遠，遂湮没也。

近學《公羊》者，以起文二字盡《春秋》之學，棄禮廢事，惟言例而已。夫説經不言事，過從何説起？若④舍三《傳》之事、禮，而臆造事、禮，古説與己不合，不能不去之，意之所在，造⑤事

---

① 鄉曲：「曲」原爲墨丁，據文意補。
② 媒妁鄉里：「媒」、「鄉」原爲墨丁，據文意補。
③ 無：原爲墨丁，據文意補。
④ 若：原爲墨丁，據文意補。
⑤ 造：原爲墨丁，據文意補。

禮以自文飾，則可由我去取。其説《春秋》，如《封神》、《西遊》，由心而造；又如《奇門》、《六壬》①，使人射覆；春燈雅謎，割裂牽扯。倡其説者以便於臆造，從之者亦以不須用功考古，初一瀏覽，便可立説，牛鬼蛇神，自矜奇妙，動謂經由②孔子筆削。惟其全出孔子，愈當言條理；豈孔子信手塗鴉，毫無論語，一經孔修，便爲夢幻耶③？

説《公羊》者以經人事全由孔子所臆造，竊取曾文正「漢高祖不知有是人否」之言，以爲十二公不知有是人否。予笑應之曰：「名謚由孔子筆削，即年歲亦孔子派定。何以言之？隱、桓與定、哀對比，而年恰相同。隱十一、桓十八，共二十九年；定十五，哀十四，亦二十九年。文、宣、成在中，三公均十八年。莊、僖與襄、昭對比，四君皆三十二。惟一三十三年。天下豈有如是巧合之事？至於閔之二年，此如閏月、土季在其中，爲變例。十二公如《國風》之二南、八伯、二卒正，且應十二月，二百四十二年，一公合得二十，加倍之數，則年歲豈非天造地設乎？」相與一笑而罷。

治《公羊》者莫不攻《左傳》，深惡痛絶不可終日，若有深讎積怨者。然竊以《左傳》之書，何至背理傷教若是？蓋《公羊》流弊，頗有夢幻懭怳之境。《左傳》事迹明白，與《史記》相同；

---

① 六壬：原作「六千」，據文意改。

② 由：原爲墨丁，據文意補。

③ 爲夢幻耶：「爲夢」二字原爲墨丁，據文意補。

心害其明白，故恨之深。若劉申綬、龔定菴者，實則於《左傳》未嘗用心，畏其繁鉅，不能綜治，惟有駁之，可以鈎銷一部鉅書，且去其害，然後得自由。其攻之者，全以其文多、其事明耳。至於所有諸條與《公羊》不合者，則杜氏誤説，《傳》初無是也。至於求之深，則《左傳》所言，乃無一不與《公羊》合；即《公羊》之所稱爲微言大義者，莫不具於《傳》中。有《三傳同例》二卷。且缺義真解，足以補足二《傳》者不少。有《左傳長義》一卷。實無所見，相率號呼，聾瞽之人，多者狂態，不謂高才，亦染此習也。

經話甲編卷二

學《禮》以大綱爲主，須以蘇子瞻讀《漢書》法求之。凡天時、輿地、職官、選舉、禮樂、食貨、喪祭、軍兵諸門，務求詳細，以爲稿子。先立間架，則心胸開闊；再求所以實之，所謂觀大意不求甚解。如此則功少效多，淺深皆有得。先具規模，聞見有歸宿。近今風尚之蔽，文字則求瑣細，一衣一冠，考校累月；一草一木，説以數萬言，夢夢爲之；倘遇喪祭儀節，或考兵農今古，則茫然失措。張盟蓀欲治《周禮》，疑名物難講，周潤民治《爾雅》，於動植求實指，積久無成功。予故以爲經學之要，在制度不在名物。必俟大綱已明，然後講求節目。或以制度爲躐等，初學當先講小節，説細事。不知井田、封建事本易明，非如義理精微，難於領悟。故欲撰《王制義證》，以《王制》爲經，將《通典》及秦氏《通考》所引經傳子史證之。初學觀此，先具規模，不惟經學之本，經濟亦有裨益，與拘於名物者，得失何啻天淵！

名物多識，古爲小學，别有遠大，何必涸者終身？如欲講求，則專守一家，苟欲博通，愈多愈亂，皓首亦無究竟。前人專門之書，熟讀篤守，可省工夫。以爲别用學問，即有效驗，猶當擇術，況無效耶？

《周禮》無論其他，即三酒五齊，求之經年，亦不能明。今酒名目不下數百，我所知者幾何？《禹貢》山川，多難實指，但就古説，略知大概而已。欲深求，即身居成都，是否古城故址，武擔、摩訶，皆難指實。人生長之地，沿革山川，亦徒傳聞，何况數千年前、數萬里遠哉！經濟之學，總以熟於今圖爲主，非專門名家，不必苦鑽故紙。近人《長江圖説》論古處直如《封神》、《西遊》，有何益處！即使確考古蹟，亦無所用。古人衣冠，縱能裁縫，亦技藝技倆，爲士夫所鄙。百千年後，以知今之制度爲貴，抑能縫今之冠裳爲貴耶？如以冠裳爲貴，則予將從紗帽街肄業，不入尊經矣。

辨等威，著沿革，《禮》學總要，不出二端。欲理繁難，莫如立表，將其異同横爲五等，竪爲四代，二表綜稽，巨細無所不包。其有四代、五等不全者，則援例推補，附於其後。至於尊卑通禮，今、古所同，別爲一册，不必入表。若夫夷狄之俗，與夫僭越之端，更附二表，以存枝節。四代與三統相通，統宗分劃，固勝於《五禮通考》也。表集録猶易，補闕爲難。以一反三，由端見委，別爲説以附於各表之後。禮家類書近推《五禮通考》，其書博而不精。三表既成，便當分別部居，汰除淺説，更標新旨，整理綱目，庶足爲完書乎！

《祭義》屢言孝，文多與《孝經》同，初疑爲《孝經》説，後閲《大戴》，《祭義》文在《大孝》篇，乃知《曾子》十篇皆《孝經》説，「費隱」至「示諸掌」，皆《孝經》説。舜、文、武、周公，乃「天子章」傳説。所云「春秋禘嘗」，皆與《祭義》同。《中庸》前説禮樂，中説孝，後説《易》。篇中「中和」

皆指禮樂。《曲禮》「若夫坐如尸，立如齊」，乃《曾子》篇文。屢言①爲子之義，亦以《孝經》爲主。以此相證，殊免割裂牽合之譏乎！

《戴記凡例》有傳、記錯簡之説，遠同宋人，近似高郵。然三《傳》則以義理爲主，不專整比句例。王、俞精粹，説似有理，但學人皆用此法，則改來改去，何所底止？好引用僻書，豈僻書不誤，經傳獨誤？不求本而循末，誤矣。

《王制》有佚文，見《白虎通》。《逸禮》有《王度記》，「度」與「制」對，豈《王制》外別有《王度》，如《坊記》與《表記》、《閒居》與《燕居》與？《别録》以《王度記》爲淳于髡等所撰，未審何據。《王度》有「記」，《王制》有「記」，明矣。豈《王度》即《王制》，偶變其文，「記」即《王制》之「記」與？

諸侯一娶②九女，此今文説，爲孔子新制，撥亂反正，大有功於政治。防再娶，鋤亂源，創造新義，不必師古。當時實以續娶爲常，如《左傳》是也。因再娶釀亂，故改制以救之。今人講《左傳》，以再娶爲疑，非也。《春秋》書媵，立不再娶之制，《詩》與三《傳》有娣姪之説者，緣經言之。

---

① 言：原爲墨丁，據文意補。
② 娶：原作「記」，據文意改。

子夫笑宋人説《論語》，半爲鄉曲教學事。蓋鄉僻寒儒，自謂抱道隱居，故不出村學本領，相習成風，似孔子真爲館師傳心法。漢博士乃多説官話，聞見較闊也，然不免儒生氣，不能包攬九流，縱横六合。説經要略識聖人心胸，置身三代上，漢、宋皆有未盡。

子有益經學，文字、事實外，議論意旨尤要。非兼通九流，豈知聖人作用？九家皆聖人支派，欲治經，先明子。嘗欲就《藝文》舊目存亡繼絶，輯爲成書，各爲之注，並著《子話》以明其意；志在因子明經，不專爲子計。

子家多傳經之士，因其性近，流爲别派。秦漢以來，傳經者皆其後輩，故經學莫古於子。孟、荀無論矣；名家由《春秋》出；墨本從質義；吴起，曾子弟子；《司馬法》乃禮書；《韓非》亦説《春秋》；道家全由《禮》出；儒、法亦本《周禮》。知此，則啟人神智不少。

廿分工夫，寫之簡册不過十分，此謂開創，如孔子經；五分工夫，寫之簡册便有七八分，此謂摹勒，如子夏《傳》。傳以經爲的，持己審鵠，形迹可尋，不知者可以緣經起意。顔師孔，班學馬，以形求影，可人力爲。開創無所依守，勞於擇審，格於形勢，千頭萬緒，著録難於稱心。作謂聖，述謂賢；求賢易，求聖難，求聖不言之意，則尤難矣，誰得未言之隱耶？

辛巳院課，考酒齊所用題最繁難，精思旬日，大得條理。壬秋師以爲鈎心鬥角，考出祭主儀節，足補《禮經》之闕。舊説廟祭惟饗尸，無祭主之儀，至謂祊爲明日之祭。今考《禮記》祊祭諸文，定爲謂迎尸前殺牲薦血，獻齊焚膋，皆祭主求神事。先迎主於堂，然後索祭於堂、於室、於門。三索已畢，反主於室，然後迎尸。此時牲已熟，用酒不用齊，全用人道。祭以主爲重，今人祭主不用尸，是亦古禮。若如鄭説，專饗尸，不以鬼神待之，與《禮》意不合。祭主儀節，可補《禮經》。同時著《轉注説》，旬月專精，五花八門，頭頭是道。子夫謂年中工夫不過長一二次，形迹可驗，若此□□力争而得，非自然通悟也。

《禮記》儀節名目，歧於《周禮》，鄭必求通，牽就附會，不惟《禮記》不明，《周禮》因以大亂。《記》有制度、通論、經記，經師專説異義。今欲合通胡越一家，水陸一轍，必不可通。故説《周禮》，不定求合於《記》。《周禮》禮節多在十七篇外，《儀禮》互文，安知非其傳、記？《記》多言遷變，如今各部例文歧出，難於畫一，雖全文具在，非專門不能通。若篇目散佚，僅就一端欲通全體，此必不可得之勢也。鄙意於諸篇各自立説，不求通貫，苟其意旨難明，則零金碎玉存而不論，不以可疑之文，亂久定之説，如鄭因「王居門中終月」改廟寢之制。各就本經説之，不求相通；義證顯明，乃以相附。本經則必求相通，雖有闕失，所關者小。《禮記》篇各爲説，勤加功力，庶乎《禮》學有可明之時。

《别録》於《禮記》有「通論」一門，如宋人「語録」，其中贊美咏嘆，説《詩》引《書》，罕喻借證，與典制諸篇不同。大約先須分别制度、記事、議論、訓解四種：如《内則》、《玉藻》、《雜記》等篇，制度、禮節；《郊特牲》、《檀弓》，記事；《儒行》、《哀公問》，議論；《坊記》、《表記》，説經；《内則》諸篇，訓誡童子，專爲《孝經》説。足證《禮經》者，諸《記》爲要；議論、訓誡、説經、記事諸門皆師說。要在多分門目，然後可通。

《記》篇中多有傳，並有傳中傳。蓋《大傳》在先，弟子傳之，後之弟子又加注解。同在一簡，此簡不盡，或寫別簡，前後不一定。其始當有分別，後來抄録，或傳注在先，或先注後傳，或傳注相失，凌亂如滿屋散錢，加以錯簡、誤奪，彼此錯雜，非釐定本，不能讀也。《王制》定本已刊，《禮運》三篇有定本，當由此推。

記識誤入正文，除《尚書》外，以《禮記》爲多，大約傳注參半。《記》有連用數「故」字者，篇首即「故」字者，不能指爲承上辭。疑「故」即「訓故」，別於本文，故上無所承，而屢言「故」。《喪服》經傳，人能分之，以其易明；《記》非正經，記識不純用傳例，故人多不悟。同學作《釋故》，題以「故」爲書名，備舉《記》①中「故」字釋之。大約作承上語不過一半，一俟審定，則天然傳傳，並不勉强，亦如《王制》定本，豈非快事！

《左傳》言「凡」者五十，杜以爲「例」，《隋志》有五十九②。攷杜得失不足論，然「凡」可爲書，則定說矣。東漢後，書名「例」者以百計，古無此字。蓋「凡」、「例」古今字。内江魏楚珊正湘作《釋凡》一卷，取《禮記》百二十「凡」釋「例」，予易名《禮記百二十凡考》。《左》有十六

---

① 記：原作「祀」，據文意改。

② 五十九：疑作「五十凡」。《隋書·經籍志》著録《春秋五十凡義疏》二卷。

「凡」，專言禮節，於書法無干，《禮記》「凡」多與出入。《禮記》大繁賾，「凡」、「故」二門亦清釐之一法也。

《周禮》四時①間祀、追享、朝享，其説不一。《公羊》説禘爲五年大祭，於時祭行之，數年一般，盛其禮。先鄭以追享、朝享爲禘祫，謂於時祭別行。案，數年一舉大祭，不當目爲間祀。既曰四時間祀，必與時祭相間而出，爲歲行之典。間者，相間而行，與時祭雜出之謂也。追享於遠廟，追遠、追王皆有遠義。朝享每月一祭，後鄭説是也。但以朝爲朝，朔則非朔，但言朝以明受朔，非必行此繁重之禮而後班朔。且受朔在禰廟行事，竊以爲當以《祭法》説之。所言祭祀與諸書不同，而惟與《祭法》、《國語》合。《祭法》云：「王立七廟，一壇一墠②，曰考廟，曰王考廟，曰皇考廟，曰顯考廟，曰祖考廟，皆月祀之。遠廟爲祧，有二祧，享嘗乃止。去祧爲壇，去壇爲墠。壇、墠有禱焉祭之，無禱乃止。去墠③曰鬼。」案：以疏數考之，祧以下主時祭，五親廟皆月祭。「壇、墠有禱焉祭之」，謂一歲一祭也。月祭、歲祭之名與時祭間用雜出，故名之曰四時間祀，非謂禘、祫也，明矣。朝祭五廟，不止禰廟，故知後鄭以爲視朔朝廟者非

① 時：原作「旨」，蓋因「時」字俗體「旹」形近而訛。本段中共七處誤「時」爲「旨」，今改正。

② 一壇一墠：原作「一墠一壇」，據《禮記・祭法》改。

③ 墠：原作「壇」，據《禮記・祭法》改。

也。月數於時，時數於歲，以時居中，加月、歲於其上下，所云「凡①四時之閒祀、追享、朝享」者，舉時祭以包二事也。凡《祭法》、《國語》説與《周禮》合，别書少見，是爲《周禮》專證。鄭《注》不引《祭法》，引《春秋》諸書説之，非也。

先儒言禮，每刻舟按圖，必求一律，少見參差，便生疑難，是不知《禮經》簡略，互文相省，且待傳、記補足，不可專執經文，如《左氏》之先配後祖、冠無見母之文是也。朝廷功令、法律頒之天下，當定一尊，以便遵守。然律例時有修改，前後間有不同，又載有邊省專條，是律例中不無歧出齟齬。引者據本事引本條，非律例執一，毫無異同。至於儒生之建言，名臣之獻策，諸侯各君其境，建尚不能無殊。故《曲禮》有從宜、從俗之説。今欲説成一律，豈有此理？唯其必欲求同，故牽强附會，百弊叢生。今分經、傳，經畧傳詳，大綱一定，節目不必執一也。

董子《爵國篇》據四選之説，以爵爲四等：公、卿、大夫、士是也。初因《王制》言諸侯、卿分三等，欲就此推其禄，不能合；後以二等分之，乃合九十三國之數，而董子則已明言禄八差矣。蓋其法上卿②、中卿、上大夫、中大夫、上士、中士，從同下卿、下大夫、下士各降本班一等，故合二四爲八也。天子百二十官，爲國九十三，除二十七下士不封，列入附庸之内，所餘

① 凡：原作「几」，據文意改。

② 上卿：原作「士卿」，據《春秋繁露·爵國篇》改。

正九十三人，人封一國，數目全合。《孟子》云，天子之元士視子男上士、中士也；《王制》言元士視附庸下士也。秩有參差，各言一面，《孟子》「卿視侯」，《王制》「視伯」，謂下卿、下大夫，亦仿此推之。此千年未析之義，不知董子固已明言之，可見其書之古。

褚先生曰：「臣爲郎時，與太僕待詔爲郎者同署，言曰：孝武帝時，聚會占家問之，某日可取婦乎？五行家曰可，堪輿家曰不可，建除家曰不吉，叢辰家曰大凶，曆家曰小凶，天人家①曰小吉，太乙家曰大吉。七家。辨訟不決，以狀聞。制曰②：『避諸死忌③，以五行爲主。』」按一日吉凶至有七説，竊以禮家不同，實亦如此。今就所見標其目焉，曰經文家、經文簡質。傳記家、傳記詳多，爲經所無。經説家、各據本經爲説，與大禮不同。新學家、莽、歆之僞制。陰陽五行家、如明堂，月令爲陰陽家説，近術數占驗。義起家、不必古典，自以義起。沿變家、禮本如此，後來改變，如改制及失禮諸説。今古同家、《周禮》不改之文，今、古所同。今學小變家、今學所無之文，見於古學，則説者必變之。如博士以「方十里出十乘」。古學小變家、本是今學相同，必求立異，如《異義》所引，説有小變。混合今古家、馬、鄭牽合，唐、宋調停。内學家、主緯説者。訓誡家、教童子誦讀之書，與子抄相似，但録警句，不詳終始，如《勸學》之類及諸子雜篇是也。子

---

① 天人家：原作「天文家」，據《史記・日者列傳》改。

② 曰：原無，據《史記・日者列傳》補。

③ 避諸死忌：「避」原脱，「忌」原作「吉」，據《史記・日者列傳》補改。

學家，各有宗旨，其原文不無增損。此流派也。至於一家之中，又有歧出，經傳相雜，或互文見義，或詳略脱誤，或傳習偶異，如《公羊》與《穀梁》、《左傳》與《國語》是也。或文異義同，或書史佚文，如《文王官人》、《明堂位》皆《逸周書》，《祭法》乃《國語》類是也。除去僞新，皆當力求其合。門目欲其分，不分則不能各盡所長；流派欲其合，不合則支離而歧出。一分一合，皆當依類列表，使其融洽分明也。

漢初治《詩》，一人不能習全經，數人合治一經：或爲《雅》、或爲《頌》。班蓋誤襲劉歆邪説。《詩》本文雖較諸經爲多，然不過三萬餘字。漢人説「堯典曰」三字尚三萬言，豈於《詩》不能全治？爲是説者以見三家雜駁，不及古學。如以《尚書》本文殘缺，伏生老不能見客，晁錯不知齊語，又使女子口授之説，皆以攻擊今學經師耳。然《詩》不必分治，獨於《禮記》爲宜。《禮記》大經，號爲繁難，今別爲目，五六人分治，爲制度、爲六禮，爲通論，爲經説，爲子史、陰陽，爲餘論，各專一門，易於成事。書院資屬習《禮》者多，倘共爲之，三年可成。隋、唐《志》《中庸》、《月令》、《喪服》皆有單行，此亦古法也。

《月令》一篇，《吕覽》傳其文。蓋《尚書》命羲和、叔仲與視朔班令之傳，《大傳》嘗摘録以説《帝典》。考《大傳》「西成朔易」所引「《傳》曰」，文見《月令》：「迎寅日出」又以爲天子迎日東郊，非羲仲在嵎夷迎日。近撰《備解》，乃引以爲説。不全録其文，但引據之，以其文過多也。其言天子十二月異居，《禮疏》引《月令書》説明堂四堂十二室，鄭君誤解「終月」句，用先鄭之説，以爲明堂實有十二室，每月居一室，閏月無室可居，故《周禮》：「閏月，王居門中終月。」後並改廟寢，亦如明堂十二室，是爲巨謬。《月令書》説明堂十二室者，謂城門外近郊之四堂也。天下豈有一堂爲十二室，而可以居人之事？一月必遷一室，亦非情理所有。且其所居之室共有四名：曰青陽、曰明堂、曰總章、曰玄堂。既異四名，必非一地。且四室之中皆太廟，一地立四太廟，此何所取？且十二室周圍環繞，説有户牖，不言門制，此廟從何而入？不言其室之向背若何，豈皆外向耶？若外向，何以又有太廟、太室？舊注以長夏居太廟、太室，則何以不居門中？若果如此，閏月又何以不居太室？既有四名，以一明堂名之，亦非矣。《考工記》言明堂五室，凡室二筵。《大戴禮·明堂》①言明堂九室。其制均不作十二室。雖非説《月令》，亦可見明堂古説各異，非有一定説也。謹案：明堂與玄堂對文，青陽與總章相比，竊以此四堂即《尚書》之暘谷、昧谷、明都、幽都也。《堯典》所言寅賓②、寅餞，即《月令》春迎、秋餞之文，專指天子敬天順時，非指四子在荒陬測量天日。此明堂決非以朝諸侯，亦決非屋十二室。《大傳》所言與《月令》相得益彰，乃四門外視朔之屋，南郊曰明堂，北郊曰玄堂，東郊曰青陽，西郊曰總章，四地同制，四方異名。西南隅立之太廟，則曰太廟而已，不别立名。閏月視朔，不出城門，立於門中。《玉藻》所謂之「闔左扉，王立於其中」是也。曰「居太廟太室」，「居」猶「立」也，與閏月王居門中「居」同。天子順時頒令，凡一切服色、車

---

① 《大戴禮·明堂》：原作《大戴禮·盛德》，誤。言明堂出自《大戴禮·明堂》篇，據改。

② 寅賓：原作「迎賓」，據《尚書·堯典》改。

數、器物皆取應時象。故春三月於東郊之廟頒其制，仲在中，孟在左，季在右，一季三易，凡下律命，皆著於廟前。夏如之，秋冬亦如之。閏月言天子不出門，則以前之出門可知。《月令》明言天子還賞於朝，是四廟惟駕車一游，班令而反，非於其閒居一月也。天子尊居九重，一月一遷，又須居門中①，果何所爲？況妃嬪、宮儲豈能在門中塞絶出入？且年復一年，是天子終身在明堂十二室中老矣。朝寢宮室，何用以廟爲居，人鬼交雜？又別立七廟，何用一廟之中，又分四太廟或五廟？長夏又居太廟。不知所享何人？豈一人四主耶？又或四親廟皆可曰太廟耶？種種不通，不審何以後人不悟，乃并改寢廟爲十二室。試請鄭君仿此明堂，長居其中，並在門中一月，蓋誤。深知其誣，誤以「㞐」爲「居」，以四廟爲一廟，□而避之，廓如也。

《左》、《國》言禘、郊，禘在郊上。禘主帝，郊主天，禘大郊小。魯禘、郊並見，《春秋》書郊不書禘者，以禘僭天子，不可言，故不書。《大傳》「不王不帝」，即《春秋》書郊不書禘。《論語》「或問禘之説」章，言「知其説者之於天下」云云，即謂不王不禘。治天下者，王之事也。天有五天，帝祇一帝。王後降禮，得郊天而不可禘帝，此《禮》所以不王不禘，《春秋》所以不書禘。《春秋》之禘繫於太廟，皆爲時祭，非大禘。古禮説名同實異者多，後儒以大禘之禘説《春秋》，誤矣。

① 門中：原作「門僕」，據文意改。

「祫」字先儒皆與「禘」字對舉，以爲大祭名，此亦誤也。據《王制》，「祫」與「犆」字對，謂時祭，時或合或特耳。禮：三昭三穆，親廟皆統於太廟，一時一祭，祭於各廟爲犆。合祭，如今之春、秋，故有祫、犆之分。此説惟《王制》、《穀梁》最顯，《左》、《國》、《祭法》之説明堂與親廟異地，其祭疏數以大小爲分，由日月次及時歲，遠則三年一祭，而四時合祭群廟之禮不詳。此當合觀，乃得其通。後來講《左》學者，據《左》、《國》以爲各廟有等差，升降一定，祭時各廟用各廟之禮，不相謀，故無祫祭之説，以致與今學小異。《公羊》歧出二者之間，説禘同《左》、《國》，説祫同《王制》，竊欲調劑二説，使之合通于一。《公羊》中補日、月、時、歲之説，而于時祭中補用《王制》祫犆之説。蓋日月之祭于各廟分獻，時祭皆合于太廟，有毁廟之主爲祫，無毁廟之主爲犆。時祭如今之春、秋二祭，月享如今之朔、望行香，日祀則爲宗祝酒灑、香火之事。禮緣人情，今不異古，日月行祀則大數，時歲一舉則過疏。案其日期而無疏數之弊，則今人通行之典，即古人行習之事矣。又《孝經》言「春秋祭祀，以時思之」，舉春、秋以包冬、夏，亦如魯史四時具而以「春秋」爲名。《祭義》、《中庸》爲《孝經》説，乃專就經文霜露立義，亦若一年祇二祭者然。不知四時之中又以春、秋爲重，隆殺略有差等耳。今人用春、秋二祭，似以《孝經》説爲主。然冬、夏二時何遽無祭事？不過儀節差殺。以此見讀書説禮，不可刻舟求劍，尋行數墨也。

明堂古有五説。《大戴·明堂》篇「明堂者，古有之也」至「上圓下方」，此一説也；「明堂者」至「北狄西戎」，此《明堂位》①説，周公朝諸侯之明堂也；「明堂月令」至「三十里」，此《月令》明堂之説也；「或以爲明堂者，文王之廟」，此《孝經》「宗祀於明堂」之説也；「朱艸生」至「出其南門」，此《晏子春秋》之説也。此外，《韓詩》、《尸子》亦有異同。竊以諸言明堂，皆經説派也。案：《堯典》之「嵎夷」、「南交」、「西」、「朔」，《方言》：宅者，謂可平土而居，即《禹貢》之「四隩既宅」，非竄放羲和於四裔。所言「暘谷」、「明都」、「昧谷」、「幽都」，則近郊之明堂。《大傳》言之甚詳，即《月令》之青陽、總章、玄堂、幽堂也。《明堂》②記明堂《書》説云：「明堂高三丈，東西九仞，南北七筵，上圓下方，四堂十二室，今《記》本誤作九室十二堂③，不可解矣。四户、八牖④、宫方三百步，在近郊。」此云「明堂《書》説」者，即説《書》之明堂也。四堂立于近郊，各有里數。明此爲《尚書》説，頒朔之明堂，分立于四郊，每方一堂三室，合爲十二室，以頒十二月之令。《月令》、《大傳》之説是也。鄭君不知制作本意，妄據《周禮》穿鑿爲一屋十二室之制，四堂即明堂、總章、青陽、玄堂，十二室則兼左右个數之也。如此作室，不能居人。且誤解《周禮》「終月」，謂

---

① 明堂位：「位」原爲墨丁，案前面引文出自《禮記·明堂位》，據補。
② 明堂：原作「盛德」。案引文出自《大戴禮記·明堂》篇，據改。
③ 十二堂：原作「十二室」，據《大戴禮記·明堂》篇改。
④ 八牖：原作「八庸」，據《大戴禮記·明堂》篇改。

在門中居一月，必不可通。昔予①溯明堂歷代異名，黄帝曰合宫②，此朝諸侯之稱；唐曰衢室③，虞曰總章，即用《月令》之名，此四時頒朔之廟；夏曰世室，此宗祀文王之廟；商曰陽館，此頒朔之名；周曰明堂云云。案：諸書以明堂爲通稱，考頒朔之廟，雖分立四郊，然制同事同，實則四方皆名明堂，因分在四門，故以青陽、總章、玄堂④、幽堂異其稱，然字異音近，則仍以明堂爲定稱。《尸子》之説陽館，當即青陽，其曰衢室，不知即玄堂否？其言黄帝、堯、舜有明堂，則是緣經立説，上以通于黄帝，多出後人之譯改也。

《孝經》言「郊祀后稷以配天」、「宗祀文王於明堂以配上帝」，以《祭法》校之，不言禘嚳，不言宗武王，非異禮，乃省文互見之例。又言「春禘秋嘗」，而無夏、冬二祭，今制春、秋二祭，蓋用《孝經》説，特知其原者少耳。以校《王制》，則亦爲省文互見。先師以爲異義者，以禘爲時祭，又有雨露秋霜之説，似不能同於《祭法》。然《春秋》書郊，《左》、《國》皆以爲祀后稷所穀，是《孝經》與《左》、《國》、《祭法》不異。《孝經》言郊稷而不言禘嚳，言祖文而不言宗武者，亦省文互見之

---

① 昔予：「昔」原爲墨丁，「予」原作「子」，據文意補改。

② 合宫：原作「合德」，據《五禮通考》卷二十四改。

③ 衢室：「衢」字原爲墨丁，據《五禮通考》卷二十四補。

④ 玄堂：原無，據前文及《禮記·月令》補。

例。六藝定制，豈容相歧？以此推之，其義自見。時祭雜于疏數之間，一年二祭，不言夏、冬，亦爲互文。可知此經説家門目之分，初不敢合之，遲之又久，乃得大通，莫不絲絲入扣。又《公羊》説以禘爲大祭，郊以稷配，然以明堂主文王，是宗文王、郊后稷之説，亦同《孝經》，而禘又用《祭法》説，特不以爲禘帝嚳，而以爲禘文王耳。

予言《禮記》文多凌亂，有傳、記，再試徵之《明堂位》。《大戴》：「明堂者，所以明諸侯尊卑。外水曰壁廱，南蠻、東夷、北狄、西戎。」此説《明堂位》而入《明堂》①篇者。考《周書》明堂全與《記》同。《記》先言周公朝諸侯，然後言紂脯鬼侯以享諸侯，《周書》則此段在先，然後接「周公朝諸侯」一節，先後不同。文字亦有小異。《明堂位》後段，《周書》所無。按，《明堂位》當是《召誥》之傳，所謂「攻位」、「位成」，皆明堂之位，乃《尚書》傳、説與《五帝德》、《帝繫姓》等篇同，本原傳説，後來又加注解，「今是以魯君」下，皆先師解説之文也。《禮記》凡獨説②一事者，多《書》、《詩》傳記，當歸還之。

《戴記》從別書采入，可考者，《樂記》、《勸學》、《禮三本》、《哀公問五義》出於《荀子》，《月令》出於《呂覽》，《明堂位》、《文王官人》見於《周書》，《保傅》出於《賈子》。其中儒家類如《曾

① 明堂：原作「盛德」。案引文出自《大戴禮記·明堂》篇，據改。
② 説：原爲墨丁，據文意補。

子》、《子思》書尤不少，特無原書可考耳。以此例推，《荀子》入《記》者不止此數篇，先師偶舉此數篇，非獨精也，於全書當一例視之。

禘祫年數，諸儒所言皆非也。經不言禘年數，諸家所據以爲説者，《公羊》、《禮緯》耳。按，《公羊》言祫同《王制》，《緯》亦同。《王制》云：「諸侯礿則不禘，禘則不嘗，嘗則不烝，烝則不礿。」是禘、烝間歲乃一行也。又云：「諸侯礿犆，禘一犆一祫，嘗祫，烝祫。」是禘又一祫一犆。天子禘祫，皆諸侯降於天子，五年乃得再祫禘。以《王制》推之：一犆禘，二不禘，三祫禘，四不犆，五犆禘，六不禘，七祫禘，八不禘，九犆禘，十不禘。皆連本年起數以爲式。如從三式祫祭數到七式，爲五年而殷祭，是爲再殷祭，合本祫數之也。此《公羊傳》之式也。又從一式至三式爲三年一祫，再數至五爲一犆禘。祫謂祫禘，禘謂犆禘，互文見義，此《禮緯》「三年一祫、五年一禘」之數法也，非謂祫與禘爲二祭之別名也。今以爲天子一年一祫禘，諸侯從祫禘年起數，則五年再殷祭；而祫從犆禘年起數，則三年一祫禘，五年一犆禘，一切講祫禘異同年數之説，皆刪之。一説以爲祫於閏年行之，每閏則爲一祫祭，與此説稍異。

《周禮》於專條苦無徵引，《大戴記①·朝事》篇全與《周禮》相同。鄭注《周禮》四時朝異名，及十二年巡守、世朝之類，宜當引之，鄭《注》乃不見引。所疑此爲魏晉下古文家所羼改；

① 大戴記：原作「大戴説」，據《大戴禮記》改。

不然，則盧注用《周禮》而誤入正文者也。《大戴》六朝以後甚微，今本尤多誤脱，其非原文可知。《藝文志》有《周禮説》四篇①，此亦羼改，如鄒、夾《春秋》，不必有此書。或乃以今大、小《戴記》同《周禮》之《玉藻》、《深衣》當之，此又誤中誤矣。

四代禮節由質而文，由簡而詳，至周乃少備。孔子曰：「郁郁乎文哉！吾從周。」此以較夏、殷言之，實則經禮由孔子踵事增華，創作者多，又人事變異，禮緣情生，故多新事、新禮。凡歷朝晚季，史册莫不十倍國初，皆事變所致，踵增之效也。素王新作禮樂，大綱已定，細節未詳，聖作賢述，專賴及門補足，以《檀弓》一篇言之，其證不下數十見。故禮家有以意起義之事，如刑名之比例，似書吏之援案。其初但有大綱，節目未詳，如《曾子問》，所問皆變禮，孔子所答，皆從心之言，以意起者。又如曾子、子游裼襲而弔，曾子初非子游而終是之，此亦全由義起，因事變而意乃見。使禮節原有此言，則曾子早見之矣。凡事行之既久，莫不曲折巧妙，百倍於初，皆由習者補苴。故禮家有心造意起一派，在《禮經》之外，仁智異端，各隨所見，變幻曲折，難以言罄。此其數十年行習所得之精華，求佐證則無佐證，求原委則無原委，故予特立意起一派也。禮者原宜從俗，不能方拘。故三王不同，九土異制。即以目前考之，如一昏

① 周禮説四篇：「篇」字原爲墨丁，據文意補。案：《漢書·藝文志》有《周官傳》四篇，而無《周禮説》。

禮，南北迥然不同，一派中分無數小派，此土俗之異也。成都老城儉朴①，不如今日繁華，然相習成風，即爲宜俗。苟欲考《會典》，講古禮，豈不冤誣？故春秋以後，禮家所録，《戴記》所言，有意起、古無此禮，以意相起。有鄉俗、有沿變。《左》、《國》所言，諸子所記土地不同，儀節互異，此鄉土之説也。又如家臣事大夫，禮：古大夫不專國命。後來攘奪國權，儀制乃異。禮書所言事大夫禮，皆末流事。孔子就春秋時事爲之，《左傳》言晉、楚制度，亦據侯國典禮而言，並非流變。《記》云某事某爲之也、自某始也，或以此爲《記》失禮之始，非也，此兼記沿變，尊行既久，便爲成例；别書引之，遂爲典要。故禮于定制外，須另立此三門，一收末流歧出之事，不可以定制求之。如今禮不能合《會典》，苟據《會典》以説世俗，豈有合乎？

《禮記》有雜篇一類，體如子鈔、格言，或爲教童蒙，或自作箴銘，故淩雜無叙。又係摘鈔，故語多不詳。緣録時不用全文，但取精語，如《曲禮》、《少儀》等篇，其言頗似子書中之雜篇，此類不必有經、傳之别。《曲禮》首數語出《曲禮》，乃作此篇者引之，非此篇名《曲禮》也。《記》文似史者多爲《尚書》説。如《明堂》、《文王官人》之傳《召誥》、《立政》、《五帝德》、

① 成都老城儉朴：「城」原作「成」，據文意改。

《繫姓》，《月令》之傳《堯典》①，如《踐阼》篇、《文王世子》之傳《無逸》、《金縢》是也②。撰《尚書備解》，采古傳説五六十篇，《戴記》、《周書》爲最多。

《大戴・保傅》出於賈書；《禮察》篇湯、武、秦王③定取舍一則，盡出誼《疏》；《公冠》④篇又羼入昭帝冠辭。蓋漢初經説諸書，有傳記、有解詁。傳記出於先秦，乃傳授秘本，非其自作，各篇多有記識，語如《王制》「古者」⑤、「今東田」一節，則明爲漢師加入。以此例推，《韓詩外傳》、《尚書大傳》、《石渠論》、《説苑》、《新叙》、《白虎通》之類，可與《記》文同觀。又《記》文雜存子書、史書二類，以禮實包此二家也。《弟子》、《保傅》、《胎教》、《容經》數篇最要，《記》偶遺之。《内則》、《曲禮》、《少儀》皆此例也。《大戴》有《保傅》、昭帝冠辭。《保傅》則以漢師説爲記之例也，冠辭則以漢事附入古書之例也。以此推之，恐不止此，惜不盡可考耳。《禮三

① 「堯典」後原有「是也」二字，據文意删。
② 是也：原無，據文意補。
③ 王：原無，據《大戴禮記・禮察》篇補。
④ 公冠：《大戴禮記》各本皆訛作「公符」，誤。
⑤ 古者：原作「古書」，據《禮記・王制》篇改。

本》又見《史記》，《禮察》一篇後半與《漢書》同，當亦如《禮三本》①、《樂記》之比。或以《王制》②説《公》、《穀》。或以此《左傳》所無。不知□□□□□《左氏》天子、伯、侯、牧、小國、附庸十九國，考以明之。

天王 王爲周天王者，天之臣；天子者，天之子。王者事天，有臣子之義。王姬姓，有《本紀》。

右天王一。《春秋》以天統王，以王統二伯，以二伯統八州牧，以八州牧統五十六小侯，而天下諸侯皆在是矣。《傳》曰「王合諸侯，則伯率侯、牧以見於王」是也。歸權於天，歸正於道，《春秋》之大義也。

齊 太公所封。《傳》云：太公之後，與周公夾輔周室。蓋周初周公與太公爲二伯，春秋初不爲伯，因舊爲二伯，貴間在宋上，後鄭有亂，因桓有功，乃命牧伯代鄭爲左伯。經二記災，早見。經：「公早如。」大夫稱子，一不名，禮待較晉爲最優。故《傳》天子稱伯舅、稱國、高爲二守。又云大國侯伯、元侯。至成二年，因鞌戰，貶爲方伯。故靈公

---

① 禮三本：原脱「本」字，據《大戴禮記・禮三本》篇補。

② 王制：原無「制」字，據文意補。

命，《傳》稱舅氏；公不如齊，如楚。至昭二十七年以後，晉衰，天下分爲四伯，又見公如齊，有從國。《史記》有《世家》。在同盟，言戎狄侵伐。

晉《傳》云：「周之東遷，晉鄭焉依。」又云：晉文侯與鄭武公受平王命，夾輔周室。是東遷初，晉與鄭爲二伯，因曲沃之難，失伯，王以虢代之。齊桓受命以後，虢猶爲伯。虢爲晉滅，王因晉文之功，復命之爲伯。晉爲右伯，統夷，禮待不如左伯，故晚見。經不記災，初用平禮。晉悼以後，乃純用二伯禮。故《傳》天子稱□□與齊國隆殺不同。襄以後乃稱伯父。《傳》「文襄之伯也」，又曰「我於姬姓爲伯」。又以爲盟主，大國侯伯、元侯霸主，文世始同盟。昭十三年同盟止，諸侯遂亂，齊、晉爭於內，楚、吴爭於外，爲吴伯之辭，黄池與吴並叙，皆不叙從國，禮待又不如齊、楚。《史記》有《世家》，在同盟，言戎狄侵伐。

右伯國二，《曲禮》、《王制》所謂二伯，亦本《傳》所謂二公也。本《傳》無二伯明文，凡單稱伯者，皆謂此也。天子統二伯，二伯統侯牧，侯牧統小國。二伯儀制爲大國，所異於州牧者，會盟通主天下，戰伐通及天下，州牧以朝禮事之，討得爲伯討，不如州牧以下國。二國爲經意之二伯，至於鄭、虢、楚、吴、越，則隨時升降，然經則以齊、晉爲主。

宋《傳》：「宋，先代之後也，於周爲客，天子有事膰焉，有喪拜焉。」經宋子哀稱子，《傳》以爲蕭封人與蔡仲同是王後，有監，如管蔡三叔之制也。據《傳》，宋有屬國，經則以王後爲客，不純用臣禮，亦不統諸侯。《傳》不以宋襄爲伯，故言求合諸侯，天下無伯。經常以書諸侯先，故《傳》以求霸言之。本《傳》説五霸，不數宋也。在同盟，言戎狄侵伐。

右王者後大國一，於周爲客，州牧不以禮朝事，二伯不相攝，位次二伯下。

□□□□□□□□四州見八伯之制。《春秋》則實衍其意，用夏變夷，以成三千里九州之制。八伯①與《詩》四同四異，二小侯與《詩》一同一異。《春秋》封建八伯，四本封，四異地。魯、陳、楚、吴，中國、夷狄各二，本封；衛、鄭、蔡、秦，中國、夷狄②各二，異封。又八伯中四正稱侯，二子二伯。又衛、蔡以遷文異封，鄭、秦以稱伯，從畿内例也。

魯《春秋》本魯史，於魯爲内辭。經見湯沐朝宿邑，有監者。《傳》：天子稱魯君爲叔

① 八伯：「伯」原作「百」，據文意改。

② 夷狄：原作「夷秋」，據文意改。

父，是州牧之證。有《世家》。在同盟，言戎狄侵伐。

衛 衛正稱侯，在豫州，僖公時遷帝丘，在兗州之境，是内早治平。經一記災，有使聘之文。《傳》：天子稱衛君爲叔父。又云：「取於有閻之土，以供王職，取於相土之東都，以會王之東蒐。」有湯沐朝宿邑。又《傳》：「諸侯無伯，天或者欲衛討之乎？」是州牧之證。有《世家》。莊以前無伯，統於鄭。虢、齊爲伯，則衛主兗州；齊爲方伯，則衛主①豫州。

陳 經二記災，見二監，稱使言聘，稱侯不言遷，故仍舊爲豫州伯。文以下不言同盟者，外之也。齊爲二伯，則衛爲兗州，陳主豫州。齊失伯，升楚爲伯，則荆牧無人，以陳攝之。故楚伯則同盟不叙，陳公如楚不如齊，定、哀以後本從楚，見經。不如衛、鄭者，以不與中國同盟，外之於荆州也。帝舜之後。《傳》以陳爲三恪，内方伯四，三國同姓，惟陳異姓，是尊爲三恪之義。有《世家》。

鄭 《傳》云：「周之東遷，晉、鄭焉依。」又云：「受命夾輔周室。」是東遷初同晉爲二伯。《傳》曰「武、莊爲平王卿士」是也。春秋初，晉有曲沃難，失伯，鄭專爲之。後王以

---

① 主：原爲墨丁，據前文意補。

虢代晉，鄭爲左伯，虢爲右伯，故隱、桓《傳》文言鄭受王命事甚詳。後因齊桓受命復伯，鄭乃退爲侯牧，事在莊十六年。晉未爲伯之先，則晉爲冀州伯，故言滅國；既爲伯以後，則以鄭爲冀州國。故《穀梁》以鄭爲冀州國，例應稱侯，以伯稱者，從天子大夫例，稱字與秦伯同，且以見舊爲伯，鄭伯猶吴伯也。方伯比天子卿，大夫則下等。故《傳》累以伯、子、男爲説。得爲方伯者，上大夫可攝卿事。《傳》云「入爲王朝卿士」是也。經一記災，見監，大夫湯沐邑，稱使聘，是爲州牧次國之證。有《世家》。

右内州四侯牧，青、兖、豫、冀，皆《詩·國風》所有之國，二《傳》皆以爲中國國，是故皆記災也。

蔡 蔡篤心事楚，《春秋》夷之。故楚盟會，以蔡親楚，常十數年不記一事、不記災、不言來聘與大夫如蔡、湯沐邑、監者皆外之，同於夷狄。初封在豫州，定公時□□遷州來，晚治夷狄之意。其地當徐州，故經以爲徐州侯牧，與衛遷於帝丘以爲兖州牧同也。有《世家》。

秦 本在雍州，春秋存西京，不使秦有雍，故稱伯，與鄭同，如天子卿在西京爲留守者然，秦爲居者，鄭爲行者，故王臣仍氏舊采。雍州不見一小國，以爲王畿，天子返蹕，當以食王臣也。又因滅梁之文託之於梁，不記災，文以後乃卒。有名，不葬，後葬不名，有聘，一見不氏大夫，不卒與盟會。或以秦爲五霸。按《傳》云：「其不遂霸也，宜哉！」又云：「遂霸西戎。」則不以霸許之，明矣。文以後乃卒、葬，不常會中國。《傳》云「遂霸西戎」，明爲夷狄之長，此狄之之例。有《本紀》。

楚 芈姓①，熊繹所封。《傳》以爲子男。經稱荆，起州牧也。稱使、言聘，此侯牧之證。經後因齊鞌戰失伯，乃以楚主夷狄，與晉分主天下，故公不言如齊，言如楚，文同齊、晉。因其爲夷，非正伯，故出入皆月，以明非正，故楚爲伯，故以陳代爲牧。中國同盟不言陳、秦、吴，大夫皆不氏。楚有名氏大夫，夷狄中以楚爲大也。三《傳》皆以吴、楚、秦、徐爲蠻夷，吴、楚稱王。經乃稱之爲子，引而進之，繩以先王之法度，此《春秋》用夏變夷②之大例也。有《世家》。

吴 泰伯之後，姬姓。經不記災，言使聘祇一見，不氏大夫，盟殊會，記卒，無謚，不葬。《傳》：「吴，周之冑也，而棄在海濱，不與姬通。」此吴爲揚州牧之證。與楚同稱子

---

① 芈姓：原作「芊姓」，據《史記·楚世家》改。

② 用夏變夷：「變」原作「蠻」，誤。據文意改。

者,《曲禮》:「夷狄雖大曰子。」《傳》以伯言之者,定以後晉失伯,中外分裂,齊强與晉争,吴强與楚争,故《傳》屢以二伯爲言。是時無正伯,四國争長,二中國、二夷狄。然中分天下,經以二伯爲正。故襄、昭之世言「公如楚」,而不言「公如吴」。又大楚小吴,如内二伯,隆齊殺晉也。《傳》祇四伯,經之純待以二伯之制者,則惟齊、晉而已。有《世家》。

右外侯牧四,此不見《國風》。國初爲夷狄,《春秋》化之,乃成三千里九州之制。《春秋》夷狄與中國異辭,計卒者,地計爲方伯也。楚因齊失伯,曾攝爲之,經以方伯之劣等待之。不葬者,夷狄也。秦葬者,非真夷狄也①。

許

許,外小侯,本爵侯,太岳之後也。初近鄭,後遷荆,是許間於中外之間,言許而中外之卒正皆舉也。許如《國風》之《檜》,《傳》「自《檜》以下無譏焉」。以此見爲小國也。稱男而叙在伯、子之前者,明伯、子、男號非實爵也。無《世家》,《年表》不列。

右外小侯一國,叙在鄭下,不與内屬小侯溷也。不言來朝,外小國,不朝魯也。卒則書葬者,借以示例,見小侯禮待也。獨號男者,以别於内之小侯。《春秋》小國稱伯子男。經許男、曹伯、莒子三國連叙,即「伯、子、男一也」之定制。地近鄭,與

① 夷狄:原無「狄」字,據文意補。

《國風》之《檜》相同。

曹 爲内小侯之首，以下六國皆朝魯。《傳》云「小國朝之」是也。《傳》以曹爲伯甸，甸當爲男，與「鄭伯男也」同。本侯爵，稱伯爲託號，爲魯屬國。《詩》有《曹風》，與《檜》相起。以同姓居莒、邾先，爵有定，盟會，大夫稱人，經見不氏大夫，有師。以下國通不記災。有《世家》，列《年表》。同盟十三。

莒 《傳》以莒爲夷狄。經不葬，無謚者，與吴、楚同，夷狄不葬也。稱子者，夷狄正稱子，大小同也。爵有定，經、傳皆有大夫氏名，有師。《春秋》用夏變夷，進之同中國。無《世家》，不列《年表》。同盟七。

邾 《傳》云「邾爲蠻夷」，故稱子。初未王命，故不書爵。以附庸升小侯，從字升子，有見經，不氏大夫，有師。在魯南，居上等之末，故以小邾附之。八方伯：四中國，四夷狄。六卒正：三中國，三夷狄。用夏變夷，與方伯同意。無《世家》。不列《年表》。同盟十一。

滕 以同姓居魯，屬國下等，薛、杞之上，再見。本爵侯，常號稱子。經、傳皆無大夫名氏。《傳》于大夫會言滕人、滕大夫而已，無師。《傳》：「滕、薛、郳，宋屬役。」故與上三國别爲一等。《春秋》以王後不爲牧，故以屬魯。無《世家》，不列《年表》。同盟五。

薛《傳》以爲庶姓，因後于滕。一見。本爵侯，稱伯，託號明非方伯。經、傳皆無大夫。《傳》于大事言薛人、薛大夫、薛宰而已。無師。魯與宋同爲王後，六卒正，各占三國。《春秋》以魯爲牧，故以屬魯。無《世家》。不列《年表》。同盟四。

杞《傳》：「杞，夏餘也。」遷近東夷，故云「即于夷」。《春秋》因其微弱，以子伯殿諸侯之末，與宋稱公。先諸侯者，對文見義。古經有稱侯之文，異號伯子，與紀子伯同，明伯子非爵。經、傳皆無大夫，《傳》于大夫會言杞人、杞大夫而已，無師。有《世家》，不列《年表》。同盟七。

右魯六小侯。《曲禮》：「庶邦小侯①。」下于方伯一等，今用其稱，《王制》所謂「卒正」是也。會盟，外州惟叙許男，内録此六國，詳魯而略外也。本州魯統二百一十國，常唯録此六國者，舉小侯以包之也。至襄世乃詳録。三《傳》或稱小國、微國、卑近國。

附庸一

① 庶邦小侯：《禮記·曲禮下》作「庶方小侯」。

小邾曹姓，顓頊之後。本名郳，經稱「黎來」是也。正辭不能以其名通，故附于邾，稱小邾。本爲宋役，《春秋》絀杞，故以杞殿諸侯，而以郳爲附庸。《世本》爲邾别支顔所封，故附邾附庸，不見會盟，常一見小邾，以見起不見。盟會附庸皆來，而經不書，見小邾，則天下附庸皆在是也。不記卒葬者，卑也。事卒正，如卒正事方伯之儀。

《春秋》惟此一天王、十九國獨記事，餘皆不記事。無明文者四條：狄滅邢，狄即晉也；梁亡記秦滅，以州名見；徐侵蕭，爲蔡遷，徐以州名見，與梁亡同。皆在十九國内。惟介人侵蕭，二國皆附庸，特見此例，明附庸經亦特言之，餘不書者，削也。凡外七州，小侯以下通不記事；内一州，連帥以下通不記事；而獨於附庸記一條者，如盟會列小邾之意。此爲一見例。不記此一條，不見諸侯，史皆記事；録此一條，以明《春秋》以此爲斷，凡非十九國之文，皆削之也。

《記》有重出篇名目者，兩《投壺》、《哀公問》是也。有重出一正、一附者，《大戴·曾子大孝篇》，《小戴》附于《祭義》；《儀禮①·冠義》、《昏義》附見《郊特牲》；《諸侯釁廟》附見《雜記》是也。又如《内則》言養老與《王制》同，《大戴·哀公問於孔子》見於《小戴》。蓋當時轉相抄録，字句異同，且或合治，或分治，因而篇目亦改。學者類而叙之，不敢取此删彼。又《儀

① 儀禮：據文意，當作「禮記」爲是。

禮》有《昏記》一篇，與《戴記》同，又別有《昏義》，而《冠禮》記則同，足見取採甚博。《祭統》、《祭義》、《禮運》皆言求神祊祭，而文各詳略出入。《大戴》之《投壺》、《哀公問》篇亦然，可見誤寫、脱字、省文、互見之外，尚有詳略不同之例。若專就文字求，則尋行數墨，望文生訓之弊，必所不免。

《記》有五行陰陽家説，《月令》、《夏小正》、《易本命》、《盛德》、《用兵》、《誥志》是也。五行本《洪範》，陰陽本《夏小正》，本爲經學。五行流於術數，陰陽入于子家，經學不能缺此門，故於禮外別立二家，本於經、子而推及史、志。同邑胡哲波好是事，因與相約爲之，既有專門，則經中此門有所歸宿矣。

《戴記》皆七十子所記，《夏小正》雖名古書，實孔子緒論，《禮運》「吾得夏時」①説是也。然則自六藝外，西漢以前經、傳、子、史皆與《戴記》源流同貫。正如寶山，觸目琳瑯，苟能全通，經學必可重光。然《王制》尚難，何論全書乎？

《戴記》門目繁極矣！以今考之，猶繁雜見端，當舉一反三，充類至盡，其煩尤且倍蓰。市中雜貨，千奇百怪，無不藴藏。初疑其濫，賣時乃嫌其少。欲窮其變，不能簡略也。

《王制》：「天子三公、九卿、二十七大夫、八十一元士。」以三輔一，此定説也。又：「大國

① 吾得夏時：「吾」原作「化」，據《禮記·禮運》改。

三卿，皆命於天子，下大夫五人，上士二十七人。」次國、小國文同。案：當云「大夫九人」，以二十七人參九大夫，以九大夫參三卿。今作五大夫，則上不配三數，下不合二十七數，此必有誤。《董子》作「九大夫」是也。其云五下大夫，有四上大夫也。上下分二等，而下數多上一人。考《董子》，天子於三公屬官以外，別有七通大夫，諸侯則大國、次國、小國皆有通佐大夫五人，諸書所不言。《董子》説本《王制》，無通佐大夫之文，則比附此下大夫以見義者也。諸侯見五人，不見天子七人者，可以相推。此省文例也。至于小國言二卿，下又言二十七大夫，此當云小國三卿，一卿命于天子，二卿命于其君。下大夫九人，上士二十七人。鄭君以「一卿命于其君」句爲脱誤，不知此亦省文例也。

《董子》通佐之官不見職守，初以爲後世冗散之員，借以通補實任者；其有差使，亦其職事正員，如今之實缺；通佐如今之候補。國家不能于正額之外不置一員，此通佐之義，爲制官命職必不可缺之典。古今所同，不得謂今之所必有，在古可全無。近乃以六大當通佐。天子七通佐，云六大者，司會不數也。通佐人數亦定制，若冗散候選之員，不可以數定矣。

《考工》，舊以爲失《冬官》，取以補其缺。按《記》序云：「國有六職，百工居一。」并不以《冬官》爲缺，則此篇不得云補。且漢時古書尚多，何《記》外絶無此體？若①博士撰補，何不

① 若：原爲墨丁，據文意補。

取司空散見之文，乃別記工事？竊以《周禮》即《佚禮》，其書藏秘府，未通行。歆校書得之，争立不得。莽即真時，迎合莽意，羼改原文，爲今《周禮》，取爲新制作之意。《曲禮》六大、五官、六府、六工，即《周禮》之舊目也。《佚禮》不出周公《王制》職官之傳，如今之《會典》、《搢紳》。其書出弟子，皆經制，與周制、周公實不相干。博士説六藝，皆祖孔子六經新制，素王創造，微言不能宣布。歆與博士成仇，思敗之，改《周禮》，亂經制，國史諸説因緣而起。以周公敵孔子，以國史敵賢述，於是群經皆歸周公，國史撏撦孔子殆盡。六朝後甚行，二千年來沈蔽愈甚。道、咸間，大師碩學間發端倪。丁亥作《今古學考》，戊子分爲二篇，述今學爲《知聖》，論古學爲《闢劉》。庚寅晤康長素於廣州，議論相合，逾年《僞經考》出。倚馬成書，真絶倫也。

劉歆羼改五官，與《考工》小異。《考工》全同今説，文筆亦有參差。以《考工》終非《冬官》，疑歆改竄方畢《司寇》，遭功顯君喪，迫不及待，匆遽上進。因《考工》①不類《冬官》，乃作《叙》以屬之。五官均有潤色，不及修《冬官》；如修，則必不直録《記》文而已。然因《考工》可見五官之舊，五官則已修之，《考工記》文則五官之原稿也。以《考工》爲《冬官》，終屬破綻。如爲②《冬官》，不能不別有添補。《考工》所以全同今學者，所改制度于工無干，故不變改。《太宰》有掌百工

① 考工：原脱「工」字，據文意補。

② 爲：原爲墨丁，據文意補。

明文，則工本屬太宰。在《佚禮》原不以天地四時名官，亦不以司空掌工也。名曰《周禮》，實非周書，亦與經中周制不合。歆但求立異《王制》，與博士爲難，所改新説，不惟孟、荀諸子不見引用，即《左》、《國》亦與相反。西漢以前毫無明證，惟古《書》、《毛詩》相同。《毛詩》、古《書》乃《周禮》子孫，非《周禮》説與之同也。

鄉保之法有數説：伏生《唐虞傳》：八家爲鄰，一井。二十四家爲朋，三井。七十二家爲里。九井。此《尚書》先師説也。皆依井田八家分限之制推之。《周官》大司徒職云：五家爲比，二十五家爲閭，百家爲族，五百家爲黨，二千五百家爲州，萬二千五百家爲鄉。此《佚禮》以五起數之説也。《鶡冠子·王鈇篇》①言：楚法五家有長，五十家有里司，二百家扁長，二千家鄉師，萬家縣嗇夫，十萬家郡大夫，與《國語》同。《國語》：管子定民五家有軌長，五十家有里司，二百家有連長，二千家有良人，軍則萬家，制鄙三十家爲邑，三百家爲卒，十卒爲卿，三卿爲縣，居十縣爲卒，此又小變。居民當以井田爲斷，以五起算者，乃營制，不然則以易田之制。每井八夫，大約折半可得五家，故以五家起算。五家方一里，二十五家五井也，百家二十井也，以此推之。

《周禮》鄉、遂有異同。《齊語》、《管子》居民鄉鄙制各異。蓋《齊語》即《佚禮》詳説。《周

① 王鈇篇：原作「王鐵篇」，據《鶡冠子》改。

禮》之制多缺，當以《國語》、《管子》補證之。如居民有士、工、商之不同，《周禮》但詳農事。《管子》：齊有二十一鄉，《周禮》王祇有六鄉。均當以《國語》爲正，據齊推王畿十倍，當得二百一十鄉。

《墨子》書稱三月之喪爲夏制。據此推之，則殷當期，三年乃周制也。高宗三年不言，本有是事，《無佚》録之爲經，故疑之者衆。若古制通行三年，則高宗所行仍是常事，弟子不得設問。喪服四代本有損益，孔子翻譯《詩》、《書》，四代若有異同，後人將何遵守？「三載四海遏密八音」①，以爲帝時已如此，所謂古之人皆然也。宰予欲短三年喪，本指天子國卹而言。國卹必如《帝典》，三載不用禮樂，真有禮壞樂崩之懼。揆之時勢，亦難通行，天誘其衷，斟酌盡善，乃六經言外之意。漢文以日易月，宰我以天子服三年，天下從服皆得三年，難行，意欲改服期。推諸侯絶旁期之法以尊降，明目張膽②改爲期年。天子期，臣民從服亦期，孔子則以期年亦太久。文帝以日易月，至今不改，較期爲少。明知三年難于通行，特不可大聲疾呼。天子期以尊降其父，則諸侯、大夫將援以爲例，且示天下父亦可以尊降。《公羊》實與文不與，正與此同。實則以日易月，不及期十分之一，不必禁其短；喪必三年，特不可明許其短。隄

① 遏密八音：「密」原作「秘」，據《尚書·堯典》改。
② 明目張膽：「目」原作「日」，據文意改。

防一開，必至全潰。孔子云「三年天下之通喪」，明指宰我專爲天子，言通則上下同，天子不可以尊降父。且由文帝之制推之，臣民可以短，天子自盡可以不短，如晉武帝是也。若如宰我説，是因臣民而天子自短也。且自孔子定論後，天子不能三年，猶有自歉之心，儒生猶有非禮之論。若開此關防，則變亂不可問矣。然實與文不與説，不能明言，故孔子不與論禮，而與言情。若非爲天子事，則直據禮以答之足矣，奚爲不正言而遊戲之耶？且「子生三年，然後免於父母之懷」，亦爲微言，非實責宰我。夫至親以期斷，既皆有三年之愛矣，何以父在爲母期乎？以鞠育言之，則母過於父；母既可期，則知孔子故留破綻，以示此非正語，庶不至以不仁疑宰我耳。禮樂崩壞，本天子事，非臣下所得言。如宰我自欲短喪，方且矯情飾貌以欺人，此商量制作之言。後人乃以爲宰予自欲短喪，當函丈前爲此病狂語。不惟宰我不堪，且置孔子於何地？宰我身列四科，數見稱許，非喪心病狂，不爲此語也。至孔子答子張，亦是難于措詞，故統曰：「古之人皆然，何必高宗？」其實古人無此事，若三年不止高宗，子張豈獨不知古人皆然耶？

改制爲《春秋》大門，自來先師多不得其意。凡《春秋》所譏非禮，皆周制。《春秋》斟酌四代以定一尊，故即事見譏，以起改制之意。如世卿、父老子代政、喪娶、喪用樂、喪祭、徹而不助，同姓爲婚之類，皆周時通行典禮，諸國所同，其事時見《左》、《國》、諸子。孔子改制，譏之以見意，不可勝譏，故擇其輕而介於疑似者以起之。如喪娶譏文納幣，喪用樂譏叔弓去樂卒事，喪祭譏閔吉禘，世卿譏尹、崔氏，代政譏武氏子。事皆輕，譏必於其重者，方爲明著，乃微事見意者。微者譏，重者可知，文省而義愈明。舊說不得其解，以爲譏失周禮，經義遂晦。推之税畝、丘甲、田賦，皆起用助改徹之意，至其事於周禮合否，皆在所輕。周助託以見義，故書之税畝、田賦、丘甲，皆譏其不合新制，以新制託之先王，故以魯爲不用周法。據《孟子》，周實用徹不用助，故云其事桓、文，義則竊取。《傳》於諸條不能詳其制，但據經譏其不合。實則周家自有制度，安得據《王制》駁之？此《春秋》所以爲《春秋》，游、夏不贊一辭也。《論語》所譏「雍徹」、「旅泰山」諸條，亦見改制之意。舊多以僭説之，人非下愚無恥，何以僭用儀注？市井皆知其非，不待聖言，又何須著録？此皆爲新制。今日以爲常語，當時則如雷霆也。

《周禮》鄉官雖有公、卿、大夫、士之名，與王官貴賤懸殊，故以「鄉」字冠之也。如舊説，則一鄉不過百里，天子三公、六卿衹理附近六百里之事，以下九千①四百里皆不詳，未免非情理所有。又鄉大夫職云：「正月之吉，受教法於司徒，退而頒之于其鄉吏。」據鄉大夫爲卿，六卿則雖大司徒亦在數内，何以又受教于司徒？鄉官稱鄉吏，明與王官不同，見屬于司徒。此鄉官之公、卿、大夫、士與王官之公、卿、大夫、士號同而貴賤懸殊也。遂人與鄉老所屬之官皆爲鄉官，因其相屬有七等之别，故假王官七等之名以别之。其稱爲鄉大夫、遂大夫者，以鄉、遂

---

① 九千：原作「九十」，據文意改。

名官，明非真大夫也。博士説有命民，《大傳》、《説苑》、《外傳》皆詳之，當即指此。漢以後之嗇夫、亭長、秦之民爵是也。《周禮》有官多之嫌，又一家須養官家八九口，萬不能行。今之保甲法，十家有牌首，百家有甲長，大約千家有保正。以《周禮》言，黨正五百家，已爲下大夫。今以牌首、甲長爲官，豈非病民？必不能行之事。王畿鄉、遂官不下數萬人，皆命民，民爵以民級法比之。今新訂官禮，于鄉、遂官皆删出，别爲鄉官，不與正官相淆。《周禮田賦考》以鄉官爲正官，分派食禄，大誤。

東西通畿，周制明條，王莽六鄉、六遂用通畿法。鄭君以鄉、遂皆在西京，與《莽傳》不合。今據莽以長安畿内方八百里統名六鄉。西京方八百里，與《逸周書》説同。鄉不必萬二千家。方八百里，八八六十四，分六鄉，是鄉方百里者十有奇，則鄉豈止萬二千五百家？六遂爲東都畿内方六百里之名，非鄉外爲遂也。莽以十縣爲一尉，推其制，當以十小鄉①爲一大鄉。《周禮》四縣爲都，而有大都、小都之名。《周禮》多大小爲説。小鄉②爲二萬五千家，大鄉爲二十五萬家。鄉大夫小鄉，率六鄉爲大鄉，二者須細爲分之。六大鄉共六十小鄉，畿内地略于此。以六尉六十縣推之，則是莽以縣爲《周禮》之鄉，十縣爲一尉，即十小鄉爲一大鄉之文也。莽以河南附郡立六隊郡，師古以隊爲遂，弘農縣十

---

① 小鄉：原作「小卿」，誤。據文意改。

② 小鄉：「小」字原無，據文意補。

一、河東縣二十四、河内十八、河南三十二、潁川二十、南陽三十六，共爲百二十六縣。合計六隊百二十六縣，亦適得方百里之地。莽于二都之外更割地立八州，可見六鄉、六遂之爲二都，即本古東西通畿之説，非謂遂在鄉外也。

通畿之制，《逸周書》西京方八百里，雒陽方六百里，方千里爲方百里者百。今東、西合計八八六十四，六六三十六，得方百里者百，非雍州方千里也。惟雍州方八百里，故梁州地兼有華山，以華爲梁鎮，則古之梁州兼有今陝西之半也。即夏、殷不以雍通畿，以華當正西，則渭以南皆當屬梁州矣。九州本井字，截長補短，不拘一定，故西方衹立雍、梁二州，而于青、揚①、豫、荆四州中間别立徐州，以地屬膏腴，故不論里數。又於豫、冀之間截方六百里以爲東京，故東京不占豫州地。《鄭語》以陳、蔡、許、申諸國皆在南方，外四州之南，則在二南中，以方二千里計，二二如四。内四州之東屬青，北屬兖，西屬冀，南屬豫，不數雍州。以王畿通東京，此當爲《詩經》師説，以《國風》專就内四州分四方。《春秋》則不如此。《左傳》齊桓所云東至海，青。西至河，冀。南穆陵，豫。北無棣，兖。東至海，西至河，南穆陵，北無棣。亦爲《詩》説，故與《鄭語》同。《詩》、《書》以陳、甫爲南方國，專爲此制，非《春秋》意也。

《天官》九賦，有邦甸、邦縣、邦都之文。《小司徒》云：「四丘爲甸，四甸爲縣，四縣爲都，

① 揚：原作「陽」。案：古九州無「陽州」，據文意改。

以任地事而令貢賦，凡税斂之事。」《天官》之邦甸、邦縣、邦都，即《小司徒》之甸、縣、都也；《天官》之九賦斂財賄，即《小司徒》令貢賦税斂之事也。甸爲方四里，縣爲方八里，都爲方十六里，此井牧、井田、埜中之小名，非二百里以内爲甸、四百里以内爲縣、五百里以内爲都也。遠近之分，當用《禹貢》説，五百里一服，内三百里爲近、外二百里爲遠，百里之國亦當三十里爲郊，二十里爲遂。

《費誓》三郊、三遂則與王莽六郊、六遂同，本封當爲三郊，閒田當爲三遂。莽鄉、遂乃東西畿之分名，不關一畿内外。西京爲六鄉，東京爲六遂，各有内外。鄭君以百里爲鄉，二百里爲遂，三百里爲家削，四百里爲縣，五百里爲都，不惟不合古説，并不合莽制。莽説猶師古，鄭説乃真臆造矣。

《管子》：齊方三百餘里，而有二十一鄉。然則方千里當爲二百一十鄉矣。《大司徒》：五州爲鄉，鄉萬二千五百家，六鄉七萬二千五百家。又《大司馬》：萬二千有五百人爲一軍，三軍共四萬餘人。據《爵國篇》言之，此小國五十里之制。五十里小國，軍四萬口，以三分之，每軍萬二千五百人，餘二千五百人不計。天子地四百倍于五十里國，以九軍計之，每軍得百七十七萬七千七百七十七口。故經稱京師方百里國四軍，地四倍五十里，合得十六萬口。次國七十里，得百里之半，合得七萬九千二百一十二口，人數由田畝而出。《周禮》以二萬五千人爲一軍者，據小國以起例。方千里、方三百一十六里、方百里、方七十里，數各不同，舉一小者起數，無待煩言。馬、鄭不知此旨，遂以萬二千人爲軍制定數，無論國之大小，一定如此。天子九軍、六軍，小國三軍、一軍。以地言之，則小國地衹天子四百分之一，而出軍則三分之一，少亦六分之一，苦樂不均，莫此爲甚。《爵國篇》明文朗在，以其爲博士説而不之用，馬、鄭至今二千年，無人翻此案者，豈不哀哉！

舊説以六軍爲皆六鄉所出，以家出一人，三軍正合六鄉之數。按王畿千里，不應衹此二方百餘里出兵，而九十七方百里遂皆豁免，以爲王畿内皆出車，則軍數目太少，六鄉與六軍數目巧合，一鄉一軍，不能立異，此舊説所以誤人也。案：東西京通畿，共方千里。使就地考之，《爵國篇》云：「天子地方千里，爲方百里者百，亦三分除其一，定得田方百里者六十六①，與方十里六十六定率，得千六百萬口，九分之，一軍各得百七十七萬七千七百七十七口。」大約口數多于小國四百倍，當九軍。今但云六軍者，此就出車言之。天子出，一公守，二公從，二公各統二鄉②，共六軍。此兵額也。至於出軍，則多以千乘爲率。蓋軍事十萬人已不爲少，兵多則亂，所費不貲。大約平事十家限出一人，六十鄉出六軍，如今之一成隊。以車馬芻牧既多，而盡出則無備，故常制以千乘爲率，兼制節有數，則十萬人已不爲少。周時兵制頗與

① 六十六：原作「六十四」，據《春秋繁露·爵國篇》改。

② 鄉：原作「卿」，據文意改。

漢近，起役若干，皆臨時定數，而詔發之，皆就近起徵。如南方有事，則從南近處起軍，不必遠徵，騷及他方。任兵之人，正副各有名色。故一軍已起，有從後補發徵調之事。其詳見于錢文子《補漢兵制》。漢人皆仿古所爲，不能如俗説拘泥。苟如此，則滯碍太多，不能行。

鄭君説不拘天子、諸侯、大國、小國，皆萬二千五百人爲一軍。按，天子六軍，諸侯三軍，二百里國便與天子相敵，四國且倍于王師，如此威令何以能行？考《公》、《穀》説京師皆云：「京，大也；師，衆也。」天子之師，當以衆大言之。諸侯稱師，天子稱京師，明與諸侯有别。必如董子所云，天子百七十七萬人爲一軍，乃爲京師，與諸侯有别。經、傳有起數之例，鄭君多誤。《左傳》：魯、鄭待晉六卿以三命之禮。此亦舉小者以起例，非六人同待以三命也。鄭三卿受楚馬八匹、六匹、四匹有差等。鄭三卿有分，豈晉六卿不分？難于詳言，故舉小者以起數。細言之，則下軍佐三命，將四命；上軍佐四命，將五命；中軍佐五命，將六命；天子之卿六命，故二伯卿從之。難于細數，舉下卿之三命示例而已。《周禮》多同《管子》，鄭注引内政寓兵于農，又莽爲《周禮》始師，鄭亦引《莽傳》爲證。予説多本二書，鄭已言之，特未盡其妙耳。

經、傳所言大略也，至于施行，必須更有潤色，此大例也。古今講經學而必欲見之施行者，惟王莽一人。如封建之制，《周禮》、《王制》言之未嘗不詳，而欲實辨，則須别有補潤。莽定諸國邑采之處，使侍中、講禮大夫孔秉等與州部衆郡曉知地理圖籍者，共校治于壽成朱鳥堂①，圖簿至于數年不定，故到臨行之時，其瑣細處，多與大綱相反。一事之細，以天下財力，至于數年不能定。可見儒生一人通全經之難，而治經但能明大略，至于臨行又須别有變通，皆可由此而悟也。

莽諸侯未授封，有月錢之事。《周禮》畿内封國無明文，司禄之制又闕然，當如《王制》所言，沈彤《田禄考》雜用公田説，不足爲信。《大司徒》五等封，指五長而言。又云：諸公其食者半，侯伯參之一，子男四之一。舊注説可疑。先鄭以食爲本封之君所食，餘爲附庸，後鄭以易田説之。按，附庸名不見經，封地爵尊地多，又不應獨得上地。竊以封者爲諸侯，食者爲王臣，畿内不封國，但食其禄。諸侯爲二伯，封方五百里，王臣、公祇食方四百里；弱方伯封方四百里，卿食三之一；卒正封方三百里，大夫食其封三之一；連帥封方二百里，上士食方百里者一；屬長封方百里，下士食五十里。以侯比卿，以大夫比伯，下大夫比子，元士比男。其有封而未受地，亦食其禄，如月錢故事。五等説疑原文不指封地，乃説間田事。公爲二伯，侯爲方伯，伯爲卒正，子爲連帥，男爲屬長，各有間田，食奉多寡不同，當是原文如此，歆乃少加潤澤，如一州封四公、十一侯之牽拘是也。

---

① 朱鳥堂：原作「未央堂」，據《漢書·王莽傳》改。

公、侯、伯、子、男乃五長正稱。凡經、傳五等之稱，指小國言者，百中不過一二。今以《左傳》「人有十等」證之自明。禮九錫九命，分爲十八，合則爲九。歷代官品皆同于此①。由天子至九品，由一品至未入，皆十等也。《左傳》上五等用王、公、卿、大夫、士之名，下五等則用皁、輿、隸、僚、僕、臺之號。初讀《左傳》，疑下五等相臣之説近于誣，輿、臺以下何必細爲分别？細讀《孟子》、《王制》，然後知《左傳》爲十等人名目全文，他處皆有假借，遂疑爲創出耳。考《孟子》，天子、公、卿、大夫、士凡五等，下又云君、卿、大夫、上士、中士、下士凡六等。侯視卿，大夫視伯，元士視子男。是以公、侯、伯、子、男爲五長之正稱也。下數之君，即子、男亦在内。《孟子》就其本國名曰卿、大夫、士，此下五等借用上五等之號也。若十等必見本稱，不相假借，則必爲《左傳》之皁、輿、隸、僚、僕、臺，全出十號，不可兩見卿、大夫、士之稱矣。以今制言之，大約②五品以上爲公、侯、伯、子、男，五品以下爲皁、輿、隸、僚、僕、臺。五等爵禄既已先見于五長，賤者不能與相同，勢不得不更立名目。其所以云皁、隸、僕、臺者，皆就天子言之，爲天子之僕役賤使耳，非爲平人當賤役也。五品爲男，士臣皁，皁即男之隸變。公、卿、大夫、士祇四等，皁居五等，即稱爵之男也，名異實同。六品爲輿，七品爲隸，八品爲僚，九品爲

---

① 同于此：「于」原作「子」，形近而誤，據文意改。

② 大約：「約」字原爲墨丁，據文意補。

僕，未入爲臺。尊卑銜連，有君臣節制之義，馬圉牛牧，不在此例。《傳》中卿、大夫皆以圉、牧爲稱，是今之尚書爲卿、爲侯，侍郎爲大夫、爲伯，郎中，爲士、爲子，主事爲下士、爲男、爲皁，直隸州爲輿，知縣爲隸，佐雜未入爲僚、爲僕、爲臺。下五等之稱卿、大夫、士，侯、伯、子、男，乃借用上等之稱，非正稱也。如五等封地、五瑞、五贄，諸以五爲節者皆指上五等，非謂下五等也。鄭君注《禮》，不審五爵爲五長，盡以百里、七十里、五十里爲公，侯、伯、子、男，以近事比之，豈非就知縣以下分爲九等乎？如《王制》君食二千八百八十人，此本指方伯以上，如今之督撫。統計君臣所食，當在萬人上下。若百里之國如今一縣，官此地者何能空養此萬餘人哉？一知縣以下，又何有卿、大夫、上中下士五等品級之人哉？九錫、九命本同今制，盡以諸侯歸之，七品以下是詳知縣，從大學士①至于道府司官，豈一筆删去，不又詳略失宜哉？又考《太玄》、《潛虚》九等圖，以王、公、牧、伯正下合卿、大夫、士、庶人爲九等，亦詳于五長。大抵鄭君經説，以此第一大誤。以五長禮制盡歸之百里以下，如讀《會典》，道禮七品以上皆不考詳，但就百里、七十里、五十里之知縣爲品官之制，其于典禮豈有絲毫之合哉？

《禮經》十七篇，經略而傳詳，故一篇可以作數篇之用，審是何以有二《射》篇？曰：舉一以示例，而冠、昏、喪、祭在所不舉；舉諸侯、卿、大夫以示例，而天子、公、士不舉。如《春秋》

① 大學士：原作「大士學」，據文意乙。

一見例，以發凡也。即以饗禮而論，《詩經》所言飲酒有天子禮、諸侯禮、公、卿、大夫及士、庶人禮。以近事喻之，如一燕會，上而朝廷，次而行省，下至閭巷，莫不有之，別等差、分貴賤，特在名物，其爲飲酒則一也。禮如求備，則人有十等，必須十篇。故經以一篇示例，非以一篇括盡其事，謂經外別無其禮，不見經者皆非禮也。試即《鄉飲酒》、《鄉射》二篇論之，自鄭注以後，皆讀爲「鄉」。説者雖疑《饗禮》不當亡，鄉里禮儀、樂章、職事、官司不當與《燕禮》、《公食禮》同，然無説以破之，則已耳。因讀《鄉飲酒義》有單舉「鄉」字，與《雞人》、《小司馬》有「饗射」之文，以此疑「鄉」當爲「饗」；因《鄉飲酒義》賓爲三卿，《射義》卿、大夫之射，疑二篇首皆宜有「卿相」二字，名本爲「卿相饗禮」，「飲酒」二字所以釋「饗禮」之義，因誤合爲「鄉飲酒」。「鄉射」當爲「卿相饗射」。《禮記》之《鄉飲酒義》當爲《饗義》。凡《禮記》之單言「鄉飲酒」皆爲饗禮。外如「鄉人士」、「鄉射」、「吾觀於鄉」，《盛德》之「鄉教以敬讓」，《冠義》「鄉飲酒」，《王制》之「鄉相見」，《禮運》之「射鄉」，朝聘諸「鄉」字，皆當讀爲「饗」。餘皆可以此例推之。考《祭義》：「饗者，鄉也。鄉之，然後能饗焉。」是鄉、饗通用之明證。其證尚多，略舉此一條以見例。在嘉州以此課試，樂山羅采臣家彥考證甚明，足備一解。采臣旋而物故，秀而不實，深可傷慟。丁酉仲冬，從敝簏中檢得采臣舊稿，惜其力學早逝，諸稿零散，獨存此篇，因請資中郭君景南加以潤色，刊附卷中。説曰：

「鄉飲酒」，舊説以「鄉」爲行禮之地，「飲酒」乃其禮節，是舉其篇目，當曰「飲」，或曰「飲酒」，方足與《冠》、《昏》、《相見》、《喪》、《祭》相比，不能舍其禮節之「飲酒」，偏以鄉地目之也。乃讀《鄉飲酒義》，其稱禮也，則「觀于鄉」。《王制》、《昏義》、《祭義》亦皆曰「鄉」，至于本經或曰「鄉」，或曰「鄉樂」，鄭注《聘禮記》：「饗」今文作「鄉」。又云：「饗」古文，或作「鄉」。當移注于「鄉飲酒」、「鄉射」之下。「鄉黨」之「鄉」非禮名，既以「飲酒」爲儀，則不可以「鄉」稱之也，明矣。考《祭義》：「饗者，鄉也。」《説文》：「鄉」與「饗」可通用。又《公食大夫禮》云：「設洗如饗。」注：「古文『饗』或作『鄉』。」皆如「饗禮」，注亦同。《聘禮》「壹食再饗」注：「今文『饗』皆爲『鄉』。」案：經文三言「饗」皆作「鄉」①，鄭君兩引古文、一引今文作「鄉」以證之，是爲經文有以「鄉」爲「饗」而發。此注當移于《鄉》飲酒、《鄉射》下，何于二篇不下此注，乃以「鄉」爲鄉黨之鄉耶？則所謂今文、古文之以「鄉」爲「饗」者，不幾成虚語乎？疑鄭君此語爲舊説《鄉禮》、《鄉射》之專訓，鄭君引「饗」以證「鄉」，後因《周禮》「鄉」字乃讀如字，不然則古、今文以「鄉」爲「饗」，二注皆無所施矣。是「鄉」即「饗」，故《義》之「觀于鄉」，當爲「觀于饗」。「鄉射」，《周禮》小司馬、雞人皆作「饗射」，緯書亦多言「饗射」，《王制》、《昏義》、《祭義》之「鄉射」、「射鄉」當從《周禮》作「饗射」、「射饗」。《記》之「鄉」當爲「饗」，「鄉樂」當爲「饗樂」。惟其爲「饗」，故可單稱之也。此可以據《周禮》作「饗」，單舉「鄉」名定爲「饗」者也。又《儀禮》經文互省之例，不悉舉其文，但云如某

① 鄉：原作「饗」，據前後文意改。

禮、如①公食大夫之禮、如燕禮、如士相見之禮。至於細目，言「如賓酬主人之禮」、「如賓禮大夫」、「如介禮」，凡言「如」者，其儀節皆在經中，篇名皆可考見。考《公食大夫禮》云：「大夫相食，親戒速，迎賓于門外，拜至，皆如饗禮。」案：公食大夫以尊臨卑，戒速迎拜，或以大夫主之，或賓遜不敢當；惟鄉禮賓主皆卿，用平行之禮，故大夫相食與卿相饗同。所云「皆如饗禮」者，即指鄉飲酒、鄉射。主人親戒賓、速賓、迎賓門外，賓主平行答拜之禮。飲食禮惟二篇爲平行，故大夫相食禮用之也。鄭注以爲大夫相饗之禮，不知即鄉飲酒、鄉射爲卿相饗，不指大夫相饗也。又《公食大夫禮》云：「設洗如饗。」案：鄉飲酒禮之「設洗于阼階東南，南北以堂深，東西當東榮，水在洗東，篚在洗西」，《鄉射》文同，不如《燕禮》之洗「當東霤」也。又《聘禮》篇記：「凡致命皆用其饗之加籩豆。」鄭以爲《饗禮》今亡，褚氏因有《饗禮補亡》之作，不知此記所言「饗之加籩豆」，即指本篇之八豆、六豆、四豆、四籩而言。考禮家飲食禮以饗、食、燕爲三大綱，而無飲酒之名。《郊特牲》以饗飲與食分陰陽，而饗與燕蓋又以隆殺分。《聘禮》：「公于賓，壹食，再饗燕」，「上介，壹食，壹饗」，「大夫于賓，壹饗，壹食。上介，若食②，若饗」。惟公用燕禮，下公則食、饗而無燕，其下有「不受饗食」、「不饗食」。又《聘義》言饗、食、燕所以

① 如：原衍一「如」字，據文意删。

② 若食：「食」原作「若公」，據《儀禮·聘禮》改。

明賓客、君臣之義，而不及飲酒。《周禮·掌客》有「三饗、三食、三燕」、「再饗、再食、再燕」、「壹饗、壹食、壹燕」，亦無飲酒之名。案：《郊特牲》以飲爲饗，是「飲酒」即「饗」之實事，「饗」爲「飲酒」之禮名。故《周禮》「饗禮九獻」，鄭注：「大饗設盛禮以飲賓也。」《聘禮》「再饗」注：「饗謂饗太牢以飲賓也。」《周語》韋注：「饗，飲也。」《詩箋》：「大飲賓曰饗。」考「饗」字一作「享」，雖不專爲飲酒，而饗禮則以飲酒爲正解。故疏云：「饗用酒醴。」敖氏云：「飲人而用牲焉曰饗。」考《射義》：「諸侯之射也，先行燕禮。卿大夫之射，先行鄉飲酒之禮。」「鄉」即「饗」，當與燕禮對文。《鄉飲酒義》當爲《饗義》，與《冠》、《昏》、《射》、《聘》、《燕》六義之文相同。經本單舉一字以爲名，而「飲酒」二字則先師記識，所以訓「饗」之爲飲酒禮。又以見朝廷隆重，故以「飲酒」名「饗」，鄉里簡殺，則名「飲酒」，不名「饗」。惟其如此，故「鄉義」單稱「鄉」者凡二見，如「鄉句人士」、「吾觀于鄉，而知王道之易易也。」又《義》云：「合之鄉射，教之鄉飲酒之禮。」是以饗、射爲二禮，合鄉與射。即卿大夫之射，先行鄉飲酒之禮。是此二篇「鄉」當爲「饗」之明證。又考二篇主人、賓皆卿，《儀禮》篇目言《士冠》、《士昏》、《士相見》、《士喪》、《士虞》、《公食大夫》，士、公是其官爵，冠、昏、相見、食方是禮儀。《禮記》之《冠》、《昏》、《喪》、《祭》、《鄉》、《相見》，皆舉禮儀爲目，不舉士、公官爵爲目。如「鄉里」之「鄉」，可以名篇，則士、公亦可以名篇。以此相推，則二篇「鄉」必爲「饗」，乃與冠、昏、喪、祭①一律成文，是《饗禮》固未嘗亡也。經目本作「卿相饗」、「卿相饗射」，以「鄉」爲禮名，以「飲酒」釋「饗」，後人遂誤以爲「鄉飲酒」而改之。鄭注《儀禮》時，未能校正，後來遂以爲定説耳。或據《燕居》云：「射鄉②所以仁鄉黨，食饗所以仁賓客。」「鄉」與「饗」並見。《樂記》亦有「射鄉」、「食饗」之文，以舊説爲長。不知《燕居》上有郊、社、禘、嘗。《禮經》無其③目，《樂記》之鐘、鼓、干、戚，昏姻、冠笄與射鄉、食饗，皆隨文便稱，不爲典要。如以經果爲「鄉」字，則可言「鄉射」，萬不可稱「射」、「射鄉」，此一定之理也。《記》文「射鄉」、「食饗」，上字爲經目，下字爲儀節，即由「射」以包「饗」，更由「食」以見「饗」，顧亦無妨也。如必以「鄉」爲鄉，試問「射鄉」成何語乎？惟射、饗皆禮名，可曰「射饗」，亦可曰「饗射」。或曰：《周禮》六鄉，卿主一鄉，三年大比，行鄉飲酒之禮。每鄉卿爲主，雖其儀文、職官、詩樂有非鄉里所得用者，然以卿主之，則正得其宜。六鄉六卿，言鄉即卿在可知，何必改經以就己説？曰：《周禮》之「鄉老」、「鄉大夫」，乃民爵，非實官，故六鄉之公、卿、大夫

---

① 祭：原作「記」，據文意改。
② 射鄉：原作「鄉射」，據《禮記·仲尼燕居》乙。
③ 其：原作「共」，據文意改。

同受①質於司徒，即以爲賓官，卿行鄉則當名鄉，如公行禮于朝可以名朝，士行禮于家可以名家。《禮經》之例，固以所行之禮爲名，不以行禮之地也。《開元禮》以刺史爲主，《明集禮》以郡縣爲主，《鄉飲酒》有工四人，有樂正，有太師，乃「作相爲司正」，鄉射官同司正爲司馬而有司射等官，略同《燕禮》，其樂儀、禮節、官制亦略相等。鄉射射前行鄉飲酒禮，鄉射節亦倣于大射樂儀，官制亦略相等。然燕禮官數除鄉飲酒所有外，有膳宰②、樂人、司宮③、射人、小臣、祝史、士射至庶子、甸人、閽人、鍾人，此爲公禮，其官愈備。大射官數，除鄉射所言外，有射人、司士、宰夫、司馬、量人、巾車、庶正、僕人、太師、少司樂、太史、司宮、甸人、閽人、鍾人，亦惟公備此官。然卿之飲酒猶公之燕禮，卿之射禮猶公之大射，卿大夫射先行鄉飲酒禮，公射先行燕禮，四篇皆言公、卿禮儀，鄉大夫不應取裁于公。又諸官司皆爲唐明儀注所不敢用。官主之猶不能用，則鄉里更無其制可知矣。或曰：後世鄉飲酒爲化民巨典，古今通行。《史記》：孔子卒，諸儒習鄉飲、大射禮孔子冢上。《論語》有「鄉人飲酒」，《燕居》有「仁鄉黨」之文，安得謂「鄉」字爲誤？曰：飲酒，上下通禮，自天子至于大夫言饗。《周禮》：大夫介無饗。

① 受：原作「愛」，據《禮記·王制》改。
② 膳宰：原無「宰」字，據《儀禮·燕禮》補。
③ 司宮：原作「司空」，據《儀禮·燕禮》改。

是士以下無饗之名，直名爲飲酒。鄉人飲酒，自爲鄉人之儀，如《明會典》之里社式，特非經之卿禮。經以卿爲目，別有上下等差之變，是大夫以上名饗，士以下名飲酒。飲食禮者，經莫先于鄉飲酒，故習禮皆以爲名。《漢·成帝本紀》：鴻嘉二年三月，「博士行飲酒禮。」初無「鄉」字，有「鄉」字自《續漢書》始。後世因鄉習其禮，遂以飲酒全爲鄉里之式，則殊失本旨耳。考《開元禮·鄉飲酒禮》、《明集禮·縣邑飲酒讀律儀注》、《明會典·洪武十六年頒行鄉飲酒圖式》，皆以官主之，非純卿禮，然其儀節皆簡于《禮經》。禮之儀節本爲卿制，饗禮上下皆可由此而推。《明會典》里社之式緣經而創儀注，正得經意。今爲此説，意在循名核實，使知明里社式乃爲鄉里而設，與經之卿禮輕重迴別，非敢變亂經文，而有取舍其間。考由漢至明所行鄉飲酒之禮，或以天子主之，或以侯王主之，或以州郡主之，或以州縣主之，或以里社主之。由天子以至庶人，因《鄉禮》經文而緣飾之，實則惟洪武十六年頒行鄉飲酒禮，里社每歲春秋社祭會飲畢，行鄉飲酒儀式，乃非官主之，專爲鄉社之飲酒禮。以上皆官主之，別爲一飲酒禮，不可專以「鄉」名也。《論語》之「鄉人飲酒」與《射義》「孔子射于矍相之圃」，與明里社禮略同，自是鄉人之事，專爲飲酒，不名饗，與經不相干涉也。或曰《鄉飲酒》「明日，賓鄉服以拜賜」，《鄉射》「以告于鄉先生君子可也」，《鄉飲酒》記「鄉朝服而謀賓介」，今讀「鄉」爲「饗」，何以解于此三「鄉」字？鄉服，《鄉射》作朝服；鄉先生，《鄉飲酒》無「鄉」字。二篇本爲一禮，彼此互證，知《鄉飲酒》之「鄉服」爲「朝」字之誤，《鄉射》之「鄉大夫」，其「鄉」字爲衍文也。或曰：既讀「鄉」爲「饗」，何必于篇首加「卿相」二字？不知全篇經目以士名者五，公名者一，而天子、諸侯、大夫禮皆有專篇，獨無卿。自天子以達公、卿、大夫、士，無容獨無卿篇。且以次第考之，《冠》、《昏》、《士相見》並士大夫禮，自《燕》、《飲》至《公食》爲公禮，《覲》則天子禮，二篇居其中，爲卿禮。

疑又飲食禮别篇記舉變禮，或言公、卿，或言卿、大夫，或言公、卿、大夫，公、大夫之間無不言卿者，惟二篇云：若有諸公、大夫賓；若有遵者，諸公、大夫，公三重，大夫再重；無，諸公則大夫辭加席。皆于公、大夫之間不言卿。據二篇全無「卿」字，則卿相饗、卿相饗射，賓主皆卿，可知也。蓋《禮經》賓主之分，有平行、尊卑二例。平行者以「相」字爲名，如經之「士相見」、《記》之「大夫相見」、「大夫相食」是也。下行如「公食大夫」，上行如「士見於君」。經例：凡尊卑相同，但稱賓主，不以爵；惟尊卑不同，賓主乃以爵見。又以平行爲經者，以上行、下行爲《記》；以下行爲經者，以平行、上行爲《記》。《士相見禮》正文但稱賓主，不見「士」名，知賓主皆爲士。《鄉飲酒》、《鄉射》二篇全不見「卿」字，又但稱賓主，以「士相見」相比，則賓主皆爲卿，更可知矣。《禮經》每以一篇推見五等，如相見以「士」名而言士見大夫、下大夫相見、上大夫相見、士見君、庶人見君、大夫見君，所謂推士禮以及于天子也。二篇以「卿」爲賓主正名；其言「公」則公相饗之禮，言「大夫」則大夫相饗之禮。以「士」名篇，則别見大夫、君、庶人；以「公」名篇，則别見大夫相食禮；以「卿」名篇，則别見公與大夫名。以一等名篇爲正文，而參見上下各等之變禮也。《燕》與《大射》爲公禮，而疊見卿、大夫之文，以客非公，不言

「公相射」、「公相燕」，其稱「公」者亦以客非公，此全經篇名正變之大例。經「士」、「公」名篇，舉「卿」合之，則以官爵爲名者八篇。「鄉里」之「鄉」，即《記》所謂庶人之禮，不當在公、士之間，其儀節又不當與《燕》、《大射》大同也。或曰：以「鄉」爲「饗」，所謂「鄉樂」者何也？曰：即《饗禮》、《饗射》二篇所言之樂也。《燕禮》爲公燕卿大夫之禮，經正文樂笙奏，唯用《南陔》、《白華》、《華黍》、《由庚》、《崇丘》①、《由儀》，工歌唯用《魚麗》三篇，《周》、《召》六篇，與《饗禮》、《饗射》同。以客惟卿爲尊，故用卿相饗之樂。考《記》云：「與卿燕，則大夫爲賓，與大夫燕，亦②大夫爲賓。」又云：「公拜受③爵而奏《肆夏》，公卒爵，主人升受爵，以下而樂闋，升歌《鹿鳴》，下管新宫④，笙入三成，遂合⑤鄉樂。」按經無《肆夏》，《記》言《肆夏》，則以經燕卿，唯用卿相饗。《樂記》言兩公相燕，賓主皆公，當用公樂。故云拜爵爲奏《肆夏》。除公樂以外，

---

① 崇丘：原脱，據《儀禮·燕禮》補。
② 亦：原脱，據《儀禮·燕禮》補。
③ 受：原脱，據《儀禮·燕禮》補。
④ 新宫：原作「三宫」，據《儀禮·燕禮》補。
⑤ 合：原脱，據《儀禮·燕禮》補。

遂用卿相饗樂，故云「遂合鄉樂」。謂「笙①入三成」以下，同用饗樂，即《燕禮》正文之「樂」與「饗樂」，非謂鄉人之樂也。考《左傳·襄公四年》：穆叔如晉，晉侯饗之，金奏《肆夏》，辟不敢當，以《肆夏》爲天子享元侯禮。《儀禮》之公即元侯也。「工歌《鹿鳴》之三，三拜」，蓋燕卿惟以《鹿鳴》以下爲正。魯三卿可攝爲卿，《肆夏》則公用之。《左傳》多藉事以明經義，此事全爲《燕禮》，公樂《肆夏》、卿樂《鹿鳴》而發。惟卿乃能用此樂，以樂定禮，則非卿不能用《鹿鳴》以下之樂，可知矣。考《禮》，大夫以下無樂，樂不行于鄉里可知。總而言之，舊説之難通有六：官司儀物同《燕禮》，國君之樂不能下同於里社，一也；以「飲酒」注文奪《饗禮》正文，遂以《饗禮》爲亡，二也；大夫以下無樂，《鹿鳴》乃爲卿樂，三也；「鄉射」猶可言「射鄉」，於義不屬，四也；鄉人本有飲酒禮，如明頒《圖式儀注》，簡畧不如經之備物，五也；經例不舉地以名禮，鄉非士與公之比，六也。用今説長義，亦有八饗禮，舊以爲亡。褚氏輯爲《補亡》一書，今以《鄉飲》當之，原本具在，一也。建國立三卿、三賓象三光，《射義》：卿大夫之射，先行鄉飲酒禮，卿爲賓義有明文二篇，但稱賓主，不稱爵，公與大夫之間全不見「卿」字，是以賓主皆卿，二也。《公食禮》云：「皆如饗禮」，又云「設洗如饗」，舊皆以爲亡佚，是《饗禮》亡而《食禮》亦多缺典。今以「鄉」爲「饗」，則皆有實證，三也。經以爵爲名，士、公與卿合爲八篇，一律相同，四也。讀

---

① 笙：原作「卿」，據《儀禮·燕禮》補。

「鄉」爲「饗」，《儀禮》正名，士以下不名饗，名飲酒，固以「飲酒」二字注「饗」，遂誤爲「鄉飲酒」。「飲酒」非禮名，各篇不引用，又不與饗、食、燕三者對文，五也。考《大射》前半同《燕禮》，《饗射》前半同《饗禮》，單行合行相比，以見「鄉」當爲「饗」，六也。《周禮·掌客》「三饗、三食、三燕」，「饗」在「食」、「燕」之前，《郊特牲》以「饗」爲「飲」，使飲酒之目不奪《饗禮》之名，七也。讀「鄉」爲「饗」，名乃可以單稱，所有「鄉」與「鄉相見」、「鄉射」、「射鄉」、「鄉樂」之文皆可通，《周禮》又有「饗射」之文可證，八也。初陳大概如此，其詳宜再加考訂、改注二篇。

經話乙編

《詩》、《書》多重言，《春秋》則一字一意；《詩》、《書》主文辭，《春秋》①主紀事終始。《春秋》意在此，言在此；《詩》、《書》②言在此，其意多在彼。《詩》、《書》必整篇説之，不可不字字解疏；《春秋》又借起文見義，不能不事事全録。故《春秋》有例，《詩》、《書》無例；《春秋》必求通，《詩》、《書》則不可求通；《春秋》字字有意，《詩》、《書》則但求詞華，不皆有意；《春秋》隱見相參，《詩》、《書》則意以文見。今人好以《春秋》之例説《詩》、《書》，必失其實，此舊説之誤。

緯書，經之衡線也，假梭而穿插於經線者也。孔子既著《春秋》、《孝經》，學者以經中制度記之以名緯，謂輔經而行者。其於載籍似《王制》、似《儀禮》記文，微言要義，非此不傳。蓋漢以前説經要籍也。惟其書掌於史官，藏在秘府，人所希見。史官所掌，別有占驗符讖之書，言頗奇怪，而又靈應，如今之《燒餅歌》、《推背圖》之類。又有數術、物理之書，如今之占經、算

---

① 春秋：原作「詩易」，據文意改。
② 詩書：原作「春秋」，據文意改。

術、博物、廣異諸編者。漢初内學盛行，秘府遂將以上各類合寫成册，猶託於經名，以爲巨帙，凡經名以外，多其本書之名，如《雌雄圖》、《鈎命訣》，是其本書名而冠以經名者也。常欲將緯候諸篇者抄出另刻，以與經籍相輔，使經緯相貫，名之曰「緯」，還其舊稱。外者推廣其例，凡言天文、地輿、山川、草木者，别爲數術家言；又將言吉凶、禍福、相卜、雜占、符命、禎怪，列爲讖語。大約分爲三種，上者説經，下者亦有濟日用，分門别户，不使人疑爲怪誕晚出附會之書，以掩輔經之作。内學人多畏言之，苟能分别抄出，雖歐陽公不敢鄙之矣。

《藝文志》不載緯書，最可疑者，豈中秘未盡見耶？然所載天文類之《五殘雜變星》①、《五星彗客行事占驗》②、《日旁氣行事占驗》、《日食月暈雜變行事占驗》③及曆譜、五行、雜占等類所載之事，文全見緯中，豈諸書未亡，雜入於緯中與？又《春秋》類④有《公羊外傳》、《雜記》，

① 五殘雜變星：原作「五殘雜星變」，據《漢書·藝文志》改。

② 五星彗客行事占驗：原作「五星客行等占驗」，據《漢書·藝文志》改。

③ 日食月暈雜變行事占驗：原作「日合月暈雜變行事占驗」，據《漢書·藝文志》改。

④ 春秋類：「類」原作「内」，據文意改。

《禮》有《明堂陰陽説》①，《詩》有《齊雜記》，《易》有《古五子占》、《雜災異》、《神輸》、《京房災異》②、《災異孟氏京房》等書，亦與緯、讖相似。豈中興以後，乃《藝文志》所載諸書，經亂殘缺，好事者雜輯以爲緯書，實即《藝文志》之舊典。劉歆所見讖文，則全爲讖書，與《志》所載不同與？然即文義考之，緯書實即所載諸書之言，則以《緯》爲西京舊籍，今所見緯書，則爲東漢以後揉雜之書，未爲不可。

讖爲歷來秘笈，《藝文志》所雜《圖書秘記》十七篇，即其書也。俞理初引《淮南·説山訓》、《史記·賈生列傳》、《趙世家》以證讖爲舊有，是也。《淮南》及《史》言秦皇挾《圖録》，見其傳曰：「亡秦者胡也。」「圖録」即《圖書秘記》之流。古凡占驗、方技，通謂之讖，即雜占之禎祥、變怪是也。其書本全見《藝文志》，東漢後拾其殘佚，因時尚統易今、古，其書全從中秘出也。俞理初乃以緯爲古史，謂在太史，不在秘書，故不著録，如漢令之比。案：《春秋》類《太史公》以下五家，皆漢近代太史所掌之文而載在《志》。理初謂史通記天、地、人，蓋靈臺所候簿占之藏書在史，比稽之天文，察之地理，知七政、五步、十二次之度、五方、剛柔、習尚、山川、

① 明堂陰陽説：原作「五行説」，查《漢書·藝文志》禮類無《五行説》，當爲《明堂陰陽説》五篇，據改。

② 京房災異：《漢書·藝文志》易類著録《孟氏京房》十一篇、《災異孟氏京房》六十六篇，無《京房災異》。

險阻云云，按其所言史官所掌之事，其書皆見《志》之「術數」類，全爲史官所掌，可覆按也，何得謂其書在太史，故不著録乎？又緯中所言解經之人，明爲傳解先師之言，何與於史而裁之？若以爲史無所不言，則又何所區別乎？俞氏好博雅而少貫通，近人多驚其名，故悉爲辨之。

宋人最不喜《公羊》説，及報九世之讎，乃①偏篤遵信，不加駁斥。案：此説乃《公羊》之偏蔽，非其精粹之條，宋人駁其粹而專守此者，以其切於宋事者。故經説之偏僻處，正如硝黄薑附，乃真正救病之品，平常之藥不能也。宋人好言大中至正，非薄前賢。夫復九世之讎説，殊爲不中不正，乃篤信之，蓋有病則病受也。

近人解經，喜言貫通，又文人敷藻，多用通假，鋪張鍛鍊，居然修辭。意既無方，辭多過實。苟以《春秋》之例相求，比齊文句，則以無爲有；推考禮制，則化虚成實；莫非附會之言，豈有貫通之樂乎？且一意數闋，是謂長言。本可節删，拘於譜格，句異尾文，都爲均言。調縱複繁，意歸簡要，既已神行，不數官節。注疏家因其重言，滋爲牽混，架床叠屋，强作解人。是當汰除，以反虚澈者也。今小曲中《十杯酒》、《哭五更》之類，與《兔罝》、《芣苢》之例正同，長言不休，更無他意，苟以同均相異，亦無不可，就此煩説，不嫌生事乎？

① 乃：原作「句」，據文意改。

孔子曰：「志在《春秋》，行在《孝經》。」《孝經》天德，故詳於門内，而略於治外；《春秋》王道，故詳於制度，而略於躬修。二書從合觀，乃全聖人之量。孔子所自作，首此二經。《尚書》則如近選之古文，《詩》則如近選之詩集。緯説以《孝經》、《春秋》相比。至於《禮》，則又如《會典》，有所去取，皆爲今學派矣。治經者須知宗旨。

《易》、《詩》二經，修辭逆志，所言名物，半多假託，不如《儀禮》、《周禮》徵實之學，最爲精審。故二經亦當以禮制求之，前人於二經中言禮者是也。夫言禮之書，平實如《儀禮》、《周禮》，猶不能明，何況二經之鱗爪偶見、首尾不具者乎？故必知爲天學而後可也；若取以爲禮家之證據，則萬不可。秦蕙田《通考》乃虚引二經以爲禮證，支離惝怳，無所憑依，莫非據注疏以爲斷。注疏之説又豈可據？不惟無益於二經，而且有害於禮説。故予言禮制，不據天學爲説也。

《易經》完備，出一人之手，頗與《春秋》相似。然多用韻語，文亦變異，不如《春秋》綱領節目明備。竊以此爲今之《靈棋經》之比，所畫卦爻亦如甲乙數目。彖、象則吉凶之詞，欲人記誦，則用均語，或取方言，或雜謡諺，不一律也。其初編纂，吉凶亦自有例。至於詞語，隨便録用，無所拘也。孔子因其成書，陳列消長，足以觀玩，亦爲譯改。此則我用我法，非原書之本意，故孔子不以《易》教人。《靈棋經》之類，亦有初本，有加注，有附識，正如《易》之《象》、《彖》、《文言》之《翼》也。

緯書不獨今學，時有與《左傳》同者，當是《藝文志》所載經籍之殘簡。東漢人輯録，雜以讖說，以取信於人。本爲舊籍，故不主一家。欲輯《藝文志》所亡諸書，於緯書取文義相近，依類爲之，可得十餘部，是緯亦如《永樂大典》矣。

近人言《尚書》，多究心於《禹貢》，如《錐指》諸書是也。一古一今，言人人殊，而實則不能有所折中，如畫鬼神。然又頗似郡縣志書，徒有争辨，并無實用。竊以爲水土既有變遷，名字尤爲淆亂。居今日而欲考明古制，無異癡人說夢。此但當心知其意，如古官名、禮制，不必强今以合古也。苟必長編巨帙，推衍比附，徒勞心神。陳氏父子主經義矣，而未有貫通之才，如滿屋散錢，殊乏貫串，亦可惜矣。

東漢之初，亦無「緯」名，但云讖記、秘記等名而已，所指之書，則《元命包》等亦在其中，名則東漢後來所加也。故除范史所稱外，惟《康成傳》有「緯」字。大約古代本有此名，末師重讖，推以解經，遂於緯外加以讖名，意雖甚是，而名則甚非。經豈可以讖相對？使可名讖，子夏之《傳》早以讖名矣。又讖中雖雜有師說，然採録甚雜，又豈可與經比？章懷注《樊英傳》，引七緯書名，皆以三字爲名。大約下三字爲讖本名，與《赤伏符》、《金匱符》相同，上云加以經，皆後師所録。讖既爲《藝文》之殘編，末師因以經說羼入其中，改加經名。東漢之初引讖有加經名者，皆後人所補耳。七緯以外，有不加經名之讖，有加以經名而仍不入於緯者，則加録又在後，做前書而稍後者也。至於曹魏宋注，則入緯不入緯之書一律注之，故章懷名目以外，宋氏均有注也。由此推之，光武引讖以决事，當時實未附以說經之書，故言明堂、辟雍，仍是讖文，則以説經語入讖，又加以緯名者，皆是後師所爲。賈逵以《左傳》有劉氏之文，而《左傳》得立。後之以經説附入讖記者①，欲假讖以自行其學，皆以讖爲據，摘經語於其中，以求顯貴，此當時事實也。後人不明此意者，史臣拘於後聞，不能無所修潤。後人囿於前説，未能徵實。豈知東漢初之讖有術數，無經説，有本名，不加經名，但名讖，不名緯哉！初以讖爲東漢得《藝文志》書而誤合之，統以今名，不如此説之得實，存此異解，以俟考定。

今《藝文志》有脱漏者，俞理初以《藝文志》不言《甘石星經》，定讖、緯與《星經》同掌於太史。案：章懷注言《星經》見《藝文志》，石氏爲魏人，注必不誤。是唐本有《石星經》也，後乃脱去，可藉此爲證。

讀古書不可以求孤證。蓋孤證或爲字誤，或爲羼誤，證以時事，並無其論，此可知也。如《莊子》有「十二經」之説，從古並無此言，必字誤也。緯書，東漢之初猶無此名，而《李尋傳》乃有「五經、六緯」之説，本謂緯星，乃强以爲書名。使當時果有六緯，與經並重，何以時人並不一及，惟李尋一語？東漢尊信讖記，無所不至，使緯名與經對文，何不以緯名讖？蓋緯名之貴，乃東漢末師私尊其學，俾與經對，西漢並無此説也。

張平子以讖緯始於哀、平，其説非也。圖讖自古有之，讖名甚古，在西漢初，緯説亦古，皆

---

① 以經説附入讖記者：「經説」下原衍「讖記」二字，據文意删。

《藝文志》所録經説、數術之言。東漢重内學，末師以所學師説羼附讖書以求勝，因與經相關，久乃有「緯」名耳。

近人知遵信緯書，但西漢大師如京、孟、翼、劉之流，皆師用其説，以災異、神怪爲主，然非取以説經也。哀、平以至建武所言圖讖，何嘗①有説經之語？後人以先師之説羼入緯中，乃謂先師私用緯説，亦前後失倫矣。

或云緯書之名雖起於東漢中，而書實成於宣、元之間。西漢經師②皆兼治五行災異之説。伏生《大傳》無論矣，《繁露》實即緯書之祖。他如《京氏易》以六十四卦更值用事，與《易緯》同。然則《易緯》，京氏之學也。夏侯始昌「明於陰陽」，此《書經・洪範》之故也。翼奉「六情」、「十二律」、「五際」，則《詩緯》③翼氏之學也。翼奉曰：「《春秋》有災異。」凡董、眭、劉諸家，皆以災異説之，則《春秋緯》皆西京之書也。其書多行之私家，不盡藏於秘府，故《繁露》之書，《藝文志》亦不載。其書與《天文志》數術類相同，特數術之書不説經，此則以説經爲主，推以及於災變。故《開元占經》引《海中占驗》、《石氏》、《甘氏》，凡見於《藝文志》諸書與緯並見，

① 何嘗：原作「何常」，據文意改。
② 經師：原作「經」，據文意補。
③ 詩緯：原作「詩偉」，據文意改。

是緯即《藝文志》中書也。成帝時甘忠可①詐造《天官曆》、《包元太平經》十二卷，後事下劉歆，歆以爲不合五經，不可施行。是其書即讖文，與緯有説經者不同。歆以爲不合五經，不可施行，明是有合五經而施行之事，則緯書出在前明矣。

《中庸》「舜其大孝」以下數章，皆《孝經》天子孝之傳也。春秋祭祀，又言禘嘗，確是《孝經》師説。梁武帝有《孝傳》，不知古亦有此，當輯補諸侯、大夫、士、庶人傳，以見古書之體。大約《中庸》篇從首至「唯聖者能之」爲説「中庸」，從「費而隱」以下至「治國其如示諸掌」皆《孝經》説也。

九家有陰陽，此經學之一小派。《書》言「洪範」，《春秋》言「災異」，必不可缺。自推測家言之，凡日食、星隕皆有定數，不關時政。然《春秋》書之者，《春秋》以天子治諸侯，天子尊無二上，無所畏忌，故以天治之。書天變，亦以天治天子之意，使有敬畏。故事天如父、如君，君父有變，臣子宜修省也。

董子《繁露》爲緯書之祖。昭、宣以後，災異愈盛，治經者莫不兼習陰陽、星曆、天文、月令之術，往往依經設義，依託象類，迎合時尚。故五經之家，全以災異爲主：《易緯》皆京氏學，《詩緯》皆翼氏學，《春秋緯》則董子以後之附益也。董子以前説經義處多，京、翼以後説災異

① 甘忠可：原作「甘可忠」，據《漢書·眭兩夏侯京翼李傳》改。

處多。甘忠可①僞造《太平經》十二卷，劉歆以其於五經不合，則但説災異，不説經者也。緯書有此三種，皆西漢經師所爲，始則説經兼災異，繼則説災異以附經，後則全説災異不及經。其書不盡藏於秘府，東漢以來續有添補，故至於八十餘種。董子已有《繁露》、《玉杯》、《竹林》之名，則其名亦成於西漢。其名不見於《藝文志》者，《藝文志》多大名，不載其細目。孟、京氏《災異》、《明堂陰陽説》五篇，當亦其書也。

講學以通爲主，然求通之道，最宜審慎。與其變易定説以求通，不如守定説而闕其可疑。不然，則因求通一念，遂使難通者不能通，即通者亦不通，此大蔽也。鄭君言廟寢與明堂異制，此定説也。後因《周禮》「閏月王居門中終月」一節，疑「閏月」何以「居門中」？必因一月一室，明堂衹十二室，故閏月無室，乃居門中，遂改説廟寢亦如明堂，雖廟寢十二室，於經傳無徵，特以「王居門中」一語不能通，不能不改舊説。竊以當求通《周禮》以合前説，苟不能通，則寧闕疑，不可因此以改前説。何則？言廟寢與明堂不同之證多，可疑者唯此一句，揆以從衆之義，當以前説爲準。今求通此句而改前説，此句一通，而前説諸據皆不通，足因一小不通，致數十百大不通也。喻之人事，似一孔破堤，此大害也。故定説當守之，可疑當闕之，不可因一以改百，因小以改大也。且於疑義專心求通，未有不可通者。《周禮》「王居門中」，謂王聽

① 甘忠可：原作「甘可忠」，據《漢書·眭兩夏侯京翼李傳》改。

朔時不出南門，閏月①，闔左扉而立於門中。《周禮》之所謂②「居」，即《玉藻》之所謂「立」。「居」古字，從立，作「𡰥」。今、古文字小異耳。其言「終月」者，即《左傳》「歸餘於終」之「終」，謂閏在十二月後耳，非謂在門中住一月也。門者往來通衢，無可居之理。以天子之尊，在門中住一月，亦非情理所有。予之説經，唯求通其所疑，苟不通則闕之，萬不敢因小而失大也。

經術如碑帖，經濟如卷摺。以碑帖之法施之卷摺，非也。不用碑帖而能卷摺，亦無是事。此事是一是二，能碑帖而不知卷摺，迂儒也。且將碑帖何用？能卷摺而不知碑帖，俗吏也，其卷摺亦必不工。自漢以來，此事久分爲二途，徹上徹下，夫誰能之？

史公以「實事求是」、「好學深思」、「心知其意」爲治經之法。所謂「實事求是」者，糟粕也；「心知其意」者，精華也。禮家曰禮意，刑家曰律意，書家曰筆意，儒家曰經意，嗚呼微矣！

人有二十分功夫，寫之簡册不過十分，此謂開創建始之作，如孔子之《春秋》是也。人有五分功夫，寫之簡册便有七八分，此謂守成摹勒之作，如子夏之《傳》是也。《傳》以經爲的，持已審鵠，有形跡可尋，心中所無之事，可以緣經起意。顔子之師仲尼，班氏之學司馬，以形求

① 閏月：原無，據《禮記·玉藻》補。

② 所謂：「謂」字原無，據文意補。

影，可以人力爲也。至於開創之事，無所法守依傍，有擇審之勞，多形勢之格，心中千頭萬緒，著之於編，難於稱心。作者之謂聖，述者之謂賢，求賢人之意易，求聖人之意難，至於求聖人不言之意，則爲尤難矣。何時求得聖人未言之隱耶？

「爾雅」二字，不得名義，竊以此亦如轉注、假借之比，必當時通語。漢人好用此二字，所謂「讀應爾雅」、「文章爾雅」。又似即予「譯通」之意。總之以二字爲意，不如俗所謂「近正」之説。《爾雅》一書，專説《説文》之假借、轉注二門。重字同訓，此轉注也；所列無復本義者，假借也。

《詩》稱「尹氏大師」，尹稱氏，與《春秋》同。《春秋》爲孔子貶之，《詩》在先，不應貶，孔子又豈襲《詩》之文而氏之？疑不能通，久之乃悟古經書皆從手寫，先師各從方音而改者多，其中異字且又多譯改之，故有意改寫，以合私文之事，如《後漢・儒林傳》所言是也。《春秋》經學，稱「尹氏」，謂爲譏世卿，貶。《左傳》一本作「君」，杜以爲有世卿，故不從貶「尹氏」之説，直讀爲「君」字。經書「武氏」亦貶也，杜注亦不用其説，以爲以氏稱其常，非貶，故改「尹氏」，不改「武氏」，此隱三年事。於五年《傳》曰：「王使尹氏、武氏助之。」以經連稱氏、傳連稱氏，同爲貶也。《傳》故見二氏，以明譏世卿之説。《毛詩》與《左傳》同師，古學皆以稱「氏」爲平文，此之稱「君」必譯改之故。齊、魯《詩》定亦作「氏」也。其爲先秦以前或漢人所改，則不能定矣。

近人喜言《尚書》，南皮謂治《尚書》最難。實則知古、今之分者，唯陳氏父子乃有成書。《尚書》如今之《古文淵鑑》耳，故《經解》以爲有「疏通知遠」之益，不可以求通。特先師既專門説此，乃取古今禮制附會之，實皆非本義也。當就三代異禮補救之，其中文義顯明者譯改多，晦塞者譯改少。近來金石家、小學家好以文字通假繁省説之，豈無千慮之得？然欲以此法通全經，則萬無此理，或從或違，皆以便其私而已。竊以爲好言古字，用功多而得效少，畢生之力不能通一編；縱使能通，亦燕説耳。故余説《尚書》文義，專取《史記》及漢儒説以爲定，凡所疑闕之處，近人成説可取者亦附焉，不敢於金石文字望通《尚書》也。

壬秋師嘗云，欲將《孝經》成數十百卷巨帙。蓋謂其經文少，傳義微也。余治《孝經》，引《禮記·祭義》、《本孝》諸篇以爲注，更採《緯候》，乃以漢人説補之，其詳備當過於注疏本也。《詩經》不在文辭，唯取逆志。《詩》意有本詩之意，有學者取詩之意，誦諷罕喻，大似今童蒙所誦《增廣字訓》。編集古語，由人引用，不必與本意相合。人有好用其語者，一日之内數十百引其説，此其取用之效。至於涵泳諷誦，使人不急迫，有温柔敦厚之德，則樂之餘意也。孔、孟、荀及《左傳》、《禮記》所言《詩》意，則全是《增廣字訓》派頭，又頗似今俗所謂拋文者。

余嘗疑《爾雅》一書，其始如《急就篇》，皆有韻以便初學。後來之師從其訓詁，加之解釋，如今《急就篇》注本也。既加注文，則一字數義者又當别出，故更分出解之。後師别解，旁注正文，後來寫本一路鈔之，故訓詁、旁注一同混入經文。然其韻語之跡，猶有可考。有「初哉首基、肇祖元胎、俶落權輿」，基、胎、輿爲均是也。《水經注》舊亦如此，得戴校而經、注乃分，安得有戴氏者一定《爾雅》經、注也？

《墨子》亦多《春秋》說。如云「百國春秋」及「觀齊社」之類，不惟多從《王制》說，《非攻篇》①所言「嘗藥」、「學問」之事，則直《穀梁》許世子傳文之注脚矣。餘者尚多，《穀梁決事》中當引此爲證也。墨子宋人，傳今學者弟子，學於魯，歸以教授之餘派也。《孔叢子》、《公孫龍子》論名家，引《春秋》「五石」、「六鷁」之說，以爲名家祖。《孔叢》深得《穀梁傳》意，所謂君子之於言，無所苟而已矣，先秦以前師說也。晉人不知此義，或以《孔叢》爲僞撰，非也。諸說必有所本，謂王氏有所羼改，可耳。

嘗欲仿阮文達《詩書古訓》之例，統集先秦以前群經之說，以爲博士之先導。此爲最古精粹，當有出博士上者，名曰《周秦群經遺說》，如《經解》、《表記》、《坊記》諸篇，及《國語》、《左傳》、《逸周書》、《孟》、《荀》、《列》、《莊》、《墨》、《韓》諸子之類，皆在所必録也。再以博士以後之說爲之輔佐，則又取法乎上之意矣。

---

① 非攻篇：原作「非攷篇」，蓋「攷」與「攻」形近而訛，據《墨子》改。

知聖篇

廖平 撰
舒大剛 校點

校點説明

《知聖篇》内含正編、續編兩卷。正編主要代表廖平經學「尊今抑古」的「二變」階段之「尊今」的内容；續編則更多地反映其「小大之學」的「三變」階段以及「四變」以後之「天人學説」。正、續二卷可以考見廖平經學「二變」以後的學術思想及其發展過程，因而整理和研究《知聖篇》是很有必要的。

《知聖篇》正編與《闢劉篇》成於光緒十四年（一八八八），但當時並未立即付梓。次年，廖平客廣州廣雅書局，以兩書稿本示康有爲，康氏頗受其影響，循《闢劉篇》「抑古」意，於光緒十六年（一八九〇）著爲《新學僞經考》，次年刊行；又依廖平《知聖篇》「尊今」意，於光緒二十年（一八九四）寫成《孔子改制考》，三年後刊行。康氏二書，爲其維新變法奠定了理論基礎。但是觀點新奇，其書一出，使千年古經之神聖地位爲之動摇，學林震動，朝野嘩然。在康書刊出數年後，廖平的《古學考》（《闢劉篇》之改編本）、《知聖篇》方於光緒二十三年（一八九七）、二十八年（一九〇二）相繼問世。知情者徑斥康有爲「剽竊」廖著，不知者反惑於廖著出書在康書之後，遂謂康有爲獨造，反謂廖平抄襲。孰先孰後？孰創孰襲？遂成歷史迷案。可見研究廖平《知聖篇》，還對正確認識康有爲維新思想淵源、評價戊戌變法運動，都有重要意義。

《知聖篇》正編稿本流傳有兩個系統：一爲廖平一八八八年在廣雅書局時，康有爲借鈔本。該本保留了《知聖篇》原貌，據顧頡剛説，他曾親於康家看到，其中頗多改制之説，與今本異趨（見錢穆《中國近三百年學術史》）。惜康氏藏本已不可得而見，實情待查。一本則是廖平手邊存稿，其中隨廖氏鑽研有得，「續有修改」，但亦由「借鈔者衆，忽失不可得」了。今天流傳的《知聖篇》，是「庚子（一九〇〇）於射洪得楊絢卿茂才己丑（一八八九）從廣雅鈔本，略加修改而付梓人」的（見《知聖篇》自跋）。此本基本保留了原稿舊貌，但又經「修改」，特别加入了當初未有的言論，摻入了「三變」的思想。

《知聖篇》正編於光緒二十七年（一九〇一）改定，光緒三十年（一九〇四）由綏定府中學堂刻成。之後，廖平復於家藏《知聖篇》上續有修改，從中還可見其晚年思想的變化。如將「六藝」改爲「六經」，反映了廖平晚年嚴格區分經史的思想；還把「五變」時「文字亦皆孔作」的觀點强拉進來。《知聖篇續編》成於光緒二十七年（一九〇一），並即付梓，與正編合編爲《知聖篇》上、下卷，收入《四益館經學叢書》、《六譯館叢書》。

宣統辛亥年（一九一一），張鈞據廖氏弟子從四川寄去的《今古學考》、《知聖篇》、《古學考》收入《適園叢書》，由上海國學扶輪社印行（即「適園本」）。適園本糾正了原刻中的一些錯誤。但亦有未盡改者，如原刻《邶風》例作「邶風」，適園本亦有數處未改。這次整理，即以原刻本（即光緒三十年綏定府中學堂刻本）爲底本，而以適園本參校。

目録

知聖篇自序……三二三
知聖篇……三二四
自跋……三七六
鄭跋……三七七

知聖篇自序

測天之術，古有三家，秦漢以來，惟傳渾、蓋。西人創爲地動天虛之説，學者不能難之。或者推本其術，以爲古之宣夜。徵之緯、子，信中國遺法也。六藝①之學，原有本真②。自微言絶息③，異端蜂起，以僞作真，羲轡失馭，妖霧漫空，幽幽千年，積迷不悟，悲夫！援經測聖，正如以管窺天，苟有表見，無妨更端，踵事增華，或可收效錐管。若以重光古法，功同談天，則力小任重，事方伊始，一知半解，何敢謂然。獨是既竭吾才，不能自罷，移山填海，區區苦心，當亦爲識者所曲諒焉。光緒戊子季冬，四益主人識于黄陵峽舟次。

---

① 六藝：廖平晚年在其家藏本《知聖篇》（後簡稱《家藏本》）上改爲「六經」。餘不盡改。

② 原有本真：家藏本改爲「原本孔作」。

③ 「自微言絶息」前，家藏本加「五十頤卦立頤以言立教」十字。

知聖篇

孔子受命制作，爲生知，爲素王，此經學微言，傳授大義。帝王見諸事實，孔子徒託空言，六藝①即其典章制度，與今《六部則例》相同。「素王」一義，爲六經之根株綱領②，此義一立，則群經皆有統宗，互相啟發，箴芥相投。自失此義，則形體分裂，南北背馳，六經無復一家之言③。以六經分以屬帝王④、周公、史臣，則孔子遂流爲傳述家，不過如許、鄭之比，何以宰我、子貢以爲賢於堯舜，至今天下郡縣立廟⑤，享以天子禮樂，爲古今獨絶⑥之聖人？《孟子》云：「宰我、子貢，知足以知聖人⑦。」可見聖不易知。今欲删除末流之失，不得不表章微言，

① 六藝：家藏本作「六經」。

② 綱領：家藏本删此二字。

③ 一家之言：家藏本作「至聖立言」。

④ 帝王：家藏本作「堯舜湯文」。

⑤ 立廟：家藏本作「立大祀廟」。

⑥ 獨絶：家藏本作「獨一無二」。

⑦ 宰我子貢知足以知聖人：《孟子·公孫丑上》作「宰我有若子貢智足以知聖人」。

以見本來之真，洵能真知孔子，則晚説自不能惑之矣。

據《易緯》、《孟子》、《公羊》，以文王爲文家之王，文家即所謂中國，質家則爲海外。今案：此先師相傳舊説也。孔子不有天下，又不能不立教①，即「天將以爲木鐸」②，「天下有道，庶人不議」之意也。而六藝③典章，據帝王爲藍本，從四代而改，不便兼主四代，故託之於文王。欲實其人，則以周之文王當之。《中庸》云：「文武之政，布在方策」，「憲章文武」；《論語》云：「文武之政④，未墜於地」，「文王既没，文不在兹乎」。除擇善而從之外，不能不取己所新創之事，並以爲古制，以時制爲反古。《論語》之所謂「從周」、「周監二代」，與《孟》、《荀》之所謂「文王」名異實同。蓋經傳制事，皆有微顯、表裏二意，孔子制作，裏也，微也；託之「文王」，表也，顯也。自喻則爲作，告人則云述。以表者顯者立教，以改作之意爲微言，故七十子以後，此義遂隱，皆以《王制》、《春秋》爲文王西周之政，不復歸之制作。所謂⑤「仲尼卒而微

① 又不能不立教：家藏本作「又受命爲制作」。
② 天將以爲木鐸：《論語·八佾》「以」下有「夫子」二字。
③ 六藝：家藏本作「六經」。
④ 文武之政：《論語·子張》作「文武之道」。
⑤ 「所謂」前，家藏本加「即劉歆」三字。

言絶，七十子没而大義乖」也。

素王之説，義本《商頌》。蓋謂少昊①。《殷本紀》伊尹説湯以素王之道，「王」當讀爲「皇」，商法少昊，陳素皇之道，《詩》所謂「皇矣上帝」、「上帝是皇」，伊尹陳素統，商法之爲王。此一義也。明文始於《莊子》云「在下則爲玄聖素王」，所謂空王也。《孟》、《荀》皆以孔子與堯、舜、禹、湯、文、武、周公並言。漢人固持此説，即宋程、朱亦主此義。或據「非天子不議禮，不制度」，孔子自云「從周」，不應以匹夫改時制。然使實爲天子，則當見諸施行，今但空存其説於六經，即所謂「不敢作」也。孔子惟託空言，故屢辨作、述。蓋天命孔子不能不作，然有德無位，不能實見施行，則以所作者存空言於六經，託之帝王，爲復古反本之説。與局外言，則以爲反古；與弟子商榷，特留制作之意。總之，孔子實作也②，不可徑言作，故託於述。所云「述而不作」，自辨於作也；「不知而作，無是」，「天下有道，則庶人不議」，自任乎作也。意有隱顯，故言不一端，且實不作，又何須以述自明乎？

余立意表章微言，一時師友以爲駭俗，不知專詳大義，因之謂董、何爲罪人，子、緯爲訛説，并斥漢師通爲俗儒。然使其言全出於漢師，可駁也。今世所謂精純者，莫如四子書，按

① 「少昊」後，家藏本有「《論語》大昴星五老觀河洛」十字。

② 實作也：家藏本旁批曰「即頤卦」。

《論語》，孔子自言改作者甚詳，如告顔子用四代，與子張論百世，自負「斯文在兹」、「庶人不議」，是微言之義實嘗以告門人，不欲自掩其迹。孟子相去已遠，獨傳「知我」、「罪我」之言，「其義竊取」之説。蓋「天生」之語，既不可以告塗人，故須託於先王以取徵信。而精微之言一絶，則授受無宗旨，異端蜂起，無所折衷。如東漢以來，以六經歸之周史，其説孤行千餘年。今之人才學術，其去孔子之意，奚啻霄壤？不惟無儒學，並且乏通才。明效大驗，亦可覩矣。如當掩蓋，則孔子與諸賢不傳此義，後賢何從而窺？奚必再三申明，見於經記？若先入爲主，則道不同不相爲謀，各尊所聞，各行所知，不辨難駁擊以立門户，亦不敢依阿取悦於世，使微言既申而再晦也。

宰我、子貢以孔子「遠過堯舜」、「生民未有」。先儒論其事實，皆以歸之六經。舊説以六經爲帝王陳蹟，莊生所謂「芻狗」，孔子删定而行之。竊以作者謂聖，述者謂賢，使皆舊文，則孔子之修六經，不過如今之評文選詩，縱其選擇精審，亦不謂選者遠過於作者。夫述舊文，習典禮，兩漢賢士大夫與夫史官類優爲之，可覆案也，何以天下萬世獨宗孔子？則所謂立來、綏和、過化、存神之迹，全無所見，安得謂「生民未有」耶？説者不能不進一解，以爲孔子繼二帝三王之統，斟酌損益，以爲一王之法，達則獻之王者，窮則傳之後世。纘修六經，實是參用四代，有損益於其間，非但鈔襲舊文而已。執是説也，是即答顔子兼采四代，《中庸》之「祖述」、「憲章」，《孟子》之「有王者起，必來取法」也。然先師改制之説，正謂是矣。如謂孔子尊王從周，則必實得文武之會典，周公之則例，謹守而奉行之。凡唐、虞、夏、殷先代之事，既隻字不敢闌入，即成、康以下明君賢相變通補救之成案，亦一概删棄，如是乃可謂之尊王，謂之不改。今既明明參用四代，祖述堯舜，集群聖之大成，垂萬世之定制，而猶僅以守府録舊目之，豈有合乎？夫既曰四代，則不能株守周家；既曰損益、折衷，則非僅繕寫成案亦明矣。蓋改制苟鋪張其事，以爲必如殷之改夏，周之改殷，秦、漢之改周，革鼎建物，詔勅施行，徵之實事，非帝王不能行。若託之空言，本著述之常，春秋時禮壞樂崩，未臻美富。孔子道不能行，乃思垂教，取帝王之成法，斟酌一是；其有時勢不合者，間爲損益於其間，著之六藝，託之空言，即明告天下，萬世亦不得加以不臣悖逆之罪也。祖宗之成法，後世有變通之條；君父之言行，臣子有諫諍之義。豈陳利弊，便爲無狀之人？論闕失者，悉有腹誹之罪？且孔子時值衰微，所論述者，雜有前代。乃賈生、董子，值漢初興，指斥先帝所施，涕泣慷慨，而請改建，後世不以爲非，反從而賢之。且以今事論之，凡言官之封事，私家之論述，拾遺補闕，思竭愚忱，推類至盡，其與改制之説，不能異也。此説之所以遭詬病者，徒以帝王見諸實事，孔子託諸空言。今欲推求孔子禮樂政德之實迹，不得不以空言爲實事。孔子統集群聖之成，以定六藝之制，則六藝自爲一人之制，而與帝王相殊。故弟子據此以爲「賢於堯舜者遠」，實見六藝美善，非古所有。以六經爲一王之大典，則不能不有素王之説；以孔子爲聖、爲王，此因事推衍，亦實理如此。故南宫适以禹、稷相比，子路使門人爲臣，孟子屢以孔子與堯、舜、禹、湯、文、武、周公矣。

並論，直以《春秋》爲天子之事，引「知我」、「罪我」之言，則及門當時實有此説，無怪漢唐諸儒之推波助瀾矣。然後説雖表見不虚，非好學深思者，不能心知其意。若改制，則事理平常。今不信古説，而專言著述有損益，亦無不可；至制作之説，亦欲駁之，則先入爲主，過於拘墟矣。

《詩》者，《春秋》之大成；《春秋》者，《詩》之嚆矢。孔子六經微意具同，《詩》爲天，《書》爲人，《春秋》王伯，《禮》附《書》，《樂》附《詩》，皆取舊文而潤色之，非僅刪定而已。故《尚書》所言堯、舜、夏、殷，禮制全與《春秋》相同。《今尚書》、《三家詩》諸書可證也。又《書》有四代之文，俗以爲有沿革，乃《大傳》無異同，有大小之分，無沿革之異。唐虞禮制，下與《春秋》相符，正孔子述作六藝之大例。所謂「其文則史，其義則某竊取之矣」。古《書》、《毛詩》出於東漢，本誤讀《周禮》，以「大統」説小康，致與經文相舛，故賈、馬遠不能如伏、董之詳備符合。一真一僞，各不相同也。然《禹貢》「迄於四海」，而「周公篇」與《洪範》則爲「大統」之先聲，所云「皇帝」、「上帝」、「多方」、「多士」、「小大」、「邦喪」云云者，已爲《詩》「大統」開先路。但中外之分甚嚴，此爲周公明堂朝諸侯之事，非皇帝大九州大同之治也。

經學四教，以《詩》爲宗，孔子先作《詩》，故《詩》統群經，孔子教人亦重《詩》。《詩》者，志也。即「志在《春秋》」之「志」。獲麟以前，意原在《詩》，足包《春秋》、《書》、《禮》、《樂》，故欲治經，必從《詩》始。緯云：「志在《春秋》，行在《孝經》。」行事中庸，志意神化，《春秋》與《詩》對，本行事也。其又云「志」者，則以對《孝經》言之。實則《詩》與《春秋》虛實不同。《詩》乃志之本，蓋《春秋》名分之書，不能任意軒輊；《詩》則言無方物，可以便文起義。《尚書》、《春秋》如今人之文，《詩》、《易》如今人之詩，體例不同，宗旨自別。《公羊》「主人習其讀而不知其罪」①，此本《詩》說，即後世所謂「言者無罪，聞者足戒」。故凡緯說、子書非常可駭之論，皆《易》、《詩》專說，故欲明《詩》、《易》，須先立此旨。緯云「孔子受命爲黑統」，即玄鳥、玄王；《莊子》所謂「玄聖」、「素王」之說，從《商頌》而寓之。《文王》篇「本支百世」，即王魯；「商之孫子」，即素王。故屢言受命、天命，此素王根本也。孟子以周公、仲尼繼帝王之後，荀子以周公、仲尼爲大儒，此從《魯》、《殷》二《頌》而出者也。三統之說，本於三《頌》，凡一切舊說，皆當以此統之。董子王魯制，寓於《魯頌》。「周公」及「世及」之「及」。武王制禮作樂，故以王寓之。以其說解《詩》，則有徵信；董、何以說《春秋》，則不免附會矣。緯書新周，不可說《春秋》，而《詩》以魯後周即此意。《詩》明云「其命維新」，是經意直以《周頌》爲繼周之新周，非果述姬周也。先儒改周之文，從殷之質，亦從此出。「魯商」二字即「文質」，「文質」即中外、華洋之替字。中國古無質家，所謂質，皆指海外，一文一質，謂中外互相取法，爲今之天下言之，非古所有。絀杞之例，亦本於《詩》，《春秋》杞不稱公，三《頌》絀杞不言，是其本意。今凡周亡、孔子王，一切駭人聽聞之說，皆以歸附

① 主人習其讀而不知其罪：《公羊傳》定公元年：「主人習其讀而問其傳，則未知己之有罪焉爾。」

於《詩》。治經者知此意，然後以讀別經，則迎刃而解。他經不復言此，而意已明，方可以收言語、政事、文章之效。《詩》爲志，則《書》爲行；《春秋》爲志，則《孝經》爲行。實則《春秋》與《書》同爲行，《春秋》、《尚書》皆分《詩》之一體。《周》、《召》伯道，分爲《春秋》；《王》、《鄭》、《齊》王道，分爲《尚書》。特以較《孝經》，則《春秋》爲志，而《孝經》爲行耳。今本此義，作爲義疏，不拘三家之舊，以孔子之微言爲主。使學者讀《詩》，明本志，而後孟子「以意逆志」之效明，孔子重《詩》之教顯。以此爲經學之總歸，六經之管轄，與《論語》同也。

《孟子》「王者之迹熄而《詩》亾」，「《詩》亾」「亾」當爲乍。乍，古「作」字。與「亾」字形似而誤①。然後《春秋》作」。《孟子》此意，即「天下有道，則庶人不議」，《説苑》「周道不亡，《春秋》不作」之意。《孟子》言《詩》以志爲説，又引《詩》與《春秋》以證王迹，明《詩》與《春秋》同也。歷叙帝王，皆言周公、孔子，周公即王魯，義本《魯頌》；孔子即素王，義本《商頌》。周公實嘗王，故緯説有素王而無王魯。周公及武王，成公讓志，以爲攝政，故言《魯頌》。不如此，則「詩亡」之義不顯。

《詩》言皇帝、八王、八監、十六牧事，就大一統言之，此百世以下之制，爲全球法者也。

---

① 原刻本、適園本皆同。案：《説文解字》「乍」字篆作「乍」，而「乍」與「作」通，是知「作」之古體當爲「乍」。

《尚書》言四代之制，由一化四，此三統變通之意也。一竪一横，一内一外，皆「治」「平」之教。後以《詩》説百世，未能著明，分《周》、《召》伯道，再作《春秋》以實之。六經重規疊矩，以大包小。《禮》以治外，《樂》以養中，《易》詳六合以外，皆自治之事，此外王之學，亦缺一不可。六經之中，三内三外，三天三人，三實三虚，三知三行，而歸本於《孝經》。六經統爲素王，萬世之大法也①。

六經皆經孔子筆削，有翻改舊文之處。或頗震驚其言，不知其説雖新，其理至爲平易。夫由堯舜以至成周，初簡陋而後文明，代有沿革，見之載記，人心所同信者也。孔子修六藝以爲後世法，考三王，俟百世，見之載記，亦人心所同信者也。然洪荒初開，禮制實爲簡陋，即茅茨、土階，大羹、玄酒等類，若於文備之世，傳以爲法，不惟宜俗不合，且啟人輕薄古昔之心。是「帝典」不能實録其事，亦一定之勢也。夫禮家議禮，易滋聚訟，既折衷於聖人，後世猶多齟齬。今使《尚書》實録四代之文，事多沿革，每當廷議，各持一端，則一國三公，何所適從？孔子不能不定一尊以示遵守，亦情勢之所必然也。既文質之迴殊，又沿革之互異，必欲斟酌美善，垂範後王，沈思默會，代爲孔子籌畫，則其筆削之故，有不待辨而自明者矣。

王符云：「聖人天之口，賢者聖之譯。」聖人作，賢者述，聖所不備，賢者補之，交相爲用者

① 「六經」二句：家藏本改爲「頤卦六爻配六經，以言大統，爲教萬世之大法也」。

也。《春秋》時，三皇五帝之典策尚多可考①，其言多神怪不經，與經相歧，實事實也。孔子翻經，增減制度，變易事實，掩其不善而著其善。但制度不合者人難知，行事不合者人易知，故《孟子》所載時人之論古事，孟子皆據經爲説，辭而闢之，實則時人所言所載事實也。《孟子》所言經教也。使孔子作於前，後無繼之者②，則六藝何能孤行於後世？故必有賢者出，依經立義，取古人行事，皆緣附六藝，無改作之嫌，並使後人不至援古事以攻駁六藝，此賢者所以爲聖譯。如《國語》之傳《春秋》，傳事實之意輕，附禮制之意重，凡一細事皆鋪寫古事古禮。經説之文，連篇累牘，當日事實，萬不如此瑣碎，此傳者託事以見禮文經義，亦如孔子假時事以取義也。其於孔子事蹟，皆緣六經以説之，合者録之，不合者掩之。古與今合，方免後人據時事以攻六藝，此作者之苦心也。惟其書一意比附，遂足以掩蔽微言。如六藝皆孔子所作，而《左氏》則以爲孔前已有。如季札事，將《詩》、《樂》師説衍説一篇，而後人遂以此爲未删之本。《易》爻辭爲孔子作，其書所言筮辭，皆就《易》師説衍之，讀者遂以爲此真《周易》，在孔子之先。雖有比附六藝之大功，不無少掩微言之小失。然此不善讀者之流弊，若以微言讀之，乃轉見其發明處不少；心無其義，故書中不見之。賢者於經，如疏家之於注，不敢破之也。或云

① 典策尚多可考：家藏本作「典册實爲孔作」。
② 後無繼之者：家藏本作「後無賢述之」。

自孔子後，諸賢各思改制立教，最爲謬妄。制度之事，惟孔子一人可言之，非諸賢所得言也。

緯云：孔子因道不行，作《春秋》，明王制，專就《春秋》立説。《孟子》云：「《春秋》天子之事。」先師言制作，多就《春秋》言之。《史記》：删《詩》正《樂》在前，因獲麟作《春秋》。考其説，似《詩》、《書》、《禮》、《樂》爲一書，因獲麟乃變前志而修《春秋》。前後若出兩歧，然實則非也。孔子知命在周游之前，於畏匡引文王，於桓魋言天生，實是受命。故自衛反魯，作《詩》言志，以殷末寓素王之義，明三統之法。特後來以《詩》之空言，未能明切，恐後人失其意，故再作《春秋》，實以行事。《孟子》引《詩》與《春秋》明王迹，《史記》引「空言不如行事」，皆此義也。

制作知命，當從五十①爲斷。非因獲麟乃起《詩》、《易》，詳天事，言無方物，所謂空言。《春秋》、《尚書》乃將天言衍爲人事，空言在後，行事在前，事有早遲，其義一也。諸經惟《春秋》晚成，絶筆獲麟，師説因以明著。實則諸經皆同，特《春秋》説獨顯耳。「《春秋》天子之事」，諸經亦然。一人一心之作，不可判而爲二。《春秋》未修之先，有魯之《春秋》；《書》、《詩》、《禮》、《樂》未修之先，亦有帝王之《書》、《詩》、《禮》、《樂》。修《春秋》，筆削全由孔子；修《詩》、《書》、《禮》、《樂》，筆削亦全由孔子。《春秋》據舊史言，則曰「修」；從取義言之，則曰「作」。修即所謂「述」，當日翻定六藝，是爲聖作，人亦稱孔子爲作。其云「述而不作」，言「不

① 五十：家藏本作「生知」。

作」即作也，言「述」即非述也，與「其文則史，其義則竊取」同意。而作、述之事，即兼指六經，不獨説《春秋》。載記總言孔子事，則云翻定六經，制作六藝，其並稱之文，則多以「作」、「修」加《春秋》，於《詩》、《書》、《禮》、《樂》，言「删」、「正」，文變而義同，無所分别。因「作」、「修」多屬《春秋》，故同稱則六經皆得云「作」、「修」，而並舉則惟《春秋》所獨，此爲異名同實。後來不識此意，望文生訓，於《春秋》言「作」、「修」，得之；於删《詩》、《書》，正《禮》、《樂》，「删」則以爲如今删定文籍，「正」則以爲如今鑒正舊本，遂與「作」、「修」大異。亦如説殺殛爲死刑，與投四凶、化四裔之義迴乎不同。不知此義一失，大乖聖人本意，爲經學治術之妨害。判《春秋》與諸經爲二，離之兩傷，一也。以諸經爲舊文，非孔子之書，遂卑賤乎《春秋》，二也。諸經失其宗旨，不能自通，三也。離割形氣，無貫通之妙，四也。獨尊《春秋》，使聖教失宏博之旨，五也。今力闢舊説之誤，獨申玄解，務使六經同貫，然後經學宏通，聖教尊隆。

孔子翻經以後，真正周制，實無可考①。後世傳習，皆孔子之言②。或疑古書不盡亡③，今試爲明之。《春秋》諸稱號，出孔子筆削，不必實爵，此定説也。乃經所稱之侯、伯、子、男，

---

① 實無可考：家藏本作「皆字母書」。

② 之言：家藏本作「古文」。

③ 古書不盡亡：家藏本作「僞經正名」。

非諸國本爵，考之故書子緯，所言諸國爵亦與《春秋》同。《史記》據《譜牒》，因《春秋》，書「蔡桓侯葬」。經一稱「侯」，《譜牒》遂以「侯」爲蔡定稱。又時祭烝嘗有明文，春夏無之，時祭異說，如《王制》、《公》、《穀》、《禮記》、《左傳》、《爾雅》、《孝經》互異，春夏異而秋冬不異，豈非據《春秋》爲説，實無遺文可證乎？如以喪服爲舊典，承用已久，同母異父之服，公叔木問子游，狄儀問子夏，子夏曰「無聞乎」①。向左向右有明文，何至不守舊而冒昧是從乎？《曾子問》所言變禮，如有舊文，則自向檢閲可也；不然，告以尋討可也，何必刺刺徒勞唇舌乎？魯行禮自有典册可稽，何行一禮，涉一疑，動向孔子門人請問乎？曾子、子游同習乎禮，何以襲裼始議而終服乎？典禮皆有明文，時祭自爲典禮，何以傳《孝經》者，僅就經文《春秋》立義，以爲二祭乎？喪葬有一定之則，何以孔子往觀季札葬？孔子葬，四方來觀乎？聖人之葬人，與人之葬聖人，豈聖人一禮，人又一禮乎？禮有成事，樂爲世掌，孺悲乃奉命而學，太師反待孔子之語乎？三年、親迎，王朝舊典，子張、宰我以爲疑，哀公、子貢以爲問乎？禮樂出乎天子，知政知德，匹夫何有禮樂之可言乎？從可知：自夫子一出，而帝王之德皆變爲一人之事，而佚聞實寡；後世所傳習，皆孔子之説，而舊典全無。今欲於禮制指其孰爲舊也，難矣！

六經旨要，以制度爲大綱，而其辨等威、決嫌疑，尤爲緊要。蓋周制，君臣上下尊卑之分，

① 無聞乎：《禮記·檀弓上》作「我未之前聞也」。

甚爲疏略。大約與今西人相等。諸侯實郊天，大夫實用八佾、反坫、三歸。孔子新制，細爲分別，故禮以定嫌疑、辨同異爲主。《春秋》於大夫、諸侯尊卑儀注，極爲區別。禮家、名家之學，全出於《春秋》。故孔子正名，子路猶以爲疑，非周公已有此制也。使周公已有之，則人所共明，《春秋》與《禮》，斤斤分別儀注，不已細乎！子學、名家大有益於治，原出《春秋》、《禮經》可見也。孔子既已創制，不得不以魯郊爲成王賜爲失禮；八佾、反坫爲僭，在當日特爲應行之禮。蓋等威一明，上下分絕，故亂臣賊子懼，失爲亂之資。孔子曰：「惟名與器，不可假人。」以此。

《詩》以《魯》爲文、《商》爲質。文主中國，即六歌之《齊》；質主海外，即六歌之《商》。至新周合文質，乃爲極軌，所謂「文質彬彬」也。孔子因舊文而取新義，其意全見於《詩》。《詩》者，天經之始基也。《中庸》「仲尼祖述堯舜，憲章文武」，以匹夫繼帝王之統，即《論語·堯曰》章、《孟子》「由堯舜至於湯」章之所謂「聞知」、「見知」，以繼帝王者是也。其所云「祖述」、「憲章」者，謂與帝王無出入，兼有其長，合爲定制，《中庸》之考而不謬，《論語》之兼用四代是也。帝王之制由六經而定，謂爲孔子制可，謂爲帝王制亦可。惟兼採四代以酌定一尊，垂法百世，以爲永鑒。因不盡因，革不盡革，既不可分屬四朝，又不能歸併一代，則不得不屬之孔子。《春秋》因魯史加筆削，《詩》與《書》、《禮》、《樂》，亦本帝王典禮而加筆削。合者留，不合者去，則《詩》、《書》乃孔子之《詩》、《書》矣。《儀禮》、《容經》，則本周之典籍。夏殷簡略，又文獻無徵，以周爲藍本，自然之勢。《論語》「郁郁」、「從周」，就簡略言也；《中庸》「今用」、「從周」，就無徵言也。

由此而加因革，過者抑之，不及加隆，「百世可知」，謂此也。本周禮修爲《儀禮》、《容經》，亦作亦述，與《春秋》無異也。樂以《韶》爲主，兼用三代，《雅》、《頌》得所，正樂亦同於禮。孔子見世卿之害，教學宜開，於是早定師儒選舉之計，預修四教，既行於一時，並欲推萬世。四教中，《詩》雖言志，然與《書》爲一彙，《禮》、《樂》爲一彙。《詩》以言志，《書》以述行，《禮》以治外，《樂》以養中，所言不能參異，一定之勢也。四教中以《詩》爲綱，以《書》與《禮》、《樂》爲目。然《詩》爲空言，尚未明著，然後乃作《春秋》，以實《詩》意。所謂「深切著明」者也。孔子之意本在於《詩》，後來《春秋》説盛，遂全以《詩》説説《春秋》。言「志在《春秋》」，不言《詩》之志，實則《書》、《春秋》皆統於《詩》，特一爲空言，一爲行事。《春秋》與《書》、《禮》、《樂》，皆主新制，同爲孔子之書，非獨《春秋》爲然。然《春秋》詳人事典制，舊文嚴於遵守，運用無方之道不與焉，故又作《易》以補之。《易》明變化消長，爲天道，與《春秋》全反。一天道，一人事；一循守舊職，一運用無方；一常一變；一内一外。知《春秋》而不知《易》，則拘於成法，無應變之妙。蓋《易》專以「通變」、「不倦」爲宗旨，故欲知《易》，必先學《春秋》。既學《春秋》，不可不知《易》。既能窮《易》之精微，則内外交修，於治術方無礙。盡人事以通天道，《易》所以總學之成，而不沾沾名物理數之形迹。二者相反相成，《易》不立教，以其與《春秋》同也。六經之道以《春秋》爲初功，以《易》爲歸宿。治經者當先治《春秋》，盡明微言，以四經實之，然後歸本於《易》。此孔子作六藝之宗旨也。

孔子「五十知天命」，實有受命之瑞，故動引「天」爲説。使非實有徵據，則不能如此。受命之説，惟孔子一人得言之。以下如顔、曾、孟、荀皆不敢以此自託。以九流派分，四科一體，原同末異，皆祖孔子。其説甚明。故自衛反魯①，正《樂》，删《詩》，非待獲麟乃然。群經微言皆寓於《詩》，《春秋》已不能全具，特孔子絶筆獲麟，後師以《春秋》爲重，遂以微言附會《春秋》，而《詩》反失其説。世卿，三代所同，欲變世卿，故開選舉；欲開選舉，故立學造士。使非選舉，則亦不立學矣。作《詩》本爲新制，子貢、宰我以孔子賢於堯舜。緣文明之制，由漸而開，自堯舜至於文武，代有聖人爲之經營，至周大備。天既屢生聖人，爲天子以成此局，不能長襲其事，故篤生一匹夫聖人，受命制作，繼往開來，以終其局。而後繼體守文，皆得有所遵守。又開教造士以爲之輔，故百世可以推行。或以秦漢不用《春秋》之制，不知選舉、學校、禮樂、兵刑，無一不本經制。雖井田、封建、禮制儀文，代有改變，然或異名同實，或變通救弊，所有長治久安者，實陰受孔子之惠。且循古今治亂之局，凡合之則安，反之則危。孔廟用天子禮樂，歷代王者北面而拜，較古帝陵廟有加。若非天命，豈人力哉！又豈但鈔録舊文，便致此神聖之績哉！

郡縣一事，秦以後變易經説者也，似乎經學在可遵不必遵之間。不知秦改郡縣，正合經義，爲「大一統」之先聲。禮制：王畿不封建，惟八州乃封諸侯。中國於「大統」爲王畿，故其

---

① 自衛反魯：原作「自魯」，據《論語·子罕》補。

地不封諸侯。如王畿，諸侯不封而食禄，藩鎮部道，又立五長之意。漢制諸侯封國大，易亂之道也。秦之郡縣，漢之衆建諸侯，正師用《王制》。《王制》：諸侯世，郡縣不世。雖似相異，然此正用「不世卿」而推廣者也。又如井田，議者動謂不能行，不知《孟子》明云「大略」，潤澤則在臨時。田多則夫百畝，田少則相時酌減可也。平地則畫井，山地則但計畝相授可也。書文簡略，推行別有細章，豈可株泥舊文？今法有甚富甚貧之病，而《王制》無之，案：井田乃百世下大統之法，于古實無徵。今泰西素有齊貧富之議，將來必出於此。此乃殷法，非孔子特改。當時用井田，孔子萬不能改阡陌；今既用阡陌，亦不便强復井田也。此事變之故，不足爲井田病。夫治經貴師其意，遺迹則在所輕。除井田、封建外，亦不能拘守舊文而行。必欲行井田，則亦有變通之法在。若王莽、張横渠，得其迹而遺其意者也。

六經，孔子一人之書；學校，素王特立之政。所謂「道冠百王，師表萬世」也。劉歆以前，皆主此説，故《移書》以六經皆出於孔子。後來欲攻博士，故牽涉周公以敵孔子，遂以《禮》、《樂》歸之周公，《詩》、《書》歸之帝王，《春秋》因於史文，《移書》云：「制作《春秋》以記帝王之道。」《易傳》僅注前聖。以一人之作，分隸帝王、周公，如此是六藝不過如選文、選詩。或並刪正之説亦欲駁之，則孔子碌碌無所建樹矣。蓋師説浸亡，學者以己律人，亦欲將孔子説成一教授、老儒，不過選本多，門徒衆；語其事業功效，則虚無惝恍，全無實迹。豈知素王事業①，與帝王相同，位號與天子相埒。《易》與《春秋》，則如二公也；《詩》、《書》、《禮》、《樂》②，則如四輔條例也。欲爲之事，全見六藝。學校之開，當時實能改變風氣。學之者多，用其弟子者亦多，所謂立行和來是也。孔子初立四教，效已大顯，故欲推而行之。凡六藝、學校，古無其事，《國語》、《左傳》言以前有之者，皆賢者依經義之説，分仲尼之功，屬之帝王以前，託詞非實事也。蓋自《春秋》以後，學術治法，全宗素王，天心欲變其局，孔子應運而生。漢、宋諸大儒，皆同此義，實理所在，人心相同者也。

古聖皆有神怪實蹟，聖與天通，人與鬼謀，故能成「平定」之功，大禹是也。《山海經》神怪確爲③實事，故《左傳》云：多著神姦，鑄鼎作象④。至孔子時，先聖開創之功已畢，但用文教，已可長治久安，故力絶神怪，以端人心，而正治法。「子不語」，則以前皆語可知。云「不語」，則實有神怪可知。《禹貢》者，孔子本禹事，以己意潤澤者也。禹不必立九州，當時亦無貢篚

① 素王事業：家藏本改爲「六書亦孔子翻經所作」。
② 「詩書禮樂」下，家藏本添「《莊子》以鄒魯之士能言之」。
③ 確爲：家藏本作「天學」。
④ 多著神姦鑄鼎作象：《左傳》宣公二年原文作「鑄鼎象物，百物爲之備，使民知神姦」。

織縞一切名物。又五服、四岳，與《王制》切合，儼然《王制》傳注，此孔子修《書》，亦如作《春秋》，據史文而筆削之實事也。古聖神怪之事，全經孔子所削，故云「不語」。不得因孔子之言，致疑前人之誤。蓋天人之交，孔子乃隔絶之，以奉法守文，無俟神奇也。

舊以《逸周書》著録《漢書》，爲秦漢先師採綴而成，亦如《戴記》。今有《汲冢》舊名，或以爲實不出于西晉①。然序文淺陋，必係僞作。篇中體製不純，間涉殷事，及《王子晉》、《職方》、《月令》等篇，必非周書。蓋晉人取舊本，而别以己意補足成書。中多《司馬法》與《書》、《禮》佚文，而雜採古傳記者亦不少。其出汲冢，雖無明文，自必當時再出，故加此名。近人堅以爲漢出，不知此決非漢本。《竹書》亦同時所得，亦必有舊本。惟其書多蝕脱，各以己意釋補，如郏盟、滅夏陽之類，皆以爲《左傳》之助，至於乖異實事，故《逸周書》非真古書也。

孔子爲素王，知命制作，翻定六經，皆微言也②。聖門師弟相傳，常語如此，《論語》是也。而又有隱微其言者，如周喪期，孔子制作定爲三年，三代通同之。《尚書》言三年者，非實事，新制也。宰我、子貢疑其事，孔子答以「古人皆然」。「古人」即指《堯典》「三載，四海遏密八

① 「西晉」後，家藏本有「蓋孔子正名乃有古文三代□□□」十四字。因係廖平晚年疾後用左手書寫，後三字無法辨認。

② 「皆微言也」下，家藏本加「頤卦二五爻皆有經，六爻即六經」十三字。

音」事，不明言改制也。曾子問喪，亦有「夏后氏三年」之文，實則孔子爲主改帝王以合己，使若帝王實已如此，不過取之爲説。孟、荀以來，微言已不盡傳，又有緣經立義之傳，與之互異。然古師皆傳此義，唐後學者誤解傳義，遂使孔子「作述」全爲帝王所奪。《易》、《詩》、《書》、《禮》、《樂》皆變爲古書，《春秋》則爲舊史，所不奪者，《論語》、《孝經》而已。

六藝本爲孔子新義，特自託之於「述」，《左》、《國》則以爲皆出於孔子以前。如韓宣子見《易象》①，季札觀樂歌《詩》，與《書》、《禮》皆多引用。以六藝當出於孔子前，蓋因「述而不作」語，遂舉六藝盡歸之國史舊文。後人不知此説出於依經立義，指以爲實，微言之説，遂全爲《左》、《國》所亂矣。

《國語》爲六經作傳，或以左丘明即子夏。「明」與「商」、「羊」、「梁」同音，「左丘」即「啟予」，所謂「左丘明」，即「啓予商」，左丘喪明，即子夏喪明事。三《傳》始師，皆爲子夏，爲文學傳經之事，故兼言六藝，不僅傳《春秋》。然以六藝推之舊文，此欲掩改制之迹，即孔子作而不述之微意也。不言孔子改古書，而言古書合孔子，心本尊向孔子，非欲駁之也。而劉歆乘隙而入，襲此説以攻「今學」，以六藝爲舊文，孔子直未造作，於是素王改制等説全變矣。劉歆之

---

① 「易象」下，家藏本加「之言盡在魯。中包《詩》、《書》、《禮》、《樂》，其實六經，故曰『周禮全在魯矣』」二十三字。

説，實《國語》爲之先路。同此一説，而恩怨各别，皆以當時微詞隱避，致使大義中絶，聖學晦而不彰。今孔廟既封建王號，用天子禮樂，時勢遠異。又更無所避忌，正當急張微言，使其明著。不可再行隱避遷就，使異端得藉口相攻。况此乃漢、宋先儒舊義，非一人私言，《論語》、《中庸》、《孟子》，先有明文，精確不易。史公云：第弗深究，其所表見皆不虚，信然矣。素王以《詩》説爲本根，實即道統之説，先儒誤據「從周」、「不議禮、制度、考文」以相駁，篇中已釋其義。然試再爲申之：云「從周」矣，何以答顔子兼用四代？既云「不作」矣，何以獨辨「不知而作」？孔子，周之臣子，從周何待言！居今而言從本朝，豈非夢囈乎？聖人立身出言爲萬世法，宜何如慎密，今動以天自擬，又云「其或繼周」、「如有王者」，與「鳳鳥」、「河圖」之歎；專禮樂征伐之權，斥言「天下無道」；取亡國夏殷與本朝並論，而議其從違；又自負承先皇文王之統，無論道理不合，其有不賈口舌之禍者乎！庸愚皆知畏法，豈有聖人發隴上之歎，與陳涉、吴廣同科，導人以發難乎？子貢以爲堯舜猶賢，南宫适以禹稷相比，子路使門人爲臣，仲弓許之南面，宰我輕改舊章，孔門弟子豈皆妄希非分、自居不疑乎？孔子，周之臣子，並非宋君，乃敢以殷禮自用？或以爲異書不足信，《孟子》明云：「《春秋》天子之事」，「王者之迹熄而《詩》

亡,《詩》亡然後《春秋》作①。」「仲尼不有天下」,又屢以帝王、周公與孔子並論。孔子受命制作,有不得不改之苦衷。若夫尊君親上,別有明條,並非欲後人學其受命制作,何嫌何疑?必欲將孔子説爲一迂拘老儒乎?孔子教人忠孝,文在別經,許止趙盾,猶蒙惡名。「人臣無將」,《春秋》名義,若其自處,別有精義。若以此説有乖臣道,則舜、禹、湯、武,爲帝王垂法,豈學舜、禹者務求禪讓,法湯、武者耑力犯上乎?孔子之志與舜、禹、湯、武同符合貫,學之者但當自審所處,不必以己之所必無,都爲古聖之所斷不有。且世之犯刑辟、坐不敬者,又孰爲孔子所誤哉!

聖人一言必有一言之效,乃自今視之,多爲常語,常語則何待言?又何必傳流至今?凡今見爲常語者,在當日皆爲切要之説。蓋言如藥物,當時爲對症,得聖言而病愈,積久成習,遂視爲故常。故學者於常語尤當留意推考,因藥求病,足以見當日時事。又《春秋》常於嫌得者見不得,列國行事失禮,使乖舊制,人人所知,孔子何爲非之?又何以足傳爲經?可見孔子譏貶,皆爲時制,衆人不知,故譏貶之。如魯之舞八佾,射之主皮,喪不三年,同姓婚,皆真周制,孔子欲改,故譏之。若人共知其非禮,又從而議之,則人云亦云,徒勞口舌。聖人吐辭爲

① 「王者」至「《春秋》作」:《孟子·離婁》下原文兩「《詩》亡」皆作「《詩》亾」。廖平認爲「亾」爲「亡」(古文「作」字)之形誤,故於此徑引作「亡」。

經，故凡所言，都爲制作。今立此一例，於《春秋》、《論語》諸經，凡所非議，皆爲改制救弊；至當時所共明者，則絶不一語。以此求之，然後聖經可尊、聖功可見也。

三統以《尚書》爲本，乃經學大例，觀《四代禮制沿革表》、《三統禮制循環表》可見。先儒雖主此説，於經少所依附，今按其説，當於《詩》、《春秋》中求之。四代無沿革，而名號小有異同，此即三統例之大端，至於服色、牲器，猶其小焉者矣。董子云九而易者，大九州、九洛、九主之説也；五而易者，五帝循環、《小雅》五際説也；四而易者，《尚書》説也；以三而易者，三《頌》説也；以二而易者，《魯》、《商》中外文質説也①。今以三統立爲一專門，先就各經立表，考其同異，更輯傳説之有明文者以補之，以爲一類。然後掇拾群經異義，可以三統説者，歸爲《續表》，而《四代真制之表》附於其後，總爲一書，名曰《三統》。不惟經學易明，而孔子「百世可知」之意亦見矣。今已改三統不能循環者，爲《三世進化表》矣。

三統立説，孔子時已然，非後儒所附會。如宰我言社樹，《戴記》中所引孔子言四代者是也。《王制》、《國語》、《祭法》廟制，與《春秋》、《詩》、《孝經》時祭，皆當以三統説之。既知此非真四代制，又知此爲百世立法，又推本經書爲主，以收傳記之説，更推考異義以化畛域。此例

---

① 「董子云」至「中外文質説也」：見董仲舒《春秋繁露·三代改制質文》：「故王者有易者，有再而復者，有三而復者，有四而復者，有五而復者，有九而復者。」

一明，而群經因之以明矣。

禮儀與制度有異。禮爲司徒所掌，如今之儀注，即《儀禮》是也；制度則經營天下、裁成萬類，無所不包，如《王制》是也。制度最大最要，禮儀特其中一門，欲收通經致用之效，急宜從制度一門用功。若沾沾儀節，不惟不能宏通，人亦多至迂腐。劉子政《别録》，制度爲專門，與禮儀别出。至《儀禮經傳通解》、《禮經綱目》、秦氏《通考》，皆以禮包制度，大失經意。今特升《王制》爲制度統宗，禮經儀注之文，歸於司徒六禮而已。能悟此旨，經學乃爲有用之書。

舊用東漢許、鄭説，以同《王制》者爲今，同《周禮》者爲古。丁酉以來，始以帝王分門，不用今、古之説。蓋哀、平以前，博士惟傳《王制》，而海外帝德之學，隱而未明。自漢以後，囿於海禁，專詳《禹貢》五千里之制；自明以後，海禁大開，乃知帝德，《詩》、《易》之學，始有統宗。至於王道之學，亦各有宗派。魯學居近孔子，《穀梁》、《魯詩》專爲魯學。齊學雖與魯小異，然實爲今學。弟子各尊所聞，異地傳授，不能皆同。如《公羊》，今學也，而禮與《穀梁》不盡同。《國語》，今學也，而廟祭與《王制》多反，此中多爲三統異説。孔子既定《禮經》，更於其中立三統之制，以盡其變。弟子各據所聞以自立説，皆引孔子爲證。《王制》多大綱，故不能盡包群經異義，此爲大宗。他如時制，可徵者，《左傳》之世卿、昏同姓、不親迎、喪不三年，與《孟子》之徹法，魯、滕不行三年喪，此皆當時之行事，與六經不同者也。又《王制》統言綱領，文多不具，《春秋》、《詩》、《書》、《儀禮》、《禮記》所言節目，多出其外，實爲《王制》細節佚典，貌異心同，如《明堂》、《靈臺》、《月令》之類是也。此類經無明文，各以己意相釋，此潤澤之異禮也。又今《禮記》多先師由經文推得之文，如諸書皆言四時祭，當爲定制，而《孝經》先師只言春、秋二祭，則以《孝經》無冬、夏明文也。諸書時祭名，烝、嘗皆同，而春、夏祭名互異，則以嘗、烝經中有明文，而春、夏無明文也。凡此皆先師緣飾經文，別以聞見足成，非經之異説也。今於劉歆以前異禮，統以此四例歸之，不立今、古學①名目。

舊專據《王制》以爲今學，凡節目小異者，遂歸入古學，當入《異義》。如《祭法》廟制、祭期，與《國語》同，而《荀子》亦有此説。《祭法》有祧、有明堂，《王制》無之，而孔子言祧、言明堂者，不一而足，此不能盡指爲《異義》説也。蓋聖人訂制，先立大綱，細節則多備三統之文。大綱之封建、職官、選舉、學校，群書皆同，而細節則小異矣。即以廟制言，大綱之七廟祀天神、人鬼莫不同，而細節則小異。《祭法》有日月之祀，《孝經》只春、秋二祭，配天郊禘説各不同，此三統文質改變之説也。又漢去《春秋》久，今本《王制》爲先師之一本，嚴、顏《公羊》二本，猶自不同，欲以一本括盡今學，勢所不能。今欲舉《王制》括今學，當以經文爲主。如治《公羊》者欲用《王制》，而本傳説與《王制》説不同者，則先標舉經文，次録傳記，以後再録三統潤澤異説。然後《王制》廣大，足以包括群經，不致小有異同，輒屏爲異説。如《禮記》孔子禮説與《王

---

① 今、古學：原本無「今」字，據家藏本補。

制》多異，固有依附，然其說多與六藝合，則不能屏爲異說。必有此例，然後《王制》足以包之。此爲專治《王制》者言。如專家，舉一經推合《王制》，則但明本經，不涉異說。若再牽涉，徒滋煩擾。師說參差，莫如《戴記》，今即以治《戴記》之法治《王制》，使歸統制，參觀以求，思過半矣。

或以諸子皆欲傳教，人思改制，以法孔子，此大誤也。今考子書，皆春秋後四科流派，託之古人。案：以言立教，開於孔子，春秋以前，但有藝術卜筮之書，凡子家皆出於孔子以後，由四科而分九流，皆託名古人，實非古書。又今所傳子書，半由掇拾及雜採古書，如《弟子職》、《地員》等篇，乃經傳師說，漢初收書秘府，附《管子》以行。《管子》亦非其自作，乃後人爲其學祖之，故其中多今學專家之語，並有明言《春秋》、《詩》、《書》之教者。今當逐書細考，不能據人據時爲斷。至於《司馬法》、《縱橫》等書，出於政事、言語科，亦爲四科流派，苟有會心，所見無非道，不僅於其中摘録足證今學，以備考究已也。

欲知《王制》統宗今學，觀《輯義》自明；欲實明改制之意，非輯四代古制佚說不能。此書輯成，則改制之說不煩言而解。大約《春秋》所譏者，皆改制事，又別以五經爲主，凡與經不合者，皆周制。《今古制佚存輯》以《左傳》、《國語》爲大宗，子史傳記緯候皆在所取，與《王制輯證》同。如《孟子》言周人徹，此周人無公田之證；滕、魯不行三年喪，齊宣短喪，公孫丑答以期，皆周喪期之證。俟周制輯全，然後補輯二帝、夏、殷之制，以見《尚書》之譯改。如《墨子》夏喪三月，可見《堯典》高宗三年之文，皆非原文。深通此旨，然後知《王制》爲新制，而《周禮》之爲海外會典與古文家之誤説者，亦可見矣。

六經有小大、久暫之分，《春秋》地祇三千里，爲時二百四十年；《尚書》地祇五千里，爲時二千年；《詩》地域至三萬里，爲時百世，所謂「無疆無斁」；《易》則六合以外。《莊子》云：「六合以外，聖人存而不論，六合以内，論而不議」；《春秋》，先王之志，聖人切磋而不舍。此六藝大小之所以分。飲器有套杯，小大相容，密合無間。以六藝比之：《易》爲大，《詩》爲《易》所包，《書》爲《詩》所包，《春秋》爲《書》所包。《春秋》爲最小、最暫，《易》最大、最久。此層次之分，大小之别，而統歸於《孝經》。《孝經》一以貫之，總括六藝，歸入忠恕，此聖人一貫之學，謂「以孝貫六經」也。

西人《八大帝王傳》，亦如《尚書》之説堯、舜、禹、湯、文、武、周公。文字今、古，有埃及、希臘之分。孔子翻經，正如西人用埃及古文説八大帝事，實以古言譯古書，所以謂之「雅言」，通古今語。而今之談西事者，謂耶蘇以前西教，實同孔子，耶蘇因其不便，乃改之。此蓋西人入中國，久思欲求勝，遂謂西方古教亦同中國，耶蘇改舊教亦如孔子譯帝王之書以爲經。時人但知今言，不知古語，好古之士，遂可借古文而自行己意。其説雖不足據，然凡立教翻譯古書以爲説，則同也。

舊以《易》爲孔子作，《十翼》爲先師作，或疑此説過創。今案：陳東浦已不敢以《易》爲文王作矣。以《十翼》爲《大傳》，始於《史記》，宋廬陵、慈湖皆云非孔子作，黄東發、陳東浦以《説卦》爲卦影之學，非解經而作，必非孔子所作，尤與予説相合。《十翼》既非孔子作，則經之爲孔子作無疑矣。或疑《十翼》多精語，非先師所能。今按《大傳》最古，當出於七十弟子之手，且多引孔子語，宜其精粹。又或疑《十翼》多孔子解釋《易》之語，必不自作自釋。不知《喪服》、《春秋》，皆孔子作，孔子解釋，不一而足。若孔子一人自作《十翼》，何以《乾》、《坤》、《彖》、《象》、《文言》，重複別出，自相解釋，毫無義例乎？人但據《繫辭》「文王與紂之時」一語，遂誤周文王；又因「三易」《周易》，《左傳》引其文在孔子先，遂酷信俗説，經出文、周，孔子但作《傳翼》。故自古至今，迷而不悟也。《經話乙篇》別有詳説。

先儒以《易經》爲文、周作，皆誤解「三易」之《周易》。考《左》、《國》言《周易》，皆一變五爻變。今以「周」爲「周游六虛」之「周」，非代名，則文、周之説，自潰敗矣。再以十二證明之①：作《易》之人，與文王、紂事相值，故詞多憂患，非以爲文王自作。今據《大傳》不質言文王作，其證一也。《十翼》乃先師記録師説，引孔子語最多，與《公》、《穀》、《喪服傳》同例，必非孔子

① 「證明之」下，家藏本加一證曰：「頤卦二五爻兩言經字，六爻配六經，皆孔子作，有斷然據。頤卦乃十朋，小過卦乃《十翼》，孔子作《十翼》，即小過，一也。」並將下面「證一」至「十二也」依次加一爲「證二」……「證十三」。

自撰。先儒以經歸之文、周，不得不以傳歸之孔子，二也。爻辭有姬文以後事，必不出於姬文，三也。《十翼》乃傳體，注疏之先路，孔子作經，必不爲姬文作注，四也。《郊特牲》「商得《坤乾》」①，此未修《易》之原名藍本，孔子本之作《易》，亦如本魯史修《春秋經》，並非文、周作，五也。汲冢本無《十翼》，司馬談稱《繫辭》爲《大傳》，與《尚書》、《喪服》同例，即不能謂經文必作於孔子，若《大傳》則必不出孔子，六也。初以經屬文王，東漢乃添入周公，朱子遂謂「四聖人之《易》各不相同」，後人因割裂四分，《提要》比之殺人行劫，一國不止三公，流弊無窮，七也。「三易」分三代，説不確，即使果分三代，孔子得之商人，本傳以爲殷末，亦必非周代之新本，八也。《序卦》、《説卦》，皆先師推演之言，諸家傳本各不同。《繫辭》體同外傳，引孔子説而以《易》證之，必非孔子作，九也。六經皆孔子據舊文，亦作亦述。以《十翼》歸之孔子，作傳不述經，與五經不一例，十也。必信《左》、《國》，《文言》四德，早見穆姜，《十翼》亦多舊文，十一也。《易》與《詩》同爲「大統」，下俟百世之書，重規疊矩，互相起發，必出一手。《繫辭》文辭雜沓，非一人所作，吴氏曾經審訂，十二也。後師反因《繫辭》而附會，以爲文王作，蓋誤讀《左》、《國》，《周禮》「三易」文多出孔子以前，因而誤爲此説故也。

舊於《儀禮》經記分爲今、古，非也。按周時禮儀，上下名分不嚴。大約如今西人之制。孔子

---

① 案：「商得坤乾」不見於《郊特牲》，而見於《禮運》。此蓋誤記。

作《禮》，明尊卑，別同異，以去禍亂之源。凡禮多出於孔子，傳記以爲從周者，託辭也。《儀禮》爲孔子所出，孺悲傳《士喪禮》可證。蓋《儀禮》爲《王制》司徒六禮之教，與《春秋》禮制全同，亦爲經制，非果周之舊文，而《記》乃孔子弟子所記也。今將經記同爲經制，爲素王所訂之「《禮經》三百」，先師所云「制禮正樂」者是也。

《論語讖》：子夏等六十四人，撰孔子微言，以事素王。今案：孔子作六藝，撰述微意，全在《論語》。《詩》爲五經之凡例，《論語》者，又六藝之凡例也。其中多師弟傳心精微隱秘之言，與夫商酌損益之説，故其言改制及六藝者百餘章。欲知六藝根源，宜從《論語》始。惟漢以後，此義失傳，舊解多誤，不可復見本意耳。

《戴記》、《孟》、《荀》所記史事，全本六藝爲説，此賢爲聖譯，緣飾經文，以聖爲歸者也。其中有時事一例，間與六藝相反。欲紀行事，不能全失其真，固秉筆一定之勢。然緣飾例足以收合同之效，而時事例更以見改制之功。使必全淹没實迹，反使人疑三代真是如此。聖人制作之功，必全淹没不可見。今人讀《史記》，皆知記《春秋》以前事，全爲經説，不可以史例之。乃欲以《國語》爲史文，左氏爲史官，無論其書非史，其人非史，萬不能以史立説！若果存一當時真史，如《元朝秘史》與《紀年》之比，則誠如史公所言「其文不雅馴，薦紳先生難言之」矣。六藝無傳記，不能孤行；聖經非賢傳，亦難於自立。孔子改舊文以爲經，左、戴假六經以爲傳，經存經義，傳存傳説，故有素王、素臣之稱。素王不專説《春秋》，素臣實亦不可獨以《春秋》説之也。故讀《左》、《國》當以經説讀之，不可以爲史文。若《左》、《國》之《三墳》、《五典》、《八索》、《九丘》，又爲「大統」師説。蓋史公尊信《尚書》，以唐虞爲斷，又因《大戴・帝德》《帝繫姓》，乃作《五帝紀》，則又「大統」道德之説矣。

孔子雅推桓、文，孟子鄙薄五伯，此時勢不同故。孟子專言王天下，其言「仲尼之徒，無道桓、文之事」，謂鄙薄不屑稱法。或遂疑左氏爲非弟子，故《公》、《穀》爲《春秋》作傳例。弟子問及事實，師亦間引答之，不問則不詳，非不見事傳也。荀子稍後於孟，紀《春秋》遺事甚詳，亦《公》、《穀》學。史公學《公羊》，《世家》本《春秋》、《譜牒》爲説；又云鐸氏、韓非、呂氏，多本《春秋》。賈子用《左氏》尤多，此《左氏》通行之證也。董子云「《春秋》重義不重事」，但謂不重，非全不學。《公》、《穀》師説不重事，謂義較事尤重，非先師不傳事也。後人重《左氏》者，輒以《左氏》爲史官，謂《公》、《穀》不詳事。果爲史，則一經必有一傳，不應詳略懸殊。考二《傳》説事多出《左氏》外，凡二《傳》微文孤義不能詳備者，《左傳》亦皆無説。如「祭伯來」、「肆大眚」①、「郭公」之類是也。不知《春秋》記大事，以明禍福得失，可以史例，如國史所紀。經所紀小事，多詳禮制，闡發微義，其細已甚，史所不詳。且《春秋》有筆有削，史所有而削之爲「削」，

① 肆大眚：「眚」原作「青」。《左傳》、《穀梁傳》莊公二十二年皆作「肆大眚」，《公羊傳》亦作「肆大眚」，「青」蓋「眚」之形誤。

史所無而加之爲「筆」。傳曰「我無加損」，是有「加」例可知。舊無而新創之制，則不得不見。祭伯、祭仲、祭叔、單伯、女叔、原仲，當時諸人，曾否爲監？不可知也。此等事乃欲以史法言之，則難矣。故《左氏》原書本爲《國語》，惟有大事，不詳瑣屑，不能有一經必有一傳也。總之，《春秋》之功，全在定一王之制以爲萬世法，不徒劉四罵人。「亂臣賊子懼」，謂其改制作、絶亂源、失爲厲之階，非謂褒貶而已。經傳果爲史法，則不足重，南史、董狐之書故不傳。若以爲經學，則不徒以史例責之矣。

《論語》之左丘明，即子夏，所謂「巧言令色足恭，左丘明恥之，某亦恥之；匿怨而友其人，左丘明恥之，某亦恥之」者，蓋倒裝句法，師生一氣，賢爲聖譯，故見解好惡相同。

聖門文學爲傳經，先師以游、夏爲主，即博士之根源。爲儒家之統宗。道家專詳帝道，後來文學詳於《王制》。自命爲孔子嫡派，道家遂自外而別以黄老爲主，實則皆弟子所傳，爲德行科。蓋德行皆帝學，流爲道家。文學主六經，别爲儒家，學者須知二派皆孔子弟子。實則道家地步高於儒家，以所祖顔、閔、冉、仲，固在游、夏之上，所以《列》、《莊》于顔、閔多所推尚，所詬病者，小人儒家之孔子也。

《國語》上始穆王，下終三家分晉，此不傳《春秋》之實據。孔子六藝，由舊文而翻新義，《國語》紀事，亦由史事而加潤色。孔子舉新事託之帝王，賢者舉六藝緣飾於史事，其用心正同。今於《左傳》分出《春秋》説，原書不但傳《春秋》，兼足爲六藝之傳。所言皆佚聞軼節，蓋各經師説，《左》實爲總括，其書當與《戴記》同重。此爲弟子依經立義，非真史文，當時亦絶無此等實事。若當日真史文，則全爲四代禮制佚存，所録與六藝相反者也。今言《左傳》不傳《春秋》，乃尊《左氏》之至，非駁之也。若以爲真史文，專爲《春秋》而作，則反小視之。且其事不見於經，則史文皆在可删之例矣。

泰西八大帝王，平大災，禦大難，與夫開闢疆宇，如華盛頓之類，中國古之帝王，實亦如此。大約孔子未出之先，中國即如今之西人，於保庶兵食之制，詳哉言之。而惟倫教未極修明，孔子乃專以言立教，詳倫理，六經一出，世俗盡變。以今日之中國論，則誠所謂文敝，先師所謂周末文敝者，爲今之天下言也。服習孔教久，則兵食之事多從簡略，故百世以下，則以文質合中爲一大例。合通地球，不能再出孔子，則以海外通中國，沾孔子教化，即如孔子再生。今日西人聞孔子之教，即與春秋時聞孔子之言相同。學者不見孔子未生以前之中國，觀於今之西人，可以悟矣。

《采風記》言：西人希臘教言君臣父子夫婦之綱紀，與中國同，耶蘇出而改之。蓋采之近人之説。竊以此言爲失實。三綱之説，非明備以後不能興，既興以後則不能滅。西人舊法不用三綱，恐中人鄙夷之，則以爲古實有之，非中國所獨有，因其不便，乃改之。則使中國教失所恃，西教乃可專行。中人不察，群然附和，以爲耶蘇大力，足以改孔子之制，此最爲誤謬！六經中如《禹貢》言九州平治矣，周初乃「斷髮文身」、「蓽路藍縷」，以爲由中國而變夷狄，則與耶蘇改三綱之説同。既經立教，則萬無改變之理。緣立教在文明以後，由人情而作，非逼勒强迫。既作之後，人人服習，則亦萬無議改之理。今之西人，如春秋以前之中國，兵食之政方極修明，無緣二千年前已有教化。以中國言之，無論遠近荒徼，土司猺獞，凡一經沾被教化，惟有日深一日，從無翻然改變之事。故至于今，中國五千里皆沾聖教，並無夷狄之可言。以一經教化，則從無由夏變夷之理也。

歷觀前代，聚天下奇才博學，積久必成一絶技，超前絶後，實至名歸。唐之詩歌，明之制義，久爲定論。國朝諸事不及古，惟經學一門，超軼唐、漢，爲一代絶業。漢人雖近古，西漢舊籍，百不存一；東漢囿於古文，賈、馬、許、鄭，别爲新派，不似國朝精心孤詣，直凑單微。由東漢以溯西漢，由西漢以追先秦，人才衆多，著述宏富，群力所趨，數十年風氣一變，每況愈上，燦然明備，與荀、鄒争富美，一掃破碎支離之積習。前人云：神化之事，今不及古，惟算學弈棋，獨勝古昔。蓋形迹之事，心思日闢日開，前輩所能，後賢可以掇拾，踵事臻華，後來居上。亦如西人格致諸學，日盛一日，其進不已。經學之用心，與算弈同，故風會所趨亦同。西學目前已如此，再數百年後，其休明不知更爲何如。詩歌帖括，體用皆不及經學之尊。留此至詣，以待時賢，百世可知，驗小推大，天意有在，其孤詣獨造，不有默默者爲之引導乎。

歷代科舉專精之業，皆數十年風氣一變。唐、宋詩文無論已，明之制義，相傳有成、弘、正、嘉、隆、萬、天、崇等派，分年畫代，不爲苟同。亦如唐詩之初、盛、中、晚，宋詩之西崑、元祐、江西、四靈、江湖。國朝經學，大約可分爲四派：曰順康、曰雍乾、曰嘉道、曰咸同。國初承明季空陋之弊，顧、黄、胡、姜、王、萬、閻、朱諸老，内宋外漢，考核辨論，不出紫陽窠臼，游心文、周，不知有尼山也。惠、戴挺出，獨標漢幟，收殘拾墜，零璧斷圭，頗近骨董家，名衍漢學，實則宗法莽、歆，與西漢天涯地角，不可同日語。江、段、王、朱諸家，以聲音訓詁校勘提倡，天下經傳，遂遭蹂躪，不讀本經，專據《書鈔》、《藝文》隱僻諸書，刊寫誤文，據爲古本，改易經字，白首盤旋，不出尋文。諸家勘校，可謂古書忠臣，但畢生勤勞，實未一飽藜藿。二陳著論，漸別今、古，由粗而精，情勢然也。李、張、龔、魏，推尋漢法，訟言攻鄭，比之莽、操，罪浮桀、紂，思欲追踪西漢，尚未能抵隙古文。咸、同以來，由委溯源，始知尊法孟、荀。開創難工，踵事易效，固其宜耳。綜其終始，窮則必通，以横詆縱，後止終勝。廿年以來，讀遺書，詢師友，昔賢構室，我來安居。舊解已融，新機忽闢，平分今、古，不廢江河。初則周聖、孔師，無所左右；繼乃探源竟委，若有短長。博綜同學，分類研精，圖窮匕首乃見，附綴不類生成。乃如宋、元辟雍鍾鼓，獨享一人，六藝同原，貫以一孔。斯事重大，豈敢任情。既風會之所趨，又形勢之交迫，營室求安，菟裘乃創。師友藥言，佩領夙夜，事與心違，未得輕改。由衷之言，有如皦日。風疾馬良，時懼背道。

中國譚天家舊法，皆謂天動地静，西人改爲地動天虚。中士初聞①，莫不河漢其言，積久相習，以爲定論。搜考古説，乃多與相同。舊説六經誤據《左》、《國》，以爲文、周國史所撰，孔子傳述之。今以爲孔子所作，託之帝王。地静天動，與地動天虚，節氣晝夜，事無二致。其所以斤斤致辯者，亦如西法，得之目驗，積久推測，碻有實驗，不能舍實據而談空理。且徵之古書，亦如地有四游，明文朗載。且自東漢以後，皆主文、周。秦火經殘，以孔子爲傳述家，其説孤行二千年，道術分裂，人才困絶，其利弊可數。劉歆《移太常博士書》，於十四博士之外，請更立三事，謂以「廣異聞，尊道術」。今新學持之有故，言之成理，歲月積累，居然别成一家。舊説之外，兼存此義，未爲不可。如必深固閉絶，殊失博采兼收之道。況留此以待後來審定，安知地動天虚，久之不成爲定論？事理無窮，聰明有限，是丹非素，未免不公。先迕後合，事所常有，姑妄言之，何妨妄聽之乎？《勸學篇》以開民智爲主。此編蓋以中法開士智，使不以村學究自畫。

德陽劉介卿子雄舍人，心思精鋭，好闢新説，因讀《今古學考》，遂不肯治經。以爲治經不講今、古，是爲野戰；講今、古又不免拾人牙慧，故舍經學，耑工詩辭。又以《周禮删劉》爲闒割之法，於己説相迕，指爲竄改，不免武斷，必群經傳記，無一不通，方爲精博。今以「大統」説《周禮》，舊所闒割之條，悉化朽腐爲神奇，惜舍人不及見之也。

---

① 聞：原作「聋」，古文「聞」字，今改從正體。下同。

國初蔣大鴻言墓宅理氣之學，獨標玄解，宗法古初，力攻明中葉晚出之《玉尺經》。或乃不取其書，詆其以一人臆見，欲盡廢相傳之舊説，謂前人無一是處，殊屬偏執云云。竊以此事當論是非，不當論從違之多寡。如《尚書》三人占則從二人之言，《左傳》乃以一人爲衆，此論是非不計人數之明説。蔣説雖於時術不合，證之古書，實乃相同，則其所欲去者，晚近謬説耳。用備一説，奚不可者？南皮張尚書不喜《今古學考》，謂余但學曾、胡，不必師法虬髯，並謂「洞穴皆各有主，難於自立」。今乃由《春秋》推《尚書》，推《詩》、《易》，六合内外，悉歸部屬。然皇帝各有分司，愚不過借箸而籌。淮陰之策楚項，諸葛之論魏吴，功成身退，與曾、胡實出一途。杖履逍遥，退耕畎畝，劉秉忠、劉青田何常不參預秘謀？亦終不失臣節。

《隋志》、《陸録》所談各經源流，謬種百出，百無一真，證以《史》、《漢》，其説自破。近人言經學，以紀曉嵐爲依歸。當時譚經諸家，融而未明，紀氏專心唐、宋小説雜聞，未能潛研古昔正書，以辭賦之才，改而説經，終非當行。又以《隋志》、《陸録》爲宗旨，故所説經籍，不脱小説謏聞疑誤，後學受患頗深。如説《周禮》，以爲周公舊稿，後來人非周公，隨時修改，久之，當時已不能行云云。是比《政和禮》、《開元禮》猶不足，何足以爲經，使人誦習，傳之萬世？《毛詩序傳》出於衛宏，如大小毛公名字、叔姪、官爵等説，皆出范書以後，乃誤爲真。其説二人，真如孫悟空、猪八戒，此等游戲，評詩談藝，則爲高手，解經則成兒戲。又如書坊僞《端木詩序》、《申培詩傳》，其書竄亂删削，至爲陋劣。既明知其僞，乃又摘論其中數條，以爲義可兼存。似此猶可存，則又何不可存！大抵紀氏喜記雜書，好行小慧，于史學辭章尚有微長，至於經説非其素業，故於各經論述，幾不知世間有博士，何論孔子！時賢推尚紀氏，故略發其説於此。大致悠謬者多，不足與細辨也。

國朝雍乾以後，鄭學盛行，誤信孔氏「疏不破注」之邪説，寧道周、孔錯，不言馬、鄭非。積習移人，牢不可破，嘉、道以後，龔、李諸賢，始昌言攻之。然亦如晉王子雍，一生專與鄭爲難，乃全不得其病痛所在。考鄭學自魏晉以後，盛行千餘年，其人人品高，號爲經師完人。至細考其著作，實不見所長。《詩》、《書》二經，推《周禮》以爲説，强四代經文以就其誤解之《周禮》，固無論矣。平生著述，三《禮》爲優，《周禮》又其本中之本。《大行人》注言：周之疆域方七千里，天子以方千里者一爲王畿，州牧各得方千里者六，以一州牧大於天子五倍。似此謬妄，婦孺皆知其非。《周禮》以制度爲主，制度以封建爲首綱，根本已失，其餘均不足觀。《王莽傳》：莽女爲后，十一媵，是天子一娶十二女，王莽晚自娶，則有百十二女，明係歆等附會誤説，然經無明文，儘可改正，鄭説六鄉、六遂，與《王莽傳》不同，是鄭君改其説。乃造十五日進御之説。其注百事多略，惟此條最詳，推考變節，無所不至。經所稱「孤」，本即世子，指《春秋》齊、曹世子而言，乃以爲「三孤」；經所見諸「孤」字，皆非王臣，則又僞造「大國孤一人」之説。誤中又誤，夢中又夢。其注《儀禮》，至以「諸公」爲「即大國之孤」，「孤」何得稱諸公？饗禮即鄉飲酒，明知今、古文「饗」皆作「鄉」，何不注於題下？乃以饗禮爲亡。饗禮，與鄉人飲酒禮節隆殺不同。

鄭明知漢時所行鄉人飲酒禮儀節簡，爲欲實《周禮》「鄉」字之説，亦遂以爲真鄉黨所行之禮。李氏但詆其破壞家法，不知即以專家論，鄭君于《周禮》、《儀禮》已多不能通，又何論其於今、古相亂之旁失！考鄭於各經大綱，雖多不得本旨，舊頗稱其細節，如宫室、衣服儀節，實爲精密，然大端已誤，細節殊無足取。且進而考其細節，亦多因强附《周禮》而誤。余學專欲自明，不喜攻人，但鄭空負盛名，實多巨誤。後生以之爲天人，望洋而歎，莫敢考索。故由鄭學入手者，如入迷途，久而迂謬成習，以所注之書，無一明通之條，後人讀之，如飲迷藥。爲後賢祛疑起見，偶一言之，以示其例耳。近來談學校者，力求簡約，爲士人省力，以爲讀西書之地。觀諸家所列諸書，仍無門徑、條理：過簡，則謂日月可完；少繁，則老死不能盡。且所列近人義疏，沈没於聲音訓詁，即使倍誦如流，其於致用，奚啻千里！西人謂海王星光十二年方至地球，從諸賢仰望孔子，恐十二年其光仍不能到，以相去不止海王與地球之遠也。

近賢論述，皆以小學爲治經入手，鄙説乃易以《王制》。通經致用，於政事爲近；綜大綱，略小節，不旬月而可通。推以讀經、讀史，更推之近事，迎刃而解。《勸學篇》言學西藝不如西政，近賢聲訓之學，迂曲不適用，究其所得，一知半解，無濟實用，遠不及西人之語言文字可俾實效。讀《王制》，則學西政之義，政高於藝。如段氏《説文》、王氏《經傳釋辭》、《經義述聞》，即使全通其説，不過資談柄，繡鞶帨，與帖括之墨調濫套，實爲魯衛之政，語之政事經濟，仍屬茫昧。國家承平，藉爲文飾休明之具，與吟風嘲月之詩賦，事同一律，未爲不可。若欲由此致用，則炊沙作飯，勢所不行。釋家有文學派，聲訓之訓，正如《龍龕手鑑》、《一切經音義》，枝中之枝。從《王制》入手，則如直指心原，立得成果。以救時言，《王制》之易小學，亦如策論之易八比試帖也。非禁人治訓詁文字，特不可淈没終身耳。

阮刻《學海堂經解》，多嘉、道以前之書，篇目雖重，精華甚少。一字之説，盈篇屢牘；一句之義，衆説紛紜。蓋上半無經學，皆不急之考訂；下半亦非經學，皆《經籍纂詁》之子孫。凡事有末有本，典章流别，本也；形聲字體，末也。諸書循末忘本，纖細破碎，牛毛繭絲，棘猴楮葉，皆爲小巧。即《詩經》而論，當考其典章、宗旨，毛、鄭所説相去幾何，而辨論其異同之書，層見疊出。「樂」之爲樂、爲療，「永」之爲羕、爲泳，有何關係，必不可苟同？以《尚書》論，今、古二家，宗旨在於制度，文字本可出入。不問辭，專考字；不問篇，專詳句；説「堯典」二字三萬言，詢以羲和是何制度？茫然也。近人集以爲《彙解》，一字每條所收數十説，問其得失異同之故，雖老師宿儒不能舉。又如用其法以課士，一題説者數十百人，納卷以後，詢以本義究竟如何？舊説孰得孰失？論辨異同之關係何在？皆茫然不能對。蓋嘗蹈没其中十數年，身受其困，備知其甘苦利害，以爲此皆不急之辨，無用之學，故決然舍去，别求所以安身立命之術。積久而得《王制》，握綱領，考原流，無不迎刃而解，以之讀群經，乃知康莊大道，都會名區，絶無足音。考求舊游之車轍馬跡，亦不可得，徒見荆棘叢中，窮隘巷港，積屍如麻，非黑暗不見天日，則磨旋不得出路，父子師弟，相繼寃屈，而不自悟其非。蓋得其要領，則枝節自明，且悟其旨歸，文字可以出入；苟循枝委，則治絲而棼。予深入網羅，幸而佚出，舉覆敗以爲後來告，願不似余之再入迷人也。爲今之計，以人才爲主，不願天下再蹈八比之理學、音訓之漢學，以困人才。

初以《王制》説《春秋》，於其中分二伯、八伯、卒正、監者，同學大譁，以爲怪誕；師友譏訕、教戒不一而足。予舉二伯、方伯，《穀》、《公傳》有明文。或乃以爲《穀》言二伯，但可言二伯；《公》言方伯，但可言方伯，積久説成，乃不見可怪。近日講《詩》、《易》，亦群以爲言，不知實有所見，不如此萬不可通。苟如此，則證據確鑿，形神皆合，因多有後信。《詩》説改名「齊學」，自託於一家，亦以「大統」之説，《齊詩》甚多，非積十數年精力，盡祛群疑，各標精要，不能息衆謗而杜群疑。昌黎爲文，猶不顧非笑，何况千年絶學，敢徇世俗之情？又初得一説，不免圭角峻峋，久之融化鋒鍔，漸歸平易，使能卒業。如三《傳》則安置平地，任人環攻。世俗可與樂成，難與圖始。自審十年以後，必能如三《傳》之化險爲夷，藏鋒劍刃，相與雍容揖讓，以共樂其成，不敢因人言而自沮也。

盧、鄭之學，專以《周禮》爲主，因《王制》與之相迕，故盧以爲博士所造，鄭以爲夏殷禮。學者不知爲仇口之言，深信其説，入於骨髓。竊治經以求實用爲歸，違經則雖古書不可用，合經則即近人新作亦可寶貴。鄭君斥《王制》爲古制，本爲祖《周禮》以駁異己，乃其《周禮注》内外封國，本經缺略，反引《王制》以補其説。《左》、《國》、《孟》、《荀》，以周人言周制，莫不同於《王制》，與《周禮》迕。北宮錡明問周制，孟子答與《王制》同，則何得以爲夏、殷制？蓋因畿内封國，二書各舉一端，孟子所舉上中卿、上中大夫、上中士，《王制》則專指下卿、下大夫、下士。互文相起，其義乃全，《王制圖表》中，立表已明。使二書同文，反失其精妙，説者乃謂《王制》誤鈔《孟子》。此等瞽説，流傳已久，雖高明亦頗惑之，此經學所以不明也。且鄭因《王制》異《周禮》而惡排之，不知二書不同，亦如《孟子》之異《王制》。《周禮》、《王制》，分主小、大二統，互文相起，妙義環生，亦如《孟子》、《王制》，妙在不同，彼此缺文，以互見相起。《周禮》非用《王制》大綱，且多缺略不能備。本骨肉至親，乃視等寇仇，此東漢以下所以無通才。予之所以不敢苟同昔賢者，正以見二書合通之妙。兄弟夫婦，形體相連，同室操戈，互鬥何時了也。

王刻江陰《續經解》，選擇不精，由於曲狥情面與表章同鄉。前半所選，多阮刻不取之書，故精華甚少。後半道、咸諸書，頗稱精要。陳氏父子《詩》、《書遺説》，雖未經排纂，頗傷繁冗，然獨取今文，力追西漢，魏晉以來，無此識力。邵《禮經通論》以經本爲全，石破天驚，理至平易，超前絶後，爲二千年未有之奇書。考東漢以來，惟經殘秦火一説，爲庠序洪水猛獸，遺害無窮。劉歆《移書》，但請立三事，廣異聞，未嘗倡言六經爲秦火燒殘。古文家報復博士，乃徐造博士六經不全之説。詳《古學考》。安補篇章，虚擬序目，種種流毒，原是而起。且自經殘一説盛行，學人平時追憾秦火，視諸經皆爲斷簡殘篇，常有意外得觀全文之想。其視經已在可增可減、可存可亡之例，一遇疑難，不再細考求通，有秦火一説可以歸獄。故東漢以下，遂無專心致志推究遺經之人。殘經在可解不可解之間，安知所疑所考者，不適在亡篇内？故經殘一說爲儒門第一魔障！余因邵說，乃持諸經皆全，亦備爲孔修。蓋授初學一經，首飭之曰：經皆全文，責無旁貸。先求經爲全文之所以然，力反殘佚俗說，然後專心致志，精誠所至，金石爲開，專一之餘，鬼神相告。故學者必持經全，紮硬營，打死仗，心思一專，靈境忽闢，大義微言，乃可徐引。故予以邵書爲超前絕後，爲東漢下暗室明燈。鄭以饗禮爲亡，不知「饗」即本經之「鄉飲酒禮」。別有《饗禮補釋》二卷。

初刊《今古學考》，説者謂爲以經濟①解經之專書，天下名流因本許、何，翕無異議。再撰《古學考》，外間不知心苦，以爲詭激求名。嘗有人持書數千言，力詆改作之非，並要挾以改則削稿，否則入集，一似真有實見，堅不可破者。乃杯酒之間，頓釋前疑，改從新法，非《莊子》所謂是非無定？蓋馬、鄭以孤陋不通之說，獨行二千年，描聲繪影之徒，種種囈夢，如塗塗附。自揣所陳，至爲明通，然我所據，彼方持以自助，何能頓化？彼既入迷已深，化虛成是，舉國皆狂，反以不狂爲狂。然就予所見，海内通人，未嘗相迕。蓋其先飲迷藥，各人所中經絡不同，就彼所持，一爲點化，皆反戈相向。歷考各人受病之方，投之解藥，無不立蘇。但其積年魔障，偶爾神光，何能竟絕根株？一曝十寒，群邪復聚，所持愈堅。又或如昌黎《原毀》，争意見不論是非，聚蚊成雷，先入固閉，自樂其迷，願以終老。當此，惟啜糟自裸，和光同塵。蓋彼既

① 經濟：疑衍「濟」字。

無求化之心，不能與之莊語。萬物浮沈，各有品格，並育並行，何有定解哉！

通經致用，爲儒林之標準。漢儒引《春秋》折獄，立明堂，議辟雍，各舉本經以對，博士明達政體，其官多至宰輔。余既立《王制》，以掃一切支離破碎無用之説、不急之辨。以《王制》爲經，以《典》、《考》諸書爲之傳説。習《王制》者，先考《通典》，《通典》既通，然後再爲推廣，提綱挈領，期年即可畢工。《通典》先經後史，源委分明，經史精華，皆在於是。《典》、《考》之學，尤以《輿地》一門爲先務，所有職官、封建、井田、學校、選舉、兵制、食貨、治法大端，輿地在先，而後諸政因輿地而起。古今解經，必先疆域一門，而後諸事隨之而立。説《春秋》、《尚書》者，必先考《禹貢圖》；説《詩》、《易》者，必先考《車幅圖》。今於上卷附《禹貢圖》，下卷末附《車幅圖》，以示學人入門之捷徑。《春秋》、《尚書》，皆所以明五千里内之政事；《詩》、《易》，皆所以明方三萬里之政事。《典》、《考》既通，如有餘力，各隨所近，推之别門。不能旁及，但明《典》、《考》，亦不失爲通儒。

古人讀書，有闕疑、存疑兩條，所以愛惜精力，使得耑心要理。諸葛武侯讀書，但觀大意，政事文章，超前絶後，蓋以此也。近賢不務大綱，喜矜小巧，如孔子生卒考，舊有兩説，參差不同，苟通其意，數言可了。孔氏著爲耑書，海内矜爲秘本，轉相傳刻，學者閲讀已畢，詢其所以然之故，諸説紛紜，迄不能明，是有書如無書也。近人《長江圖説》，以文字説古地名，輾轉附會，苟用其法，雖以《禹貢》全域説在蜀亦可，俗諺所謂「山水遷居」者也。

壽陽祁相國約諸名士，以其先人「祁奚字黄羊」命題，使各撰一篇。諸名士以聲音通假説之，將三字互相改變，至數十説，迄無定解。苟用其法，無論諸人各衍一説，使一人操筆，衍爲數十百説，亦數日可成。此真所謂畫鬼神爲兒戲。在壽陽幾於玩弄其先人，乃互相傳刻，以爲美譚。經傳草木鳥獸，既今、古變種異名，又南北方輿同異，專好矜奇炫博，漫衍魚龍。即如九穀養生之原，人所易知，《九穀考》演爲圖説，集成卷帖，説者竟茫然不能指實。邵氏《爾雅》有闕疑不説之條，郝氏乃舉其闕略者悉爲衍説。當時以郝氏晚出，後勝於前，積久考其所補諸條，實恍惚無實用，故近人轉謂邵勝於郝。「行有餘力，則以學文」，使綱舉目張，未爲不可。乃諸家謙讓未遑，以識小自居，謬種流傳，遂以小加大，若天地至要至急之物，無過於此。不知《典》、《考》之學，綱領最爲詳明，苟得要領，事半功倍。諸賢所望而生畏者，乃實簡要；所擇居之下流，乃實萬難。此等不急之辨，無用之學，《莊子》比之棘猴楮葉，余于《周禮凡例》，標《闕疑》一門，凡一切古有今無及古法失傳之事，皆存而不論。削除荆棘，自顯康莊，不再似前人之説夢詅癡也。

漢人今、古二派，今作、古述。竊以述爲主《左》、《國》，作爲主《列》、《莊》。考《公》、《穀》説經，直稱「傳説」，以經主孔子，以傳主先師。稱心而譚，自我作古，此博士耑主孔子制作六經之本旨也，其弊也悍肆游移。《左》、《國》立説以矯之，務以各經歸之古人。《易・文言》之「四德」，《春秋》之「義例」，《論語》之「克己復禮」之類，有孔子明文者，皆歸之春秋時人，如穆姜、申須、子產、叔向之類，班氏所謂「不以空言説經」者也。「古學」耑主此派，舉六藝一概歸之古人。至于《列》、《莊》，則以六經爲芻狗，諸書爲糟粕，託辭詆譏，其實所詆，非實孔子，蓋謂《左》、《國》所言之孔子。如《左》、《國》以孔子爲傳述家，雜取皇、帝、王、伯舊事陳言，收藏傳述，如昭明之《文選》、吕東萊之《文鑑》，拾人牙慧，不得與于作者之林。六藝分崩瓦解，殘脱割裂，如近人經説，於删《詩》、修《春秋》、序《書》，皆攻其説而不信，以六經皆原文，於孔子毫無相干，然其弊也庸昧顢頇。二説鬫分兩門，互有利弊，《莊》、《列》之説爲微言，《左》、《國》之學爲大義，古文家孤行千餘年，其害於學術政事與八股等。微言之學，經始萌芽，行之既久，不能無弊。經説有文質相救之法，文敝繼以質，質敝繼以文，當其文質初改之日，弊已深，不能不改，亦不敢謂所改者之無弊。陰陽寒暑，循環反復，相反相成，蓋《左》、《國》大義近於文，《莊》、《列》微言近於質。中國文法，二千餘年而易以質；古文之説，亦二千餘年而易以今。事實相因，宗旨亦相同也。

經學與史學不同：史以斷代爲準，經乃百代之書；史泛言考訂，録其沿革，故《禹貢錐指》、《春秋大事表》，皆以史説經，不得爲經學。讀《禹貢》，須知五千里爲百世而作，不沾沾爲夏禹之一代而言，當與《車輻圖》對勘，詳内八州，而畧要荒十二州，以《禹貢》沿邊要荒，不更別立州名之内外十二州，山水部屬，實附見于内八州。中九州惟豫、兖不見「夷」字，夷、蔡皆要荒小服，附見邊州，非謂内州之夷。其叙九州，用大乙行九宫法，始東北①，終西北，每正方見岳名，餘附岳名以見；徐牧附東岳，諸州可例推。五服加三即爲《九畿圖》，九畿三倍乃爲《車輻圖》。《春秋》以九州分中外，是《春秋》以前，疆域尚未及三千里。《春秋》收南服，乃立九州，不及要荒，《尚書》乃成五千里定制。「周公篇」又由海内以推海外，此皆《禹貢》之微言大義，胡氏概不詳經義，泛泛考證，故以爲史學，而不足以言經學。

經書以物、理爲二大門，《尚書·禹貢》爲物之主，《洪範》爲理之本，以《禹貢》爲案，而以《洪範》推行之；《禹貢》略如漢學，《洪範》略如宋學；一實一虚，一物一事。《大學》：「物有本末，事有終始。」據《禹貢》以言物，乃知漢師破碎支離之不足以爲學；據《洪範》言理，乃知理由事出，宋人空虚惝怳之不足以爲學。《尚書》此二篇，與諸篇體例不同，乃群經之總例，不但爲《尚書》發。以此立學，明白簡要，與漢、宋同床異夢。

《古制佚存凡例》與春秋時人載記所傳，皆言清行濁，故于古制分新舊例。凡古事與經不同者，皆爲真古事，以《禮》、《樂》二經出於孔修，如同姓昏、三年喪、親迎、喪服、烝報諸條，其明證。劉室主人引東昏、齊高、隋煬②爲據，謂《禮》、《樂》已定之後，未嘗無怪誕狂亂之人。

① 東北：原本夾注，應爲正文，今改。

② 隋煬：原作「隨煬」，據文意改。下同。

竊以擬非其倫，所引諸人，皆後世所謂人面畜鳴，亡身喪家，當時群相叱怪，後世引爲大戒。若周穆王、齊桓公、魯昭公、哀公、子張、子貢所行所疑，何得以惡鵄怪獸相比倫！禮，喪必去官，《春秋》記魯大夫，父死，子即服事出使；禮，不世卿，列國卿大夫幾無不世者。在當時爲通行，與高澄、東昏、隋煬，千萬中不得一二者迥殊。因其相攻，本義愈顯，故予以春秋以前之中國，即今日之西人。如齊桓姑姊妹不嫁者七人，衛宣、楚靈上烝下報者，西人近絶無其事，蓋其通商已近三百年，耳濡目染，漸革舊俗。今日之西人，實較春秋前之中人爲文明，是古非今，俗説與情事正相反。

古學祖劉歆，以周公爲六藝主，孔子爲傳述家，所言事事與《移書》相反。蓋《移書》本用博士①舊法，以六藝歸之孔修，首以微言大義歸之孔門。若如馬、鄭諸家，既不主孔子，更何有微言大義之可言？每經皆有義例，在文字之外，如數術之卜筮，以及鐵板數、《青囊經》，皆别有起例在本書之外，不得本例，但望文生訓，如何能通？不惟經説，即李義山、吴梅村詩集，作注者必先于本文之外，詳其時事、履歷、性情、嗜好，並其交游贈達、當時朝廷盛衰、政輔忠佞，然後能注。區區後人文詩千萬，不足與經比，猶於文字外，無限推索，方能得其本旨。乃東漢以下之經學，則不必先求本師，預考文例，但能識字解義，按照本文，詳其句讀，明其訓

① 博士：原作「搏士」，誤，據文意改。

詁，即爲經説，真所謂望文生訓。不求其端，不竟其委，但能識丁，便可作傳。除《公羊》外，今所行之十二經注疏，一言以敝之，曰望文生訓而已。靳注《吴集》，相去未遠，文字之外，究心實多。以今日初識筆畫之童蒙，説古昔聖神之微旨，而謂如盲詞市簿，一見能解，一聞能知，豈不哀乎！學者亦嘗假四字以爲説，實則阮、王二刻，能逃望文生訓者，寧有幾人？蓋欲求義例，必先有師；不能得師，必先於各經先師傳説義例，未讀經先考之至精至熟，然後可以讀經。此法久絶，合宇内老師宿儒，誰能免此弊？劉歆初言微言，後力反其説，願學者讀漢臣劉歆書，勿用新室劉秀「顛倒六經」之法也。

井研庚子新修《縣志》，所撰《四益叢書》備蒙採入《經籍志》，四部共百四五十種；參用《提要》及《經義考》之例，序跋之外，别撰提要，子姓、友朋、及門分撰者，各録姓名。先曾爲《序例》，志本以文繁，多從删節。又家藏本如《楚詞》、文集之類，續有增補；《詩》、《易》二經，舊説未定，亦多删改。然庚子以前所有著述，《縣志》詳矣，家藏本存以待改，將來刊刻必與《志》本有同異，然小、大二統規模，《志》本粗具矣。

宋、元、明理學家皆有學案，予於《今古學考》、《古學考》外，别撰《兩漢學案》四卷，西漢主微言，東漢主大義；大義主《左》、《國》，微言則主《列》、《莊》。蓋《左》、《國》以孔子爲述，爲不以空言説經之舊法，主持此説，必須用《論語》「好古」、「敏求」、「擇改」、「並行」之説。六藝雖爲舊文，孔子手定，别黑白，定一尊，凡沿革與不善之條，悉經删削，蓋于歷代美善，皆别與定一尊。如田賦取助法，夏、周皆以公田説之，而貢、徹之法不取；如譏世卿，《詩》與《春秋》同書尹氏；如行夏時，四代經文皆以夏時爲正；《周禮》仍爲「大統」皇帝之法，以《論語》「行夏時」及「述而不作」二章、「子張問十世」章爲主，擇改因革，大有經營，特本舊文，即爲述古。六藝合通，全由筆削，不可如東漢古文説，經皆文周、國史原文，未經孔定，雜存各代，沿革棼亂。如《詩》以爲舊有撰人，可也；但既編定，則編書之意，與作者不必全同；舊本歌謡，孔修後遂成爲經。《書》本多，斷定二十八篇，則變史爲經，其與《列》、《莊》分别之處，則微言派直以六藝皆新文，並非陳跡芻狗過時之物，託之帝王，即《莊子》「寓言」。如《春秋》、《論語》所譏，皆爲新制，孔子以前，並無以言立教之事，周公舊制，未傳爲經。故一作一述，小異大同，亦如地静、地動，晝夜寒暑，莫不相同。二説循環，互相挽救，如古文專以六藝屬古人，不言審定折中，以新代舊，變史爲經，則其病百出，萬不敢苟同者也。

嘗以《春秋》、《書》、《詩》、《易》四經，比於套杯，以《書》容《春秋》，以《詩》容《書》，故舊説莊子、董子，皆以《易》與《春秋》對言，原始要終，而《詩》、《書》、《禮》、《樂》四教在其内。以《大學》比諸經宗旨，《春秋》爲家，《尚書》爲國，《詩》、《易》乃爲天下。《詩》爲下，《易》爲天，以《詩》詳地球。《易》言天道。蓋以大一統言之，「普天之下」，乃爲天下，則「國」字爲中國之定解。以禹州爲國，以王畿爲家，《春秋》書王室亂，合六經論之，則「王室」爲《春秋》標目。三千里爲家，五千里爲國，方三萬里爲天下，三十六《禹貢》九九畿，然後爲天下，是「家室」爲《春秋》標目。凡《詩》、《易》中所言室、家、王家、王庭、王廟，皆指《春秋》、《周禮》之《禹貢》九畿；所謂大家、富家，則指皇帝。凡國，如王國、南國、邦國、下國、四國、大邦之類，一國爲一王，一王爲一《禹貢》，以國屬王，一定不移。二帝爲后，中分天下，三皇乃爲至尊。群經不言皇者，皆以「天」代之；凡言天下、言天子，皆爲「大統」之正稱，「小統」借用其説，遂失本義。以家、國、天下比四經疆域，必得此説，而後《大學》之義顯，群經宗旨乃以大暢。

未修《春秋》，今所傳者，惟《公羊》「星隕不及地尺而復」一條，及《左傳》「不書」數條。學者皆欲搜考未修底本，以見筆削精意，文不概見，莫不嘆惜。即今日而論，得一大例，足以全見未修之文。蓋孔子未生以前，中國政教與今西人相同，西人杭海梯山入中國以求聖教，即《中庸》「施及蠻貊」之事。聖經中國服習，久成爲故事，但西人法六經，即爲得師，故不必再生孔子。今日泰西，中國春秋之時，若無所取法，天故特生孔子，垂經立教，由中國及海外，由春秋推百世，一定之例也。西人儀文簡略，上下等威，無甚差別，與中國春秋之時大致相同。孔子乃設爲等威，絶嫌疑，别同異。「惟名與器，不可假人」，由孔子特創之教，故《春秋》貴賤、差等斤斤致意也。《論語》旅泰山、舞佾、歌《雍》、塞門、反坫，上下通行，孔子嚴爲決别，故譏之以起義，當日通行，並不以爲僭。又如西人以天爲父，人人拜天，自命爲天子；經教則諸侯以下不郊天，帝王乃稱天子。西人君臣之分甚略，以謀反、叛逆爲公罪；父子不相顧，父子相毆，其罪爲均；貴女賤男，昏姻自行擇配；父子兄弟如路人；姓氏無別，尊祖敬宗之義缺焉。故孔子特建綱常，以撥其亂，反之正，「百世以俟」，正謂此耳。

自跋

此册作於戊子，蓋纂輯同學課藝而成。在廣雅時傳鈔①頗多。壬辰以後，續有修改。借鈔者衆，忽失不可得。庚子於射洪得楊絢卿茂才己丑從廣雅鈔本，畧加修改，以付梓人。此册流傳不一，先後見解亦有出入，然終以此本爲定云。辛丑五月十五日季平自識。

① 傳鈔：原本夾注，應爲正文。今改。

鄭跋

甲辰《四變記》成，以《易》、《樂》、《詩》爲哲理之「天學」，《書》、《禮》、《春秋》爲實行之「人學」。三變大小，亦更精確，詳於《四譯館四變記》、《天人學考》、《尚書》、《周禮》、《楚辭》、《山經》疏證等編。此册師席本不欲存，及門以存此踪跡，以爲學者階級，因並存之，而附記於此。

受業鄭可經識。

知聖續篇

廖平 撰
舒大剛 校點

目録

知聖續篇序……三八三
知聖續篇……三八五

知聖續篇序

初用東漢舊法，作《今古學考》，今主《王制》，古主《周禮》。一林二虎，合則兩傷，參差膠轕，疑不能明。戊戌以後，講「皇帝之學」，始知《王制》專詳中國，《周禮》乃全球治法，即外史所掌三皇五帝之典章。土圭之法，鄭注用緯書「大地三萬里」說之，《大行人》：藩以内皇九州。九九八十一，即鄒衍之所本，故改今、古爲大、小。所謂《王制》今學者，王霸小一統也；《周禮》古學者，皇帝大一統也。一内一外，一行一志；一告往，一知來；一大義，一微言，經傳記載，無不貫通。因本《詩》、《易》，再作《續篇》。方今中外大通，一處士横議之天下，東南學者，不知六藝廣大，統綜六合，惑於中外古今之故，倡言廢經。中士誤於歧途，無所依歸，徘徊觀望，不能自信。此篇之作，所以開中士①之智慧，收異域之尊親。所謂「前知」、「微言」者②，不在斯歟？將來大地一統，化日舒長，五曆周流，寒暑一致，至聖之經營，與天地同覆幬。六藝《春秋》小始，《易象》大終，由禹甸

① 中士：原作「中土」，據《適園叢書》本改。

② 者：適園本無「者」字。

以推六合者，其説皆具於《周禮》。正浮海洋，施之運會，驗小推大，俟聖之義始顯。時會所值，不能笑古人之愚，而緣經立説，理據章明，亦不敢因知我者希而遂自阻也。光緒壬寅孟冬，則柯軒主人序。

知聖續篇

小康王道主《王制》，大同帝德主《帝德》，二篇同在《戴記》，一小一大，即小大共球之所以分。自史公有「黄帝不雅馴」①，及「删《書》斷自唐虞」②之説，學派遂有「王伯」無「皇帝」。雖《易大傳》有伏羲、神農、黄帝，《大戴》有《五帝德》，《詩》、《書》所言「皇上帝」、「古帝」、「皇帝」諸文，皆以爲天神，於是六經全爲「王伯」，專治中國。《中庸》所云「凡有血氣，莫不尊親」者，成虚語矣。海外祆教，真足以自立於鬼方，各遵所聞，兩不③相妨。中士言時務者，舍西書無所歸宿，何以爲百世可法之道哉？今故别撰《周禮皇帝疆域考》一書，以《五帝德》爲藍本，經史子緯所有，皆附録之。此書成，則言「皇帝」之學，方有根據，足與「王伯」之説相峙並立，亦如漢師之今、古學。以此爲時務之歸宗，庶幾人才盛而聖道昌乎！

---

① 黄帝不雅馴：《史記·五帝本紀贊》原文爲：「學者多稱五帝，尚矣。然《尚書》獨載堯以來，而百家言黄帝，其文不雅馴，薦紳先生難言之。」

② 删書斷自唐虞：《史記·孔子世家》：「序《書》傳，上紀唐虞之際。」

③ 兩不：原本夾注，應爲正文，今從適園本改。

博士雖爲儒家，間言大同，如《小戴·禮運》、《伏傳·五極》、《韓詩》説《關雎》、《公羊》之「大一統」。儒與道時相出入，德行出顔、閔，文學爲游、夏，時有異聞，則文學亦聞「皇帝」説也。《禮記》孔子與子游論「大同」，《列》、《莊》論吕梁，引子夏云：「夫子能之而不行者也，商不能而知其説①。」孔子論儒，有君子小人之分：君子儒，道家；小人儒，「王伯」，儒家。故子夏曰：「小道可觀，致遠恐泥，君子不爲②。」以經師魯、齊二派而論，魯近儒，齊則間有「皇帝」，如鄒衍游齊，而言「瀛海」、「五德代謝」，皆五帝要旨。中國一隅，不可言五運也。《公羊》云「大一統」，「王伯」小，「皇帝」大。又云「王者孰謂？謂文王」。皇輻四十③，大州；王八十④，牧二十。四方方命厥后，各有九州：中國，文王；西，武王；北，玄王。又有湯王、平

①「《列》、《莊》論吕梁」至「知其説」：《列子·黄帝》篇：「孔子觀於吕梁，懸水三十仞，流沫三十里，黿鼉魚鼈之所不能游也，見一丈夫游之。」《莊子·達生》篇同。又《列子》於「趙襄子率徒十萬狩於中山」章曰：「子夏曰：『夫子能之而能不爲者也。』」《莊子》無此文。廖平所引子夏語亦與原文相出入。

②「故子夏曰」至「君子不爲」：《論語·子張》原文作：「子夏曰：『雖小道，必有可觀者焉，致遠恐泥，是以君子不爲也。』」

③皇輻四十：原本「四十」夾注，應爲正文，今從適園本改正。

④王八十：原本「八十」夾注，應爲正文，今從適園本改正。

王、汾王、王后、王公，及君王、侯王之稱。《北山》云：天下王土，率土王臣①。舊以爲一王，不知一大州一王。西方爲三大井，《易》以二十四子卦當之，所謂「往來井井」。非天下只一王，故曰「王于出征，以佐天子」，「王此大邦」，「四國有王」，「宜君宜王」。八伯十二牧，或六或三，皆可稱王。《齊詩》言「四始五際」，即鄒氏「五德運行」之説。緯詳「皇帝」，《公羊》多主之。故予新撰《詩解》，改名「齊學」，以齊學宏闊，包《公羊》，孕鄒氏，《列》、《莊》、董、何，凡大統説皆有之。名齊以别魯，齊較魯亦略有小、大、文、質之别。中國一號「齊州」，歌《商》、歌《齊》，即中外之分。

後世諸學，發源四科，儒祖文學，道原德行。《論語》「志道」、「據德」，「依仁」、「游藝」②。「藝」讀「仁義」之「義」。即《老子》「道失後德，德失後仁，仁失後義，義失後禮」③。乃四代升降之説。「皇帝」道德，「王伯」仁義。政事科專言「王伯」，德行科專言「皇帝」。《論語》言「皇帝」，崇尚道德者不一而足，「無爲」、「無名」④，與道家宗旨尤合。道爲君道，南面之學，爲顔、閔、

① 天下王土，率土王臣：《詩·小雅·北山》：「溥天之下，莫非王土；率土之濱，莫非王臣。」

② 「論語」至「游藝」：《論語·述而》篇原文作：「志於道，據於德，依於仁，游於藝。」

③ 「老子」至「後禮」：《老子》原文作：「故失道而後德，失德而後仁，失仁而後義，失義而後禮。」

④ 無爲、無名：《論語·衛靈公》有「無爲而治者」；《泰伯》有「民無能名焉」。

二冉之所傳。治中國用仁義，以仁義治全球，則致遠多泥。道家集四科之大成，用人而不自用，與孔子論堯舜同；惟道家詳大同，兼瀛海治法。宋元以前，中國閉關自守，仁義宗法，謹守勿墜。道家文字雖存，大而無用，學道者又不知道德詳百世以下治統專説，失其宗旨，以至爲世詬病。此非道德之過，乃言道德之過；又非言道德者之過，時會未至，大而無當，不得不流於悠謬。下論「言志」章，子路、公西華、冉求，爲政事言，語「王伯」之學，曾晢所言，與顏子農山宗旨全同。此章之曾晢，即農山之顏、曾；「異撰」即①「皇帝」之所以異於「王伯」；「童冠」，即用人而不自用；「春服既成」，即「無思不服」；「詠而歸」，即「皇帝」裹裳而去，全爲道家宗旨。司馬談《六家要旨》論道家云：「使人精神專一，動合無形，贍足萬物。其爲術也，因陰陽之大順，采儒墨之善，撮名法之要，與時遷移，應物變化，立俗施事，無所不宜，指約而易操，事少而功多。儒者則不然，以爲人主天下之儀表也，主倡而臣和，主先而臣隨，如此則主勞而臣逸。至於大道之要，去健羡，絀聰明，釋此而任術。夫神大用則竭，形大勞則敝，形神騷動，欲與天地長久，非所聞也。」「夫陰陽、四時、八位、十二度、二十四節，各有教令。順之者

①「撰即」二字原本夾注，應爲正文，今從適園本改正。

昌，逆之者不死則亡。未必然也，故曰『使①人拘而多畏』。」「夫春生夏長，秋收冬藏，此天地②之經也，弗順則無以爲天下綱紀，故曰『四時之大順，不可失也』。」又云：「儒家③以六藝爲法，六藝經傳以千萬數，累世不能通其學，當年不能究其禮，故曰『博而寡要，勞而少功』。若夫列君臣父子之禮，序夫婦長幼之别，雖百家弗能易也。」又云：「道家無爲，而④無不爲，其實易行，其辭難知，其術以虚無爲本，以因循爲用。無成勢，無常形，故能究萬物之情；不爲物先，不爲物後，故能爲萬物之主⑤。有法無法，因時爲業；有度無度，因物與合。故曰『聖人不朽，時變是守』。虚者道之常也，因者君之綱也。群臣並至，使各自明也。其實中其聲者謂之端，實不中其聲者謂之窾。窾言不聽，姦乃不生，賢不肖自分，白黑乃形，在所欲用耳，何事不成。乃合大道，混混冥冥，光耀天下，復反無名。凡人所生者神也，所託者形也。神大用則竭，形大勞則敝，形神離則死。死者不可復生，離者不可復反，故聖人重之。由是觀之，神

① 「夫陰陽」至「故曰使」：原本夾注，應爲正文，今從適園本改正。
② 天地：《史記·太史公自序》作「天道」。
③ 儒家：《史記·太史公自序》作「儒者」。
④ 而：《史記·太史公自序》作「又曰」。
⑤ 萬物之主：《史記·太史公自序》無「之」字。

者生之本也，形者生之具也。不先定其神，而曰『我有以治天下』也，其何由哉①！」論儒、道之分，精核分明。大抵儒爲中國方内之治，道則地中「黄帝」，兼包四極，綜合八荒而成者也。

「無爲而治」，屢見於《論語》、《詩》、《易》，是爲微言，而後儒顧非之。今考《莊子·天道》篇曰：「夫帝王之德，以天地爲宗，以道德爲主，以無爲爲常。無爲也，則用天下而有餘；有爲也，則爲天下用而不足，故古之人貴夫無爲也。上無爲也，下亦無爲也，是下與上同德，下與上同德則不臣；下有爲也，上亦有爲也，是上與下同道，上與下同道則不主。上必無爲而用天下，下必有爲而爲天下用②，此不易之道也。故古之王天下者，智雖落天地而不自慮也③，辨雖彫萬物而不自説也④，能雖窮海内而不自爲也⑤。天不産而萬物化，地不長而萬物育，帝王無爲而天下功。故曰『莫神於天，莫富於地，莫大於帝王』，故曰『帝王之德配天地』。」《莊子》所謂「無爲」，乃君逸臣勞，「舜有臣五人而天下治」之義。此《莊子》所以爲德行科嫡派，而《詩》、《易》之大師。後來説「無爲」者，皆失此旨。

① 我有以治天下也其何由哉：《史記·太史公自序》原文無「也其」二字。
② 有爲而爲天下用：《莊子·天道》原文無「而」字。
③ 智雖落天地而不自慮也：《莊子·天道》「智」作「知」，又無「而」字。
④ 辨雖彫萬物而不自説也：《莊子·天道》「辨」作「辯」，又無「而」字。
⑤ 能雖窮海内而不自爲也：《莊子·天道》原文無「而」字。

初考《周禮》，以爲與《王制》不同，證之《春秋》、《尚書》、《左》、《國》諸子，皆有齟齬。因以爲王、劉有羼改，作《删劉》一卷。丁酉以後，乃定爲「大統」之書，專爲「皇帝」治法。書只五官，所謂「五官奉六牲」者，有明文。《大戴》言「五官」數十見。此「大統」以五官爲主之説也。五官者，所謂五行之官。《曲禮》：「五官之長曰二伯①。」皇帝有五官，亦如天皇之有五感生帝，合則五官共一統，分則每官自成一代，故每官不用官屬，而用官聯。惟其爲皇帝治法，故外史專掌三皇五帝之書，而不及王伯。又尺五地中及崑崙與神州，是合地球言之。鄒衍海外九州，或以爲必有傳聞，不知《大行人》之九州，實以方九千里開方，即鄒衍之九九八十一州也。與職方、量人，一小一大，小爲禹州與五服，大爲帝輻與皇輻。經云「九州之外曰蕃國」，是帝萬三千里制度。「藩」、「蕃」字通，藩以内爲蠻、夷、鎮三服，《大行人》合稱三服爲要服，鄭注遂以爲周制方七千里，大不合於海州，小不同於禹蹟。八牧之地，至大於王五倍，乃戰國七雄所爲，非成康所有，鄭君撰述，此爲巨謬！又官有小、大之分，《大行人》言大九州，則可知《小行人》爲小九州，其以小、大分者，即「小共大共」、「小球大球」、「小東大東」之義。小爲王伯，大爲皇帝，一書兼陳二統，小同《王制》，大者由《王制》加三加八以至卅五倍，所謂「驗小推大」是也。特不可於禹州中用其「大統」之説，如封建，一云百里，一云五百里；疆域，一云方五千，一云方三

① 二伯：《禮記・曲禮》無「二」字。

萬，則枘鑿不入，以致爭競數千年之久而不能定。今據本文爲分別之，則泮然冰釋，怡然理解矣。

道家尚黄帝，黄帝即宰我問五帝德之首。《論語》言帝道，無爲無名、志道據德、文質合中、舍小取大者，不一而足。已詳《道出德行考》中。《列子·仲尼篇》首，與顔子論憂樂，大約「樂天知命不憂」者，王伯也；既已樂天知命，而憂方長者，百世以下，皇帝之事，《詩》之「百憂」是也。《詩》云：「不長夏以革。」「不」①讀爲丕；「長」謂「幅隕既長」；「夏以革」，變禹州爲大州也。《湯問篇》之夏革，與《詩》同。五山之爲《民勞》五章，今西人之謂五大洲也。五山十五鰲，三番而進，謂三統。六千年一更，三六十八，《詩》之所謂「素絲三五」、「三五在東」，言釣言弋，言御言造，罕譬而喻，皆以發明《詩》、《易》。諸篇言夢言覺，以神形相接分寤寐，尤爲《詩》之要例。中央，爲「夙夜在公」；《王》、《鄭》、《齊》，爲夙興、爲行、爲寤、爲覺；西方《豳》、《秦》、《魏》，爲夜寐、爲思、爲夢、爲神游、爲飛。凡言「飛」，皆謂過海，飛相往來。舉一隅以反三，故每覺少夢多。其六夢思懼喜諸名，全與《周禮·占夢》同。《周禮》師説，乃在《列》、《莊》，又可知同爲「大同」之書矣。

小、大二統，古今有六大疑案。以學論，則《公羊》、《周禮》、道家、今古學；以帝王論，則秦始、漢武帝。經説「皇帝」，專指百世以後，非説古之三五，故《秦本紀》博士説：古之皇帝皆

---

① 「不」字原無，據文意補。

地不過千里。則包海外、總六合，乃俟聖，非述古也，定矣。百世之事，無徵不信，博士空傳其文，河清難俟，故於「小統」經傳、秦漢典章勉强附會。「大統」如始皇併六國，威令不出《禹貢》外，仍小一統，而非「皇帝」。考《本紀》所有章奏制詔，全用「大統」，文辭斐然，實則羊質虎皮，非其事也。又如五帝運，本謂五大州，五帝各王其方，始皇自以爲水德，當用嚴酷，遂以慘刻亡天下，不得不謂爲師説之誤。又如漢武帝征伐夷狄，北方開通頗廣，然均在《禹貢》要荒内，當時經師博士，因「大統」之説無所附麗，亦遂移以説之。後世遂以秦皇、漢武真爲經説之「皇帝」，一誤無外，一誤以大説小。如封禪爲皇帝典禮，「小統」王伯不得用之，秦漢乃躬行實舉。《史記》因之著《封禪書》，亦其失也。

《齊詩》「四始五際」，皆詳「大統」之學。新周王魯，故宋絀杞，皆爲後世言，故曰新周，非舊周。周、召分陝，即緯以十二國配律吕、十二次等條，皆爲「大統」專説。鄒子五帝終始，即《齊詩》之「四始五際」，爲五大州言。漢師强以説堯舜、三代。《周禮》與《王制》，大、小不同。《周禮》與《詩》，皆自以小、大分：小爲王伯，大爲皇帝；小爲《魯詩》説，大爲《齊詩》説。以小説《尚書》，爲今文之誤；以大説《詩》①，則不免爲齊學之誤。如《周禮》本「大統」，鄭君誤以爲中國周朝典章，欲于中國五千里内並行。《王制》、《周禮》，二説互鬭數千年不休，今、古學

① 以大説《詩》：「大」，原作「人」。案：此處正與上句「以小統説《尚書》」對言，故改作「大」。

之宗派由是以立。古文家並欲强諸經堯舜、夏殷之治，盡同於《周禮》。如鄭注「弼成五服，至于五千」是也。《魯詩》以王伯説《詩》，其失正同鄭君。三派雖早晚不同，亦互有得失。

儒家爲博士嫡派，以王伯爲主，兼言皇帝，如《大戴》、《秦本紀》博士説，及伏、韓、董諸書所言「大統」之治是也。道家專言皇帝，鄙薄王伯，其正言莊論與博士如出一手，無有異同。今中國學派大抵宗儒家，泰西諸國皆於墨學爲近，子家爲合治全球之學術。風俗不同，政教亦略有損益，各家不無偏駁。然硝附薑桂，爲病而設，矯枉過正，自成一家，必然之勢。道家「采儒墨，撮名法」，即不主故常，因變設施之本旨。海禁未開以前，如冬葛夏裘，以無用而見輕，遂爲世所詬病；海禁既開以後，乃知其書專言海外，爲《詩》、《易》嫡派。取歸實用，各有因宜，舊所指目之條，率由誤解。今以小、大二派列爲宗旨，分説六經，舉古今所有争辯，出入主奴，一掃而空。於前六事，融洽分明，無待煩言，自相投契。《中庸》：「萬物並育而不相害，道並行而不相悖。」天覆地載，美富具存，大同合一，先見於學問宗派，而後天下侯王隨之。《小雅》先《大雅》，下經殿上經，非即此義歟？

説有宗主，言各一端，所謂「道不同，不相爲謀」。《易·井》：「無得無喪。」楚子言「楚失楚得」，孔子猶譏之。「小康」之治，以城郭爲固；「大統」則毁名城、銷鋒鏑。「小統」分土分民，諸侯疆域，或得或失；以皇帝言之，合地球爲一家，無此疆爾界，則何得失之足言？《莊子》云「凡之亡非亡，楚之存非存」，即《易》之「無得無喪」。《老》、《莊》説之可疑者，證以《詩》、

《易》而皆通。言不一端，各有本旨，如必攻《莊》，則亦必攻《易》矣。

《莊子》云：「六合之外，聖人存而不論；六合之内，聖人論而不議。」《春秋》，先王之志，則聖人日切磋而不舍也。《荀子》云：「《詩》不切。」緯云：「書者，如也；詩者，志也。」又曰：「志在《春秋》，行在《孝經》。」董子引孔子曰：「吾欲託之空言，不如見之行事之深切著明。」案：由《莊子》之言以分畫諸經疆宇，六合之外《詩》、《易》，六合之内謂《書》，先王之志謂《春秋》。《春秋》與《尚書》爲述古，故爲「如」、爲「行事」、爲「深切著明」，以其皆古人已往成事，故文義明白。至於《詩》，乃百世以下之書，心之所之爲「志」。疆宇及乎六合，當時未見施行，專以俟聖，故曰「志」、曰「不切」。至於《易》，爲六合以外，推之无極、无盡。《列子》「夏革」，即《詩》之「不長夏以革」。曰「天地之外有大天地」，即《易》合乾坤爲泰、否之説也。泰爲大哉，否爲至哉。日屬世界，八行星繞日；日又帥行星以繞大日，釋氏所謂「大千世界，恒河沙數」。《易下經・豐》言：「雖旬无咎。」天有十日，十日爲旬。《彖》曰「宜日中」，下文再言「日中見斗」、「見沬」。《下經》十首卦爲十日，《莊子》、《山經》、《楚辭》、古緯皆有「十日並出」之説。一日比一王，八方即八日，合之二伯爲十日，此但爲大九州言之；至于大荒十六牧，比于八州，爲十六日。《易》又曰：「先庚三日，後庚三日。」「先甲三日，後甲三日。」四「三日」合爲十二日。有甲庚則有壬丙，合四干爲四岳。四岳各該四州，蓋合大荒爲二十日。于内爲十日並出，海外不通，專言中國，則爲射落九日，一日孤行。蓋日雖大，不過天地中之一物，故藉以比侯王。皇則如天，故曰配天，以天統日，則不可究詰，並不止十日而已。近有像片，合地球十王聚照一紙之中，即《易》之「雖旬」，《詩》之「侯旬」，即所謂「十日並出」者。合今日爲十日；當中國閉關之前，豈非一日獨明哉！車輻象一月三十日，内八州八日，合二伯爲旬，以十干當之，所謂天有十日。外大荒十六牧，合四首四岳爲二十日，爲二旬。以十二支爲十二牧，加以震、兑、艮、巽爲十六牧，外四岳爲乾、坤、坎、離，爲二十日。蓋干支二十二人，合八卦，共爲三旬，以象一月。二十五大州，中一州爲轂，外二十四州爲三十日，以象三十輻。

《詩》以長壽大年爲皇帝之盛事，又以疾病爲災厲，而福禍亦以剛强與弱病分。《佐治芻言》謂文明之國極詳衛生，英國人民較前人年壽大有進境，較以上更加，將來進境更未可量云云。案：天王、海王二星，遠或百四十年乃繞日一周，而成一歲。《列》、《莊》所謂楚之南冥靈，五百歲爲春，五百歲爲秋者，以本地球千年爲一歲。古之大椿以八千歲爲春，八千歲爲秋者，則以本地球萬六千年爲一歲。西人天文家以八行星爲日屬，日又帥八行星以繞大日，則日之行度，當遲于恒星者數十百倍。即以本日繞大日計，或千年一周，萬八千年一周，皆屬常理，修短不同，各盡其理。

堯舜之登遐，説者以爲褰裳而去。《列子》有以死人爲「歸人」之説，《論語》之「咏而歸」，即謂死也。古者天地相通，人可上天，所謂飛行、乘雲御風者也。道家言聖人不死，董子亦云皇帝魂魄在廟。故「大統」之義，以四帝分四極而王，四帝統于一皇，二后統于一上帝。郊社之禮即享二帝，所謂一上帝、一感生帝。德配天，或稱「帝」，或稱「天」，名異實同。則郊祀即所以受命於天、於上帝，感生八極之王，同郊上帝。分祀感生，故受享則降福，不弔則降喪亂。然則天子之郊祀，即如諸侯之朝覲。天子有黜陟，天則有禍福，天之禍福，亦考功比績。《春秋》之書異，所以警天變，亦如諸侯謹侯度。天子于諸侯有慶賞，天亦同之。且嵩岳降神，生申甫以爲方岳，則古皇帝亦必天皇所降，天皇太乙下降爲普天之皇。就地球言，日降爲皇，五方五行星下降爲五帝，八行星爲日屬，此本界之事，所謂日屬之世界。故生則爲人，死則仍爲星辰。傅説①之説，即可以驗皇帝，故曰「聖人不死」。生死來去，皆有所屬。故王者之法天，如臣之於君，人以言命，天以道命。日星有行道以示法，即王者之誥命。《春秋》「小統」兼通「大統」，郊祀與謹天變，皆是也。

常欲撰《大統春秋》，苦無皇帝，以八王而論，中國東方震旦，恰與《春秋》之魯相同。「小統」以周爲天子，齊、晉爲二伯。「大統」以日屬世界比，則以日爲天子，歲星、太白爲二伯。紀天行以合人事，皇帝以上爲神，王伯以下爲人。推日爲皇，推星爲伯，以合天人之道，仍與《春秋》之皇帝相同。特「小統」魯以上有二等，「大統」則王以上無二等。無二等而必求天道以實之，則記天事當較詳密，不似《春秋》之猶可疏節闊目。推究其極，則以皇配天日，不過比于方

① 傅説：原作「傳説」，從適園本改。

伯。天中之日無窮，不過取近者十日、十六日爲説耳。

日爲皇，行星爲伯，月爲小國，比於曹、許、鄶。此海禁初開，未能混一之法耳。將來「大統」至尊，配天爲皇，侯牧爲日。故有十日、十六日之説。二伯總統則爲大日，中國直如青州一方伯，諸行省等於曹、莒、邾、滕、薛、杞。《春秋》於山東小國，别見二十一以爲連帥。將來大約一行省爲一連帥，諸行省之上再立七大卒正，而宰相必爲天子所命。一王三監，以配三卿，則今宰相之制也。考《春秋》天子三監與本國三卿并立，大約方伯時有黜陟，不取一姓，亦不世卿之義。蓋諸侯可世，而伯牧不常，父死子不代繼，故凡本國之事，本國三卿治之；方伯之事，乃三監理之。三卿、三監，合爲六人，所職有公私之分。董子《順命篇》首言天命須切實言之，亦如王之誥命。天不言而以道受命，道者，即天之九道。順天布政，因時而變，如《月令》之文是也。

余初持先鑾野、後文明之説，以爲今勝於古；孔子之教，今方伊始，未能推及海外，必合全球，莫不尊親，方爲極軌，與道家之説亦相符合。《中庸》云：「生今反古，災及其身①。」《列》、《莊》求新，不沾沾舊學，故以古人爲陳人，先王之書爲芻狗，跡爲履之所出而非履，皆重

---

① 生今反古，災及其身：《禮記・中庸》原文作：「生乎今之世，反古之道，如此者，烖及其身。」案：「烖」同「災」。

維新而鄙守舊。竊以古之皇帝疆宇，實未能及海外，皇帝通而三王塞，乃百世以後全球合通之事。孔子不以爲新創，而以爲因陳，上古本大，中古漸小，百世以下又大。初則由大而小，後又由小推大。王伯由孔子制作，而以歸之三代古皇帝；亦猶王伯之制，由孔子制作，而以歸古之王伯。是孔子不惟制作王伯，兼制作皇帝。如説天之晝夜、大地浮沉三萬里中、四游成四季、五大州疆宇、大九州名目，凡《山海經》、《天文》、《地形訓》、《列》、《莊》之所稱述，皆由孔子於二千年以前，預知百世以後之世運，而爲之制作。西人於二千年以後，竭知盡慮，銖積寸累，合數千年、數百國聰明才智，勉强而成之事迹，孔子已直言無隱，中邊俱透。不似西人之欲吐若茹，不能推盡，如「三千大千世界、恒河沙數」。釋氏之説，發原《列》、《莊》，《列》、《莊》之師法，本於孔子，何等明快！所謂「慧眼」、「天眼」是也。西人僅恃遠鏡之力，宜其不能與神聖争聰明。初由王伯以窺孔子，已覺美富莫踰；再即皇帝以觀，誠爲地球中亘古一人也已！

嘗舉朝覲、巡狩二例，以説二《南》、《鄘》、《衛》。蓋朝覲則八伯至京，二伯帥以見天子，覲禮饗畢歸寧。二《南》之爲二伯，統八牧朝覲，各歸本國；周、召爲父母，八牧爲八之子；四見「之子于歸」，即由朝覲後歸寧父母。故二《南》見八牧爲朝覲之禮，二伯居而八牧行。《鄘》、

《衛》則反此，爲二伯行而八牧①居。大九州有九洛，二伯分巡八方，各至其國之都，爲《莊子》九洛舊説。故《鄘》、《衛》以二十篇分四帝，四正三，四隅二，每方必有一洛，故二篇多言沬、淇、浚②，其原泉諸地名皆近洛。「未落」亦然。以中國《尚書》主《康誥》「妹土」、「妹邦」③，以洛爲中心，故外八大州亦翻其意，以八洛爲八都會。九洛之制，全見《鄘》、《衛》，而《易·下經》十首，《損》、《益》居十合一，以外八卦，亦合爲九洛。《莊子》書多博士典禮，「九軍」與九洛，尤爲明著。故定《詩》例：以赤道天中爲居，爲北極，二黄道爲中心，外邊黑道爲南，四方之中皆爲北，四方之邊皆爲南，北爲衣，南爲裘。南於卦爲《未濟》，以黑道爲南。加《離》于《坎》上爲火水《未濟》。故于南巡方謂之「未見君子」；於北方居所朝諸侯，爲《既濟》，《詩》曰「既見君子」。以赤道爲北，加《坎》于火上爲水火④《既濟》。《既》以君爲主居中，《未》以伯爲主居外，若禹會諸侯於塗山、周公會

---

① 八牧：原作「八伯」，據上下文改。

② 故二篇多言沬淇浚：「沬」下原有「妹妹」二字。按，《詩經》鄘、衛二風，言沬、言淇、言浚者有之，獨無言地名之「妹」者。此二「妹」字當是涉下文「妹土」、「妹邦」而衍。

③ 《康誥》妹土妹邦：按「妹土」、「妹邦」不見於《康誥》，乃在《酒誥》中，此蓋廖平誤記。

④ 加坎於火上爲水火：案：前叙《未濟》時曰：「加離於坎上爲火水」，此處亦當云「加坎於離上爲水火」。故前一「火」字當易以「離」字。

諸侯於洛之義。《王會圖》則爲「既見」，乃大一統之天下也。大約《鄘》、《衛》法《春秋》，爲糾會之事；二《南》則大一統，居其所而朝諸侯也。

「大統」有天下一家之例，天下大同，比于門内和合。以皇爲祖，以二后爲父母，以八士、伯、仲、叔、季爲弟兄姊妹，附十六外牧，以卒正爲公孫。天下大同，爲婚媾、和好、宴樂、娶妻、生子，所謂「天作之合」，「篤生文武」①。至于言小，則天下分裂，各君其國，各子其民，彼此不相通。東北乾陽，文家主「亨」；西南坤陰，質家主「貞」。東北相合，爲有父無母；西南相配，爲有母無父。《小雅》言：「無父無母」，悲傷憂苦②，爲分而未合。雖亦言「宜樂」，但曰「爾」、曰「其」，則自顧其私，未能大通，必如《大雅》而後無憂悲哀傷之可言。《詩》、《易》所謂鰥寡孤獨，皆謂「騫崩」，彼此畫疆自守，不婚媾而爲寇盜。他如「獨行」、「寡婦」、「獨兮」、「煢獨」皆同。所謂娶妻生子，「同車」、「同行」、「同歸」、「同室」、「婚媾」，皆爲大同言。此《詩》、《易》小、大之所以分也。別有《小大二雅文字不同表》。

古今天下有二局，曰戰國，曰一統，分久必合，合久必分，《春秋》一經則包二局，言一統則有周王，言分争則有列國。《詩》之小、大雅，《易》之上、下經，皆以分合爲起例。航海梯山，彼此往來，如今

---

① 篤生文武：《詩・大雅・生民》：「生此文王，篤生武王。」

② 無父無母，悲傷憂苦：《詩・小雅・斯干》：「無父母貽罹。」廖平蓋譯其意。

日可謂中外相通。然各君其國，各子其民，于《易》爲「咎」，仍爲戰國之局，雖曰交通，未能一統。《小雅》之鰥寡孤獨，怨女曠夫，憂心悲傷，號咷哭泣，不可言宿，歸復邦族云云，爲今天下言之。必至「大統」之後，同軌同文，既清既平，乃爲《大雅》，爲大卦。然地球大，《雲漢》三篇亦同，以後亦必如中國舊事，合久而分，故《大雅》言喪亂憂亡，流爲割據之局，故曰「維昔之富，不如時」。今也日蹙國百里，《小雅》前分後合，從三《小》起算。《大雅》前合後分，《既濟》之後有《未濟》，《未濟》之後有《既濟》。大小分合，互相倚伏，故上下經、小大雅，彼此有循環往來之例。

《易》曰「卦有小大」，《乾》、《坤》八父母爲小，《否》、《泰》八父母爲大。小卦内外重複，所謂坎坎、離離、乾乾、謙謙，必内外婚媾，天下大同，乃爲大卦。如上經《乾》、《坤》、《坎》、《離》，内外卦皆同者，《小雅》分崩之世也。大卦則《乾》、《坤》合爲《泰》、《否》，《坎》、《離》合爲《既》、《未》。父母相配，男女覯止①，婚媾好合，所以爲大。《易》之小大卦，即《詩》之小大雅。小、大分合，《易》、《詩》皆以「既」、「未」二字爲標目，大同爲「既」，分崩爲「未」。《詩》之「未見則憂」，「既見則喜」②，凡數十見③，「未」、「既」，

---

① 覯止：原作「觀止」，據《詩・召南・草蟲》改。

② 未見則憂，既見則喜：《詩・召南・草蟲》：「未見君子，憂心忡忡。亦既見止，亦既覯止，我心則降。」又《小雅・頍弁》「未見君子，憂心奕奕；既見君子，庶幾説懌。」《詩》中此類句子尚多，廖平蓋撮取其意。

③ 凡數十見：案：《詩》中「未見君子」凡十一見，「既見君子」凡二十一見。

即「既濟」、「未濟」。未見之君子爲四岳，四方分崩則鰥寡孤獨，故曰憂傷；既見之君子爲二伯，二伯大同則娶妻生子，故爲喜樂宴好。初合《未濟》以臻《既濟》，復由《既濟》以成《未濟》，哀樂相循，亦如三統循環，必持盈保泰，方能克終。《易》順逆兩讀：逆則由《未濟》以成《既濟》；順則由《既濟》以成《未濟》。曰「始吉終亂」，示人持盈保泰之意也。

《周禮·大司徒》：「以土圭之法測土深，正日影，以求地中。日南則景短，多暑；日北則景長，多寒；日東則景夕，多風；日西則景朝，多陰。日至之影①，尺有五寸，謂之地中，注：凡日景之于地，千里而差一寸，尺有五寸爲萬五千里②。天地之所合也，《莊子》：天有六極、五常。四時之所交也，寒暑。風雨之所會也，陰陽之所和也。然則萬物阜安，建王國焉③。」《列子·周穆王篇》：西極之南如今南美州。隅有國焉，不知境界之所接，名古莽音近洋壯。之國。陰陽之氣所不交，地中則陰陽和。故寒暑亡辨；日月之光所不照，故晝夜亡辨。地中則一晝一夜。其民不食不衣而多眠，冰海無晝夜，夜則久夜。五旬一覺，《詩》之「寐夢」。以夢中所爲者實，覺之所見者妄。尚寐無覺，此西南極。四

---

① 日至之影：「影」，《周禮》作「景」。

② 「注」至「五千里」：《周禮》原注作：「凡日景於地千里而差一寸」，「景尺有五寸者，南戴曰下萬五千里。」

③ 建王國焉：《周禮》原文「建」前有「乃」字。

海之齊，中國爲齊州。謂中央之國，即今四海之内。跨河南北，越岱東西，萬有餘里。東極萬二千里。其陰陽之審度，故一寒一暑；南北。昏明之分察，故一晝一夜。東西。其民有智有愚。知愚即《詩》之「寤寐」。萬物之滋殖，才藝多方，有君臣相臨，禮法相持。中國儒家。其所①云爲不可稱計。一覺一寐，以爲覺之所爲者實，夢之所見者妄。以中國爲中。東極之北隅，東北。有國曰阜落之國，其土氣常燠，日月餘光之照，其土不生嘉苗，其民食草根木實，不知火食，性剛悍，彊弱相藉，貴勝而不尚義；多馳步，少休息，常覺而不眠。蓋《列子》所云南、中、北三段，即《周禮》地中之師説也。以覺夢比晝夜，南北極冰海之地，半年晝夜，不足以言夢覺；積冰苦寒，故曰「寒暑無辨」，故曰「赤道常燠」。合地球而言，惟兩黄道、兩温帶以内乃善地；兩黑道非善地，不足以爲地中也。又《月令》五衣，素、青、黄之外，有黑、赤，合爲五方、五色。今《詩》取素、青、黄，而不用赤、黑，以赤、黑當二冰海。《論語》：紺緅不飾，紅紫不服，即不取黑赤二極之義。至於素、青、黄，則在緯度之分，而不關經度之地，同在黄道，緯度相合，風雨寒暑亦相同。然則三統同爲一度，實本一地。因其周經長分爲三段，曰東西中，素、青、黄，東西、素青皆强立之名，實則一中一黄而已。故《周禮》「地中」與《列子》「中央之國」，以南北兩極言。北南與東西、素青對文，故三統立都皆在地中。二昊亦中，非黄帝獨爲中。此「地中」之「中」，指緯度，而以

① 「所」下原有「持」字，據《列子》原文删。

日月寒暑定者，由是以推，則凡日月、寒暑、風雷、雨露①，皆不可以常解説之，皆當對二極起例。京邑居民，有寒暑晝夜、風雷雨露，而地球中實有無晝無夜、無寒無暑之地。《列子》云「其陰陽之度審，故一寒一暑；昏明之分察，故一晝一夜」，「一覺一寐」。「一」字實義，必須知地球中有無寒暑晝夜之地，而後此「一」字乃可貴，特爲地中獨有。以此推《詩》、《易》日月、晝夜、寒暑、生死，皆爲地中之贊語矣。

《司服》云：「掌王之吉凶衣服，辨其名物，與其用事。」考三服之分，則吉以冕，凶以弁，齊以端冕弁端，即吉凶齊也。按王之吉服五冕：衮冕、毳冕、希冕、玄冕、鷩冕②。《喪服傳》錫衰不在五服之内，則以斬、齊、大功、小功、緦麻合爲五服。《司服》云：「凡兵事，韋弁服；眡朝，則皮弁服；凡甸，冠弁服；凡凶事，服弁服；凡弔事，弁絰服。」又云：「其凶服，加以大功小功。士之服，自皮弁而下，如大夫之服，其凶服亦如之。」又云：「其齊服，有玄端素端。」今就《司服》之文分爲三門：吉五冕，凶五弁，齊則言二端以示例。三《頌》以素、青、黄起例，各五服以合爲三十服。《禹貢》「弼成五服」，而《喪服傳》有五服之文。蓋緦麻、小功、大功、齊、斬，共爲五服，與《禹貢》五服同文。《詩》素冠、素衣、素韠，舊説皆以爲凶服，是素統，方萬里，爲凶服，五服之比例無疑矣。東方

---

① 風雷雨露：原文無「雷」字，下文多處「風雷雨露」連文，據補。

② 五冕衮冕毳冕希冕玄冕鷩冕：「衮」原作「兖」；又「鷩冕」原無，今據《周禮》改、補。

《緇衣》、《羔裘》，即《鄉黨》「羔裘玄冠不以弔」，是緇衣、青衿全爲吉服無疑。《詩》于《羔裘》云「逍遥」、「如濡」，合爲東方吉服之五。中央五服爲黄統，兼取吉凶，以《周官》言之，當爲齊服，齊服有吉有凶，兼用二服，故《司服》齊服有玄端、素端，玄端吉服，素端凶服。大抵中央以朝服三服居中，左取玄端，右取素端，故《詩》「狐裘以朝」，又曰「狐裘在堂」。《車輻圖》三十輻，三統三分，而借用吉、凶、齊之十五服以實之，此以輻隕比衣服之説也。且實而按之，《易》之吉、凶、无咎，亦就三服言之，吉謂東鄰文，凶謂西鄰質。咎從卜從各，各君各子爲「小統」，分裂合好則爲无咎。无咎即合吉凶，即无妄、无疆、无邪，《易》之吉凶无咎，亦以三服爲本義，而託之筮辭之吉凶无咎也。

《易》「元亨利貞」，有四德之訓，舊以分配四方。不知「元亨」皆屬東《乾》，「利貞」皆屬西《坤》。「元利」爲德行，「亨貞」爲性情。《下經》以《咸》比《乾》，《恒》比《坤》，《咸》即亨，《恒》即貞。乾坤有男女君臣之義，亨貞故可互文。迨二門平分，則男亨女貞，亨則志在四方，貞則「無非無議」、「無遂事」①之説。故《乾》主「元亨」，至「利貞」則指「變坤」。《坤》主「利牝馬之

① 無非無議，無遂事：《詩·小雅·斯干》：「無非無儀，唯酒食是議。」鄭玄《箋》：「儀，善也。婦人無所專於家事，有非，非婦人也；有善，亦非婦人也。婦人之事，惟議酒食爾。」廖平蓋取兹義而説「貞」字，但「議」字當作「儀」，涉下而誤。

貞」，至「元亨」則主「承乾」。「亨貞」爲權經行居之分，亦即中外文質之標目。《乾》之「利貞」爲《泰》，《坤》之「元亨」爲《否》，故「大哉乾元」爲《泰》，「至哉坤元」爲《否》。「元」于《乾》爲本義，于《坤》爲假借，故「乾元」曰統天，「坤元」曰「順承天」也。《乾》以亨爲主，不亨則貞；《坤》以貞爲主，變貞則亨。諸卦爻之亨、貞，皆從《乾》、《坤》起例，亦如用九用六，以《乾》、《坤》起例也。諸卦皆託體於《乾》、《坤》，陽爻主行爲亨，反之則爲不變之貞，陰主居爲貞，而貞動則亦爲亨。《書》曰：「用静吉，用作凶。」大抵「亨貞」即「作静」之義。以《乾》、《坤》爲起例，諸卦皆同之者也。

言經學者必分六藝爲二大宗：一「天學」，一「人學」。「人學」爲《尚書》、《春秋》，行事明切，所謂「祖述堯舜，憲章文武」；「天學」爲《詩》、《易》，當時海外未通，無徵不信，故託之比興。後世文體有詩、文二派，文取據事直書，詩取寄託深遠。《尚書緯》曰：「《書》者，如也；《詩》者，志也。」又曰：「志在《春秋》，行在《孝經》。」志、行之分，即詩、文之别。孔子之所以必分二派者，人事可明言，六合以外地輿、國號、人名、事跡，不能實指，故託之草木、鳥獸、卦圖、陰陽。自微言一絶，學者遂以孔子所言皆爲《春秋》之天下而發。不知天、人之分，即古、今之别。即以《論語》言之，爲百世以下天下言者較多。于當時海禁未開，共球未顯，以百世以下之專説，附會時事，勿怪其然。特先入爲主，積非成是，非有明著曉暢之專書，不足以發聾振聵，故别輯《百世可知録》，專明此理。

三千年以前，不必有輪船、鐵路、遠鏡、顯微諸儀器；非有能合群力，以格致如今日泰西之事者。而瀛海八十一州與四游等説，乃遠在數千年上，不得其説之所本。且西人自明至今，言五大洲而已，而鄒子乃以爲八十一，合於禮制，比于經義，較西説最爲精密。此又何從得之？從可知天縱之聖，不學而知，不學而能，至誠前知，先天不違。且今日「大統」未成，諸經預設之文，已如此明備，他日實見行事，燦然明備，不知其巧合，又當何如！此等識量，若徒推測預知，能者多矣，所謂因時立制，數千年以前，因心作則，以定鴻模，天地、鬼神、名物、象數，必曲折不違，密合無間，略窺一斑，已識梗概。宜子貢、宰我之以爲天不可階。嗚呼，堯舜猶病，而謂維摩足以方物乎！

鄒子驗小推大，即化王伯爲皇帝之法。方里而井，可謂小矣，推之小九州而準，更推之大九州而準，六合之内，取譬于方里而已足。此與富家，一牧爲一家。京師地中爲公，如「公田」、「顛倒自公」、「退食自公」、「夙夜在公」。以八州爲八家。「大田多稼」，即謂八王爲八家，合《車輻圖》爲終三十里，象月望三五盈缺。左右前後爲十千，所謂「十畝之間」、「十畝之外」、「十千維耦」、「歲取十千」是也。《詩》以公田比天下，爲一大例，言耕即井。《乾》「見龍在田」，有禽無禽，酒道食德，飲食醉飽，皇道帝德，隰畛、主伯、亞旅，彊以二徂六侯，當即八伯名目。皇祖即上帝，多稌爲并家，飢饉爲騫崩。《禮記》禮耕樂耨，亦借田以比治天下之一説也。

《齊》、《商》爲「文質」標目，如今之中外華夷。《論語》「文質彬彬，然後君子」，是以「君子」

二字爲文質相合之稱。「君」爲君臣之君，爲東鄰，爲文家尊尊，故目「君」也；「子」爲父子之子，爲女子，爲子姓，質家親親，故目「子」。《周頌》合文質，則君子當直指《周頌》監于二代。《論語》：「君子質而已矣，何以文爲。」專以爲質，所謂子而不君者也。考二字平對，又如父母、君婦、尸且、漆且、君子、民之父母、愷悌君子、君子偕老是也。又：二伯四岳，皆得稱君子，八大州君子爲二伯，大荒君子爲四岳。

《列》、《莊》言六經，非陳迹芻狗，全爲特創百世以下新法、新理，作而非述，明矣。故于《詩》以《雅》翻譯爲名，專言俟後維新，非真言古人内地。則凡帝乙、高宗、即高尚宗公之「高」，高宗，故以配《震》。文王、武王、商王、玄王、平王、汾王、成王、康王、氐羌、荆楚、淮夷、豳營等字，固皆翻譯託號也。如箕子、穆公、周公、莊公、皇父、南仲、尹氏、家伯、巷伯、孟子，亦皆爲託號矣。《詩》述周家祖孫父子，如后稷、公劉、大王、王季、文王、武王，與大任、大姒、大姜，文義相連，不能謂非古人名號。不知託古以譯後，亦如山川、氐羌爲翻譯例，亦無不可。經既云「周雖舊邦，其命維新」，又曰「本支百世」，詳其文義，爲翻譯無疑矣。不如此則「古帝命武湯」、「帝謂文王」，文王「在帝左右」，皆不能解。即如《大明》：「摯仲氏任，自彼殷商，來嫁于周。」仲任與《燕燕》「仲氏任只」，同任姓國女，何以直目之曰殷商？又加之以彼二經古人、古地，按實求之，文義多在離合之間，故舊説于平王、文王、箕子，多有别解。必望文生訓，則《魯頌》真魯僖公作矣①。以此立説，又多可疑，則以變異舊文，不合己意，先師改寫之事，亦知所不免耳。即如后稷、王季、公劉，周之先祖也，經則託之爲二后、八王之父行，故以大妊爲殷之女，文質合爲父母也。又如文王、武王，父子也，經則東文西武，二王平列，實指文、質二鄰，東西大牧。定以父子説之，亦時形齟齬。知經非芻狗陳迹，則必非真古人、真古事。以《雅》之翻譯讀之，亦如淮夷、氐羌，「物從中國，名從主人」，藉古以喻後，亦無不可。特言在此，意在彼，不專爲古人古事而言，則固一定之例也。

《尚書》「七政」，古皆以日月五星解之。自八行星之説明，則七政當數天王、海王，不用日月明矣，惟西人之命名曰「天王」、「海王」，則可異焉。以王命星，是十日爲旬、八州八王之説也。「天王」之名，直同《春秋》；「海王」之名，兼主海外，則如《商頌》矣。中國舊説，五星配五行，今加入二星，合地爲八，以配八方。八風則可以配四方，五行則取五去三，不可也。然古人五星之説據目見，久成定論，地球自爲主人，則不能與諸曜比，亦一定之比例。今因俟旬例，擬於日屬世界中，以日爲上帝，爲《周頌》；天王如《魯頌》；海王如《商頌》。一主文，一主質，天王爲文王，海王則爲武王，《詩》所謂「文武維后」之比。以《小雅》言之，則《小弁》曰，天

① 則魯頌真魯僖公作矣：《詩序》以爲《魯頌》諸篇皆「頌僖公」，并非魯僖公所作。此處或於「魯僖公」前脱「頌」字。

王《小宛》，海王《小旻》；《節南山》、水。《正月》、木兼土。《十月》、火。《雨無正》金。地球，爲主人，不入數焉。天王大于地八十二倍，海王大于地球百二十倍，道家所謂「大者居外，小者居内」。又海王最遠，今以居中小者爲四岳，以在外者爲二后。日爲天子，天王、海王帥五星以繞日，五行星又各有小星，如方伯卒正之職。古人無事不法天，則二伯、八伯、卒正，知法八行星及諸月而定。是即《左氏》伯帥侯牧以見於王，而侯牧又帥子男以見於伯之義。八行星自外而内，海王、天王爲二伯，次土、中央京師。次木、東方，「帝出乎震」。次火、次金、次水。四時順行，始於春，終於冬。自内而外爲逆行，自外而内爲順行，亦順逆往來之説。

鄒子海外九州之説，至今日始驗，學者求其故而不得。余以爲經説引《大行人》九州爲證，或又以孔子先知爲嫌。案先知乃聖神常事，「百世可知」、「至誠前知」，古有明訓，宋元以下儒生乃諱言「前知」，然所謂「前知」，不過休咎得失、卜筮占驗之瑣細，非謂「大經大法」、「先天後天」之本領也。如以爲孔子不應知，鄒子又何以知？他如地球四游，瀛海五山，海外大荒，與夫緯書所言《河圖》、《洛書》之事，何以與今西人説若合符節？讖書占驗之前知，如京、郭之流，固不足貴，若夫通天地之情狀，洞古今之治理，何嫌何疑，必欲掩之乎？

《列》、《莊》推尊孔子以爲聖神，其書爲《詩》、《易》師説，學者彙能言之；顧道家之言不盡莊論，設辭訕譏，遂爲世詬病。推尋其旨，蓋一爲抉微，一爲防敝。近代古文家説孔子直如鈔胥，如書厨，墨守誦法，去聖人何啻千里！故二子著書，極言芻狗陳迹之非，所謂「迹而非履」，正以明孔子之爲作而非述，以抉其精微也。他如「《詩》、《書》發塚」，「盜亦有道」，設爲恢詭，以立聖教之防，不使僞儒僉士假經術以文姦；又以見聖道自有所在，非誦其言詞，服其衣冠遂得爲聖人之徒。大抵知人難，知聖尤難！《列》、《莊》能知聖，遂舉後世之誤疑聖人之俗説誤解，極力洗抉，以見聖人之至大、至高，非世俗所知，非微藐可託。故其訢厲之辭，使孔子聞之，亦相識而笑，莫逆于心，以見其衛道之嚴。世俗顧以爲真詈訕孔子，使所訕辱者果真，則「有過人必知」，孔子當引爲諍友矣，尚得以譏訕斥之乎？正當藉其所譏訕，以見吾心中之孔子，非真孔子耳。

道家諸書全爲《詩》、《易》師説，《詩》、《易》之不明，不能讀諸書之過。其宗旨不具論，佚典墜義，有足以通全經之義例，如「夏革」篇爲《詩》「不長夏以革」之説，大塊爲《詩》「大球」、「夙夜」、「寒暑」之説，四極、地中、九軍爲天子軍制，九洛爲上皇、六極、五常、九土，各有一中，《鄘》、《衛》兩風專詳此制。非是不能解《詩》、《易》。以六情爲例，哀樂未、既，層見叠出，非《列子》記孔、顔論憂樂之故，無以起例；《易》「月望」、「輪輻」，《詩》「幅員」，非《老子》「一轂三十輻」之象，二十四州伯牧，合二伯、四岳、六首，爲三旬。無以立圖；《詩》「思服」、「寤寐」，非《列子》地中一夢一覺，與《莊子》夢覺神形之説，不得其旨。《乾》、《坤》之龍，朋，《剥》之「貫魚，以宫人寵」①，非鯤鵬之論，何以知蜩鷽之指《周》、《召》，蟭蟲之即《椒聊》乎！博士亦傳「大統」，由子夏知其説而不能行，而推顔、閔、仲弓之主皇帝，亦由稱述而得。十日並出，爲「侯甸」、「維甸」之訓；南北二帝報中央之德，乃「冥升」、「冥豫」、「幽谷」之解；《秋水》篇爲「河海」二字之起文；《齊俗訓》爲「顛覆厥德」之作用。大抵道家説必深入其中，諸凡非常可駭，皆讀爲常語，然後二經可通也。

《中庸》云：「萬物並育而不相害，道並行而不相悖。」並育萬物，人所能知；道之並行，世所罕論。間嘗統天下諸教而合論之：道家本於德行，是爲大成；釋出於道；天方、天主，又出於釋。不惟楊、墨並行不害；天主、釋迦，是亦大同。中國、夷狄之弱，由於崇尚佛教，談時務者類能言之。夫蠻夷狂獷，如冒頓番酋，非文教之所能遽化，又談時務者之常言。古之善醫者，因病施方，其術不一。鍼砭按摹，祝由湯藥，苟缺一長，不爲名醫。近世專尚湯藥，習醫者遂專擅一門，鄙屑他途，亦如言聖學者專習儒家，非毁異教。考釋氏出於老子化胡，由道變釋，因地施教，按其宗旨，實出《樂經》。「定静安慮」，《大學》之教，觀其初旨，大畧相同。戒殺

---

① 以宫人寵：原作「以宫化龍」。《易·剥卦》：「六四，貫魚，以宫人寵」，無作「化龍」者，廖平易「人寵」爲「化龍」，乃私改經文以從其説也。

所以化夷俗之凶殘，貴貞所以防部落之繁庶；安坐乞食，諷誦梵咒，意在化强爲弱，漸就繩墨。與唐宋以下開國大定以後，必開館修書，所以羈縻英雄、銷磨歲月者，事出一律；其中緣謬踵誤，節外生枝，萬派千奇，不能悉詰，然推其根原，未能大遠。若夫輪回、因果，亦神道設教，無終無始之常理。若以其與聖教不合，實與今之八股、試帖、白摺、大卷，其去聖賢之途，未能相遠。孔子居中持正，老子自任化胡以爲先路，一粗一精，一終一始。至今日地球大通，各教乃會其極。天下已定，偃武修文，數百年之後，專行孔教，釋法盡滅。乃古之明説，亦或留此一線，以爲無告養生之途，亦未爲不可。人之惡之者，不過因其安坐享厚糈耳，天下耗財事多，不止此一端。又或因人崇奉太過，激而毀之，則非平心之論。總之，佛者孔子之先鋒，馬上可得天下，不足以治天下。將來大一統後，存亡聽之。若未能大統，則於化夷，不可謂無功也。

凡學問皆有中行、過、不及三等議論，不惟諸子，即孔孟亦然。推類至盡，以詆楊、墨，此求深之説，非通論也。中行如《春秋》二分，不及與過如寒暑，天道有三等。藥物甘平，中行也；寒涼、辛熱不能廢。考《易》《乾》、《坤》八卦，反覆不衰，中爻、綜卦皆中，此中行，晝夜寒煖適中之誼；長少二局，則互相救，必《損》、《益》乃躋於中。故少綜長，長綜少，長少皆偏。救病則非偏不爲功，所謂矯枉過直。《論語》言孔子進退之法：由也過，則以不及救之；求也退，則以聞斯行告之。如就二賢所聞以立宗旨，未嘗非孔子之言，則偏執不能爲中法。故楊、墨二家，乃寒暑、辛凉，物極必反，不可專就一面推之。必如此推求，則孔子之告二賢者，即楊、墨之宗旨。

孟子爲中行，楊近始功，墨爲終究。蓋人方自修，則主楊氏，《大學》之「明德」也。專於自明，不暇及物，跡近自爲。學業已成，推以及物，墨子之「兼愛」，乃「新民」之宗旨。以《孟子》考之，其言非「爲我」，則「兼愛」；非「兼愛」，則「爲我」。如伯夷之清，爲我也；伊尹之任，兼愛也。《孟子》並推爲聖，所謂一夫不得其所，「若己推而納之溝中」者，與墨子相去幾何！聖夷、尹而斥楊、墨，貴遠賤近，亦以二説非中，自具利害。以利歸古人，以害詆時賢，二義互通，在讀者之自悟，所謂無父無君，乃推極其變之辭。推伯夷之教，可云「無君」；極伊尹之弊，亦近「無父」。諸子持論，自成一家，矯枉者必過其正，非過正則其反也。必不能中，物極必反，如日之行，從黄道而黑，至於黑則必反。浮久必沈，久升必降，非永遠推究，一往不反。故讀諸子當知此義，欲明此義，當於《詩》、《易》求之。

從荒陬中言治法，則必先「兼愛」而後可及差等。故外夷之教，必先「兼愛」，天方、天主、佛氏，莫不以「兼愛」爲主，實即《西銘》之説。西人天主之義，發其仁心，可以止殺、争先、除獷悍；示以樂群，非愛不群，非群不立，此從古中外之分也。今耶蘇救世教，較孟、荀寬廣，則以中國乃八十一分之九也。知「兼愛」爲中行先鋒，必至大同，然後示以等差，《禮》「三本」之説，所以如近人作以攻袄教者。然以從古地球初闢，人情必同，故今之天主、釋氏，全同墨氏，此一定之機局，非人力之所能爲也。

《易》之《損》、《益》，以三四爲中，《易》六爻分三統：三、四爲黄衣，二、五爲緇衣，一爲地中，一爲中國。皆有中可言；上、初失位之卦，爲素衣。中爲無咎，二、五爲吉，初、上爲凶。反以二五之中爲過、不及，如《小過》、《中孚》是也。故下經則以兩《濟》爲兩極，二《坎》占二黑道，二《離》占兩赤道，分合不同而中邊異位。經義「大統」以赤道中心爲居衣，臨馭四方；以兩黄道及冀弇爲黄裳；每邊極南爲裘，分爲三終，以比卦之三爻。如《乾》、《坤》四初爲居，二五爲黄裳，三上爲裘服。四方顛倒，如《周》、《召》、《鄘》、《衛》八方朝覲巡守圖。可見以居爲北，地于北極，周旋四邊皆南，故《周》、《召》多「南」字。隨向背言，八方皆同服，輻、福音同義同。卦之三爻，《詩》之三終，皆以衣、裳、裘爲起例。以赤道地球中心長線爲地中，向南而背北，四方皆南，流中線最長，于中分爲三段，統曰東、西、中。又以每統所居一方爲中，但不言南北，故取假用地中爲之三統，不用紺緅紅紫。然五帝之法，南北實有帝，既有帝朝諸，則車輻圖象月，每方十五服，故曰「三五而盈」、「三五而缺」。如中國之豫州，中天下而立，南極向之，北極亦向之。赤道爲北居，以黑道爲南行，則亦爲顛倒，所謂「以北化南」、「以南化北」，爲《既》、《未》，大顛倒。大與小有别，小顛倒，如初與三、四與上，于南北兩極分内外卦，仍爲以水益水、以火益火，此小變，非大變。必大顛倒，以北易南，以南易北，如《中孚》之以三四爲中，取初二以與上五相反覆。南北球寒暑全反，二分則平，取《春秋》平分以爲中，以一短一寒易一長一暑，先必分卦爲小顛倒，赤者不赤，黑者不黑，水火既濟，平其寒温二帶本位之陰陽；然後合爲大變，以夏冬之寒暑相易，集其大成。《詩》以「未既」爲説，今定巡守四方，分方别時者爲「未」；同主皇居，朝覲會同者爲「既」。四帝分方，各主一時，南無定位，分居爲「未」；皇合四方王，以地中心爲「既」。如此則三統各以地中爲北居，而衣裳之間爲裳，爲兩黄道及兩洛，《詩》之中多取此義。考天文家説，於長短圈加一斜線，由北二十三度半至南二十三度半以爲黄道，則直以赤道之界合爲黄道，則不分二黄道而合爲一大黄道，《易·中孚》二五爲中之説。

地球中分有兩赤黑道，而兩黄道在赤黑中。《詩》之黄裳、黄鳥，指黄道言；赤狐、黑烏，指赤黑二道言。皇極在赤道中心爲衣，由衣推裳，則以黄道爲中；兩黑道爲南，合兩赤道地中之中爲居。從居至遠荒，每方三分。極邊之南，皆坐北向南，分三段臨馭四方，莫不從同。居乃地中赤道，以赤爲北極，非北方之極，所向爲南，四時朝宗覲遇，四面皆可爲南。故二《南》四方皆得稱「南」，《鄘》、《衛》四方皆得言北也。上經北《坎》、南《離》，赤道中分，當反覆爲二局，如九宫法。宋以下謂之《洛書》。爲冬至局，《坎》一《離》九；顛倒爲夏至局，《離》一《坎》九。乃全《詩》之《王》、《鄭》、《齊》，《尚書》之「周公篇」，《小雅》之分方而治，則如《易》之内外卦，各三爻，以三、五爲中。如《乾》、《坤》、《坎》、《離》，自卦自綜，則爲八卦是也。分方之法，如以二五爲中，上經以之。「大統」則南北合一，以兩赤道爲中。《詩》之「離離」①、「憂心」，絺、綌、紲、絆。皆謂每方之南邊。

《易》上經三十，《乾》、《坤》、《坎》、《離》、《泰》、《否》六首卦，較下經少四卦，爲禹州起例。《禹貢》較《皇輻圖》少東荒四州，上經少四卦，則以上經配禹州八伯、十二牧，爲「小統」。下經益以《震》、《艮》、《巽》、《兌》四卦爲十首，故曰「或益之十朋之龜」。益故爲大絺。上經法禹州，下經爲皇輻。上、下經亦如《小》、《大雅》，以「小大」二字爲標目。「小」爲古之分封，「大」爲後之合同。《詩》之「上下」字多指上、下經，言「上下」即「古今」，「古今」即「小大」，「小大」即「文質」。故上下分圖，上爲分封之天下，下爲合同之天下。以三十卦分三統，上爲夏、殷、周，下爲天、地、人。三皇、小大相配以分古、今，此一説也。上下各三十六宫，上有化小爲大之法，所以四卦由《乾》、《坤》、《坎》、《離》綜卦，求之自得。既已化小爲大，三十六宫與下經同，則以上經爲「大統」地圖。如《國風》六定局不入三統之風，又如《鹿鳴》之前，三十卦爲定局。但詳由小推大，不詳三統，下經乃蒙上經「大統」之文，别爲三皇三統循環之法。故上經三十爲三王之三統，下經爲三皇之三統。三皇之循環在下經，不在上經，亦如《小》、《大雅》之分「大統」。由禹州而推，所謂叔夏、有夏、禹甸、禹緒、禹績，由《禹貢》爲車輻，即由《小雅》變《大

① 《詩》之離離：《詩·王風·黍離》：「彼黍離離。」

雅》，上經變下經之説也。下經三十四卦，爲大三統，三十六卦中分，以十二卦爲一統，《咸》、《恒》天統伯，《既》、《未》地統伯，《損》、《益》人統伯。以上經爲案，下經每代以十二卦調劑之，故爲三統並陳之。如用則但詳一代，二後可從略。然下經有伯無君，君皆在上經。《乾》主《咸》、《恒》，《坤》主《既》、《未》，《泰》、《否》合主《損》、《益》。蓋經取義不止一端，或合或分，宗例遂變，特以下經三統調用，上經定局，蓋仿《國風》六定、九行之例。上下各有一三統，皇、王所以不同。始小終大，則即變小爲大之本例。

《説卦》方位爲周都雍，故以《乾》居西北，八州合於方位。以「大統」言，則如下經，以十卦分九洛，用大卦爲主，此方位八卦，有小大之分。卦以綜言之：長即變少，少即變長。《震》東，自西言之，則爲少男；《兑》西，自東言之，則爲長女。大卦合長男女爲《恒》、《益》，少男女爲《損》、《咸》，爲婚媾娶生，與小卦内外相同者有别。惟南北冰海，無晝夜寒暑之可言。《既》、《未》反覆，仍爲《坎》、《離》，故《詩》於南北言極，東西言罔極。東西曰「東有啟明」、「西有長庚」，因地異名，無有定位。南北則曰「莫赤匪狐」、「莫黑匪烏」。三統定都不同，左右隨方而改。于《詩》曰：「匪鶉匪鳶，翰飛戾天。」「匪鱣匪鮪，潛逃于淵。」又曰：「匪東方則明，月出之光。」皆南北有極，東西無極之説。

下經始《咸》終兩《濟》①，於四爻同言「貞吉」、「悔亡」，合内外爲一，爲六爻重覆之卦，故曰「悔亡」。「悔亡」之卦八，《乾》、《坤》、《中孚》、《小過》、《臨》、《觀》、《大壯》、《遯》爲起例。而内變之八少父母，如《咸》、《恒》、《泰》、《否》、《損》、《益》、兩《濟》②，亦爲「悔亡」，共十六卦。外有十六卦同此例。

初説《詩》以日爲天子，月爲伯。據日屬世界，日統行星，行星統月之説言之。不如車輻日數，比于州輻。天有十日，故八州爲一旬，其外大荒十六牧合四岳爲二旬。言車輻以象月，非獨一日，所謂「何多日」也。以地中爲主，左日右月，日月即夙夜、朝夕之義。又日月雖小大不同，據目見則無别，故至尊無上，託之於天，而以日月寒暑分主四方，東日西月，北寒南暑。又以風雨分陰陽，雲從龍，龍在東；風從虎，虎在西。《小畜》「不雨」、「其雨」、「日出」，《東山》「零雨」，皆于日月寒暑外，再以風雨分方，而天乃爲之主宰。夫天不言而四時行，日東③月西，寒北暑南。《易大傳》曰：「日往月來」，「寒往暑來」；《中庸》「日月」、「霜露」。以雨比霜，

① 「兩濟」疑爲「未濟」之誤，因「既濟」四爻無「貞吉悔亡」之語。

② 「兩濟」疑爲「未濟」之誤。因上文曰：「悔亡之卦八，乾、坤、中孚、小過、臨、觀、大壯、遯爲起例」，加此處「咸、恒、泰、否、損、益、兩濟」九卦，則爲十七卦矣，不合悔亡之卦「共十六卦」之説。

③ 東：原作「春」，據適園本改。

以風比露，故用十干以取「天有十日」之説。八首卦比之旬日，大約經以日比王，王有三十，故日亦有三十。但就中國言，則一王一日。車輻卅王，則爲干支八卦卅日也。《易》之《豐》曰「雖旬無咎」，《桑柔》曰「其下侯旬」，又曰「維旬」、「維宣」。旬，十日；宣當爲二十日。維旬爲八州四維，宣則大荒四維，《泰》之「苞桑」爲之統屬。《詩》多言「桑」，以桑爲日也。

《詩》以文爲中國，質爲殷商。《蕩》七「文王曰咨，咨女殷商」。七章爲七襄、七子，爲以文化質，周監于殷。一文王爲中，東七殷商爲七州牧，以中國化海外，爲以一服八。除本方不計，故爲七子。一章比一州，與《民勞》五章比五大洲同，萬不可以爲文王諫紂。如「女炰烋於中國」，及「内奰於中國」、「覃及鬼方」，中國、鬼方，文義明白。使爲殷紂言，不應外之於中國。且「天不湎爾以酒」，即西北無酒之説。「靡明靡晦」，「俾晝作夜」，非謂長夜之飲，乃謂西極與中國晝夜相反。且二、三、四章，與時下中西相詬之語，如出一轍。章首兩「上帝」，舊説皆指爲紂，至於「其命多辟」，即「古帝命武湯」之義，殷武所謂「天命多辟」也，舊解乃以爲紂之命多邪僻，尤爲不合。文王之於紂，不應詬厲如此。如謂召康公所擬，以臣而擬爲君祖宗之言以諫君，且誣其祖宗以詬厲舊君，皆非情理所應有。似此議論，而垂爲經典，以爲世法，未免非懷刑之義。紂至惡，文王至聖，古來諫書多矣，又奚取此乎！

《周》、《召》以「南」爲名，《鄘》、《衛》則以「北」爲主。《周》、《召》不言「北」，屢言南；《鄘》、《衛》屢言「北」，而無「南」字。《柏舟》、北流、背堂、沫北，皆爲北，蓋四篇以居行分。二《南》爲朝覲諸侯會同之法，《鄘》、《衛》爲巡守八洛之法。《邶》居中。《周》、《召》南北，《鄘》、《衛》東西，合爲五方五極。《民勞》五章，《邶》首五篇，《崧高》五篇，與《易》上下經同，以五極、五元起例。此《詩》首五篇，當讀爲一篇。一皇二王後二大伯，《王會圖》之一成王，二夏公、殷公，二周公、召公也。天有五常，地有五極，《民勞》以下五篇，皆以五起例。《板》八章，九天八極；《蕩》八章，文質八荒；《抑》十二章，志言視聽以三分；《桑柔》十六章，首四方中央，爲謀爲毖，下由南而東、而西、而北，四方十二章；《嵩高》五篇，五嶽分篇，一方一篇。此則合五方言之，每篇皆足。以《嵩高》之五合數五方，多至五篇，仿五帝之法，一篇一帝，合數五方，五五合爲二十五，爲五帝，故爲大猷遠謨。《嵩高》則一王之五岳五篇，尚不敵《民勞》一篇之大，所以爲小也。

《説苑》言：「北鄙殺伐，南方生育，王道流南不流北。」董子：「陽實陰空，王者貴德賤刑之經義也。」北球以北極爲北，赤道爲南，東左西右；南球以南極爲北，赤道爲南，西爲左、東爲右。顛倒反覆，同以所向南面赤道爲中心，而背北，黑道不取。今地中海正當赤道，兩冰海皆在北，是不北流之實義。所以二《南》同以《南》爲名，而五帶圖又以長短二圈中斜線爲黄道，是又合南北二南以爲地中，所謂日中，又不在崑崙矣。以地中爲公，所謂顛倒召令，維南北緯度以赤道正中緯線爲中，東西經度則無正中線，隨地可中，故地中、中國，經傳已二中並見。

地球五大州，以五帝分司之，《逸禮》之説詳矣。《月令》五帝五色，東青、夏赤、中黄、西白、北黑，乃《詩》於五色獨立三《頌》著之。素、青、黄即東、西、中，《論語》所謂緇衣、羔裘、素衣、麑裘①、黄衣、狐裘是也。南北不立《頌》，故《論語》曰「不以紺緅飾，紅紫不以爲褻服」。而以二《南》司之，所謂火正、北正之重黎是也。考地球南北極同爲冰海，無晝夜寒暑；東西同在黄道緯度，故東西無極，特南北有之。《北風》「赤」、「黑」之下，言「既亟只且」，所謂南北極也；言無極者，「昊天罔極」、「士也罔極」、「畏此罔極」。昊天有二：東爲大昊，西爲少皡，「昊天罔極」，即謂東西二帝。西北無極，而中央無極，可以起矣。考五帝分司之法，以地中爲都邑，則中國爲震旦，西美爲西極。青帝建都於中國，則西美爲東，地中爲西；少昊建都於西，則以地中爲東，中國爲西。東西左右，由三統京城而定，平時背北向南，一定不易，此東西無極、南北有極之説也。至于四朝、四巡，則以居中赤道爲北，所面遠服爲南。東西二帝，互相左右，於《詩》爲「顛倒衣裳」。《齊風》云：「顛之倒之，自公召之。」《小東》：「東有啟明，西有長庚。」公爲京師，東西爲左右，左右無定，由三統京城而顛倒名之，此啟明、長庚，一星所以有二名也。考《禮記》：「日生於東②，月生於西。」分陰分陽，一定之例也。《詩》亦以日月分晝夜，乃《齊

① 麑裘：原作「霓裘」，今據《論語·鄉黨》改。
② 日生於東：《禮記·禮器》「大明生於東」，鄭玄注：「大明，日也。」

風》日月皆出東方。又云「匪東方則明，月出之光」；又《東門之枌》「昏以爲期」；與夫「不日不月」、「靡明靡晦」、「不夙則莫」，皆顛倒東西而言之。蓋素、青、黃京城不同，則東西左右隨之而變。《風》、《雅》中平分三統，各言一朝之制，故東西之例詳于南北。三統平居向南而治，非彼此相向。巡行□□□皆□。此《詩》南北二極有定，而東西無定之説也。南北有定，故《周》、《召》爲小二伯，《唐》、《陳》爲大二伯。唐爲堯都，陳爲舜後，《詩》不見堯舜，以二風爲伯，猶「大統」皇爲天子，帝爲二伯之意也。《小雅》三《小》後平分三統，《有菀》爲《周頌》黃帝，所謂「狐裘黃黃」，「行歸於周」①。《魚藻》爲青帝，王東方。《魚藻》爲東方。《常華》②之「左」、「右」，則指西極爲左，地中爲右。《瞻洛》③爲西極，由《瞻洛》而《魚藻》，由《魚藻》而《有菀》④。即《小旻》、《小宛》、《小弁》素青黃之次序。第三篇之「左右」，則以地中爲左，中國爲右，此《小雅》平

---

① 「有菀」至「於周」：《有菀》，即《詩・小雅・菀柳》，因首句爲「有菀者柳」，通行本錯舉「菀柳」名篇，廖平乃徑取首二字爲篇名。下同。又所引「狐裘」至「於周」，不見於《菀柳》，而見於《都人士》，此蓋廖平誤記。

② 常華：通行本《詩》作《裳裳者華》，朱熹《詩集傳》曰：「裳，古本作『常』。」廖平蓋從古本，又節稱爲「常華」。

③ 《瞻洛》：即《詩・小雅・瞻彼洛矣》，廖平錯舉之以成「《瞻洛》」。下同。

④ 有菀：原作「有苑」，據《詩・小雅》，當作「有菀」，今正。

分三統，各見左右不同之證。各《風》中此例尤繁，東西左右，其文至於數十見，不能折中一是。今以《邶》①、《鄘》、《衛》、《王》、《魏》、《齊》、《豳》、《鄭》、《秦》九風，平分三統，一君二臣，三三而九，以明三統左右無定之說。君居中，所從之二國，一左一右，即《易》之一君二臣，《詩》之從兩牡、兩肩、兩狼也。以《邶》、《鄘》、《衛》爲三統之主，《王》、《鄭》、《齊》、《豳》、《秦》、《魏》各風，爲其左右之公卿侯牧也。

《邶》爲《周頌》②，如黄帝以地中爲京。《王》以王見，國在東；《豳》以伯見，主西極。《鄘》、《衛》，則《鄘》東北青帝，以中國爲都；《衛》如西極。《鄭》與《秦》比，《鄭》東左，《秦》西右。《齊》與《魏》比，《齊》于中國爲東，《魏》于中國爲西。三《頌》三統，東西中無極，故隨在可爲東西。三《頌》爲皇帝，爲士，所謂「士也罔極，二三其德」，「人之無良，二三其德」③。《唐》爲北方伯，如共工；《陳》爲南方伯，如祝融。五帝五方，以東西中爲皇帝，南北爲伯，爲女，所謂「女也不爽，士貳其行」。三統南北常爲伯，所謂「三歲爲婦」、「三歲貫女」、「莫赤匪狐，莫黑

① 邶：原本誤爲「邺」，適園本不誤，今正。以下凡正「邺」爲「邶」者，不復出校。
② 邶爲周頌：案：「邶」本爲《國風》，不爲《周頌》。此蓋廖氏私説。
③ 案：「士也罔極，二三其德」，見於《衛風》；「人之無良，二三其德」，見於《鄘風》。俱不在三《頌》之中。此蓋廖平私以《邶》、《鄘》、《衛》爲三《頌》故也。

匪烏」。惟其如此，《唐》、《陳》主南北，故兩《風》同言「冬之日，夏之夜」①，爲南、北二極。《陳風》三言「東門」，因三統有三東三西，故兩《風》連類言之。非得此説，《風》、《雅》中東西左右無以馭之矣。

《王風》「一日不見」，如「三月」、「三秋」、「三歲」。以三倍之法推之，一秋爲三月，三秋爲九月，則三歲當爲二十七月。《喪服》：五服始於緦麻三月，終於斬衰三年。《禮記》：三年之喪，其實二十七月②。是《采葛》之三月、三秋、三歲，與喪期巧合。喪服皆麻葛所爲，舊説以素衣、素冠、素韠爲喪服。東帝爲「緇衣羔裘」，西帝爲「素衣麑裘」。素衣爲「麻衣如雪」，「羔裘玄冠不以弔」，以此知東西之緇衣、素衣，是以吉服凶服爲起例。蓋東南生育，西北肅殺，生育者樂，肅殺者哀，《詩》中哀樂實由吉服、凶服而起。《禹貢》「弼成五服」，與「衣服」之「服」同字。「大統」十五服，《羔羊》之「五紽」、「五緎」、「五總」，《干旄》之「五之」、「四之」、「六之」是也。考《禮》凶服有五，吉服有五，齊服有五，合爲十五。以東服爲吉，西服爲凶，中服爲齊。

① 冬之日，夏之夜：《詩·唐風·葛生》作「夏之日，冬之夜」，或「冬之夜，夏之日」。此蓋顛倒原文。又：二句不見於《陳風》。

② 三年之喪其實二十七月：《禮記·三年問》：「三年之喪，二十五月而畢。」疑「二十七月」爲「二十五月」之誤。

吉服五，冠昏用之，冠用緇布冠。東南喜樂，冠昏屬之；西北哀，故用凶服；中央齊，《周禮》齊服有玄端、素端。東吉西凶，中央兼用之。玄端，即《論語》之「不以弔」之玄冠。素端，即《詩》之素冠。以喪服五服比疆域，則《周禮》九畿萬里爲緦麻三月，帝幅五千里爲三秋，皇幅三萬里爲三歲。《齊詩》以哀樂爲《詩》大例，孔子論《關雎》亦言哀樂，哀樂實即吉凶。吉服用緇用緣，凶服用麻用葛。必用吉凶二服立説，而後哀樂爲有根。且推之《易》之吉凶，疑皆爲此例。以齊吉凶三門之十五服立説，而後「大統」之十五服各有宗主，推之於《易》，無不可者也。裳取七幅，在大八州、八荒之中，布帛幅十五升、三十升，皆于經各有取義。

《易》上、下經有順逆兩讀之法，一卦六爻亦有順逆兩讀之法。上經以《乾》、《坤》爲主，由中及外，則順行至《離》；再由《未濟》逆行至《咸》，如北斗、陽神之左行團團轉。下經陰神，由外至内，則由《咸》至《未濟》，順行；再由《離》至《乾》，則爲逆行。陽於陽地順，陰地逆；陰於陰地順，陽地逆。《公羊》「内中國外諸夏，内諸夏外夷狄」之法也。一卦順逆兩讀者，上經由初爻順行至上爻，下經由上爻逆行至初爻。此下經「貞吉、悔亡」之例。而上經之客，亦有由上逆行至四，下經之客，亦由初順行至三，此互爲賓主之法也。上、下經十卦二十四皆同①，惟下經多四首卦，合爲十首卦，故曰「益之十朋之龜」。經六首惟《泰》、《否》相綜連茹之説，由《屯》、《蒙》綜，故亦有「漣如」、「邅如」之説。由上經《泰》、《否》至《坎》、《離》二十卦，似《坎》、《離》爲終無統屬。不知《泰》、《否》統八卦，由《臨》、《觀》而止；《坎》、《離》亦統八卦，逆行由《噬嗑》而終。一順一逆以示例，故中有十六小卦，與下經《咸》、《恒》、《損》、《益》所統十六卦同。下經由《震》、《艮》至《未濟》十四卦，共六首，《震》、《艮》、《巽》、《兑》不計。以兩《濟》配《坎》、《離》，各統四卦爲八卦，以配《坎》、《離》。《損》、《益》居中以統三十二卦，所以爲下經十朋大龜建侯之法也。《易》以順逆分古今往來，上自《泰》、《否》，下爲《大》、《同》，爲知來，《傳》：「知來者逆」，「神以知來。」《中庸》：「至誠之道，可以前知。」前知所以爲下俟之根本。《詩》、《易》之人名、事實，皆指後世以下翻譯之辭，斷斷乎不指古人古事。故其中名字，偶與古人同，萬不可以古人説

---

① 上下經十卦二十四皆同：按，「二十四」，疑爲「二首」之誤。據本卷曰：「《易上經》三十，《乾》《坤》《坎》《離》《泰》《否》六首卦。較下經少四卦，……下經益以《震》《艮》《巽》《兑》四卦爲十首，故曰『或益之十朋之龜』。」此處亦曰「惟下經多四首卦，合爲十首卦」云云。六十四卦，配成十首卦，除去下經多的四首卦，即《震》《艮》《巽》《兑》外，剛好每十卦爲二首卦。「上下經十卦二首皆同」，蓋謂上下經皆以十卦二首卦的原則確定。如此，於文於理方可通暢。

之，以古立說，亦萬不能通。聖人不嫌苟同者，以二經專言俟聖，宗旨既別，《尚書》、《春秋》，則所指專爲古人，不待知者而決。此前賢以古人古事說二經，所以流弊無窮也。《易》之帝乙，即後世假干支作記之法，「乙」即所謂「某」。《易》之箕子、高宗，《詩》之成王、平王，明明古有其人，而舊說不無異解，特以實指其人則文義多迕，不能不別立一說，因此可悟二經必無真古人也。他如《長發》曰商湯、曰商王、曰武王，又曰玄王；《有聲》①既曰文王、武王，又曰王后，曰王公，又曰皇王。望文生訓，左支右絀，故二經無一定說，無一通家。凡舊所傳二經解義，於經則實無一明切、文從字順、心安理得之境。所以不得不求古義，而變通其說，以求微言大義也。

《尚書》「周公篇」，兼言《多士》、《多方》，此從《王會圖》起義。内外已通，特未大同混一耳。《王》、《鄭》、《齊》爲三王起例，《王》比夏，《鄭》比商，《齊》比魯，即《詩》之《魯頌》，《尚書》之「周公篇」。《王風·揚之水》四篇爲四岳；五《山經》。《鄭風·羔裘》以下十六篇，爲要荒外十六州，即《堯典》之十二州；《海内經》。《齊風》之《東方》爲海外八紘八極；《海外四經》。《邶風》

① 有聲：即《詩·大雅·文王有聲》，以《詩》另有《文王》篇，故廖平節後二字爲篇名。

每方二篇，初爲八殥，《燕燕》、《雄雉》、《式微》、《泉水》。次爲八紘，《擊鼓》、《匏葉》①、《旄丘》②、《北門》。次爲八極；四《風》與《簡兮》。《鄭風》首五篇爲五《山經》，《緇衣》、東。《將仲子》、南。《叔》③、西。《大叔》④、北。《清人》。居中。

《帝典》二十二人爲外諸侯，《春秋》不及要荒，故無外州十二牧。《尚書》八元、八愷，加入羲、和、四凶，爲二十二人。下經則全有之，十首《損》、《益》爲二伯，《震》、《艮》、《巽》、《兑》、《既》、《未》、《咸》、《恒》爲八伯，外有十六牧八監，共三十六⑤。二十四侯監。小卦相綜爲十二，共爲二十二，以合《帝典》外諸侯之數；特首卦一卦爲一小卦，合綜爲二耳。然内八州，外當爲十六州，《尚書》於十二牧外，再數四凶，亦爲十六。經有十二州十二牧明文，則必以東邊海不立州，故外州只十二。「大統」車輻圖，則内八外十六，不如⑥中國東邊不置，此《咸》、

---

① 匏葉：即《詩・邶風・匏有苦葉》。
② 丘：原作「邱」，因避孔丘諱改，今正。
③ 叔：即《詩・鄭風・叔于田》。
④ 大叔：原作「大將」，按《鄭風》首五篇有《大叔于田》，廖平將其稱爲《大叔》，又訛爲「大將」。今正。
⑤ 共三十六：句中「六」字疑爲「四」字之誤。考《易・下經》爲三十四卦；又如廖平所説二伯、八伯加十六牧、八監，其數亦當爲三十四。
⑥ 不如：疑當作「不知」，於義始通。

《恒》、兩《濟》所以各統八卦，合爲十六牧。《損》、《益》所統八小卦當爲監，一卦監一內州、二外州，內外共二十四州，一州三監，當得七十二監。今以八卦當之，是三州設一監，一監三大夫。一監一州以示例，監爲天子內臣。《易》「蠱」，《詩》作「盬」。從監，古聲。盬即爲蠱。故曰「幹蠱」、「裕蠱」，曰「不事王侯，高尚其志」。則「蠱」字當以「盬」爲正。王之卿爲從王事，監則爲天子臣，故曰「高尚其志」。「王事靡盬」，謂從王事者，則不能爲監。《周禮》，「大統」之書，屢言立牧、設監；《詩》屢言天監、降監，皆爲《蠱卦》言也。皇爲《泰》、《否》，大伯爲《損》、《益》。二帝二《濟》，如《周》、《召》爲君子，爲父母卦。所以云爲「瀞父」、「浴母」。「盬」又作故、作胡，《易》「匪躬之故」，《詩》「胡能有定」、「胡然天帝」，「狼疐胡尾」，胡、故，皆謂爲監，由天子使，故曰「天命降監」、「天監在下」也。

《尚書》以妹土爲土中，推之大九州，當有八妹，故《莊子》有九洛之說，《詩》以此爲大例。《豳》、《小雅》兩言「予未有家室」，「未」讀爲「妹」，謂西方妹土立有家室，如周公曰「予未」，「未」讀如「妹」，不如舊讀。言「予妹」以別於中國之「妹」。他如「彼其之子」，「其」爲「淇」。「妹者子」、「妹」當爲「妹」。淇上、浚下，皆謂各州土中，九州有九大荒，更有十六妹土也。《易》曰「見妹」、曰「歸妹」，又曰「王家」、「王廟」、「王居」、「王庭」、「遇主于巷」，皆九洛之說，故不一而足。大凡

《詩》、《易》之主皆以侯牧爲正解，故以王比日而曰旬。《北山》：「普天之下①，莫非王土；率土之濱，莫非王臣。」《易》曰：「王臣蹇蹇。」九有則八王布滿天下，非一王一國故也。他如「四國有王」，「王國克生，惟周之楨」，以天下屬皇帝，以國屬王，國如中國，即曰王國。天下不止一國，則必不止一王。又曰「王于出征，以佐天子」；又曰「帝謂文王」。故二經之「王」，雖與《春秋》、《尚書》之「王」同，而自皇帝言之，則爲侯牧，如秦始皇自稱皇帝，則諸侯得以王爲號之制也。

《詩》以上帝爲皇，所謂「皇矣上帝」、「上帝是皇」、「有皇上帝」是也。又以皇爲祖，所謂「皇祖后稷」、「先祖是皇」、「皇尸載起」是也。天下一家，故以皇爲祖，二后二帝爲父母，八王爲昆弟，十六二伯爲子，五十六卒正爲孫。《檜》、《曹》是也。朝廷君臣，閨門父子，不用君臣之義，而以祖父孫子言之，所謂天下一家，縮遠爲近，化疏爲親之法。「樂只君子，民之父母」，是以二伯爲父母，八王即爲民。

五帝：《頌》標素、青、黄，《論語》所謂「不取紺緅紅紫」，郯子名亦詳龍鳥雲，而略水火，以二極爲伯，所謂「莫赤匪狐，莫黑匪烏」，「三歲爲婦」之說。郯子於北方，以爲共工伯而不王；《左傳》于五常墟外，言鄭爲高辛氏火正祝融之墟。五極，三帝二伯，故《詩》但立三《頌》，而以

① 普天之下：「普」，《詩·小雅·北山》作「溥」。

南北爲重黎。考地球南北有極，冰海下不成晝夜寒暑，非黄中，故不入統。東西中則就黄道分爲三段，皆在地中心。《詩》云：「女也不爽」，「士也罔極」，「畏此罔極」，「昊天罔極」，「人之無良」，「良」讀爲「常」。皆爲東西中無極之説，同以有極爲惡，罔極爲美。《北風》云：「既亟只且」，「只且」爲鳲雎二鳩，爲南極北極，以二鳩分占冰海二極。南北經，東西緯，「涇以渭濁」，即喻經緯。東西中無極，即「中心有違」，「違」即「緯」也。如今地球緯綫皆黄道，故「東有啟明，西有長庚」，隨地可以爲中，不似南北之以極定位，今故取地中無極之三統以立法。京在赤道地中，四面四時朝。今諸侯以所面爲南，所背爲北。《王》、《鄭》、《齊》，東皇，以西極爲左，地中爲右，故云「匪鷄則鳴，蒼蠅之聲」；「匪東方則明，月出之光」。東以西爲東也。他如「匪鶉匪鳶」、「匪鱣匪鮪」、「匪兕匪虎，率彼曠野」，皆爲此例。《周頌》王中央，固以西極爲西，東極爲東。《商頌》王西極，則以地中爲東，東極爲西。《魯頌》，前已詳。東西左右，隨所居之極而變，所謂東家之西，即西家之東。《詩》東西左右有三等之辨，故其例最繁。《大雅》、三《頌》爲三皇王地中正例；《小雅》三《小》以下，則就本統分封，各詳其左右之所在如戰國圖，以示三統平等之例。分而不合，故曰《小雅》；若《大雅》、三《頌》，則以周王土中爲人皇，東西二極爲二皇，後《周》、《召》爲二伯，《唐》、《陳》、《檜》、《曹》爲四岳，以地中爲主，不似《小雅》之平列三等，不分賓主。

火木二道諸小行星，近乃測得，西人皆以「女」名之。列于《談天表》中一百十餘星，皆以

「女」名，如穀女、武女、醫女、王女、歌女，百二十名無異焉，中惟一星名天后。后亦女也。《詩》法天行，五際、五行爲五緯星。五緯爲君、爲男、爲士，則各小行星爲女，以女配子爲「好」，《詩》之以女比小國，即西人以名諸行星之法也。尊大者爲士、爲王，小者爲后、爲女。《詩》之「士女」當爲此例，非真男女也。諸小行星百二十可以比於内官，以諸行星各帶有月自繞，如八州牧之卒正。本地球只一月，如《詩》記曹，《春秋》之記許，實有七卒正。經只一見，舉一以爲例耳。《禮運》言天下一家、中國一人，實《詩》、《易》之大例。《佐治芻言》深明此理，以天下比室家，男女配合，即平治天下之大綱。

董子言《公羊》諸説詳矣，五行諸文，則以爲子家緒説。今實考之，乃《詩》、《易》之微言，所當細心推考。蓋《詩》、《易》詳百世以下之事，故《板》土君皆藉位起例，凡地土名號，皆久而必變，不足以與天地終始。如今海國名號，分合疆宇，水陸數十年小變，數百年大變。從開闢以至毀滅，不審作何等變象，故孔子之經，欲括囊終始，不得不藉天道以取象。所謂「萬古不失九道謀」，言天道則一成不變，名物象數方能定。所以不言人事而詳天，以人無常而天不變也。《詩》之言行皆謂五星陰陽，故陰陽五行爲《詩》、《易》之專説，非子家，乃經説。

古文家專以「好古」、「敏求」説孔子，所謂「祖述堯舜，憲章文武」。《孟子》所謂「守先王之道，以待後之學者」。案《春秋》、《尚書》爲行事，以述古説二經尚可；至於《詩》、《易》，全爲百世以後言之，事非古事，人非古人，「静言思之」，因心作則，後儒之説二經，亦以爲述古。

「血氣」、「尊親」，非古所有，事本創作。以爲師法帝王，則宗旨舛失。故《莊》、《列》於諸經説，貴作賤述，至比諸經於芻狗、陳迹，其言「跡者，履之所出，而非所以爲履」諸條，皆以賤述貴作。「仲尼没而微言絶，七十子卒而大義乖」。後世經説皆以孔子爲述，故極言述之不足貴，以明孔子作而非述之宗旨。述於「小統」爲近似；至於「大統」，斷爲作而非述也。

《大學》「平天下」章，歸重「絜矩」。居中爲忠，前後左右皆得其宜爲恕，「絜矩」即忠恕之道。《論語》由、求進退，即裁成狂狷以合中行。《中庸》子路問强，孔子言南北之强，事各不同，而折中於君子，「寬柔以教」，至君子居之，「中立而不倚」，中立爲忠，不倚爲恕。以下經言之，《咸》東《恒》西，《既》北《未》南，四首卦爲前後左右，而《損》、《益》居中以化成之。東西以仁義比，南北以水火比。於東損柔而益以西方之義，於西損勇而益以東方之仁，北則損水而益火，南則損火而益水。損其本來之性情，而益以相反之學問。由也進，退之；求也退，進之。損益之後，則温而厲，威而不猛；温而厲，剛而無虐。聖人居中，調劑四方，化成萬物，不必有所作爲，取四方相成相反之義，去其有餘，以補不足。《大學》「所惡於前」，至「無以交於右」，人情好惡喜同；柔惡剛，勇惡怯；熱惡寒，寒惡熱。損益之道，損其過，即去其所惡；益其不足，即進之以所喜。既經損益之後，水不易深，火不易熱；柔者能剛，剛者有柔，此「絜矩」之道。自革純民以化成天下，功用全在損益。推究其義，未嘗不可曰「所欲與之聚，所惡勿施爾」也。但俗解「絜矩」，只能求悦於四方，不能化成於天下，乃伯主小康之屬，非皇帝甄陶萬物大經也。

《論語》「子張問十世」章，三統之法，專主「益損」，即《易》二卦名。今案以上經言，則《乾》夏、《坤》殷，《泰》、《否》爲損益；以下經言，則《咸》東、《恒》西，《損》、《益》爲損益。夏殷爲《魯》、《商》，即文、質二家。《損》、《益》本兼四方，包《坎》、《離》、《未》、《既》而言。詳東西青素，而畧南北赤黑，故但言二代以成三統之制。猶「學而時習之」章，「時習」爲《坤》、爲殷；「朋來」爲《乾》、爲夏；「君子」，居中皇帝，時以損益爲文質以成爲「彬彬君子」之義。《月令》「鷹」乃學習；《坤》之二曰「不習，无不利」，故「學而時習之」爲《坤卦》之説。考《坤卦》二五爻變爲《坎》，象二鳥子母雙飛之形。《乾》、《坤》：《乾》主東北，《坤》主西南。《時則訓》：春則鷹化爲鳩；到秋則鳩化爲鷹。因時變化，故曰時。《坎》之《象》曰「習坎」。《坤》主西，二五變《坎》，爲子母雙飛，如鷹之學習。「悦」從「兑」，《兑》西方，《坤·象》曰「東北喪朋」，到《乾》，「東北得朋」，《乾》居東。二五變而爲《離》，二五變則上下皆從之，爲「朋來」之象。陽變陰，《乾》之五曰「飛龍在天」，由《坤》化「朋」。「飛龍在天，利見大人」，即《詩》之「黄鳥于飛，其鳴喈喈」。《坤》變爲「時習」、爲「學習」；《乾》變爲「朋來不亦樂乎」。東方主樂，「樂」爲文，「悦」爲質。「文質彬彬」，合二代爲君子。《詩》曰：「憂心悄悄，愠于群小」；「知我者謂我心憂，不知我者謂我何求」。「愠于群小」則分崩不合，因爲憂心，不知不愠，則化一爲同。皆取二代以成彬彬之君子。孔子之「學」，以皇帝爲歸宿。《論語》首章即言三皇，《詩》之三《頌》，非爲儒生言訓蒙束脩之事也。

言政有新舊黨，言學有新舊派。《大學》「新民」，《詩》之「污」、「澣」，《盤銘》曰「新」，皆取「維新」之義。由開闢以至今日，由今日以至千秋萬歲，初蠻夷而繼文明，日新不已，臻於美善。今之文明遠過古人，後來又必遠過今日，一定之例也。孔子之教，創始於春秋，推行於唐宋。今當百世之運，施及蠻貊，方始推行海外。數千百年後，合全球而道一風同，「凡有血氣，莫不尊親」，乃將來之事，非古所有，而世俗之説，則與此相反，皆謂古勝於今。《中庸》言「大統」，有「生今反古，災及其身」，亦初蠻野、漸進文明之義。乃俗解道家亦貴古賤今，如上古之「民至老死不相往來」、「剖斗折衡，而民不争」、「聖人不死，大盜不止」諸説，不知此乃道家之反言，貴大同，賤小康，道家定説也。今乃賤今貴古，必係有爲而言，蓋典章文物，後人勝於前人；至於醇樸之風，則實古勝於今。諸家言皇帝、王伯升降，皆以爲古風淳厚，後世澆薄，故皇帝功用，典章文物，則欲其日新月異，而性情風俗，則欲其反樸還純。至新之中有至舊之義，百鍊鋼化爲繞指柔，新則至新，舊則至舊。由小康以臻大同，是由春秋以返古之皇帝，疆域最大，風俗最純。宰我所問之五帝德，《詩》、《易》所謂「不識不知」、「無聲無臭」；西人所著之《百年一覺》；文明則極其文明，純樸則極其純樸，不用兵争，恥於自私，相忘於善，不知所謂惡，二者並行不悖。惟其未能文明，所以不能純樸，文明爲純樸之根，文明之至，即純樸之至。開闢之初，狉狉獉獉，乃未至文明之純樸，非君子所貴。文明之至，反於純樸，乃爲帝王盛業。比如孺子執筆書寫，天然古趣，有善書者所不到，然此乃蠻野之文明。必考古法，就準繩，精誠之至，神明于法度，老而合於赤子，文明與純樸皆盡其長，乃爲盡美盡善。經傳古説兼存二義，相反相成，各有妙理。學者不通其義，偏持一解，以爲凡事皆今不如古，不知即純樸一事，古來猶雜蠻野，必後世之皇帝一統大同，文明與純樸交盡，乃真所謂純樸，則亦未嘗不後人勝於前人。

舊解《國風》，其分配近于百變矣。今以《易》勘合，于三終外，再詳五九例。首五國爲一天子、四上公，配上經六首；以下十《風》配下經，爲八伯二小國，所謂「其下維旬」。考《王會圖》，王立于中，如《邶風》。二伯周、召二公居左右，《公羊》所謂「天子三公稱公」，則二《南》是也。王後夏殷二公居堂下之左，《公羊》所謂「王者之後稱公」。《春秋》之杞、宋，《鄘》、《衛》二《風》配之。五方五帝，《邶風》首五篇，《綠衣》爲邶；《柏舟》、《燕燕》爲周、召；《日月》、《終風》爲鄘、衛。上經之《乾》、《坤》、《坎》、《離》居四方，以《泰》、《否》居中臨馭四方。一皇四帝，此爲《羔羊》之中「五紽」，左右合爲十干；《王》、《鄭》、《齊》、《唐》、《曹》爲「五緎」；《豳》、《秦》、《魏》、《陳》、《檜》爲「五總」；如《春秋》之八伯二卒正。以上五《風》爲王公，以下十《風》爲侯與小國，下經之「十日爲旬」也。合計全風爲一天子、二王後、二二伯、八侯牧、二卒正。以前五與後十相比，《邶》中居同《檜》、《曹》，《周》、《召》比《陳》、《唐》，《王》、《齊》、《鄭》比《鄘》、《豳》，《秦》、《魏》比《衛》。五王公分司五極，十牧庶邦亦分五極。于「大統」爲一皇、二皇後、二帝后、八王牧、二伯公。以配《邶·擊鼓》以下十篇，則當合《式微》于《旄丘》，東北方三篇、西南方二篇。以配三《頌》，則《邶》、《周》①，《魯》、《鄘》，《商》、《衛》。配《大雅》，則《文王》十篇分三皇，《生民》、《公劉》八篇以配《周》、《召》，《卷阿》以上十八篇配首五《風》，《民勞》、《嵩高》大小五方以配侯牧之十《風》。《小雅》則三十輻，爲五際、五極，配首五篇。《鹿鳴》②以下十二篇配侯牧，再分三統，《瞻洛》三，《衛》前四，《豳》、《秦》、《陳》；《魚藻》三，《鄘》前四，《王》、《鄭》、《齊》；《菀柳》③三，《邶》後八，《唐》、《陳》，總計之，則十五國風，合爲三皇、《邶》、《鄘》、《衛》。五帝、《周》、《召》、《鄘》、《陳》合《邶》。三王、《王》、《豳》、《周》。五伯。《鄭》、《齊》、《秦》、《魏》合《周》。

西人重公，公理、公法，皆不主一偏，原本於經。《詩》以九州比井田，京爲公，八州爲私。所謂「薄污我私」、「駿發爾私」，皆謂八伯之私地；所云「退食自公」、「夙夜在公」，皆以「公」爲京邑。四隅顛倒，皆折中于公，公者不偏不倚，皇極居中，一貫之道，忠恕之訓，即《詩》「中心」。「恕」即「絜矩」，所謂上下、左右、前後，所惡勿施；「忠」不與詐僞對，而與偏倚對，即西

---

① 邶周：當爲「周邶」，方可與下文「《魯》、《鄘》，《商》、《衛》」相吻合。

② 鹿鳴：原作「鹿斯」，按《詩》無《鹿斯》篇，「斯」蓋「鳴」之誤，今正。

③ 菀柳：原作「菀栁」，按《詩》無《菀栁》篇，「栁」蓋「柳」之誤，今正。

人公理之説。《尸子》言「孔子貴公」，「孔」當爲字誤。然「一貫」即中即公。《詩》所謂「進退維谷」；《論語》所謂「中行」、「狂狷」；《列》、《莊》之言「公」者，尤不一而足。

天主之説，不惟諸教同，經教亦然，即其專尊天而薄諸神，經傳亦同其義。余以爲孔子未出，中國實亦如此。考《喪服傳》多主天，「禮三本」所言君親師三本，皆直刺專主天之非；《春秋》主天，《穀梁傳》明云「爲天下主者天也」云云；《詩經》有駁專於主天之文，如「天命多辟」，「多辟」即不專主一天；董子《順命篇》尤爲精詳，所謂「臣以君爲天，子以父爲天，婦以夫爲天」者，蓋人人習聞專主一天之説，惟知尊天，故以三綱託之於天。因其所知而化一爲三，以爲之本，實即《詩》「多辟」之義。

漢高祖初定天下，遷豪傑於關中，以消亂也。唐、宋、元、明，初得天下，開文館，招致隱逸名宿於其中，此師漢高遷豪傑之故智，而變其局者也。國朝崇尚黄教，蒙古、藏衛熬茶入貢，所以馭天驕、消外患，明效大驗，可計數者也。老子與孔子善，孔子留駐中國，老子自任出關。一居一行，一精一粗，互相爲用。孔子爲老子之統帥，佛教爲聖門之前鋒，中國沿邊所有夷狄，今悉化歸孔教，皆由佛教開其先，而後徐引之以進於聖人之道。蓋四夷風尚喜争好殺，强悍出於性生，若驟語以倫常尊親之道，勢必捍格不入。必先以守貞，使其生育不至繁衍，以慈悲戒殺消其狂悍之氣，然後可以徐徐羈縻之，此一定之勢。考列子著書，昔人稱爲中國之佛，是釋出於道既有明徵。凡各教之盛行，皆由與其地性情風俗相宜，然後能推行不絶，盛衰存亡皆視乎此，故教通行數百年，少有窒礙，必有豪傑爲之因時變通以順人情，始能歷久不絶。由道生釋，由釋生天方，由天方生羅馬，由羅馬生天主，由天主生耶蘇。近今之釋、道、天方、天主、耶蘇，與前百年或數百年，莫不各有變通。始則立教以繩人，後乃因人情而改教，明效大驗，又一定之勢也。凡各島地開創，其民情風俗不甚相遠，中國當開闢之初，與今西國同。孔子未生以前，中國所尚之教，與海外亦無大異。天不生孔子於中國開闢之初，而必生於春秋之世者，開闢之始，狉狉獉獉，以能興利除害、治器利生爲要務，不暇及於倫常。語曰：「衣食足，禮義興。」《孟子》曰：「飽食煖衣而無教，聖人有憂之。」中國必待帝王捍災禦難，人民繁庶，天乃生孔子，進以倫常之道。海外必先之以天方、耶蘇、天主開其先，而後徐引之以進於孔子，此又一定之勢也。海外開闢在後，以今日形勢觀之，大約如中國春秋時之風尚。孔子曰「百世可知」，《中庸》曰「百世以俟聖人而不惑」。孔子去今二千五六百年，正當百世之時。釋家自云佛滅之期，亦近在一二百年内。《荀子》「禮三本」發明聖人君親師三本，而斥異端一本尊天之非，一本即西人尊天主而不用君親師，是孔教已行之後，中國尚有祆教一本，故荀子攻之。孔子與老子分道揚鑣，六藝所言，實中國之新教；化胡所用，乃帝王之舊教。開闢之初，《舊約》爲宜；新教已立，舊無所用，故移中國之舊教以化西方初開之國。孔子爲生民未有之聖，世界中一人已足。神州先開，不能不特生於中國，百世以下，天心作合，海外航海以求教於中國，即如各國各生一孔子。釋教與孔子所定，法滅大通，期會皆在此時。曦陽一出，星月無光，佛法絶滅之期，即聖教洋溢海外之日。「凡有血氣，莫不尊親」，此世界中，盡用孔子之教以歸大同。老釋舊教，無所用之，不得不烟消火滅。天方、耶蘇、天主爲釋教之支流，佛教之滅，統此數教而言，非如今之外教攻擊佛教，耶蘇、天主盛行，而釋教獨滅也。《中庸》云：「天之所覆，地之所載，日月所照，霜露所墜①，凡有血氣，莫不尊親。」六合以外，道一風同。老子雖有開創之功，陳涉、吴廣不過爲真主驅除，然謂陳、吴無功於漢高，則非也。

中國舊所稱異教，曰道、曰釋。今以道爲皇帝之學，歸於《詩》、《易》，所統佛釋，雖爲聖教驅除，然謂其别爲一派，不屬六藝則非。考佛實出《列子》，其推測民物，譚空説有，皆出於《易》；天堂地獄，輪迴一切，「游魂爲變」、「方生方死」之説；其善談名理，皆出於名家，即《論語》、《孟子》「堅白異同」之説。至於不婚、戒殺，特因地制宜，所以消淫殺之風，其精微宗旨，流爲宋人道學，於樂教尤近，故宋人喜言《樂記》。蓋佛書皆梵語，其宗派亦不止一端，昔人謂經由翻譯，皆中人以《老》、《莊》之説參入其中，然其議論實多出《莊》、《老》之外，亦非譯者所能僞造。總其會歸，源出《老子》，與道家之説大同小異。《中庸》云：「萬物並育而不相害，道並行而不相悖。」知其爲因俗立教，不必與中國强同。聖教大明，自消歸無有，則又不必攘臂相争矣。

---

① 墜：《禮記・中庸》作「隊」。案：「隊」通「墜」。

王、韓以《莊》、《老》説《易》，爲世詬病。今乃以《莊》、《老》爲《易》、《詩》先師，而不與王、韓同病者，蓋當時海禁未開，不知《莊》、《列》專言皇帝，由德行科出，但剽竊玄言，流於空渺。以《莊》、《列》論，已失其宗旨，推之於《易》，愈見惝恍①。蓋《莊》、《列》所言諸經義例大同，典章制度，語語徵實，亦如《王制》、《周禮》發明經傳義例，精確不移。如「凡之亡非亡，楚之存非存」②，即説《井卦》之「無得無喪」。惟自皇帝觀之，彼得此失，皆在疆宇之内，楚弓楚得，何得失之足言？又如「夏革」篇，即《詩》之「不長夏以革」，「九雒」即《鄘》、《衛》二風八侯王之淇、沬、浚、妹之師説；「天地之外，更有大天地」，即《乾》、《坤》之外更有《泰》、《否》；「八千歲爲春，八千歲爲秋」，即《詩》之「君子萬年」、「萬壽無疆」；《逍遥游》之北溟之鯤，圖南之鵬，即《乾》之龍、《坤》之朋。《書》爲行，《詩》爲志。百世「大統」之治，未見之實行，故託之於思夢神游。「《詩》言志」，《詩》無「志」字，以「思」代之。《詩》多言鬼、言游，即齊思神游之説；「無爲而無不爲」，即「君逸臣勞」，「舜無爲，有五臣而天下治」之意。孔子因百世以後之事，無徵不

① 惝恍：原作「倘恍」，據文意改。

② 凡之亡非亡，楚之存非存：《莊子·田子方》原文曰：「楚王與凡君坐，少焉，楚王左右曰凡亡者三。凡君曰：『凡之亡也，不足以喪吾存。』夫『凡之亡不足以喪吾存』，則楚之存不足以存存。由是觀之，則凡未始亡，而楚未始存也。」

信，故託之於歌謡、占筮。《莊》、《列》師此意，故不莊語而自託於荒唐。至「聖人不死，大盜不止」，謂聖人無死地，大道長存，而後人誤讀「大道」爲「大盜」。孔子作《春秋》以表桓、文之功，孟子主王道，則斥二伯之非。《莊》、《列》專言皇帝，故尊道德而薄仁義，與孟子貴王賤伯之意同。韓昌黎不知道、德、仁、義爲皇、帝、王、伯之分，乃以道德爲虛名。王、韓之流以此説《老》、《莊》，失其旨矣。其書於孔子有尊崇者，有詆毁者，其尊崇者爲莊語，其詆毁者皆隱指，後世儒家不善學者之流弊。如「《詩》、《書》發塚」、「盜亦有道」，皆指後世僞儒言之，所以峻其門牆。如盜跖，豈不知其不同時，以此見其寓言。王、韓不惟不知經，先失《老》、《莊》之意。今者車輻脱，地球通，由言内之意以推言外之旨，誠所謂「無爲而無不爲」。與王、韓之解，有虛實之不同，其相去不可以道里計也。然亦時勢爲之，不得爲王、韓咎也。

子家爲專治海外之學，《莊子》所謂「方術」。今以太史公之六家分配五方，中國爲儒家，泰西爲墨學，前人皆有定論。今以刑法屬北方，《秦本紀》言：秦當水德，尚慘刻。南方爲禮，爲兄弟，以名家歸之，決嫌疑，别同異。以道家居中，輔之以陰陽家。《史記》《六家要指》：「道家者流，因①陰陽之大順，采儒墨之善，撮名家之要。」道家統五家，如上帝統五帝，上天統五天。《論語》：「夫子温、良、恭、儉、讓以得之。」五者爲五帝德，温東、良西、恭南、儉北，讓爲

① 因：原作「采」，蓋涉下文而誤，今據《史記》原文改。

土，居中。温儒家，良墨家，恭名家，儉法家，讓道家。此《民勞》五章五大州，《周禮》五官奉六牲之説也。道家爲皇，陰陽家爲二伯，儒、墨、名①、法爲四岳，顛倒反覆，以濟其平。至《漢·藝文志》，六家之外再有四家，曰農、曰縱横、曰小説、曰雜家。以居四隅，合而爲十。六家，爲《易》上經之《乾》、《坤》、《坎》、《離》、《否》、《泰》；十家如下經之十首卦：《咸》、《恒》、《損》、《益》、《震》、《艮》、《巽》、《兑》、《既濟》、《未濟》。

上經小，下經大。今以由小推大例，以有定六《國風》，比之上經，兩京《泰》、《否》，比《檜》、《曹》，前《離》後《坎》，左《乾》右《坤》，二公二侯，比《唐》、《陳》、《周》、《召》。六合五官爲小球。一定起例，如推則下經十首比三統。風既推大，又循環，兩京《損》、《益》，《邶》、《王》、《咸》。《豳》；《恒》。前後三内公，《鄘》、《既》。《鄭》、《震》。《秦》；《巽》。左右三大伯，《衛》、《未》。《齊》、《艮》。《魏》。《兑》。九《風》所編之篇目，以配十六牧、八監，此以《風》詩配上下六首、十首之法也。六定卦九循環，《詩》六定風九循環。至于推之②上經，則合三十六卦③爲一統，《泰》、《否》爲君，《坎》、《離》前後，《乾》、《坤》東西，爲八伯，以一卦綜算成二卦。十六牧、《乾》、《坤》、《坎》、《離》，各統八

① 名：原作「刑」，據《史記》原文改。
② 推之：「之」原作「三」，義不可通。「三」字疑爲「之」字之誤。
③ 三十六卦：「六」字疑爲衍文。

卦。八監、《泰》、《否》所統八卦。二客。《大過》綜成二。以一見以明由小推大之例，以《小畜》、《大畜》、《大過》、《小過》爲之標識。一小一大，借以立法，不再推三統。下經不言小，故平列三統之德，再以六合之法推之，《小雅》首四方三十輻三十篇，《節》四岳四篇，三《小》三，上半由大而小，下半外牧十六篇，三統平分十五篇，終以八伯，先大後小。而《大雅》三十一篇，三皇十篇，二伯八，《生民》、《公劉》統之；五極五，《民勞》以下；五岳五，《嵩高》以下；終三統，《雲漢》三篇。上下二經，定局六風，循環九風，篇章爻卦，亦各有表。大約明用六合，實則三終始壯終衣裳裘之法，爲讀《易》一大例也。

予丁酉於資中以「釋球」課同學，頗有切合，因彙集諸作以聚珍板印，名曰《地球新義》。戊戌、己亥續有題，合原本共三十題，羅秀峰再刻于成都。刻成，僅二十題，餘多未刻；急于出書，故缺略次序，亦未精審。因分小大，而有《百種書目》之刻，庚寅《縣誌·藝文志》采序跋，加提要，所録「大統」各書如《大學》、《大戴》、《逸周書》、《山海經》、《老子》、《列子》、《莊子》、《尹子》、《尹文》、《吕覽》、《淮南》、《管》、《晏》、《申》、《韓》、《河圖》諸緯，《七經緯》、《史》、《漢》、詞賦及釋典，「大統」皇帝之説，足與王伯相敵。因取其地輿諸説，輯爲《大共圖》；政事風俗典章注《周禮》，名《周禮新義》；並推考義例，以注《詩》、《易》二經。辛丑春暮，草稿初畢，乃晚得一巨證，曰《楚辭》屈、宋，與《列》、《莊》所學宗旨全同，《騷》爲《詩》餘，蓋實《詩》説。先師舉《楚辭》以説《詩》，亦如《詩》、《樂》諸緯，精確不移。考《山海》爲地球五洲之古説，《詩》、《易》之于

《海經》，亦如《春秋》、《尚書》之于《禹貢》。《楚辭》本之爲説，地水、古帝、神亓、鳥獸、草木，如《天問》諸篇，吴氏諸書皆據《海經》爲説。所云遠游上下四旁，與《列》、《莊》之神游、飛升六合，置身於無何有之鄉，大約除名物以外，所有章句言語，不出于《詩》，則出《列》、《莊》。本本原原，均可覆案。是屈、宋所學同于蒙莊，游心泰素，步超黄老，所著諸篇，皆以發明道德宗旨，風雅義例。如經之「求女」，即《詩》之求諸侯，東釣魚，西弋隼，其事同。所云群小、衆女，嫉妬、讒詬、怨詈、媾陷，亦同于《詩》，以小言、邇言、邇猷爲讒言，爲憂傷、喪亂，衆女爲諸侯，即《詩》之「愠于群小」、「搆閔既多，受侮不少」。《小雅·巧言》、《鹿鳴》①四篇，《青蠅》、《柏舟》、《谷風》篇皆同。蓋大同至公無我，凡自私自利，五伯攻取，諸侯并争，蝸角蚊睫，所謂申、韓、孫、吴、蘇、張論述，以大人觀之，所謂讒間搆昏。所云内美、外修、中情、衣裳、冠服亦同于《詩》。爲中外地方言之，春秋、寒暑、日月、霜露，亦即四荒、四極之起文。木蘭與秋蘭分東西，木即《詩》木瓜、木桃、木李之字法；以瓊佩爲西，亦即瓊瑶、瓊琚、瓊玖之佚文。赤松、王喬皆爲求仙。彭咸即《山海經·大荒北經》：「有山名曰豐沮玉門②，日月所入。有靈山，巫

---

①　鹿鳴：原作「鹿斯」，按《詩》無《鹿斯》篇，「斯」蓋「鳴」之誤，今正。

②　豐沮玉門：原作「丰沮王門」，據《山海經》改。

咸一、巫彭四、及即、盼、姑、真、衣、抵、謝、羅①，共十巫。從此升降，百藥爰在。」與《地形訓》所言「地中」相同。考彭、咸共五六見，經云：「願依彭咸之遺則」，「吾將從彭咸之所居」，又「指彭咸以爲儀」，「思彭咸之故也」，「夫何彭咸之造思」，「昭②彭咸之所聞」。案：靈山，日月所入，巫咸、巫彭從此升降，即「彭咸之所居」。經中言「巫咸作卜」，別有《卜居》篇，則「咸」即巫咸，「居」即卜居，與靈山十巫升降之區明矣。或云彭即靈芬，靈山之巫彭，「彭」、「芬」字通。屈、宋多用《海經》，則《卜居》從居，當即《大荒》靈山，彭、咸爲十巫之二，蓋可知矣。王注以爲沈淵之人，經固無此意。使用沈淵事，則《列》、《莊》故事甚多，奚必用此無徵之人！

《詩》專詳地球五洲之事，爲《莊子》「六合以内」；《易》專言天道，爲「六合以外」。道家之乘龍、御風，《楚辭》之登天上征，《國語》引《尚書》「絶地天通」，言顓頊以前，人能升天，傳述其説，蓋專爲「小統」言之。至於「大統」，則人實能登天。如西人所云日輪中通商之説③。《列子·湯問篇》言天地之外，更有大天地；以《易》言之，《乾》、《坤》爲小天地，《泰》、《否》爲大天地，二氏

① 巫咸巫彭及即盼姑真衣抵謝羅：《山海經》原文於「即盼姑真抵謝羅」諸字前並有「巫」字。又無「巫衣」，而有「巫禮」，疑廖平誤記。又諸巫次序也與《山海經》所列不同。

② 昭：通行本《楚辭·九章·悲回風》作「照」，王逸注曰：「照，一作『昭』。」

③ 「如西人」下，原刻本及適園本皆有缺空，似不脱字。

登天之説，不盡虚空。其説皆發源於《易》，如《莊》、《列》及《楚辭》所云，所謂「上窮碧落下黄泉」、開天門、隮帝京、詢太微者，百世後必有之事，如近西人氣球，其權輿也。《易》「初登于天，後入于地」，及「上下求索」之意。日不動，地繞日而成晝夜。登天入地，本謂人事。舊説據渾天家説，以登天入地皆指爲日體，不謂人事，其實非也。御風上征之説，自《楚辭》、道家以後，詞賦家轉相習用，所謂遊仙與海外九州之説，實足相敵。元、明以前，同以爲悠謬之談、無稽之説，乾、嘉以後，地球之説大顯，四方四極，晝夜反，寒暑異，近人皆知實有其地，實有其事，古説信而有徵。惟上天之説，人尚疑之。既無其事，則無稽之談，何以人人傳習？老師宿儒、通人碩輔，夙以正學自命者，亦言之不諱。蓋談天説地，皆爲經學舊説，前人囿於耳目，斥爲虚誣。紀文達、阮文達於中學最號博通，乃疑西人五洲之説爲虚誣，此專任耳目之過。大地之説，今日大顯，登天舊義，安知千百年後，遊天球一週，不如今環遊地球一週乎？今用《莊子》説，六合以内，統歸於《詩》，六合以外，統歸於《易》。將秦漢以來所有登天之説彙集一書，詳其條例，據以説《易》。《列》、《莊》談地之説，前人以爲寓言者，今一一皆可指實，由地推天，其事易也。乘雲上升，物理所有，聖神先知，垂爲典訓，必推究其極，以爲群經之歸宿，一如朱子輯《近思録》，首卷高談玄渺，采《太極》《通書》之例。夫明天道，説陰陽，儒家之常語，特未能推究其旨，猶守井蛙夏蟲之見耳。

孔子制作，於一定之中，立爲三統之變。三統則爲三王，「大統」則爲三皇。三王之説，

《尚書》、《春秋》詳之；三皇之説，則義存《詩》、《易》。考《詩》一《風》一篇，多兼言三統，一《風》不止當一代。如《王風》始三篇言蒼天，以東方爲主，爲天統；中四篇言四方，以中爲主，爲人統；末三章言留、言采葛，爲素統，素統乘權爲西方之伯。一《風》兼三統，如《著》詩之素、青、黄三章分三統，是三統爲循環大例。以此推之，《易》每卦六爻亦當分三統，如《乾》卦三、四爲六爻之中，此爲地球地中黄帝，故二爻多言「无咎」，无咎即黄帝無疆無涯；二、五爻爲中國之中，爲天統，二、五多言吉，東方爲吉；初、上爲西極地中，中國爲三四、二五之中，西極邊遠無中可言，故初、上二爻爻詞多言凶。素衣麑裘爲凶服，一卦六爻分三統，三、四爲黄衣狐裘，二、五爲緇衣羔裘。六爻分應三統，如《詩》之一風分應三統，實則小王統見于《小雅》、上經，大皇統見于《大雅》、下經。二經雖以大爲主，亦以小配大。由小可推大，大亦可化爲小也。

經學初程

廖平　吴之英　同撰

楊世文　校點

校點説明

《經學初程》作於光緒十二年丙戌（一八八六）。廖宗澤《六譯先生年譜》引作者言：「予己卯治《公羊》……至今七年。湘潭師來主講，至今六載。所刊尊經課藝，皆湘潭之教。」王闓運主講尊經書院始於光緒五年己卯（一八七九），至丙戌已七年。《尊經書院初集》刊於丙戌，廖平此書或爲襄教尊經書院時作。署名「吴之英同撰」，但何爲廖著，何爲吴著，難以確指。該書論述經學門徑和治經次第。先言治經學的態度，要耐煩苦思，沉静思索，見識超曠，深通其意。再論治學次第，二十歲以前略讀小學，經文成誦，二十歲之後方可治經，先博後約。小學爲經學梯航，但不可以小學止。小學既通，則當習經。先治《書》、《詩》、《論》、《孟》之後，再治較難之《易經》、《孝經》。三《禮》、三《傳》文博義富，治經稍久，乃可漸問其途。三《傳》但因注例以見傳例，因傳例以見經例。三《禮》繁難，入手兼治必敗，當先專治一經。三論小學門徑，目録校勘，《説文》、《爾雅》，音韻訓詁，先信後疑。四論經學初學門徑，讀一書便理會一書，先易後難，步步爲營，循序漸進。此書多爲廖平治學體會和經驗總結，誠爲初學者入門指南。光緒二十三年（一八九七）成都尊經書局刊印，民國三年（一九一四）四川存古書局印入《六譯館叢書》，今以此爲底本整理。

目録

經學初程……四五七

經學初程

學問之道，視乎資性，凡得力處，人各不同，不能預設程格，以律天下。然臻巧入妙，不可相傳，而規矩準繩，匠人所共。孟子曰：「大匠能與人規矩，不能使人巧。」今之論著，即語以規矩之意也。

經學須耐煩苦思，方能有得。若資性華而不實，脆而不堅，則但能略窺門户，不能深入妙境。蓋資性不近，無妨擇選他途，不必强以學經，墮入苦趣，非其本心，不能有成也。

經學爲科舉先資，本無妨於科舉。或有心亦好之，而恐誤科名，不敢習者。不知果能通經，未必不掇巍科；終身株守制義，未必成名。得之不得，有命存焉。經學之於科舉，有益無損也。

經學要有内心，看考據書，一見能解，非解人也。必須沉静思索，推比考訂，自然心中貫通。若徒口頭記誦，道聽塗説，小遇盤錯，即便敗績。惟心知其意，則百變不窮。前人云讀書貴沉思不貴敏悟，信哉。

初學見識貴超曠，然不可稍涉狂妄。若一入國學，便目空古今，盜竊玄①遠之言，自待過高，於學問中甘苦，全無領略，終歸無成。不如一步一趨，自卑自邇之有實迹。

性敏者之學詞章，稍知摹古，即有小效。至於治經，若非深通其意，斷無近功。蓋詞章猶可剽竊以成篇，經學不能隨意勦説以欺世。經學抉其理，詞章發其華。自來經學湛深之儒，詞章自然古茂，騁文蜚辯，誼愈堅則氣愈雄，能先通經學，以爲詞章根柢，尤較深厚也。

治經歲月略以二十爲斷。二十以前，縱爲穎悟，未可便教以經學，略讀小學書可也。然成誦則在此時，二十以後悟性開，則記性短。不可求急助長，當知各用所長。

初學不讀注疏，從何著手？讀而不信，有何歸宿？無論何經，先須將注實心體會，凡與注異者絶不聞聽，篤信注説，有所不解，乃後讀疏。能將注疏融會貫通，已具根柢，益有所遵守，則考校有方，此經學小成之候也。從此再加功力，始徐悟注説某有未通，乃求一説以通之，或五年，或十年，由好而樂，可以自爲程限。若初入大門，便懷疑慮於注疏，尚未通曉，本無宗守，安得依歸？縱皓首鑽研，其成效略可睹矣。

讀書要疑要信，然信在疑先。讀《説文》當先信《説文》，讀段、桂諸説當先信段、桂諸説。篤信專守到精熟後，其疑將汩汩而啟，由信生疑，此一定之法，實自然之序。若始即多疑，則

① 玄：原作「元」，蓋避清諱，今回改。下同。

旁皇道塗，終難入竟。或云二説不同，則何所信從？曰各求其理，不敢左右可也。如段與桂不合，讀段求段意，讀桂求桂意，不生駁斥，不爲袒護，至水到渠成，則孰得孰失，砉然理解矣。

治經當以注疏爲主，治《説文》當以本注爲主，以外枝葉繁博之書，不必早讀，俟本注已熟，然後讀《經解》諸書，取其去疑開悟，以資博洽。若初時有疑，可記存其事，不必遽撿别書，以致不能按日計功，且泛濫無歸，將畏難而自沮耳。

尊經初議不考課，惟分校勘、句讀各門，以便初學。後以官府意定爲課試，於初學頗不甚宜。南學及蓮池書院不考課，以日記爲程，最爲核實。初學治經，正如窶人求富，節衣縮食，收斂閉藏，乃可徐圖富有。今一入大庠，便作考辨解説，茫無頭緒，勢不能不蒙昧鈔襲，希圖了事。資性平常者，則東塗西抹，望文生訓，以希迎合，不能循序用功。至於播私慧，弄小巧，一枝一節，自矜新穎，未檢注疏，已詆先儒。若此用功，徒勞無益。故學者須知考課之學，非治經之道，當於平時積累，不可於課期猝辦，既當改易心志，又宜更立課程。

先博後約，一定之理。學者雖通小學，猶未可治專經。必須以一二年博覽諸經論辨，知其源流派别，自審於何學爲近，選擇一經以爲宗主，則無孤陋扞格之病。且欲通一經，必於别經辨别門户，通達條理，然後本經能通。未有不讀群經而能通一經者。博覽群書，本學人分内之事，若苦畏繁難，苟求簡便，枯守窮鄉，閉關自大，不惟窘陋可嗤，怪迂尤多流弊。

古人治經，先學小學、算學，皆所以磨練其心，使其耐勞苦，思以返樸質。蓋小學釋字，義理淺近，算學核計，更無詞華，以易者引之，故取效甚速。《春秋》學三《傳》繁難，漢人猶不以教子。《禮》學千頭萬緒，更無總綱，在群經中最號難治。《春秋》文約理繁，多所況①，是非心思開悟、深明義例者，不能知其變化。初學尋行數墨②，尚有未能，豈能解此神化之用？嘗見有治此學四五年，而全無頭緒者，皆好高務遠之過也。況三《禮》中《禮記》尤雜無條理，或一事而彼此不同，前後違牾③，老師宿儒尚不知其要領，初學一入其中，五花八門，不辨方位，終無益矣。

小學既通，則當習經。蓋小學爲經學梯航，自來治經家未有不通小學者。但聲音訓詁，亦非旦夕可以畢功，若沉浸於中，則終身以小道自域，殊嫌狹隘。故經學自小學始，不當以小學止也。特不可遽讀三《禮》、三《傳》。如行遠者，於出門庭，便入荆棘，意趣索然，恐仍還轅自守耳。

初學治經除三《禮》、三《傳》外，若《書》、《詩》、《論》、《孟》唯人所擇。但治《書》須知今、古

---

① 多所況：此處疑有脱誤。

② 尋行數墨：原作「尋常數墨」，據文義改。

③ 違牾：原作「韋牾」，據文義改。

文之異，不宜篤守僞孔之學，先儒所闢，有明徵也。兼讀馬、鄭注，陽湖孫本即佳，然亦須涉獵僞傳，知其短淺，乃愈見馬、鄭之優長，衆惡所必察也。《詩》則有《傳》、有《箋》，《傳》、《箋》互有同異，各求其旨，以觀其通，不宜執此詆彼，啟同室之戈矛。《論》有何，《孟》有趙，舊日最稱名家。及宋朱注出，而近世學人罕讀古注。然何、趙時有精理，朱注務叶中味，各有所長，不容相掩。但能熟讀注誼，將來所得，必有出於三家之外。不在耳目之所及者，不必別白優絀，詆議昔人，以爲快也。

《書》、《詩》、《論》、《孟》固當治已外，有《易經》、《孝經》，治經家以爲畏塗。蓋《易經》合四聖人之論，著以成書，理氣象數，無乎不具。名家解説最繁，今則但存王注。原疏本主王，故古注微耳。然李鼎祚《周易集解》實存古説。康成之注，王伯厚舊有輯録。蓋語其淺，則王注但長於理，其他故誼師説，可網羅散佚，以闚其全。語其深，則聖人假年之學也，末學無得名焉，在性近者善治之耳。《孝經》故説不見，脱誤爲多。今注疏中但存開元舊本，考據稍闕，禮制尤疏，漏略不可治也。而其可治，即在漏略者。數舊典以爲之考據，推舊儀以爲之禮制，口口①之社，則洒黍易治，乃悟其漏略者，原以待我之致力也，夫安有不可治之經哉！

《書》、《詩》、《論》、《孟》、《易經》、《孝經》皆有可治之方，唯三《禮》、三《傳》文博誼富，治經

① 此二字模糊，無法辨識。

稍久者，乃可漸問其塗。三《傳》各立門户，有可相通者，有必不相通者，但因注例以見傳例，因傳例以見經例，則三《傳》同此經術也。既登其堂，入其室，則各有材質之强弱，學力之深淺，隨施引申，補救之宜，則非更僕所能窮，亦有輪扁所不得言者矣。三《禮》相維，與三《傳》異。其有相錯者，當爲曲闢其理，不可聽其乖違。禮爲鄭學，通其所通，並通其所不通，鄭已先導而入，謹步趨之可矣。有謂讀《禮》當先《儀禮》者，云篇目簡少，節文易明。鄙意竊謂讀《禮記》尤較《儀禮》之易。蓋《儀禮》直舉節目，無字不實，實處已難解悟，空處尚有繁文，不如《禮記》，方言其禮，即詳其義，密疎相間，經緯代宜，方讀其禮而罔罔者，旋讀其義而昭昭。治禮者於讀《禮》之始，自審《儀禮》、《禮記》孰晦孰明，性所近焉，工可決矣。要之能治三《傳》、三《禮》，已非疏譾之人，當知自求其安，不容以扞格者相强也。

不博遂求約，不可也。然其所以博覽者，正爲博觀以視性之所近，便於擇術，以定指歸耳。夫深造之詣，惟專乃精。苟欲兼營，必無深入。若徒欲兼包，以市鴻博，剛經柔史，朝子暮文，無所不習，必至一無所長。夫宏通之誼，代不數人，必是專門，乃能自立。心思既分，課程必懈。若此之流，初欲兼長，終歸一無所長而已。

注疏無論矣，近來撰述諸家，莫不天資卓越，學力精勤。當其自負，亦自不可一時，非獨自負，實亦如此。凡欲知其得失，必須究其底蘊。若先立成見，志在攻駁，則全是客氣，無復細心，求異既不自安，前後亦或相反。總之，入門務在恂謹，苟或狂肆，未能有得。

學問之道，天下公同，外求合人，内必自治，乃可信今傳後，垂法無窮。而治經家每多客氣，或者自知依託，辯給不改，苟立異端，便生間隙。夫泰山之高，積由塵土。若欲以護短飾非，矜求名譽，一人之手，豈盡掩天下之目？若此之倫，不怒其戇，乃哀其愚矣。

禮學繁難，入手專治一經，已爲躐等①，乃又好大喜誇，兼治三《禮》，此必敗之道也。況近派多不守舊，徒肆更張，治絲而棼，愈以霧亂。使如此用功，無論中材，即使天分過人，終亦勞苦無得。或欲以勢力辯給，徒鉗人口，趙賓説《易》，其明驗矣。

躐等意在求速效，豈知循序則易悦而有功，躐等則扞格而不入。世有好爲苟難，用功五六年，全無所得者。此譬如登山，一人安步，一人飛行，安步者不勞而上，飛行者半途而蹶。蹶者困乏，又安有登臨之樂？故升高自卑，一定之式也。

古人先入小學，後入大學，原有等次。今失學過時，自謂成人，便鄙棄小學，此非法也。夫治經之道，不能離聲音、訓詁。學雖二名，實本一事。近來風尚，好高務遠，謂童蒙佔畢，成學所羞，便欲超遷，横通絶域。若此之流，不惟學有未全，亦心先失練矣。

初學最宜信古，既有遵守，不必遽用苦思，遲之三年，便能記誦，俟其精熟，然後審其得失，可以小出新意，畧爲改修。昔北朝大儒世代遵用鄭學，皓首研精，疏櫛注説。若旁皇門

① 躐等：原作「獵等」，據文義改。下同。

外，使發難端，檢校未終，痛詆何、鄭，使先師果如所呵，則所注早經毀棄。或不能誦習循繹，乃抄襲淺説以相易，割裂經文以爲類，人人自爲著作之才，罔用心力，可不惜哉！

目録校勘，爲初學入門必由之道。特目録所以識流别，爲深造之初基。校勘袪舛誤，本爲精掔之首事。不謂風氣所移，竟以二事爲末，知其目而不知其蘊，校其字而不習其編，遂使初學之功，再無續效。若此之派，亦非深詣。

本經未熟，而好求新異，此躐等凌次，志欲横通者也。王霞舉先生教人先誦讀，朱肯夫先生立課亦重章句，皆學者所當遵守。若未熟經傳，新解已張，不屑注疏，異文自炫，使經學如此便易，則其道已屬不尊。況學業須有本末，故南人之巧，不如北學之拙矣。

恥躬不逮，昔人慎言。一近勦襲，行同販儈。若不守本分，徒炫新奇，采拾荒唐之言，以聳庸愚之耳，聞者震其玄遠，未及反唇，久假不歸，自忘菲薄。夫好爲深語，本爲淺人之技，倡者既已失言，和者尤爲取噱。若此之輩，既以自欺，更後何云。特願後賢，可稍自省屏，除張皇之習，以歸樸實之途。凡事無幸獲，何況治經！迂緩自悟，乃稱心得。不謂學人全圖便捷，窺伺觀望，延擱歲時。豈知易成不能耐久，取巧未必萬全，非宏毅自奮，别無捷徑也。

三《禮》之服飾器物，《詩》之鳥獸草木，《書》之山水官職，《春秋》之日月爵名，近來學人最好言此，一事數説，迄無折中。苟欲研精，雖數月求通一説，亦有不能，破碎支離，最爲大害。近今經學，少深入之士，皆浮沉於此之誤。此當先急其大者，而小者自不能外。若專説瑣細，必失宏綱，而小者亦不能通矣。

讀書不貴一見能記，十行俱下，而貴能推究尋繹。又不貴博覽、泛涉、矜奇，而貴能深入詳考。苟不力求精深，而惟以泛濫自炫，縱讀破萬卷，仍無一字得力也。凡進鋭貪多，好奇喜遷者，終無成就。

學問之道，出門有功，縱使異塗，猶有啟悟。況繫同道，乃乏觀摩。乃學者恥於下問，推其所由，非有不屑下人之志，則以質疑，恐貽輕侮，無寧閉户自求。人欲治經，先須化氣。好問美行，葑菲尚采，彼有咨詢之效，此抱孤陋之傷，名實並加，何憚不爲乎？或者聲譽虚張，名過其實，倘遇高明，恐致敗露，杜門養拙，藉以自全耳。

學者治經，每因難自阻。無論何經，皆有深奥難通處。如天文、地志、草木、禽獸，必求其精微，初非淺識所能。學者每欲求深，以此自阻。不知學問之道，如臨戰陣，先其所易，後其所難。今當專力於其易者，凡屬所難，以俟徐通，姑闕所疑，不爲規避。苟必欲争明此類，則無論何門，有非皓首不能精通者。因小失大，固無一經可通矣。

初學《説文》，先要認得篆字，又要分得六書，事頗繁難。今立定章程，凡初看者，先抄部首五百四十字篆文並注，意有未明者，可摘録段注於下，每日鈔十字，要認得清，記得碻，講得明，即以六書名目注於篆旁。二月畢工，可參看《文字蒙求》、《六書淺説》，即鈔部首，則須將全書過筆一次，以認得清爲主。過筆時須訂十數鈔本，將部中象形、指事、會意、形聲字分四本鈔之，鈔傳不鈔注。又將其中古文、附奇字。籀文、附大篆。篆文分別鈔出。其有闕者及引經者，及博采通人者，可漸次依類鈔而考之。

初學①首習《説文》，須有等級。今以所聞於南皮太夫子者著之於此，學者不可以近而忽之。

篆文或體，通人説之重文，分作數本鈔之，一日二百字，二月可畢。可以參看《新附考》、《逸字》之類，看時可照《釋例》門目，擇其要者十數門，就所看者依類鈔之，不必求合。俟鈔畢，以《釋例》所鈔校正，既將全書鈔過一遍，則漸熟矣。然後看段注一遍，篤信其言，不旁看別家，八月可以畢。

看段注多不解其《音韻表》，此音學專門之功。看段注畢，然後考音學，看顧氏《唐韻正》、姚氏《音系表》、苗氏《聲讀表》、戚氏《漢學諧聲》。可以參看金石、鐘鼎、篆隸諸書，以盡文字之變，用半年功考此門可也。

下則將《説文釋例》爲主，照其門類分考各門，然後看《轉注假借表》，以窮用字之例。每例當推至百餘事。再看訓詁書，如《爾雅》、《廣雅》，並覽《方言》、《玉篇》、《廣韻》、《經籍籑

---

① 「初學」前原衍「一」字，今删。

詁》①等篇。

分象形爲一册，指事爲一册，會意爲一册，形聲爲一册，不依《説文》舊部，各從其類。凡虚字獨體者，皆講還實字，補以近人新説。倘有不知者，便可闕疑，以歸《説文》本派。高深之言，因人而發，而近來風習，未有初工，竟非前賢。教人之事最難，高下皆有所蔽，故略定資格，以示程限，庶無陵節躐等之病，漸有邇遠卑高之效。

近人韓紫汀先生講算學，其教人不喜看書，而貴衍草，衍熟一法，然後改衍，用力少，成效多。今人苦算書難看，皆無下學之功，遂究高妙之説，故厭苦而無所得。使初看入門之書，則至爲易解。但須記熟衍熟，方可再看。有一定程限，不可躐等躁進也。

予幼篤好宋五子書、八家文。丙子從事訓詁文字之學，用功甚勤，博覽考據諸書，冬閒偶讀唐宋人文，不覺嫌其空滑無實，不如訓詁書字字有意。蓋聰明心思，於此一變矣。庚辰以後，厭棄破碎，專事求大義，以視考據諸書，則又以爲糟粕而無精華，枝葉而非根本。取《莊子》、《管》、《列》、《墨》讀之，則乃喜其義實，是心思聰明至此又一變矣。初學看考據書，當以自驗，倘未變移性情，其功猶甚淺也。

學者初治經，莫妙於看《王制輯證》。篇帙少，無煩難之苦，一也。皆一家言，無參差不齊

① 經籍籑詁：「籑」原作「纂」，據通行本改。

之患，二也。自爲制度，綱領具在，有經營制作之用，三也。經少而義多，尋繹無窮，有條不紊，四也。有《春秋》以爲之證，皆有實據，無泛濫無歸及隱虚無主之失，五也。且統屬今學，諸家綱領具在，於治今學諸經甚易，六也。知此爲經學大宗，以此推之六藝，則《易》、《書》、《詩》、《禮》皆在所包，諸經可由此而推，七也。既明今學，則古學家襲用今學者可知，其變易今學者更易明，八也。今學異説多，既以此爲主，然後以推異例，巨綱在手，足以駁變，九也。秦漢以來，經、傳、注、記、子、緯、史、集皆本此立義。今習其宗，則群書易讀，十也。有此十效，又易於成功，不過期月，端委皆通，故願初治經者從此入手也。至於古學入手之書，則别輯《古學禮制考》，取《左傳》、《周禮》與今學不同專條，分類輯爲此書，以配《王制》。此亦爲綱領矣。

教者好以《公羊》、三《禮》教人，學者多無成效。去塾投贄，便言三《禮》、《公羊》，正如遇魅所行，不出尋丈之間，往反曲折，履韤皆穿。竊以三《禮》、《公羊》皆初學之迷道，又如八門陣，《公羊》、三《禮》爲死門，初學治之，如從死門入也。

金石有益於文學，如同學「時邁其邦」，「邁」爲「萬」羡文。「金曰從革」，「革」爲「黄」誤，「革」即從横。「寧考」、「寧人」羡文，皆從金石中考出，足以爲釋經之助。專門之學，其精粹全在於此。

近來學者頗有淩躐之習，輕譏何、鄭。豈知治經如修屋，何、鄭作室已成，可避風雨，其中苟有不合，是必將其廊廳、牕櫺、門户下至一瓦一石，皆悉周覽，知其命意所在。其有未安處，或所未經意處，仍用其法補之。必深知其甘苦，歷其淺深，乃可以言改作。今之駁者直如初至一人家，見其大門曰：「此門不善，宜拆①使更營。」至二門如此，至廳堂如此，至宫、至室亦如此，外而閒廳客舍，内而沐廚牏厠，莫不毁壞，破瓦殘磚，離然滿目，甚至隨拆隨修，向背左右，莫不迷亂。以其胸無成室，無所摹倣，材料不具，基址難定。吾見有拆室一生，直無片椽可以避風雨者。毁瓦畫墁者尚不得食，何況治經！苟欲改作，務須深求作者苦心，此非專功十年者不能委曲周到，何未入門，先發難也？

《魏略》云：人有從董遇學者，不肯教人，而云「先讀百遍」。言讀書百遍，而義自見。從學者云苦渴無日，遇云：「當以三餘。」或問「三餘」之意，遇言：「冬者歲之餘，夜者日之餘，陰雨者時之餘也。」前説可以醫經本不熟之病，記誦而不論説，爲初學要道。後説可以警推卸之弊，若勤三餘，則無人不有餘暇矣。

講音學，初宜看顧寧人《音學五書》，就中尤以《唐韻正》爲要。學海堂未刻此種，蜀中頗難得。古音大明，全賴顧君。其書彙集韻證，標舉誤讀，初學讀之，最易明了。後來江、錢、段、王諸家之説最本原顧作，因顧既有此書，故所言多後半功夫，非初學所宜，閲之不能遽解

① 拆：原作「折」，據文義改。本條後二「拆」字同。

也。今蜀中諸書盛行，顧甚少，閲諸書不能解，且有不能讀者，皆緣先未讀《唐韻正》也。欲講古音者，須先求顧書讀之。

教人最忌以己所心得使初學行之，己所疑難使初學考之。在己不過欲因人之力以成己之事，而初學作此，耗消歲月，浮沉迷津，亦何忍心！在師之學力不拘深淺，總較弟子爲優。師當初學時，識見深淺與教人時迥不相同，苦思彌久，乃有此境，而欲使初學亦爲能人，豈有此理！苟爲借人之力，則其心不恭；若欲躐等淩次，使初學飛渡，則所見更爲顢頇。總之教人之法，《學記》言之已詳。昔人識陸王言學以己律人，不知高下之别。予則云此其失，又在不能以己律人；使能推己及物，則可即己昔日之甘苦，以爲初學今日之程式，又何至於好爲苟難以困頓後生哉！

《孝經》一書，其書少，易於通習。近來博雅者厭其平淡，故不以教人。今特新注二本，以復今、古二派。其中立國制度，五等尊卑儀制，今學用《王制》，古學用《左傳》、《周禮》，因端竟委，頗爲詳備。又取《禮記·祭義》、《内則》、《少儀》、《曾子事父母》、《保傅》、《弟子職》諸篇附於其後，更刺取子、史、漢儒引説《孝經》者，别爲外傳、決事二事，既可以端正倫常，簡要明備，尤可爲經學先道之助。《孝經》不入六藝，孔子雖與《春秋》並重，今則若有若無，不過如《急就篇》僮蒙記誦而已。今欲大明之，使與《春秋》略相軒輊，以其事近行習，故以爲初學首基。

超何軼鄭，談何容易。統古今學人計之，恐億萬中無有一二。教者於弟子贄見，便高言玄渺，初有一長，便以何、鄭相許，不惟無此事實，亦無此理。無如淺近不知獎誘之義，真以爲古人實出己下，究其歸宿，不惟學問不成，甚且氣質亦壞。須知古今自大自高、同此覆轍者不知凡幾，若以一日之暴，竟謂千古無人，是聰明睿智①當在百千萬億人才之上，自顧何修，乃能得此！且數千年不能一出之才，乃一地一時而至於數十見，猶復不悟身在迷鄉，是下愚也，又何足與何、鄭同年語乎？

《說文》爲古學之淵海，最爲有用。其有功古學，不在賈、馬之下。今欲解《左傳》、《周禮》、古《書》、《毛詩》，取之《說文》而有餘，其說都爲先師相傳之舊，並非肊解。其引據今學說，皆有標目，抄之便可爲今、古不同立一表。《白虎通》爲今學之準則，其録今文說，頗與《說文》録古文說相同。其中有古文說，然甚少，亦如《說文》之今文說而已。

博文約禮，孔門遺教，治經貴專是也。然極聰明之才，亦須涉獵三四年，然後可言專經，未有初入門治專經而能通者也。揚子雲②謂作賦宜多讀，南皮師以八股非記得三四千篇不能工。余以爲非熟看注疏、學海堂《經解》，亦未有便可爲經生者。蓋不見諸書，則見聞陋，心思鄙。人莫不自寶敝帚，雖燕石亦愛惜之，而不忍棄。據此以爲根柢，安見其枝葉之能敷榮

---

① 聰明睿智：原作「聰睿智」，據文義補「明」字。

② 揚子雲：原作「楊子雲」，據習稱改。

乎？《輶軒語》、《書目答問》，學者之金科玉律也。經學在於得師；無師，雖勤無益也。然師不過指示程向，至於高深，全由自造，非一覽驛程記便能飛越關河。故無師而憤者，每有獨得之境；有師而自畫者，終無咫尺之效。道聽塗説記問之學，乃欲鄙薄篤志潛修之士，不知一虛一實，一内一外，不能相過也。

經學有古時童子知之，至今則老師宿儒猶不能通者。如《禹貢》山川、《周禮》名物、《詩》之鳥獸草木是也。試以《詩》言，孔子教小子以多識鳥獸草木之名，就當時目見以示初學，宜無不解。如即今之目覩之飛走動植以教童蒙，其名號既所素習，其形象又爲所就見，何有不知！至於《詩》之所言，則方隅不同，北有或南無，即有而或形體變異，名號紛歧，一難也。又或古今異致，古有是物，今乃無之，今有是名，乃非古物者，名實參差，沿變不一，二難也。今欲考究，又不能據目見，全憑古書，若專據一書，猶易爲力。乃書多言殊，苟欲考清一草一木，無論是與不是，非用數日之力不能。且以尊經考課之事説之，如課題「雎鳩」、「荇菜」，以數百人三四日之心力，課試已畢，試問果爲何物？皆不能明。故予謂學不宜從此用工，以其枉勞心力，如欲求便易之法，則請專信一書，如陸氏《草木鳥獸》之類。人雖指其謬誤，篤信不改。以此爲《詩》中之小事，尚有大者，在今欲明此小事，遂致陷没終身，豈非目見飛塵，不覩泰山之大？況即使專心致志，皓首於此，亦終無是處，故初學最忌從此用功。苟將此工夫用之於輿、觀、群、怨，其有益身心爲何如！鳥獸草木①，不過傳聞之細事，經學總以有益身心爲大綱，舍大循細，不可也。程子所謂玩物喪志者，蓋謂此矣。《尚書》之山川，《周禮》之名物，同此一例。前人皆望而生畏，今爲後學一筆删之，以惜精力，爲别事之用，可謂便切矣。

講此名物象數之專書，《爾雅》是也。古人蓋小時讀此書，即證以目見，故童子能知其形狀。今則無是物，而空有其名，如欲求實，是捫盤指燭之見，叩虚索影，有何歸宿！故講《爾雅》不可求指實，一求指實，則雖老農、老圃、山工、藥師，不能盡識所見之草木。何況枯坐一室，欲盡窮名物之變哉？

人之讀書，不能如洋藥之上癮，苟能上癮，則將有終焉之志，其學必有大成。然其所以至此資格，殊不易到，必有精心堅力，膠固纏綿，遲之又久，乃能至此。當初亦如讀書，淺嘗無味，倦而思去，久而其味乃出，又久而後不能相離，此非旦夕之效也。今人治一書，非小有理會便自足，即稍有齟齬便自遷，安得有上癮者而與之語經哉！

諸上所列治經之始事，而成學之理寓焉。蓋神明變化，不過精熟規矩之名，偭規矩而稱神明，其説經必多乖謬矣。如欲分彙考訂，輯録成帙者，目録具在，自可任占一題。若信而好古，不嫌成書之少遲，或即可采擇此編，立爲常課，深造有得，將來自然左右逢原，蓋成書遲而

① 鳥獸草木：原無「木」字，據文義補足。

悔者瘉少耳。此編與題紙名異實同，皆月課也。道通爲一，同學諸君子擇可從而從之，記其所疑，以時會講，要以月，會以歲，各鞭厥後，以底大成，則此編蹏筌之力，正未可忘爾。